JN186666

社会理論の再興

社会システム論と再帰的自己組織性を超えて

遠藤 薫／佐藤嘉倫／今田高俊
［編著］

THE REVIVAL OF SOCIAL THEORY

Beyond Social System Theory and Reflexive Self-Organization

ミネルヴァ書房

はしがき

この論集は、今田高俊教授の退職を機として、日本における現代社会学の蕩々たる水脈である社会システム論と自己組織性論を軸に、日本社会学の泰斗というべき方々が書き下ろした、社会学の本質に迫る貴重な論考の集成である。

本書は、「第Ⅰ部　社会システム論とモダニティ」と「第Ⅱ部　再帰的自己組織性論とポストモダン」の二部から構成されている。

社会システム論は、現代日本社会学におけるメインストリームのひとつであり、社会のあらゆる様相を説明する一般理論をめざす。とくに戦後は、タルコット・パーソンズの「構造機能主義」「ＡＧＩＬ図式」に多くの研究者が注目した。しかし、パーソンズ理論には批判も多かった。

パーソンズ理論を大きく超えて登場したのが、ニクラス・ルーマンである。

ルーマンは一九八四年に主著『社会システム理論』を刊行した。彼の社会システム論は、パーソンズとは大きく異なっている。佐藤勉訳による『社会システム理論の視座』(Luhmann 1985) の訳者解説によれば、「ルーマンは哲学上の知見をふまえて社会システム理論を豊かにし、その反面ではさらに生物学の最新の成果の取り入れをはかり、ごく最近では、自己準拠的なシステム理論からオートポイエシス的なシステム理論へと展望をとげ」たのである。

本書のもうひとつの柱である自己組織性論は、今田による『自己組織性――社会理論の復活』(今田 1986) によって日本の学界で大きな注目を集めた。これは、ルーマンのオートポイエーシス論とも密接な関係にあり、まさに一九八〇年代末の近代からポスト近代への社会的位相のシフトと同期するとともに、そのシフトを説明するもので

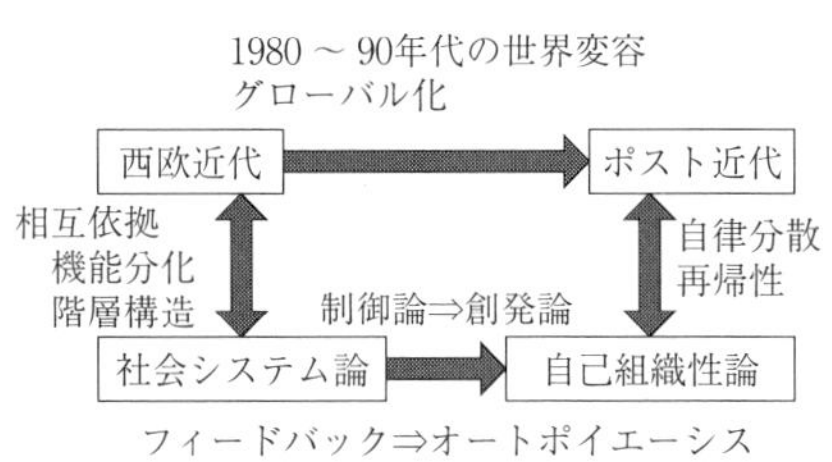

図1　西欧近代／社会システム論⇒ポスト近代／自己組織性論

あった。

図1は、本書における今田らの議論をベースに、西欧近代／社会システム論⇓ポスト近代／自己組織性論の相互関係を図化したものである。

以下、本書の構成と各章の内容について、概観する。

「第Ⅰ部　社会システム論とモダニティ」は以下の8章から構成されている。

本書の冒頭、「第1章　社会システム論からモダニティを再検討する」（今田高俊）は、「これまで、社会システム論はモダニティと明示的にはかかわってこなかったが、本章では社会学において社会システム論に自覚的に取り組んだタルコット・パーソンズとニクラス・ルーマンを中心にモダニティとのかかわりを検討してみる」（三頁）とし、両者のシステム了解の違いと、一九八〇年代以降におけるモダンから〈ポストモダン〉へのシフトとが同期関係にあることを示唆している。

これに対して、「第2章　モダニティと制度論」（盛山和夫）は、「近代とは reflexivity によって特徴づけられるというのが、ベックたち、とりわけギデンズの主張であった（Beck et als. 1994）。ギデンズは『自明視されてきたものからの脱却』としての『ポスト伝統社会』」（三三頁）という視座から、「近代の社会理論」が「制度構想の学として発展してきた」ことを指摘し、制度論を「構想としての制度、そしてまた意味世界としての制度という原点に立ち返って再構築」することを提案している。

「第3章　モダニティと社会学――『社会的なるもの』の把握をめざして」（友枝敏雄）は、「西欧近代とは、『個人』と『社会』を発見した時代だった。……つまり自然とは明確に区別された『個人』と『社会』という概念によって、世界や社会が認識されるようになった」（五五頁）という視点から、高校生調査の計量データ分析から「社会的なるもの」の現代的様相を論じている。

「第4章　自己産出系の公理論――システム論の syntax と semantics」（佐藤俊樹）は、「この数十年の間、システム理論の再構築は理論社会学の重要な主題の一つになっている」（七七頁）としたうえで、その中身の定式化が十分ではないと指摘し、本章は「その方向性の提案である。一言でいえば、自己産出系理論群の公理論化 axiomatization of autopoietic system theories をめざすものだ」（七七頁）と述べている。

「第5章　モダニティと意味」（高橋徹）では、ニーアル・ファーガソンの「西洋を繁栄に導いた四つの中心的社会制度（民主主義、資本主義、法の支配、市民社会）がすでに機能不全に陥っていることを指摘し、西洋の没落とそれ以外の文明圏の発展によって両者のあいだの『大いなる再収斂』（great reconvergence）が起きていると診断している」（九六頁）という議論に言及しつつ、「別様なるものの大いなる源泉、常にわれわれの予想だにしない事態をもたらす歴史という名の大文字の『他者』と向き合うこと」（一〇八頁）の重要性が説かれている。

「第6章　近代と公共性――ハーバーマス批判の試み」（橋本努）は、「近代社会における『公共性』の理念は、巨大な行政機構を民主的に統治するための空間として、国家にも市場にもコミュニティにも還元されない独自の役割を与えられてきた。……本章では、ハーバーマスの基礎概念たる『コミュニケーション的行為』の矛盾を克服し、新たに『批判的保持』と『熟成』の二つの側面から、民主社会の正統性を組み直してみたい」（一一一頁）と論じている。

「第8章　『評価国家』における統治の構造――政治的合理性・プログラム・テクノロジー」（町村敬志）は、「近代の政治権力はもはや主体の支配という形式を取りはしない。むしろ、政治権力は、自己の統治というものを編み上げ、維持することを可能にする一連のテクノロジーの網の目に依存するようになりつつある（Miller and Rose 1990: 28）」という言葉を冒頭に引用しつつ、「評価国家」という「統治」のあり方を検証する。

「第7章　東アジア型ハイブリッド・モダニティ？――在中国日韓台企業の比較が示唆する現実」（園田茂人）は、「しばしば東アジアとして一括りにされ、儒教文化の影響を受けてきたとされる韓国系企業や日系企業、台湾系企業は、『関係』が重視されている中国のビジネス環境にどのように対応し、そこにどのような違いが見られるだろうか」（一三九頁）との問題意識にもとづく在中国日韓台企業の比較調査から、「複雑な様相を示す東アジアのハイブリッド・モダニティの存立構造を照射」（一五四頁）している。

これら第Ⅰ部に対して、「第Ⅱ部　再帰的自己組織性論とポストモダン」は第9章から第15章の7章から構成されている。

「第9章　自己組織性と社会のメタモルフォーゼ」（今田高俊）は、「一九八〇年代初頭まではサイバネティクスの制御論に依拠した自己組織性論の研究に携わり、政策論や計画論への応用を考えた。しかしその後は、シナジェティクスや散逸構造論におけるゆらぎからの秩序形成としての自己組織性に注目するようになった。こうした転機をもたらした理由は、前者がシステムと制御による設計論につながるのに対し、後者がゆらぎと秩序の創発論に焦点をあてていることにある。社会システムの設計論は重要であるが、創発論はそれ以上に重要であると同時に、社会学における古典的でしかもいまだ十分な解答がえられていないテーマである」（一八五頁）と、自身の思考の軌跡を語っている。

これに対して、「第10章　自己組織性と言語ゲーム」（橋爪大三郎）は、「自己組織性をそなえた社会システムの理論は、理論家の夢である。それは、どのように論じられうるのか。本章は、システムの発見から、社会システムをめぐるさまざまな着眼やアイディアまで、理論家の格闘のあとを多角的に検討」（二一九頁）し、自己組織性論と言語ゲーム論の両者を対比して論じ、言語ゲーム論の可能性を示唆している。

「第11章　自己組織性と合理的選択」（佐藤嘉倫）もまた、「本章の目的は、今田（1986）の自己組織性理論と合理的選択理論の相補性を明らかにし、社会理論の新たな発展の可能性を示すことである」（二四三頁）として、今田の「複合螺旋運動モデルの意義と問題点」を指摘した上で、合理的選択理論との相補性を述べるとともに、合理的選択理論の発展形のひとつであるエージェント・ベースト・モデルの可能性を示唆している。

「第12章　自己組織化の普遍性と歴史性——自律・他律・共律」（正村俊之）は、「これまで自己組織化論は、主に

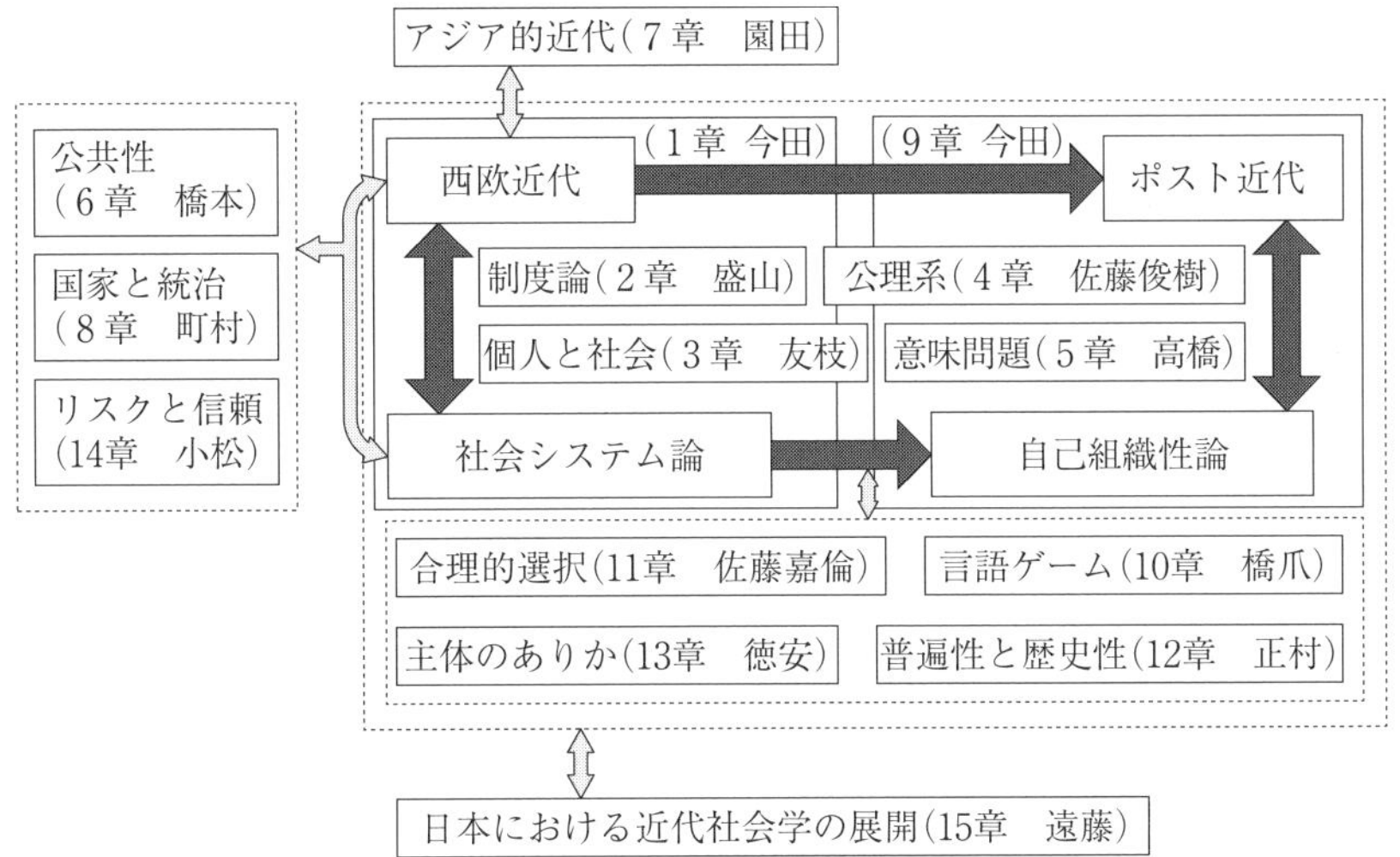

図2　本書各章の布置

要素（個体）間の協調というミクロな関係をつうじてマクロな秩序を生成するメカニズムをあつかってきた」（二六八頁）と指摘し、しかし「社会秩序の自己組織化を論ずる際には文化内在的な視点が必要になる。社会秩序を生み出す客観的なメカニズムを観察者視点から記述するだけでなく、それを各社会の文化や世界観に関連づけて把握するような当事者視点に立つことが必要なのである」（二六八頁）と主張する。その上で、「二つの視点に立脚しながら社会の自己組織化様式の歴史的変遷を概観したうえで、現代社会の自己組織化について論じ」（二六九頁）ている。

さらに「第13章　自己組織性と社会システム――主体のありかをめぐる考察」（徳安彰）は、「社会システムの自己組織化が論じられるさい、社会システムそのものの主体性ではなく、個的存在あるいは集合的存在として当該の社会システムに関与する人間の主体性が、しばしば強調される」（二八九頁）点を指摘し、「社会システムの自己組織化とは、社会システムそのものが、環境からの因果的な制御や強制をうけることなく、自律的に自己の振る舞いや構造を決定していく」（二九一頁）ことと比較し、その「ねじれ」の意味を検討している。

「第14章　自己組織性とリスク・信頼」（小松丈晃）は、「リスクと信頼の関係について、社会システム理論およびそれと一部親和性を有する議論を援用しながら、考察する。これまで、リスクと信頼の関係を主題にする場合、ごく大づかみに整理すれば、①『リスクは信頼を必要とする』というかたちでの関係づけ方のもとでの議論と、②『信頼はリスクを必要とする』というかたちでの関係づけ方による議論が存在したといえる。しかし、もう一つ、これらの問い方とは区別される、③『信頼性調達がそれ自体リスクとなり、新たな問題の源泉となりうる』という視点があり、この視点が今後、より重要になっていくであろう」（三〇七頁）と述べ、現代に喫緊の問題である「リスクと信頼」に関して論じている。

最終章の「第15章　日本における社会システム論の意義と未来——日本近代と自己組織性」（遠藤薫）は、翻って、社会システム論（あるいは社会学）と「モダニティ」の内在的通底性を踏まえ、「グローバリゼーションの進むなか、『社会学』は、それが対象とする『社会』とは何か、という問題に、あらためて真摯に取り組む必要がある。そのとき、グローバルに適用可能な社会システム論の重要性がこれまで以上に見えてくるだろうし、同時に、それに対峙するナショナル、リージョナル、ローカルのリアルなダイナミズムを精緻に捉えることの不可欠性にも迫られるだろう。／具体的なリアルの重層性を組み込んだ社会システム論の再構築が、今まさに求められている」（三四九頁）と指摘し、モダニティ／社会学の枠組みの相対化と再構築を示唆している。

以上、本書の各章を概観してきたが、それらの相互関係のイメージを（筆者なりに）図化したのが、図2である。本書がきわめて広い視野と多面的な視角を呈示するものであることがおわかりいただけるだろう。これを、現代社会学理論の旅の手がかりとして、本書から多くの刺激を得ていただければ幸いである。

文献

Beck, Ulrich, Anthony Giddens and Scott Lash, 1994, *Reflexive Modernization: Politics, Tradition and Aesthetics in the Modern Social Order*, Polity Press.（松尾精文・小幡正敏・叶堂隆三訳、一九九七『再帰的近代化——近現代における政治、伝統、美的原理』而立書房。）

Ferguson, Niall, 2012, *The Great Degeneration: How Institutions Decay and Economies Die*, Penguin Press（櫻井祐子訳、二〇一三『劣化国家』東洋経済新報社。）

今田高俊、一九八六、『自己組織性――社会理論の復活』創文社.

Luhmann, Niklas, 1981, "Wie ist soziale Ordnung möglich?" in *Gesellschafts Struktur und Semantik*, Bd. 2, Suhrkamp: 195-285.（佐藤勉訳、一九八五『社会システム理論の視座』木鐸社。）

Luhmann, Niklas, 1984, *Soziale Systeme: Grundriß einer allgemeinen Theorie*, Suhrkamp.（佐藤勉監訳、一九九三―九五『社会システム理論』（上・下）恒星社厚生閣。）

Miller, Peter and Nikolas Rose, 1990, "Governing Economic Life," *Economy and Society*, 19（1）: 1-31.

遠藤　薫

社会理論の再興——社会システム論と再帰的自己組織性を超えて【目次】

はしがき

第Ⅰ部　社会システム論とモダニティ

第Ⅱ部　再帰的自己組織性論とポストモダン

第Ⅰ部　社会システム論とモダニティ

第1章　社会システム論からモダニティを再検討する

今田高俊

社会システム論は社会の成り立ち、仕組み、メカニズム、変化について俯瞰図を提供する一般理論である。したがって、社会システム論は全体社会を普遍的な観点から定式化することをめざしており、モダニティ（近代性）といった歴史的な現実とのかかわりを第一義的な課題としているわけではない。しかしながら、社会学を含め社会科学はその成立を近代社会に依拠しているので、理論構築は暗黙的であれ明示的であれ、モダニティにかかわることになる。これまで、社会システム論はモダニティと明示的にはかかわってこなかったが、本章では社会学において社会システム論に自覚的に取り組んだタルコット・パーソンズとニクラス・ルーマンを中心にモダニティとのかかわりを検討してみる。

社会システム論はパーソンズとルーマンの著作に限定されないことは、いうまでもない。ヴィルフレド・パレートは社会システムを残基と派生体（感情による非論理的行為とその論理的正当化）、利害と社会的異質性（計算づくの論理的行為とエリートの周流）の四要因からなる力学的均衡モデルとして考案した。また、ハーバート・スペンサーは社会システムという表現こそ用いていないが、社会有機体説を唱えて、機能主義的な社会システム論の基礎を提供した。しかし、両者にとってモダニティという視点は自覚的には含まれていない。学説史的な視点から彼らの議論とモダニティの関係を読み込むことは可能であろうが，それは本章の目的ではない[1]。

1　機能分化としてのモダニティ

かつてルーマンは，社会学の普遍的な理論の再定式化が必要であるとし，パーソンズ以降試みられることがなかった社会システム論の再構築に挑戦した。彼の認識戦略は，一般システム理論ないしシステム科学と対話しつつ，社会学理論を彫琢することである。そのエッセンスは，パーソンズから引き継いだ構造-機能分析による社会システム論を，機能主義の論理によって徹底化し（前期ルーマン），かつそれを自己言及論理からなるオートポイエーシス（自己産出論）によって再構成を試みた（後期ルーマン）――前期ルーマンと後期ルーマンの理論のあいだには後にみるように多大の論理的不整合が含まれる――ことにある。

以上のような認識戦略のもとでは，モダニティとどう向き合うかはさほど問題とはならない。事実，ルーマンの晩年の著作である『近代の観察』では，近代的なるものの議論にあたって，「社会構造とゼマンティク」という観点から問題にし，近代社会を語り・観察する語彙とその方法の問題に集中している（Luhmann 1992）。彼自身がモダニティとどう向きあうかではなく，観察者的視点でモダニティを語る構えを採用している。

私が理解する限り，ルーマンが近代について与えている定義は，機能分化を焦点とする社会のことである。彼は普遍的な理論構築という視点から，歴史を社会分化の三段階として分類する。環節分化，成層分化，機能分化がそれである（Luhmann 1982：Chap. 10）。環節分化とは社会が家族，部族，村落など同等ないし類似のシステムの集まりとしてみなされる分化のことであり，原始社会に典型的である。これに対し，成層分化は同等でない層への分化，すなわち上下のハイアラーキー関係を含む分化であり，古典ヨーロッパから一六世紀のヨーロッパ前近代までの社会に典型的である。そして，一六世紀末頃から進んだのが《機能分化》である。宗教改革と宗教戦争を経ることで政治と宗教が機能的に分離し，国家が形成されたこと。科学革命によって科学が神学から自立したこと。経済が宗教から自立したこと、等々。機能分化とは社会システム全体に対して独自の働きをもちしかも同等でない部分、つまり政治、経済、法、科学、宗教などのサブシステムへと社会が分化することである。要するに、近代社会の形成は機能分化として位置づけられることだ。

社会分化の歴史的形式としての右の三類型はあまりにも大雑把であり、歴史（社会）学者から批判を受けかねないが、社会システムの一般理論を模索するルーマンにとっては、これで十分であったのだろう。彼にとって、近代社会とは機能分化に焦点が当てられた社会であり、モダニティとは論理的には機能優先の社会づくりにつながることである。また、ルーマンは師であるパーソンズが定式化した機能主義の社会システム論を継承したが、パーソンズの構造-機能分析に対し、機能を構造よりも前にもってきて機能-構造分析とするべきだと主張した[2]（Luhmann 1970：113–114）。というのも、構造-機能主義では、構造（相対的に安定したパターン）は社会の記述概念であり、機能（パフォーマンス確保のための制御）がその説明概念だからである[3]。

実際、パーソンズは構造-機能分析を宣言した一九四五年論文「社会学における体系的理論の現状と展望」で次のような議論をしている。社会システム論の発展を阻害してきた理由として、広範な経験的一般化を前提としない「要素理論」（"factor theory"）、すなわちある特定の社会的要素を中心に一般化された理論が蔓延していることは憂うべき状況である。理論の理想的な姿は、解析力学の微分方程式体系にみられるように、システムを構成しているすべての変数間の相互依存関係を動態的に分析しうるような一般化であるが、これが経験的包括性を犠牲にするようなかたちで、「経験の封じ込め」がなされたのでは意味がない。最適な一般化の度合いを備えた社会システムを構築するために、構造の概念によって広範な経験的一般化を担保するのが構造-機能分析のねらいである、と（Parsons 1945：212–237）。したがって、構造と機能の後先関係はたんなる言葉遊びの問題にすぎない、といって無視すべきではない。機能が説明概念であって、構造は被説明概念（社会を経験的包括性のもとに記述する概念）であることを明確にするためには、機能は構造の前にもってきて然るべきである。もっとも、このことを理解したうえで、構造-機能分析とするのであれば問題はない。

さて、問題はその先にある。社会システム論からみたモダニティとは機能分化のことであるというだけでは、あまりにも素朴にすぎ、モダニティのあつかいとしては二級の議論になってしまう。もう少し詳細に検討する必要がある。

2　機能分化の類型学——パーソンズ的社会システム論の特徴

パーソンズの社会システム論の特徴を簡潔に表現すれば次のようにいえる。すなわち、機能分化によって生じた構造（役割構造）を社会的行為の観点から明らかにする役割分析と社会システムのパフォーマンス（成果）を確保するために制御のメカニズムから明らかにする（もっともそこまできちんと理論化されていないが）要件分析の二つからなることである。役割分析はミクロ社会学であり、要件分析はマクロ社会学に対応する。

機能分析が諸要素間の相互連関性の分析をおこなうという点でシステム分析を備えていることは、機能概念が役割概念にもとづいて、諸要素を相互に関連づける有機的な分業体制を含意することから明らかである。加えて、パーソンズが想定する機能主義は部分（構成要素）を全体（システム）に関連づけることを含む。この全体への関連づけを考慮するところに構造‐機能分析の特徴がある。構造‐機能分析ではこれを《機能的要件》の充足というシステム問題としてあつかう。すなわち、社会システムには解決されるべき機能上のシステム問題が課せられていると仮定し、これをシステムの機能的要件と呼ぶ。そしてこの要件を充足することが社会システムの存続にとって不可欠な条件だとみなす。

以下に考察するように、パーソンズは、モダニティとしての機能分化をＡＧＩＬ図式として類型化し、この四機能部門間の境界相互交換を定式化することで要件分析の展開を図った。《ＡＧＩＬ図式》はかつて頻繁に論文に取りあげられ、説明し尽くされた感があるが、本章のテーマであるモダニティとしての機能分化の側面を明確にするために、最小限の言及は避けて通れない。なぜ、近代社会は四つの部門に機能分化したのか。

機能的要件

パーソンズは、社会システムに経験的な内容を与えるために、機能上のシステム問題という観点からＡＧＩＬ機能要件図式を考案した。社会システムはある状況のもとで目標を志向し、目標達成に必要な諸手段を調達しつつシステム内外の状態を調整しなければならない。すなわち社会システムは、環境への働きかけとその効果のフィードバックにもとづいて目標達成をおこなう外部的問題とシステムを構成している行為主体相互間の関係を調整する内部的問題に直面することである。他方、社会システムはいかなる特定の目標を追求するかにかかわらず、そのために役立てることが可能な自己の潜在的能力を準備し保存する手段的問題および各時点において何らかの利益や関心を満たしていくという充足的問題に直面する。こうして社会システムは、外部的‐内部的および手段的‐充足的なシステム問題を解決せねばならず、そのために分化した機能を営むのである。

分化した機能部門とは、外部的‐内部的および手段的‐充足的の二軸によってクロス分割される四つの機能的要件のうち、特定の一つに対する貢献を担当する活動部門のことをいう。四つの機能的要件とは、適応Ａ（外部的かつ手段的）、目標達成Ｇ（外部的かつ充足的）、統合Ｉ（内部的かつ充足的）、パターン維持Ｌ（内部的かつ手段的）の四つである。

ＡＧＩＬ図式は、一見して、社会システムの外部的‐内部的および手段的‐充足的な課題として、ちょっとした思いつきで考えだされたかのように思われがちである。しかし、それは誤りである。ロバート・ベールズによる小集団実験との協力関係から導かれたものだ。ある課題を課された集団が、その課題を達成するために、メンバーがさまざまに活動する。その活動を観察して記録し、整理した結果、外部的‐内部的および手段的‐充足的という軸で整理できたのである。したがって、ＡＧＩＬ図式は課題解決を指向する集団が抱えるシステム問題を実験により経験的に定式化されたものであり、抽象思考によってもたらされたものではない。パーソンズはこの結果を社会システム論に機能的要件として応用したのである。(4) 議論を先へ進めるために、ＡＧＩＬ機能要件の内容を簡潔にみておくことにしよう。

A（Adaptation：適応）機能部門は機能諸部門すべての活動にとって必要な諸手段の調達と提供を担当する。つまり、目標達成の一般的手段となりかつシステム内において処分可能な用具を外界から調達する機能を担うことである。これは経済と呼ばれ経験的には主に企業が担当する。

G（Goal-Attainment：目標達成）機能部門は、社会システムの目標を有効に達成するよう集合的努力を調整する機能を営む部門であり、システム内のニーズと環境的制約とのあいだに生ずる食い違いを調整する目的的制御をおこなう。G機能部門は政治と呼ばれ主に政府がその活動を担当する。

I（Integration：統合）機能部門は、他の三つの機能部門の活動がコンフリフトをおこして相互の機能的遂行を妨害しあったり、相殺しあったりすることのないよう各部門の貢献を調整し、社会システム内に協力関係をつくりだす機能を担う。I機能部門は統合と呼ばれ、資源配分の基準や報酬分配の公正基準の形成あるいは政治に対する支持や社会的価値の伝達と制度化、世論形成などの活動によって社会的諸部分のあいだに連帯をつくりだす。これらの活動を総括する部門として、「社会コミュニティ」（societal community）があり、主として社会の共同性の構築を担う自発的結社や地域コミュニティや法人団体などがその活動を担当する。

L（Latency：潜在性）機能部門は、社会規範や価値を成員に内面化し、これらに対するコミットメントを強化するとともに、システム内に生ずる緊張や撹乱を処理するために必要な手段の開発と提供をその課題とする。主に教育機関、スポーツ・芸術機関、宗教団体がこの活動を担当する。

モダニティの類型学——AGIL図式

さて、AGIL図式は機能的要件の分類であるが、こうした類型は機能分化と読み換えることが可能である。このとき構造-機能主義の社会システム論はモダニティ概念にかかわることになる。AGIL図式は、一九六〇年代の社会学および関連分野に多大の影響をおよぼし、経済社会学や社会指標研究に応用されたが、機能主義社会学の凋落とともに廃れてしまった感がある。しかし、注意すべきはこの図式がモダニティの社会学的分析にとって一つの頂点をなすことである。機能分化としてのモダニティを理論的ではなく、アドホックに提示する試みは多数なされているが、ＡＧＩＬ図式は一般理論水準でモダニティを具体的に分析するための包括的枠組みとして、今なお他の追随を許さない。

実際、富永健一は、ＡＧＩＬ図式に対応する機能分化を近代化の四側面として定式化する試みをおこなった。彼によれば全体社会の近代化は、経済（Ａ）サブシステムにおける近代化、政治（Ｇ）サブシステムにおける近代化、社会コミュニティ（Ｉ）サブシステムにおける近代化、文化的（Ｌ）サブシステムにおける近代化、の四つの側面からなる。[5]その特徴は次のようである。

経済サブシステムの近代化とは「経済活動が自立性をもった効率性の高い組織によって担われて、『近代経済成長』を達成していくメカニズムが確立されていること」。政治サブシステムにおける近代化とは「政治的意思決定が大衆的レベルにおいて民主主義的基盤の上に乗るようになり、またそれの実行が専門化された高度の能力をもつ官僚制組織に担われるようになること」。社会コミュニティにおけるそれは「社会集団が、……機能的に分化した目的組織として親族集団からの分離において形成されるようになり、また地域社会が、封鎖的な村落ゲマインシャフトから、開放的で都市度の高い地域ゲゼルシャフトに移行することによって、機能分化・普遍主義・業績主義・手段的合理主義などの制度化が進むこと」。文化的サブシステムにおけるそれは、「科学および科学的技術の制度化がすすみ、それらが自律的に進歩するメカニズムが社会システムそのもののうちにビルトインされていること、ならびに教育が普及することによって、迷信や呪術や因習など非合理的な文化要素の占める余地が小さくなっていくこと」である。[6]

富永は近代とは何かという明示的な定義をしておらず、近代が多様に語られることを指摘したうえで、近代化の諸相を機能（要件）分化の視点から分析してみせた。機能主義の社会システム論が近代性とどのようにかかわるかを示した貴重な貢献である。

機能優先の社会構築

ただ、かつてマックス・ウェーバーは近代化とは《社会の合理化過程》であると喝破したことを忘れるべきではない。彼はフリードリッヒ・シラーのいう「世界の脱呪術化 disenchantment of the world」という表現を用いて、近代を呪術的段階から合理的段階への進歩過程とみなし、合理化こそが伝統社会から近代社会への転換を決定づけるキーワードであるとした。合理性が経済、政治、法および文化的生活における変化、いいかえれば近代的なるものの鍵である。ウェーバーのいう合理化とは、①気まぐれ、恣意性、情緒、呪術、神霊、伝統、特殊な人間関係などによる判断とこれにもとづく仕組みを排して、②正確で抽象的な概念によって現実を理論的に捉え、ものごとを一般化し体系化すること、にある。また、カール・マンハイムは合理性に個人と組織、部分と全体の関係という機能的視点を導入して、《機能合理性》という概念を提示した。

以上を前提とすれば、近代を抽象度の高い水準で定義することが可能である。すなわち、《近代とは効率性と合理性を重んじる機能優先の社会構築を進めることである》と。[7] 機能優先の発想とは、環境制御による成果の確保を第一義的に指向すること、つまり制御−成果図式で社会編成をおこなうことである。社会システム論があつかうモダニティの概念は、このように定式化されるべきである。というのもこの定義にしたがえば、モダニティを包括的に捉えることができるからである。

経済サブシステムの近代化は、機械技術を用いた工場労働で物を効率的に大量生産する産業化に相当し、技術はまさに効率と合理性を追求することである。政治的サブシステムの近代化である官僚制化は法治主義と規則にもとづき職務や人事管理の合理化を進めることである。民主主義も機会均等というかたちで機能優先の発想に含まれる。機能の発想は、家柄や性別や人種などの属性にこだわらずあまねく人材を登用し、何ができるか（業績原理）で人を処遇することをモットーとし、属性原理を排する論理をもつからである（もっとも、理論的にそうだからといって現実もそうなっているとは限らず、機能の論理＝近代の論理の不徹底による差別や不公平の多くが残っているのが現状である）。また、社会の機能的な運営にとって、人材の確保と保護は不可欠であり、その権利を保証するために基本的人権や社会権といった原理も含まれると考えることができる。以上要するに、効率と合理性を重んじる機能優先の社会構築というモダニティの定義は、パーソンズのＡＧＩＬ図式に示される機能分化としてのモダニティを包摂することが可能である。

さて、問題はさらにこの先にある。パーソンズは一九世紀的な社会システムの全体論的図式を乗り越えて、語の正しい意味で、部分-全体図式を定式化したが、機能主義を徹底化する作業を果たすことはできなかった。別の言葉で表現すれば、機能を説明論理として精緻化する作業は不十分なままに終わった。機能的要件は類型学（ＡＧＩＬ図式）にとどめ、機能主義の説明論理を別個に彫琢すべきなのだ。これを徹底化したのがルーマンであった。

3　制御としての機能論理——前期ルーマン理論の射程

システム論のパラダイム転換

ルーマンは先にみたように、社会分化の歴史的類型を環節分化・成層分化・機能分化として位置づけ、最後の機能分化をモダニティの特徴とした。きわめて大雑把ではあるが、社会学理論における一つの有意義な定式化である。彼の優れている点は、この類型化に加えて、（社会）システム論におけるパラダイム転換をも指摘したことにある。すでに前節で指摘した、部分-全体図式を一部分として含むパラダイム転換がそれである。彼によれば、一九世紀末からおよそ一世紀のあいだに、二度にわたるシステム論のパラダイム転換があったという。その第一は、一九世紀後半の社会有機体説が採用していた部分-全体図式から、二〇世紀半ばに一般システム理論で提唱されたシステム-環境図式への転換である。第二は、このシステム-環境図式から一九七〇年代後半に生物学で展開されたオートポイエーシス（自己産出）論が採用している《自己言及図式》への転換である。

ルーマンによれば、部分-全体、システム-環境、自己言及という三つの図式転換は、いずれも以前の考え方を否定するのではなく、これを新たな図式に包摂し、「止揚」するかたちでなされたとする。そして現在、自己言及を取り込んだ社会システム論の再定式化が要求されているとした（Luhmann 1984：訳 6-16）[8]。

部分-全体図式は、システム概念が自覚化されていない時代の、システム思考の代用物である。この図式の中心的関心事は「全体性」の概念であり、部分の総和に還元されない全体が強調された。それは、有機体からの類推に依拠したプレシステム論であり、素朴全体論の主張を生んだ。パーソンズは、機能分化と要件分析を導入することで、一九世紀的なシステムの部分-全体図式を克服した。それを可能にしたのは彼がウォルター・キャノンの恒常性維持（ホメオスタシス）原理を、社会システム論に導入したことによる（Cannon 1932）。恒常性維持とは、生物有機体が、変化する環境のなかで、自身の秩序を安定した状態に保つ働きのことであり、血液中の血糖値の維持、体温の維持などがその例である。恒常性維持とは変化しつつも安定した定常状態を保つことをいう。恒常性維持の原理は、目的指向や目標達成過程を明らかにするサイバネティクスの制御原理の基礎となる発想法であり、素朴目的論ではなく目標達成の科学的説明を含む。

システム-環境図式は、一般システム理論を中心とするシステム科学の台頭により確立した。システム科学は部分-全体図式にみられがちな有機体論からの類推と素朴全体論を脱神秘化する。この運動の焦点は、第一に、要素が相互依存しあうまとまりとしてのシステム概念の定式化、および第二に、システム-環境図式にもとづいた開放システムの理論化にある。特に機能主義の社会システム論との関連では、機能の論理を制御の論理として定式化することに通ずる。要は、機能の説明原理をサイバネティックな制御論として定式化できることである。パーソンズはこうしたアイディアに気づいてはいたが、構造-機能分析をサイバネティックな制御論に接続して再構成するまでには至らなかった[9]。

複雑性の縮減

それをおこなったのがルーマンである。いわゆる前期ルーマン理論（前期とは、ルーマンがオートポイエーシス理論を自説に導入する以前のことを表し、時期的には概ね一九七〇年代までのことである）の意義は、パーソンズの構造-機能主義の論理を徹底して機能ラディカリズムを進めたことにある。その背景には、ルーマンが一般システム理論に代表されるシステム科学との対話をおこない、その社会学化を試みたことにある。

特に、ルーマンが機能主義の観点から注目したのは、ロス・アシュビーが、サイバネティクスの制御理論をクロード・シャノンの情報理論（定理一〇）により再定式化した《最小多様度の法則》（law of requisite variety）（制御者が、相手方の制御に成功して有効な結果を確保するには、相手方が取りうるのと少なくとも同数の分別可能な対応策＝多様度をもっている必要があるという法則）である（Ashby 1956：訳 7,11章参照）。ルーマンはこの法則を《複雑性の縮減》（Reduction von Complexität）と読み換えて（複雑性は多様度と同一概念である）、構造-機能主義を制御理論に高め、機能要件論の弱点である目的論的誤謬に陥ることを回避した。実際、ルーマンは機能的要件という概念は用いない。機能は常に複雑性の縮減をおこなう作用としてのみ用いられる。この点で、ルーマンはパーソンズと袂を分かつ。

前期ルーマン理論の中核をなす論理は、システム-環境図式で捉えられた世界において営まれる体験や行為には、現実化されうる以上の可能性が常に存在するという意味での「複雑性」、体験や行為が環境条件に依存して期待された通りに生起しない可能性があるという意味での「不確定性」（Kontingenz）、およびこれらの問題に対処してそれを制御するような「体験加工の構造」である（Luhmann 1967：1972：訳 38）。システムがカオス状態に陥ることなく、環境とのあいだで境界を維持していくには、複雑性の縮減によって体験や行為の可能性のなかから実現可能な一部を選択し、それを期待しうるものとして固定できなければならない。複雑性の縮減によって体験や行為を一定のパターンに制限しそれらが実現される期待値を高めること、すなわち一定の可能性を選択して他の可能性を犠牲にするような制御をシステム水準でほどこす作用、これが前期ルーマンのいう機能主義の論理である。

ルーマンは複雑性の縮減を制御の論理であるとは明記していないが、最小多様度の法則が制御の情報理論的読み換えである以上、制御論に立脚したものであることをまぬかれない。複雑性の縮減は後期ルーマン理論にも引き継がれており、彼はこの概念を、意味との関連で現象学にリンクさせ、変幻自在にかつレトリカルに使用するが、要は制御原理であることには変わりがない。この点を押さえておかないと、彼の議論に振り回されることになる。

さて、機能的要件の概念を捨てて、機能の論理を制御論として定式化したルーマンの戦略は、機能の論理を説明概念に高めるうえで正しい選択であった。パーソンズは機能分化した近代社会を捉えるために、四機能要件図式を定式化したが、このことが逆に要件の充足・不充足問題に短絡化されて、説明の論理としては素朴なものとなった。前期ルーマンが構造‐機能主義に対置して機能‐構造主義とすべきことを主張したのは、機能主義を徹底化すれば、機能の構造に対する優位を明確にせざるをえないと考えたからである。

整理しておこう。前期ルーマン理論ではモダニティを以下のように捉える。すなわち、社会分化の形式として機能分化を、そして社会システム論としてシステム‐環境図式による制御パラダイムを掲げ、これら両者によって特徴づけられるのが近代社会であるとしたこと。加えて、機能分化に関しては目的概念の代替物である機能的要件概念を捨て、あくまでさまざまな機能を担うサブシステムが分化したことを述べるに止めたことである。たとえば、彼が指摘する機能分化のサブシステムは、経済、道徳、愛、法、科学、政治、教育、芸術等、さまざまである。機能分化は多方向・多領域に変幻自在なかたちで起きることになる。これをモダニティと呼びうるのか。機能分化が何でもありになってしまうが、それでよいのか。

4　自己言及図式はモダニティと両立するか——後期ルーマン理論にみる両義性

機能分化をモダニティの特徴とみるルーマンにとって、最大の問題点は、社会システム論をシステム‐環境図式から自己言及図式へと転換させたことにある。別の表現をすれば、サイバネティクスの社会システム論からオートポイエーシスのそれへと転換したこと、にもかかわらず複雑性の縮減というサイバネティクスの論理（＝機能主義の論理）を温存したことである。(10) この両義性のゆえに、議論のもつれ（わかりにくさ）が多発する。

オートポイエーシス論の接合

機能理論とオートポイエーシス論は水と油の関係にある。この点をきちんと押さえておかないと訳がわからなくなる。後者の論理には、システムにおいて構成要素が果たす機能や個の全体に対する貢献という発想はない。要素はシステムの部分として、システムとは関係なく黙々と自己の作用を営むだけであり、それが他の部分に影響（アウトプット）を与え、自身は他の部分からの影響（インプット）を受け取ることで、閉じた輪としてのネットワークを形成し、自己ならびにシステムの産出過程を持続させる。このようにみずからの行為がめぐりめぐって自己に回帰する閉じた輪のシステムが《自己言及システム》（自己産出システム）である。

ウンベルト・マトゥラーナとフランシスコ・ヴァレラによれば、オートポイエーシス論はシステムの有機構成を不変に保つ仕組みをあつかう理論である。この理論では、構成要素がみずからに課せられた作動を他の要素のそれへと接続していくことで、不変の有機構成を維持する仕組みがあつかわれる。構成要素は他から制御されることはない。オートポイエーシスの特徴とは、①システムを構成する諸要素がシステムを構成する諸要素によって再生産されること、および②この再生産は回帰的なネットワークによって閉じており、これがシステムの自律性をもたらしていること、である。

こうした特徴をもつオートポイエティック・システムは「一定範囲内に維持される変数としての有機構成をもつホメオスタティック・システムだということである」（Maturana and Varela 1980：訳 73）。ホメオスタシス（恒常性維持）とは、先に述べたように、血液中の血糖値などを一定範囲に維持することにある。したがって、システムの構成要素の有機構成を一定に保つような構成要素の相互産出関係を維持することが、オートポイエーシスの特徴である。

オートポイエーシスが《恒常性維持》にほかならないとすれば、構造-機能主義の論理と同じではないかという疑問が呈されるだろう。というのも、システム維持のための機能的要件の充足は、恒常性維持を手がかりに考案されたものだからである。しかし、オートポイエーシスでいう恒常性維持は構造-機能主義のそれとはまったく異なることに注意が必要である。

第一に、オートポイエーシス論ではシステムの目的や機能は前提にされない。目的や機能は観察者的視点からシステムを論じる際の概念であり、システム内在的な（当事者的視点からの）作動過程にはかかわらない。マトゥラーナとヴァレラいわく、「目的は必然的に、コンテキストを定め連鎖関係をつくり出す観察者の領域にある。同様に機能の概念も、観察者が機械やシステムの構成素を全体——機械全体でもその一部でもよいが——に関連づけながら描く記述のなかに生じる。……したがって機能の概念にふくまれている諸関係は、オートポイエーシス・システムの有機的構成にとって構成的だとは言えず、それゆえシステムの作動を説明するさいに用いることはできない[11]」(Maturana and Varela 1980：訳 81)。要は機能的要件といった目的性を仮定するテレオノミーは認識論的に否定されることだ。この点で、オートポイエーシス論は機能主義と袂を分かつ。

第二に、オートポイエーシス論ではシステムの全体性を表示する概念は使用されない。あくまで、システムの構成要素である個体の作動が問題とされる。システムが構成要素に与える影響が問題なのではなく、構成要素の作動によっていかに《システムの実現》がなされるかを問題にする。構造-機能主義の社会システム論では、システムの境界維持が強調されるが、構成要素による《システムの実現》という視点はない。オートポイエーシスにとってシステム境界は、あらかじめ定められているのではなく、またそれを維持するのでもなく、構成要素の作動によって絶えず創造されるものである。システムの内外を分かつ境界は構成要素の作動によってそのつど創造されることである。

ルーマンはオートポイエティックな社会システム論を構成するにあたり、「意味」と「コミュニケーション」を重要な要素とみなす。そして、システムの作動原理を「区別」(distinction) と「指示」(indication) によって定式化する。社会システムの要素は行為者や行為ではなくコミュニケーションであり、コミュニケーションはコミュニケーションのネットワークによって回帰的に産出・再産出され、ネットワークの内部に閉じたかたちで存在する (Luhmann 1986：174)[12]。

コミュニケーションとは、区別による差異を設け、これへの指示の地平（現象学的に還元された世界）からあるものが選択され，選択されざるものを可能性として（意味的に）保存する，というかたちで生じる。つまり別様でもありうることを担保したかたちで差異の選択がなされ意味が指示されることである。したがって，意味は可能性の地平からある特定の差異を選択することを強いることにほかならない。これは社会には現実化されうる以上の可能性が常に存在するというかたちでの「複雑性」に機能的な選択を強いることであり，かつ可能性の地平として意味的な保存がなされることである。ルーマンのいう意味には現象学的エポケーによる地平の論理が入り込んでおり，これを複雑性の縮減というサイバネティックな制御の論理に接続するというアクロバットをおこなっているため，論理がもつれてすっきり腑に落ちない。私見によれば，彼は現象学的なレトリックを用いて意味概念と機能論理をつないでいるのである。このため彼の議論について，その内容ではなく論理だけを追って解読しようとすると，論理的な飛躍ないしつながりが不明な箇所にたびたび遭遇することになる[13]。

機能主義からの秘かな撤退？

今こうした点を問題にするのは避けることにしよう。問題は，こうしたコミュニケーションのオートポイエティック・システムがモダニティとどう関連するかである。結論を先取りしていえば，もはや後期ルーマンの社会システム論は，機能論理をはみ出しており，その先ないし別様の論理が必要とされることである。であるにもかかわらず，機能の論理を保持し続けるという両義性をルーマンは抱え込んでしまった。

すでにみたように，ルーマンは現代社会を高度に機能分化を遂げた社会だと規定する。そして現在，政治・経済・文化・法・学問・宗教などの機能的部分システムが完全分化を遂げ，それぞれの作動が自律的な「閉じ closure」をもつようになったため，各部分システムは，オートポイエティックに作動しあっているだけで，どの部分システムも社会システム全体を制御できない状態になっているとする（Luhmann 1982 : Chap. 10 : ルーマン 1991参照）。要するに，社会システムは高度な機能分化をとげることで，頂点も中心も欠く状況になったというのである。このことは機能の論理と不整合を引き起こす。分化した機能的部分システムが相互に協力しあって全体の機能を果たすのであれば問題ないが、それぞれが好き勝手に活動すれば、通常の理解では全体社会システムは崩壊の危機に瀕することになる。ルーマンのオートポイエーシス論に好意的な評価をしている馬場靖雄は、高度に機能分化を遂げたがゆえに、近代社会は頂点も中心もない社会になっているとするルーマンの考えは、ジル・ドゥルーズとフェリックス・ガタリの《リゾーム論》に近似するという[14]（馬場 1993）。ルーマンが以下のように述べるとき、社会システムのリゾーム化がイメージされる。

> 機能的分化に注目するときには、われわれの記述は、機能システムの自律、その高度な自立性、そして観察するシステムに応じて変わる観点の特殊性の下で発揮されるシステム環境に対する敏感さと、システム環境からの刺激の受けやすさ、へと向けられることになる。そのときわれわれは、頂点も中心もない社会に出会うのである。その社会は進化はするが、みずからをコントロールすることはできない[15]。（Luhmann 1997：訳 95）

リゾームは反機能のシステムであり、絶えざる差異化をおこなう運動体である。社会は進化するが、みずからをコントロールすることができないのであれば、社会を成り行きに委ねざるをえない。これはもはや機能主義の発想ではない。オートポイエーシス論を、社会の巨視的な機能分化に強引に結びつけるのは問題である。こうした問題点は、そもそも制御理論であるサイバネティクスに着眼を得た複雑性の縮減や等価機能の概念を、サイバネティクスとは正反対の立場となるオートポイエーシスの自己言及性に結びつけたことから発生している。

また、近代社会は高度に機能分化を遂げたがゆえに、全体社会は制御不能に陥り、統一性なき状態を帰結しているというルーマンの発言には別の問題がある。実在レベルの話を認識レベルの話にすり替える《カテゴリーの誤謬》を犯しているからである。機能主義の認識論理にしたがえば、環境適応のために必要な社会分化が引き起こされるのであり、それ以外の機能分化はなされない（淘汰される）はずである。さらに、システムは有機的構成を維持できるようみずからを制御できる範囲で機能分化をおこなうはずである。それを超えた過度の機能分化は理論内在的には発生しない。ところがルーマンによれば、現実はそれを超えて機能分化が起きているため、制御不能状態に陥ったという認識になっている。現実の社会分化は等価機能の設計による機能代替や複雑性の縮減が追いつかないほどに進んでしまったという。こうした社会分化はもはや機能分化と捉えることはできない。機能論理をはみ出した分化が起きていると考えるべきである。現実社会は高度な機能分化を遂げたというよりは、機能分化からはみ出す分化が起きているのである。このはみ出し分化をどう捉えるかが問題である。

オートポイエーシスの理論を、社会の巨視的な機能分化に結びつけることは論理的に不可能である。先にみたマトゥラーナとヴァレラの見解にあるように、オートポイエーシスでは目的や機能といった概念を用いるテレオノミーは拒否されるからである。制御理論であるサイバネティクスは一種のテレオノミー（目的論）の科学であるが、これにヒントを得た複雑性の縮減を、サイバネティクスとは水と油の関係にあるオートポイエーシスの自己言及性に結びつけることなどできない相談である。オートポイエーシスと親和的な分化とは、要素水準での差異化（個体発生）であって、社会水準での機能分化（系統発生）ではない[16]。

5　モダニティの綻び、あるいは再びのパラダイム転換

近代社会は高度に機能分化を遂げることで、みずから制御不能な状態に陥ったというルーマンの考察と関連して、一九八〇年代に《モダニティの綻び》につながる思想と科学が台頭したことに注目する必要がある[17]。なかでも、ポスト構造主義からポストモダニズムに至る思想と、ゆらぎやカオスを通じた秩序形成という複雑系科学の台頭が重要である。両者が共鳴しあって発生したことは、近代以後の社会と科学のあり方を予兆する動きとみなしうる。

リゾーム化する機能分化

ルーマンの議論がポスト構造主義におけるリゾーム論に近似するという先の馬場の暗示は的を射ている。リゾー

ムとは絶えず《差異化》の動きをおこなう未完成の多数多様体のことで、「根茎」あるいは「地下茎」と訳される[18](Deleuze et Guattari 1980)。リゾームは「樹木と根」という秩序だった発想を拒否する。リゾームはハイアラーキー構造をもたず、また中心となるセンターもなく、諸要素が複雑にもつれあった相互作用を営む、いわばカオス系である。さらに、これは主体と客体の区別がない多様体であり、二元論があてはまらない「システム」である。それは二元論を拒否した世界だから、「システム」の内部と外部を分ける境界すら想定できない。したがって、環境からの影響を受けてみずからを変えることなどありえない。つまり、それ自体において性質を変えて変貌することなしには、その態様を変化させえない《自己言及システム》である。さらにいえば、リゾームとは諸部分間のつながりに目的や効率など機能的な連関を要請しない脱機能化されたシステムである。ポスト構造主義の鍵概念である差異化は異質なものを混在させる試みであり、構造に亀裂や裂け目をもたらす。それゆえそれはゆらぎの発想に近く、リゾームはゆらぎ発生装置とみなしうる。このようにルーマンが依拠するシステム論の自己言及パラダイムは、リゾームに通じるところがある。

私見では、モダニティとしての機能分化はシステム‐環境図式にふさわしい概念である。自己言及図式に依拠した社会システム論の立場を採用するのであれば、少なくともモダニティの変容、ないしモダニティに代わって、自己言及論理を脱パラドクス化する新たな歴史次元の命名を考えるべきではないか。このように考えてみるとき、ルーマンのいう機能分化の概念に違和感を覚えざるをえない。彼は機能分化という概念を、社会学における機能主義の伝統に関連しつつ使用していない。

ルーマンはしばしば機能分化と並行して、「機能システムの閉鎖性」（これはオートポイエーシスの「組織的な閉じ」に対応する）をもちだして社会的サブシステムの自律性を強調する。このことはもちろん環境に対して閉じることを意味しない。システムの作動（operation）が閉じていること、これにより外部との境界が生成されることを表す。しかしこの点を強調しすぎると、分化した諸機能システム間の連関関係が後退する。つまり、社会は機能分化によって社会的分業体制を高度なものにするという視点が欠落する。そうなるとモダニティは高度な分業体制によりみずからを維持・発展させるという基礎前提が崩れてしまう。実際、ルーマンは然り、そうであると述べている。そして読者が抱くであろう疑問を先取りして次のようにいう。

機能分化を、下位システムの自律性と作動上の閉鎖性をもたらす装置として理解することが、はたして本当に可能なのだろうか。むしろ昔ながらの流儀に従って、機能分化とは分業のもつ長所であって、それが与える利得は一定範囲内に限られるのだと考えるべきではないか。（Luhmann 1992：訳 17）

どうやらルーマンは《機能分化》を機能主義の伝統とは異なる文脈で使用しているようである。社会的分業に寄与しない機能分化が起きるとしている。社会的分業とは関係なく既存の社会システムからの差異化によって生まれたサブシステムが、作動上の閉鎖性と自律性を確保することが機能分化であるとみなそうとしている。だとすれば、自律性と作動上の閉鎖性をもたらす差異化（分化）であればどのようなサブシステムでもかまわないことになる。これは機能主義の伝統を著しく逸脱した用法である。

ルーマンはシステム理論のパラダイム転換は以前のパラダイムを否定するのではなく包摂するかたちでなされると述べたが、機能分化はその対象外であるようだ。機能分化の概念から「分業のもつ長所」を除去してしまえば、機能分化は「何でもありの差異化」と変わらなくなる。それはポスト構造主義でいう差異化の運動体であるリゾームに近似しよう。ポスト構造主義とこれに続くポストモダン論にきわめて否定的な立場を示すルーマンは、機能分化の概念を脱構築することで、社会システムを自律的な閉じをもった諸種のサブシステムからなるリゾーミックなシステムとして描くことになってはいまいか。そう考えると、彼の錯綜しもつれた議論も腑に落ちる。

自己言及あるいはポストモダンの科学観

そう、後期ルーマンはある意味で自己言及的なリゾームとしての社会システムを描写してきたのである。このようにいうと、それは間違いである、との反論がルーマンから返ってくることを覚悟しなければならない。というのも、彼はポスト構造主義の流れを引き継いだポストモダンに対する痛烈な批判者だからである。彼は『近代の観察』の短い「まえがき」であえてポストモダンに言及し、次のように述べる。

　おそらくポストモダンなる標語がもたらそうとしているのは近代社会に関する別の、より多くの変異を含んだ記述にすぎない。その記述の統一性は否定的にのみ、つまりメタ物語（métarécit）の不可能性としてのみ考えうる、というわけである。しかしそれではともするとあまりにも多くのことが許されてしまいかねない。アクチュアルな緊急性があちこちで目につく現状ではなおさらそうである。[19]（Luhmann 1992：訳 v）

　ポストモダンの流行に乗ってスポットライトをあてられている俗流研究者に対しては、的確なコメントであろう。しかし、ポストモダンの社会理論を構築することに真摯な努力をしている研究者とその成果に照らしてみるとき、いささか過小評価にすぎる印象を拭えない。私は散逸構造論やシナジェティクスやオートポイエーシス論をベースにして自己組織性論を彫琢しているが、このパラダイムは近代科学が墓場に封じ込めてきたゆらぎ、カオスと自己言及の概念の意義を位置づけなおす。その特徴は、創発特性主義、非決定論、時間の非可逆性、不均衡（非平衡）、不安定性等を強調することにある。これはある意味で、ガリレオ、ニュートン以来の近代科学の流れを変える意義を有する。ポスト構造主義やポストモダン論は、こうした科学の潮流と軌を一にして登場したのであり、共鳴しあうところが多い。じっくりと時間をかけて理論の成熟を見守るに値する。

　ポストモダンとは近代の後にくる、あるいはそれを乗り越えた状況を表す言葉で、モダニズムの発想が現実を捉える力をなくした時代以降の現実感を総称する概念である。ポストモダニズムに特徴的な主張は、モダニティを特徴づけてきた機能分化の《脱分節化 dedifferentiation》であり、表象と実在の対応関係が欠落する《表象の危機》である。[20]

近代の特徴は高度に専門的な機能分化を遂げることにあるのに対し、ポストモダンは近代的な分化の徹底化により、まさにそのことによって脱分節化が起きることを主張する。たとえば、男性対女性、正常対異常、専門家対素人、国家対市民社会、演技者対観客、自然対人工、昼と夜の区別など、近代社会が機能的見地からつくりあげてきた二項対立が崩れつつあるが、こうした機能分化を融解し、その境界を取り払うことで、再度、分化のあり方を問い直す動きがそれである（今田 2001：120）。要するに、近代社会が前提としてきたさまざまな二項対立の融解が起きることだ。その際に鍵となるのが自己言及（再帰的）作用である。近代の科学技術の発展は、専門家の素人に対する優越と非反省的な技術信仰をもたらし、その結果、リスク社会の到来によってみずからをみずからの研究対象として自省せざるをえなくなっている。精神障害者の「異常な」反応の多くは異常な社会環境への正常な反応であり、「正常な」反応をしていると思われている多くが異常な反応ではないかとする問題が提起されて久しい。性別役割分業は男性が女性となること、女性が男性となることによって、役割分業の問題点を再帰的に問い直し、ジェンダーの脱構築が進められている。これらは近代による、近代に対する自己加害現象と受けとめるべきである。

また、表象の危機とは表象の透明性が崩れることである。表象の透明性が崩れるとは、表象が実在との対応をもたないこと、つまり表象が確固とした実在に錨を下ろせない状態にあることを表す。こうした現象は、電子メディアの発達により促進されるが、このとき記号表現やメディアそのものが表象として自己指示的（自己言及的）な構造をもつようになり、実在からの遊離が起きる。表象が自己指示的になって実在から遊離するとき、実在との対応を欠いた記号（浮遊するシニフィアン）が独自の振る舞いをおこなうことになる。自己指示的な表象が飛び交う世界では、虚構であるはずのものが現実であるかのように受けとめられ、虚構を現実と認識するパラドキシカル（逆説的）な世界が成立する。

近代の機能分化の脱分節化は、ルーマンがいう「昔ながらの流儀に従った」機能分化のあり方を問い直す試みである。それは機能分化がもたらした負の遺産、すなわち価値的序列化、差別的処遇、不公平などを洗い出し、必要ならば解体して組み立て直す試みでもある。また、表象の危機は電子メディアの発達によりもたらされた表象の自己指示的（自己言及的）な世界の登場を表す。モダニティが前提としてきた表象の透明性（表象が実在と対応すること）が崩れ仮想世界がわれわれの生活にとって不可欠な場となりつつある。これらのテーマに真摯に取り組むことがポストモダン論である。そこをきちんと押さえておかないと、スポットライトがあてられるだけの流行現象となってしまう。

ポスト構造主義の差異化とリゾーム論、ポストモダン論の脱分節化と表象の危機は、モダニティが依拠する機能分化の綻びをもたらす要因である。そしてこの綻びは複雑系科学におけるゆらぎやカオスの理論と共鳴しあう。

一九七〇年代末から八〇年代にかけて、自然科学の領域で《ゆらぎを通じた秩序形成》すなわち自己組織化というテーマの研究がエネルギッシュに進められた。従来の科学観では、平衡（均衡）状態に焦点をあててシステムの挙動を定式化することが重視された。また、ゆらぎが社会状態を表現するために用いられることはほとんどなかった。しかし、右の研究によって、ゆらぎは新たな構造、秩序の源泉であると位置づけなおされるようになった。さらに、カオスも科学の対象となった。カオスは異質なもの同士の不規則な相互作用の総体からもたらされるものである。社会では、ちょっとした出来事の不規則な相互作用の累積によって、新たなパターンが生みだされていくことがある。この意味で、カオスには秩序を創造する力が含まれる。それは秩序の前段階、新たな秩序の最前線に位置するといってよい。これまでゆらぎやカオスは、反秩序あるいは反科学の象徴とされてきた。けれども、単純にそう決めつけるわけにはいかない。新しい秩序が模索されるときには、旧秩序と新秩序が混ざりあって、ゆらぎ状態ひいてはカオス状態になるのを常とする。社会の大きな転換期には、ゆらぎやカオスに秩序の兆しを読み取ることが重要である。

その先の近代へ

ルーマンは、ポスト構造主義からポストモダニズムへと至る思想的潮流、およびゆらぎやカオス理論の展開について十分に見聞する機会をもっていたはずである。しかし、こうした動向に対しては聞く耳をもたないようである。

モダンとポストモダンを対立的に位置づけることには根拠がないと言い切る。いわく、

近代社会を先行するあらゆる社会から際だたせている進化上の成果は、すなわちコミュニケーション・メディアと機能分化の全面的進展はつつましやかだったとしても、現在では巨大秩序にまで成長している。その点では近代社会は逆行不可能である。近代社会は自分自身に依拠しており、そこから逃れる道はほとんどないのである……。[21]（Luhmann 1992：訳 25）

はたしてそうであろうか。古代社会から中世社会へ、そして中世社会から近代社会への移行がなされたのに、近代社会はそこから逃れる道はないというのはなぜか。ヨーロッパ中世から近代社会が形成されるまで、およそ四世紀におよぶゆらぎ社会があったことを想起すべきではないのか。一四世紀のイタリアで始まったルネッサンスによる人間観の問い直し、ガリレイからベーコン、デカルトを経てニュートンに至る科学観の脱構築、ホッブズによる神なき社会における社会秩序の問題提起からモンテスキューやルソーを経由してアダム・スミスにより構築された社会観と市民革命、そして一八世紀後半に起きた産業革命による新たな技術観の登場。この期間、ヨーロッパ社会は中世的秩序が崩れつつ近代的秩序が形成されていくゆらぎ社会が続いた。

一九八〇年代以降の思想や科学の潮流をみるとき、少なくともいえることは、効率と合理性を重視するモダンの機能主義理性に対する否定的態度がその底流をなしていることである。これが、たんなる流行で終わるか否かは、歴史的な回顧やモダニティの否定を超えて、新たな人間観、科学観、社会観、技術観の積極的な提示ができるかどうかにかかっている。しかしルーマンがいうように、近代社会が自分自身に依拠しており、そこから逃れる道はほとんどないと決めつけることは、古代社会や中世社会が自分自身に依拠しており、そこから逃れる道はないというのとほとんど変わらない。だとすれば、近代は未完であるどころか、いまだに始まってもいないはずである。

ルーマンが、人類の歴史が原始社会の環節分化から成層分化を経て近代の機能分化へと進化してきたと述べ得た

のは、すでに歴史の駒が原始社会から近代社会へと進んだからである。オートポイエティックな自己言及パラダイムでは、その先の近代を見据えることに消極的にならざるをえないのであろう。今、社会システム論に必要なことは、ゆらぎの意義を取り入れてシステム論における《ゆらぎ-自己言及図式》へのパラダイム転換を実質化することである。おそらくこのパラダイムはモダニティの概念を過去のものとすることになる。今日、かつてのモダニストですら、再帰的近代やハイモダニティ、後期近代などさまざまなかたちで、変容したモダニティの表現を試みている。名称はどうでもよい。要は、モダニティがどのように変容しているかが問題である。ポストモダニティだけ別扱いする必要はない。後期ルーマンが展開した社会システム論は機能分化というモダニティの概念から明らかに位相転換している。それを自己言及的分化と呼ぼうが、あるいはリゾーム分化、脱分節化と呼ぼうが、ベクトルの方向は概略同じである。

注

（1）社会システム論の学説史的な背景については、富永健一『行為と社会システムの理論』に詳しい記述がなされている。富永によれば、「社会学における社会システムという語の普及と定着が、パーソンズの著作『社会システム』に始まるものであった」（富永 1995：95）としている。また、徳安彰（1999）はパーソンズの社会システム論におけるモダニティについての考え方を、ルーマンの社会システム理論を準拠点としながら本章とは別の角度から検討を加えている。

（2）ルーマンは構造-機能理論に対して機能-構造理論とすべきだとしたが、それは機能の前に構造を置くことによって、構造の機能的妥当性チェックをおこなう可能性を奪い、現状の正当化に奉仕するからである。富永（1986：205-206）はそれは誤解であり、構造-機能主義に対する外在的批判をうのみにしたものであるにすぎないとしている。

構造-機能分析の名称に対するクレームはパーソンズの高弟ロバート・マートンからも提出されている。彼は構造と機能をハイフンでつないだ構造-機能分析という名称を用いることに反対の見解を述べ、たんに機能分析とするほうが適切であると提案した。パーソンズはこれに同意して、構造と機能とは同じ分析レベルでみあわないから、両者をハイフンでつなぐことは適切でないと意見表明するようになった。そして、機能は構造よりも分析的に高次の概念であり、構造と同水準でみあうのは、特定の機能を遂行するために所与の構造のもとで営まれる過程であるとした。その経緯については Parsons（1975）を参照。

（3）構造と機能について、これらを記述概念と位置づけるか、それとも説明概念と位置づけるかの多義性やポレミークに関しては、今田高俊（1981, 1986：238–255）を参照のこと。

（4）この経緯については、Bales（1953：111–161）および Parsons and Bales（1953：63–109）を参照のこと。なお、AGIL図式の形成に関する詳細な過程については、高城和義（1986：第4章）が参考になる。

（5）富永健一は社会コミュニティおよび文化の近代化について、社会的（狭義）サブシステムにおける近代化、文化的（狭義）サブシステムにおける近代化という表現を用いている。そして議論を詳細に展開する際には、簡便化のために、両者を合併して社会的-文化的近代化と呼ぶことにするとしている（富永 1990：32）。本章ではパーソンズの議論を尊重して、I部門は社会コミュニティ（societal community）が担うものとし、L部門はほんらい社会システムが文化システムおよび人格システムと相互浸透をする部門であるが、文化サブシステムとすることにした。

（6）各引用は富永（1990：30–31）による。

（7）以下、近代の定義については、今田（2001：58–60）を参照。

（8）ルーマンは、新図式が旧図式をどのように包摂しているかについて、明確な説明はしていない。とくに、自己言及図式が部分-全体図式をどう包摂しているのか注目すべきであるが。

（9）パーソンズは、サイバネティクスの制御論を、行為の一般システムを構成する四つのサブシステム（文化・社会・パーソナリティ・行動有機体）についておこなった（Parsons 1966）。しかしそこで展開されたのは、古典的サイバネティクスにおける情報とエネルギーの関係を基礎に、四つのサブシステムを、高情報-低エネルギーの文化システムから社会、パーソナリティの各システムを経て、低情報-高エネルギーの行動有機体まで垂直的に位置づけたにとどまる。すなわち、相対的に情報の密なシステムがそうでないシステムを制御し、逆に相対的にエネルギー水準の高いシステムがそうでないシステムを条件づける、という関係を類型化したことである。だがこれは、形式的なものにとどまる。

（10）なお、ここでサイバネティクスという場合、目標追求のための負のフィードバック、つまり第一次のサイバネティクスに限定する。最近では、逸脱増幅的な正のフィードバックを第二次のサイバネティクスと呼ぶことが提唱され、オートポイエーシスや自己組織化、複雑系へと議論を拡大する流れがあるが、私はルーズに概念拡張することは慎むべきであると考える。つまり、サイバネティクスとは制御の科学に限定して用いるべきである。

(11)　マトゥラーナとヴァレラによれば、オートポイエーシス論は観察者的視点ではなく、当事者的（構成的）視点を採用することが必須条件である。

(12)　ユルゲン・ハーバーマスは主著『コミュニケイション的行為の理論』（Habermas 1981）でコミュニケーションを行為とみなしている点でルーマンとは対照的である。

(13)　ルーマン理論の論理的不整合を指摘したものに佐藤俊樹（2000）がある。彼によればそのポイントは、①ルーマンの相互作用／組織／全体社会の三つのシステム類型は論理的に整合しない、②ルーマンのシステム論はその要素の〈確定〉に関して重大な論理的飛躍を抱えている、である（佐藤 2008：73-74）。この点をめぐって、長岡克行（2006）とのあいだで論争がなされている。私はルーマン理論のわかりにくさは、サイバネティクス（複雑性の縮減）とオートポイエーシスと現象学の三つを自在に駆使している点にあると考えるが、本章のテーマとは離れるので別途の機会に譲りたい。

(14)　なお馬場靖雄は直接的にはリゾームの概念を使っていないが、ドゥルーズとガタリの著書からの引用でルーマンのいう高度に分化を遂げた社会の諸領域がリゾーミックな活動を呈する様相を指摘している。すなわち、諸領域はそれぞれ「自己完結」しているがゆえに互いに「横断的な接続、包含的な離接、多義的な連節の働きを引き出し、これらの働きによって個体性を転移させせながら種々の採取や離脱や残余を生み出して」（Deleuze et Guattari 1972：訳 342）いくさまを描き出そうとしていると。

(15)　もってまわった表現であるが、機能分化した諸システムの自律性とそれらのあいだの相互作用により全体として機能している社会のことを述べたいのであれば、自律分散システムという概念を用いればよい。しかし、ルーマンは「全体として機能する」という表現を否定しているようである。とすればリゾーム概念を使用するほかない。

(16)　この点について、ヴァレラの見解は筋が通っている。彼は種の進化としての系統発生よりも《個体発生》を重視する。個体は種としての統一性（unity）に関する構造変換の歴史、すなわち系統発生を内部イメージとしてもつ。つまり、個体発生のなかに系統発生が入れ子になって、種の変化の歴史についてのイメージが形成されていることである。要するに、個体発生とは種の水準における系統発生（構造変換の歴史）に個体が反応していく過程である。したがって、個体発生において構造は可塑的となり、絶えざる変形にさらされ、この変形がシステムの独自行動の修正を導くと考えることができる（Varela 1979：32）。

（17）厚東洋輔（2006：9）によれば、「一九八〇年代は、社会学（社会諸科学）の分野で、資本主義／社会主義に代わり、モダンにポストモダンを対峙する議論が一世を風靡するようになった時期といえよう。一九八九年に勃発した『東欧革命』、それに続く『ソ連』という超大国の消滅は、モダンの終焉を象徴する出来事であった」とし、主要な社会理論（哲学）家をポストモダン論のヴァリエーション（肯定／否定、断絶／連続）として描いている。いずれにせよ一九八〇年代に、資本主義／社会主義の図式に代わってモダンvsポストモダンの新しい図式が登場したのである。

（18）根茎の例として、蓮根や球根がある。

（19）短い「まえがき」で二分の一ほど割いてポストモダンに対する牽制と批判を展開していることに、ルーマンの苛立ちが透けてみえる。

（20）脱分節化と表象の危機については、今田高俊（2001：108-126）を参照。脱分節化（dedifferentiation）は、ほんらいならば「脱分化」と訳されるのが適切であるが、「脱文化」と紛らわしいのでこの訳語を採用する。スコット・ラッシュはポストモダンを「脱分節化という特性を有するところのひとつの意味作用の体制」と位置づけ、主に文化パラダイムの問題としてあつかっている（Lash 1990：訳 8）。

（21）近代に関するルーマンの定義は機能分化に集約されるから、近代社会から逃れる道はないという主張は、機能分化を焦点とした社会が永続することを意味する。問題は、彼がいう機能分化は、オートポイエーシス論を採用することにより、従来の近代的な機能分化をはみ出していることである。

文献

Ashby, W. Ross, 1956, *An Introduction to Cybernetics*, Chapman & Hall.（篠崎武・山崎英三・銀林浩訳、一九六七『サイバネティックス入門』宇野書店。）

馬場靖雄、一九九三、「ルーマンと自己組織性」佐藤慶幸・那須壽編著『危機と再生の社会理論』マルジュ社、二五三－二六八頁。

Bales, Robert F., 1953, "The Equilibrium Problem in Small Groups," Talcott Parsons, Robert F. Bales and Edward A. Shills, *Working Papers in the Theory of Action*, Free Press, 111-161.

Cannon, Walter B., 1932, *The Wisdom of the Body*, W.W. Norton.（舘鄰・舘澄江訳、一九八一『からだの知恵――この不思議

なはたらき』講談社学術文庫。）
Deleuze, Gilles et Félix Guattari, 1972, *L'Anti-Œdipe, Capitalisme et schizophrénie*, t. 1, Minuit.（市倉宏祐訳、一九八六『アンチ・オイディプス――資本主義と分裂症』河出書房新社。）
Habermas, Jürgen, 1981, *Theorie des kommunikativen Handelns*, 2Bde., Suhrkamp.（河上倫逸・M・フーブリヒト・平井俊彦訳、一九八五-八七『コミュニケイション的行為の理論』（上・中・下）未來社。）
今田高俊、一九八一、「システム科学と社会変動の論理」安田三郎・塩原勉・富永健一・吉田民人編『社会変動』、基礎社会学、第Ⅴ巻、東洋経済新報社、一八〇-二〇八頁。
今田高俊、一九八六、『自己組織性――社会理論の復活』創文社。
今田高俊、二〇〇一、『意味の文明学序説――その先の近代』東京大学出版会。
厚東洋輔、二〇〇六、『モダニティの社会学――ポストモダンからグローバリゼーションへ』ミネルヴァ書房。
Lash, Scott, 1990, *Sociology of Postmodernism*, Routledge.（田中義久監訳、一九九七『ポスト・モダニティの社会学』法政大学出版局。）
Luhmann, Niklas, 1967, "Soziologie als Theorie sozialer System," *Kölner Zeitschrift für Soziologie und Sozialpsycologie*, 19 : 615–644.
Luhmann, Niklas, 1970, *Soziologische Aufklärung : Aufsätze zur Theorie sozialer Systeme*, Westdeutscher Verlag.
Luhmann, Niklas, 1972, *Rechtssoziologie*, 2Bde. Rowohlt.（村上淳一・六本佳平訳、一九七七『法社会学』岩波書店。）
Luhmann, Niklas, 1982, *The Differentiation of Society*, trans. by Stephen Holmes and Charles Larmore, Columbia University Press.
Luhmann, Niklas, 1984, *Soziale Systeme : Grundriß einer allgemeinen Theorie*, Suhrkamp.（佐藤勉監訳、一九九三・一九九五『社会システム理論』（上・下）恒星社厚生閣。）
Luhmann, Niklas, 1986, "The Autopoiesis of Social Systems," Felix Geyer and J. Van Der Zouwen, *Sociocybernetic Paradoxes : Observation, Control and Evolution of Self-Steering Systems*, Sage Publications, 172–192.
ルーマン、ニクラス、一九九一、「社会システム論の現在」河上倫逸編『社会システム論と法の歴史と現代』未來社、二四三-二七四頁。

Luhmann, Niklas, 1992, *Beobachtungen der Moderne*, Westdeuscher.（馬場靖雄訳、二〇〇三『近代の観察』法政大学出版局。）

Luhmann Niklas, 1997, "Globalization or World Society : How to Conceive of Modern Society?" *International Review of Sociology*, 7（1）: 67-79.（大黒岳彦訳、二〇一四「『グローバリゼーション』か、それとも『世界社会』か——現代社会をどう概念化するか」『現代思想』四二（一六）：八六-一〇一頁。）

Maturana, Humberto R. and Francisco J. Varela, 1980, *Autopoiesis and Cognition : The Realization of the Living*, D. Reidel Publishing.（河本英夫訳、一九九一『オートポイエーシス——生命システムとはなにか』国文社。）

長岡克行、二〇〇六、『ルーマン／社会理論の革命』勁草書房。

Parsons, Talcott, 1945, "The Present Position and Prospects of Systematic Theory in Sociology," Parsons, T., 1954, *Essays in Sociological Theory*（rev. ed.）, Free Press, 212-237.

Parsons, Talcott, 1966, *Societies : Evolutionary and Comparative Perspectives*, Prentice-Hall.（矢沢修次郎訳、一九七一『社会類型——進化と比較』至誠堂。）

Parsons, Talcott, 1975, "The Present Status of 'Structural-Functional' Theory in Sociology," Louis A. Coser ed., *The Idea of Social Structure : Papers in Honor of Robert K. Merton*, Harcourt Brace Jovanovich, 67-83.

Parsons, Talcott and Robert F. Bales, 1953, "The Dimensions of Action-Space," Talcott Parsons, Robert F. Bales and Edward A. Shills, *Working Papers in the Theory of Action*, Free Press, 63-109.

佐藤俊樹、二〇〇〇、「『社会システム』は何でありうるのか——N・ルーマンの相互作用システム論から」『理論と方法』一五（一）：三七-四八頁。

佐藤俊樹、二〇〇八、『意味とシステム——ルーマンをめぐる理論社会学的研究』勁草書房。

高城和義、一九八六、『パーソンズの理論体系』日本評論社。

徳安彰、一九九九、「社会システムのモダニティ——パーソンズとルーマン」『社会学史研究』二一：二五-三六頁。

富永健一、一九八六、『社会学原理』岩波書店。

富永健一、一九九〇、『日本の近代化と社会変動——テュービンゲン講義』講談社学術文庫。

富永健一、一九九五、『行為と社会システムの理論——構造-機能-変動理論をめざして』東京大学出版会。

Varela, Francisco J., 1979, *Principles of Biological Autonomy*, North Holland.

第2章　モダニティと制度論

盛山和夫

1　制度の学としての社会学

近代社会思想における制度なき社会空間の理念

近代とは reflexivity によって特徴づけられるというのが、ベックたち、とりわけギデンズの主張であった（Beck et als. 1994）。ギデンズは「自明視されてきたものからの脱却」としての「ポスト伝統社会」という側面に焦点を当ててこの言葉を使っている。

この見方に一定の妥当性があることは否定できないだろう。「自明視からの脱却」を近代社会のさまざまな側面において見いだすことは難しくない。最も典型的でかつ重要な事例は、近代の社会思想そのものである。ホッブズ、ロック、ルソー、そしてフランス啓蒙主義に代表されるように、近代社会思想にとっての課題と目標は、個人を基盤にして合理的に形成された社会とはいかなるものかを探求し、その実現をめざすことであった。したがって、当然のことながらそこでは「伝統的なもの」、たとえば「イギリス（あるいはフランス）の国制や歴史的伝統」が所与の前提とされることは、まったくない。その点では、まさにＦ・Ａ・ハイエクが言うように徹底的に「設計主義」

であり、「更地での構築」をめざしたものであった。「契約論」と呼ばれるゆえんがここにある。アダム・スミスに始まる経済学は、この設計主義への批判という点では、近代社会思想の源流からの逸脱を意味している。『国富論』の中核にあるのは周知のように「見えざる手」の理論であるが、それは、友人であったヒュームの社会思想と同様に、「自生的秩序」の理論でもある。

しかし、この〈見えざる手〉論と設計主義とには、多くの共通点がある。制度論との関係で重要な点として、次の三つを挙げておこう。第一に、理論構成の第一義的な基盤を「個人の合理性」においている点。第二に、理論は「いつどの社会空間にとっても妥当する」という意味での普遍主義的妥当性を前提していること。そして第三に、理論からの「共同自明知」の排除、すなわち、「すでに人びとが共有しているある特殊な意味世界」というものが存在していることへの無視である。

これら三つの特徴の結果として、両者はまた「原初状態」という「同質的で未分化な社会空間」を出発点に置いている。これは、いわば「制度なき社会空間」である。設計主義の場合には、そこから「契約」ないしそれに準ずる機制を通じてある種の「秩序」が生成されると考える。見えざる手論の場合には、個人および社会空間にあらかじめ内在するメカニズムを通じて、「秩序」がもたらされると考えるのである。

それに対して、「制度」というのは、「自由で平等で未分化な社会空間」からの一定の逸脱を意味している。制度は、それが何であれ、構造、権力、差異、分化、拘束、ルールなどと無縁ではありえない。制度とは、「原初状態」の理念からすればある種の「不純物」であって、本来ならばなくてもいいものである。この意味において、もともとの近代社会思想の根底には、制度へのネガティブな視点があったと言えるだろう。

主流派社会理論としての経済学

功利主義ほど誤解がまかり通っている思想はない。その誤解の詳細は省くが、もともとベンサム（Bentham 1789）によって創始された功利主義は、徹底的な個人主義のもと、社会にとっての善を「個人にとっての善」に帰着させることを骨子とする政治哲学であり、立法と政策を律するべき原理として打ち立てられたものである。したがって、そこにはレッセフェール的なものは何もない。

ただし功利主義は次第に経済学における見えざる手論と結びついていく。それには、本来的には改良主義的な革新思想の担い手であったJ・S・ミルの経済学や、同じように功利主義哲学と経済学とをともに推進したH・シジウィックなどの寄与が大きかったようだ。いずれにしても具体的な経緯はともかく、一九世紀の終わり頃には「功利主義」という言葉は、「社会は、より多くの個人的効用（欲望）の達成をめざす諸個人の自由な活動を基盤とすべきで、政府の関与は最小限に抑えられるべきだ」とするレッセフェール型の経済思想と密接に結びついて理解されるようになっていた。

いうまでもなく、この通俗的に解釈された功利主義は、前に述べた三つの特徴、すなわち「個人の合理性」「普遍主義」「共同自明知の排除」を具備している。それが一九世紀以降の社会理論の主流派を形成した。

このように理解された主流派理論は、「制度論なき社会理論」という特性をもっている。少なくともそのように見える。社会を構成する諸個人は、才能、財、その他の差異は多少あるけれども基本的には同質的で、彼らの合理的で自由な行為選択の結果から生まれる一定の社会秩序はそれ自体として合理的（道理的）である、という見方からなっている。そこでは、人びとが暗黙裡ないし明示的にしたがっているルールや権力的支配、あるいはそれらによって生じる秩序における対立や階層的不平等などは、基本的に無視されている。

見えざる手論を基盤とする主流派理論が描く社会は、ある意味で「透明な世界」である。その世界は個人の合理性によって構成されており、隠されているものは何もない。そこに秩序をもたらす「見えざる手」は「見えないinvisible」と言ってもいわば透明だから見えないだけだ。諸個人は合理的で自由で自律している。そうした諸個人が合理的に行為することによって、結果として望ましい秩序がもたらされる。それが「個人によって必ずしも意図されていなかったことだ」という意味で invisible なわけである。

しかしここには皮肉（アイロニー）がある。近代社会理論が設計主義から始まったということは、それは構想の学だということである。それなのに、主流派の自生的秩序論は社会的空間を見えざる手に委ねることで、少なくとも理論的立場としては「構想」を排除してしまうのである。

対抗理論における制度への着目

当然のことながら、このように世界を透明なものとして描く主流派理論に対する対抗言説も決して少なくはない。こうした対抗言説の一つがいうまでもなくマルクス主義と社会主義思想である。これはどちらかと言えば功利主義が主流派として確立する以前に、それと競うようなかたちで形成されていった。他方、功利主義的思想が主流派としてほぼ確立したあとに、それに欠落していた「制度」への関心を第一義的に押し立てて、主流派とは異なるタイプの社会理論の構築をめざしていったのが、われわれの依拠する社会学であった。

マルクス主義は、資本主義経済には「階級対立」と「搾取」という基底的な構造が存在しているという主張を核としているが、そうした「構造」は広い意味で「制度」ということができる。それは、区別と差異あるいは対立を生み出し固定化するようなメカニズムでもある。そしてこうしたマルクス主義は、「隠れた制度 hidden institution」としての「支配や搾取を司るメカニズムを解明する」という探求の原点ともなった。

あまりそう言われることはないが、マルクス主義のもう一つの特徴である「歴史の発展段階論」にも、「制度的なものへの関心」が現れている。なぜなら、そこでは変化している何かが捉えられており、その何かとは基本的には「制度」だからである。原始共産制とか封建制という概念は、社会経済の制度的特徴を識別するものである。功利主義的な主流派理論には、少なくとも明示的には、そうした歴史発展段階説は見られない。

マルクス主義と並ぶ歴史発展段階説を展開したスペンサーの社会進化論は、主流派との親近性が高く、マルクス主義のように差異や対立には注目していないけれども、それでも「構造分化」のような概念は社会の制度的な違いに注目している。アメリカ社会学がスペンサー理論を基盤にしながら発展していったとき、それを牽引したのは自由放任-弱肉強食の世界観ではなくて、「進化」の理念であった（Breslau 2007）。進化は、たんに物質的生活水準のレベルでのものではなくて、精神的・文化的なレベルでの進化を意味していた。周知のように、スペンサー主義を代表するアメリカの社会学者W・G・サムナーの『フォークウェイズ』(Sumner 1906) はまさに文化と制度の研究であった。

「文化」に注目する理論は、本来的には一元的な進化を前提とする社会進化論とは真逆に位置する。「文化」はもともと「耕作」を意味していた culture が「魂の耕作」として次第に「教養」を意味するようになり、その後、ドイツ文化圏において civilization と対比されて「文化」を意味するようになる。その背景にあるのは、言うまでもなく、啓蒙主義、古典派経済学、あるいは功利主義といった主流派理論への反発である。文化（ドイツ語では Kultur）への注目は、まずドイツロマン主義として始まり、やがて、ドイツ歴史学派、バスチアンの民族学、ヴィンデルバンド、ディルタイ、リッケルトなどの新カント派哲学などを通じてドイツの学問世界に確立していったのである。

ドイツとフランスにおける社会学の興隆を担ったテニエス、ジンメル、ウェーバー、そしてデュルケームたちが、この思想的影響下にあったことはいうまでもない。社会学は、コントにおいては啓蒙主義思想への対抗理論として始まったが、一九世紀末のドイツとフランスでは主として功利主義的経済理論、社会進化論、そしてマルクス主義に対抗する社会理論として発展していった。それが進化論的なアメリカ社会学と合体するかたちで今日の社会学が形成されるのだが、そこには、「制度」への注目という共通基盤があったのである。

社会学をモダニティの学とし、そのモダニティを reflexivity で特徴づけるのは間違いではない。モダニティとは伝統的なものへの反省的なまなざしを契機としているが、ここでの reflexivity にはさらに（主流派社会理論で表象される）モダニティへの reflexive な捉え直しという含意とともに、「社会は人びとのあいだでの反照的な相互作用からなっている」という意味も込められている。どの側面においても、reflexivity は社会における「制度」とかかわっている。したがって、共同主観的に構築される制度、その制度への持続的な反省的捉え直しの過程として動いていく近代という社会、そうした近代の動態そのものを対象とする reflexive な学問としての社会学は、同時にまた「制度の学」でもあるということができるのである。

2　社会学における説明の論理とその問題点

これまで社会学はさまざまなかたちで制度を論じてきた。家族社会学や農村社会学のように、どちらかといえば実証性を重視した研究が多いけれども、何らかの説明の論理が用意されているのも事実である。そうした論理のうち、主要なものとして①共同性内在論、②機能主義、③隠された制度論、そして④構築主義の四つを挙げることができるだろう。

これらはいずれも、これまでの社会学的制度研究を担ってきたきわめて「社会学らしい」説明の論理である。しかしながら、それぞれに「欠陥」があることも否定できない。機能主義のようにすでに「欠陥」がよく知られているものもあるが、ここでそれぞれの説明の論理に潜む問題を明確にしておこう。

共同性内在論

制度的なものの一つの重要な特性は、「共同性」にあると言っていい。制度とは、一定の人びとのあいだで共有されるものである。いかなる制度も「われわれはともに共同の世界を一緒に生きている」という感覚の共有の上に成り立っている。制度の学としての社会学は、まずもってそうした「共同性」の探求に焦点を当ててきた。特に一九五〇年代までの社会学における主たる目標は、個人主義的な主流派社会理論によって無視されていた「人びとのあいだの共同性」を再発見することであった。典型的には、テニエスの「Gemeinschaft」がそうである。彼は「ゲマインシャフトの理論は、本来的あるいは自然的状態としての人々の意志の完全な統一から始まる」（Tönnies 1887：訳 41）と書いているが、ここには「人びとは本来的にお互いに共同的であろうとする意志がある」という主張がある。

テニエスと比べると、ジンメルやデュルケームのスタンスは主流派理論やゲゼルシャフト的なものとより妥協的であった。ジンメルの社会学理論に通底しているのは、資本主義的な経済が進展していくなかでもなおかつ人びとのあいだの共同性は維持されるし、かえって強化されうるというテーゼであった。そのことは、『社会的分化論』や『貨幣の哲学』で明確に主張されている。「社会圏の交叉」の概念もそれを表している。

デュルケーム社会学の主題もそれと似ている。『分業論』のテーマはほとんどジンメルと同じで、経済活動の発展に伴う分業の進展（アダム・スミスの基本テーゼの一つが、「分業によって、生産の効率性が進展する」ということであった）によって、人びとの共同性は弱まるのではなくむしろ「有機的連帯」として強化されるということが想起されることであった。『宗教生活の原初形態』では焦点がいわゆる未開社会に置かれてはいるが、その一方で、フランス革命直後における「祖国」への熱狂に言及したりしながら（Durkheim 1912：訳 385）、近代社会もまたそれと同じ仕組みの共同性によって支えられていることがしばしば主張されているのである。

近代的なものの中にさえ共同性が存在するという認識は、共同性がいわば「いつどこでも普遍的に内在している」という認識と結びついている。それは、クラ交換という不思議な慣習に交換を通じての部族間の結合を見いだした『西太平洋の遠洋航海者』（Malinowski 1922）から、一九六〇年代以降の日本的経営論に至るまで、社会学の一貫した前提ないし問題関心であった。こうした研究が社会学のアイデンティティの確立に大きく貢献したことは間違いない。むろんだいたいにおいて正しいものであった。しかし、「いつどこでも人びとのあいだに共同性への意志が存在している」という仮定は、明らかに正しくないだろう。その前提は、テニエスに典型的に見られるように、家族や地域共同体を過度に理想化し、現実における共同性の負の側面や、共同体に埋没しない個人の独立性を見逃すことになる。

機能主義

社会学が明示的に採用した説明の論理として最も代表的なものが機能主義である。社会学的における機能主義は、デュルケームに帰せられることが多いが、デュルケームの場合には「それによって説明する」というよりは、たんに「社会的連帯に対して機能している」としただけだった。最も明確に「機能主義的に制度を説明」しようとしたのは、じつはデイビスとムーアの機能主義的成層論であった。彼らは、所得格差を中心とする社会的成層について、それは「社会的に必要なものだ」という説明を与えたのであった（Davis and Moore 1945）。

この論理をさらに推し進めたのがパーソンズであった（Parsons 1951）。彼は機能要件（functional prerequisite）という概念を立て、社会システムが持続的な秩序を確立したり整然とした発展の過程をたどるためには一定の機能要件を満たさなければならないとしたのである（Parsons 1951：訳 34）。もっとも、パーソンズの場合、話はかなり抽象的なレベルで展開されており、何らかの特定の制度をその論理で説明しようとしたわけではなかった。たとえば、統合という機能要件に関しては、「共通の価値パターンが人びとの間で共有されなければならない」（Parsons 1951：訳 47）というふうに述べられるにとどまっている。

しかし、パーソンズ理論が機能主義的説明の論理を社会学のある種「固有で正統な論理」としてまつりあげるのに寄与したことは間違いない。

機能主義は、その後一九七〇年代に入ると急速に衰退していき、今ではほとんど誰もがそれは間違った説明の論理だと見なしているが、「なぜ間違っているか」は正しく認識されていない。まず指摘しておきたいことは、ある制度や構造に「機能」というものが存在するという認識そのものは、必ずしも間違いではないということである。たとえば社会的成層という構造的不平等がさまざまな「機能」を果たしていることは疑いえない。したがって、社会的成層構造がたとえば（間違っているかもしれないが）「人びとの経済活動への動機づけ」とか「人的資本の効率的な活用」あるいは「位階秩序の正当化と固定化」といった「機能」を果たしているという説明は、それなりに妥当である可能性がある。

しかし、社会的成層が「効率的な生産のために存在する」と考えることは間違いである。機能主義はいわゆる「目的論的説明」の一種として批判されることが多い。その批判はその通りなのだが、より詳しく言えば、経験科学としての説明の論理としてみた場合に次のような欠陥を免れていないのである。

第一に、「制度Aは機能Xを果たすがゆえに存在する」という説明形式は、具体的に制度Aが存在し維持されるメカニズムを特定していない。どんな制度であれ、その存在や維持を説明しようとするのであれば、まずもってその存在や維持は「経験的なレベル」、たとえば人びとの行動、意識、価値などのレベルで特定的に同定されなければならない。そのうえで、その「機能」も経験的に同定し、当該制度のその機能がそれ自体の存在や維持に効果をもつメカニズムが、目的論的にではなく、できるだけ経験的な証拠を伴って因果的に（機械論的に）説明されなければならないのである。

第二に、「社会にとって機能的だから存在する」という説明の論理は、「社会」を目的的な対象として実体視している。客観的学問のレベルで「社会にとって機能的」という言明は、当の「社会」は社会学の客観的なレベルで実在だという前提を含意しているのである。そして、ある制度が存在する「理由」（reason）として社会への機能がもち出されるということは、その制度が道理的（reasonable）であることを含意し、その道理性は機能の宛先である「社会」の道理性に帰着させられる。これによって、「社会」はそれ自体として「価値」を有する実体へとまつりあげられてしまうのである。言うまでもなく「社会」とはそういうものではなく、「社会」それ自体が「制度」なのであり構築されたものなのだ。ここにあるのは、社会成員たちの主観的な意味世界において自明的に実体視されている「社会」を、「客観レベルでの実在」とみなすというカテゴリー・ミステイク、言い換えれば一次理論の疑似二次理論化である（盛山 1995）。

隠された制度？

どんな学問分野であれ、何かを解明するということはそれまで知られていなかったメカニズムや構造を発見するということである。惑星や月の運行を説明するための「引力」、生物の進化や遺伝を説明するための「遺伝子」や「DNA」などがその代表例だ。

社会学にも、そうしたさまざまなメカニズムや構造の「発見」がある。ウェーバーにおける「世俗内禁欲主義」、デュルケームにおける「アノミー」、あるいはフロムの「社会的性格」やアドルノたちの「権威主義的パーソナリティ」など、枚挙に暇がない。

これらの多くは社会学の発展に大きく寄与してきたものだが、潜在的には次のような問題を抱えている。それは、自然科学的な学問分野と違って、社会学の場合にはこうしたメカニズムや構造を経験的に検証することが困難で、広く受け入れられて確立しているからといって必ずしも十分な学問的検証を経ているわけではないという問題である。

たとえばフーコーの「生-権力」がある。これは、近代国家が、生物学や医学といった科学的営為と連携しながら、「出生率、長寿、公衆衛生、住居、移住といった問題」での「身体の隷属化と住民の管理」を進めてきているという認識を表している（Foucault 1976：訳 177）。この認識そのものにそれなりの妥当性があるのは事実だが（近代国家が、国民の支持のもとに、パターナリスティックに国民の身体を管理ないし改善しようとしてきたことは間違いない）、問題は「生-権力」という概念化である。この言葉はあたかも「生-権力」という仕組みや権力装置が存在しているかのような含意をもつ。つまり、生-権力はただたんに近代国家が国民のさまざまな生の諸側面に対して関心と関与および責任を拡大させてきたということをさすだけではなく、そこにある「意志をもった制度的な実体」が存在するかのようなイメージを作り出すのである。ここで問題なのは実際に「実体として存在する」と主張しているかどうかではない。問題は、あるメカニズムや装置が実体視されることによって、社会現象に関する説明や理解においてそれが一種のデウス・エクス・マキナとして機能してしまうことである。

同じようなことは、道具的理性、国民性、階級、虚偽意識、（フェミニズム理論における）家父長制、などの概念についても言えるだろう。それらは社会現象を支配している潜在的で基底的な構造的要因であると見なされる傾向がある。しかし、そうした概念を用いた社会学的理論は、検証によって確認されるまでは、本来的に「仮説」でしかない。どんな仮説も徹底的な検証作業にさらされるべきであるのだが、社会学にはそうした試みは乏しい。結果として、これらの（仮説としての）構造的要因は、信じる人（研究者）には自明視され、そうでない人には無視されるという不幸な分極化が進んでしまっている。

構築主義

今日の社会学における制度論の主流は、いうまでもなく構築主義である。構築主義は社会の諸制度は「客観的に」存在しているのではなく、人びとの「共同主観性」によって作り出されたものだと考える。

基本的に、構築主義のこの主張は間違ってはいない。制度とはそういうものだ。構築主義の中には、「科学的知識」や「真理」にかんしてもその構築性を主張するものがあり、これは混乱を招いている。確かに、科学的知識や真理といえどもある意味では構築されたものだ。それに科学という営みはそれ自体としては一つの制度である。しかし、少なくとも自然科学の場合には、科学が探求しようとしている「対象世界」は、人間のあらゆる主観性からは独立して存在していると想定される「自然的世界」である。それは、論理的に言って決して「構築されてはいない」。そこでその対象世界までもが構築されたものであるかのように主張する構築主義に対しては、当然ソーカルら（Socal and Bricmont 1998）やハッキング（Hacking 1999）のような批判が浴びせられることになる。

自然的世界と違って社会的世界はそれ自体が構築されたものなので、制度に関する構築主義にはそうした問題は存在しない。しかし、別の三つの問題が存在する。第一は、右の隠された制度論と結びついて、「基底的で構築されていないもの」を探求しようとする傾向である。しばしば、階級とか身体とかがそうした役割を担わされるが、それは空しい。第二は、制度を自明視する本質主義への批判がしばしば当該の制度そのものを学問レベルで解体し、探求対象としての同定を困難にしてしまうという問題である。たとえば、従来の家族社会学が「家族」を本質主義的に捉えてきたことはその通りなのだが、それへの批判が嵩じると、人びとが生きている「家族」という制度とその変容を探求することさえもが「本質主義」だとして退けられてしまうことがある。

第三は、それと関連して、構築主義のもとで、むしろ制度についての研究への関心が弱まってしまうという問題である。その一つの要因は、バーガー＝ルックマン（Berger and Lockmann 1966）などに見られるように、制度の構築が「物象化」といったいわば虚偽の意識過程の産物だとする見方にある。そのような見方からすると、制度が構築されたものだということを確認した段階で、それ以上の探求には意味がないように感じられるのである。

以上、社会学における説明の論理として、内在的共同性論、機能主義、隠された制度論、そして構築主義をあげ、それぞれにおける問題点を指摘した。

次には、社会学を超えて、今日の制度研究で最も盛んな「自生的秩序論」を検討したい。

3　自生的秩序論とその問題

均衡の論理

一九七〇年代以降、見えざる手論を基盤とする主流派経済学のなかからも制度への関心が高まる。新制度学派と呼ばれる一群の研究が盛んに現れ、そのうちの何人かにはその後ノーベル経済学賞が授与された。これらは基本的に、「制度の存在を合理性の論理で説明」しようとするものである。これらは社会学にも影響し、コールマン（Coleman 1990）を代表とする合理的選択理論として展開されている。

今日、こうした研究の中核をなしているのは、「合理性を基礎にした自生的秩序の理論」（rationality-based-spontaneous-order theory）（以下、ＲＳＯ理論と略称）とも言うべき一連の研究である。用いられる手法としては数理的なゲーム理論が基本だが、それだけではなく、実験やシミュレーションを用いたり経験的な事象を扱う実証的研究もある。

ＲＳＯ理論にはさまざまな研究が含まれるが、基底にあるのは、次のような特徴である。

（1）制度はまずもって，人びとの行為選択の組み合わせとして概念化される。

（2）制度の成立は，（a）何らかの意味で「協力」的な行為の組み合わせが，（b）「均衡」をなしていることだと見なされる。

（3）各人の行為選択は，基本的に利得の最大化をめざしておこなわれる。（合理性の仮定）

さて，社会学の立場からすればRSO理論に対してはさまざまな批判がありうるが，その多くは合理性の仮定に向けられている。しかしその批判は外在的で有効なものとは言えない（盛山 2013参照）。むしろ，RSO理論の論理に内在する問題に焦点があてられなければならない。それは均衡の問題である。

制度とは何であれ一定の時間的な持続性を有するはずのものだから，その成立と存続において「均衡」が一つのキーであることは間違いない。RSO理論では，ミクロレベルの「個人行為における均衡」が重要で，そこでは主に二つの均衡概念が活用されている。第一は，ナッシュ均衡であり，第二は，進化ゲームにおける進化的に安定な均衡である。

ナッシュ均衡は，繰り返しゲームを含む通常のゲーム理論における標準的な「解」で，ゲーム理論を用いた制度論では「ナッシュ均衡である状態が制度である」と見なされることが多い。しかしそうした研究者自身がしばしば認めていることだが，これは新しく制度が生まれてくることを説明する論理としては大きな欠陥がある。なぜなら，この論理のもとでは，個人はあらかじめ（ゲーム理論家と同じレベルで）ゲーム全体を見通して当該の均衡戦略を選択するという想定になっており，それは実際上は不可能な事態だからである。特に，協力的な戦略が一回限りのゲームでは合理的ではなくて，繰り返しゲームでそうである場合（たとえば Axelrod 1984）には，その不可能性は無限に大きい。

RSO理論は「制度を自生的なものとして説明する」ことに主眼があるので，ナッシュ均衡の欠点は都合が悪い。そこで，通常のゲームに代わって進化ゲームが用いられることが多くなってきている。進化ゲームの場合には，

「無限の未来まで見通さなければならない」という行為者の認知的負荷は小さい。

進化ゲームでは、レプリケータ・ダイナミックスと呼ばれる動学モデルにおける均衡の成立とその進化的安定性で制度の成立を説明する。後者は基本的に、制度にとって逸脱的な行動が当該の均衡状態から効果的に排除されうることとして理解されている。

こうした進化ゲームの論理は、おそらく生物界の生態学的な変動や進化を扱ううえでは有効なものだろう。というのは、そこでは「意味世界」というものを想定しなくてもいいからだ。しかし、意味世界からなっている人間社会の制度の成立や変動に対しては、進化ゲームがどの程度の有効性をもつかは大きな疑問がある（ただし、国家類型や企業タイプの盛衰を「競争による淘汰」によって説明しようとするときは、類型やタイプを一種の「生物種」と見なしているので、意味世界の問題は生じない）。

たとえば、シグムンド（Sigmund 2010）は、囚人のジレンマゲームの一種である寄付ゲームについて繰り返しゲームでの戦略をプレイヤーとする進化ゲームを分析し、一定の条件のもとで、広い意味で協力的な戦略であるTit-for-Tat が安定均衡となることを示している。必ずしも明示的には述べられていないが、ここではあたかも「人びとが社会的に有意義な事業に寄付をするという協力的な慣行の成立は、Tit-for-Tat 戦略が相互作用の中でより多くの個人利得を与えることを人びとが学習していったからである」という含意がある。

はたしてこうした説明で制度を理解することができるのだろうか。たとえば日本の寄付慣行を代表する赤い羽根共同募金では、寄付者の金銭的利得はゼロに等しい。これは明らかに「寄付することが規範的に望ましいことだ」という観念に支えられている。現実の制度のほとんどは、人びとの規範意識や価値意識を基盤として成立しているのではないか。論者によっては、「規範」の成立そのものをＲＳＯ理論の枠組みで説明できると考えている。たとえば、比較制度学の権威ともいうべき青木昌彦は次のように主張している。

ひとたび、（原初安定的）慣習ないし規範が普及すれば、各プレイヤーは慣習が示唆するある一定の捕獲規模を、自分の権利（taken-for-granted rights）とみなす一方で、他者が残りのウサギを捕獲することを、他者の権利として尊重する。かくして、寓話における慣習の確立は、安定的な慣習的所有権ルールの生成と同一視することができるであろう。（青木 2003：43-44）

つまり、進化ゲーム的に安定均衡が生まれれば、その均衡状態における自分の利得が「権利」と見なされるようになり、それはさらに他者における同様の権利の尊重へとつながって、最終的に「所有権」という規範的制度の成立がもたらされる、というのである。

確かに、ある事象が持続的だと認識されると、それが「当たり前」「自然」「当然」だという認識が生じやすいのは事実である。われわれの思考回路の中に、「事実的なものを規範的に解釈する」傾向があるのは間違いない。しかし、いつでもそうだとは限らない。たとえば、ある人びとの所得が高くて他の人びとのそれが低いという不平等は持続的な事象であるが、だからといってそれが「規範的に正しい」と思う人は、一部の機能主義的成層論者を除いて多くない。あるいは、キーボードの文字配列やパソコン・ソフトなどにおけるデファクト・スタンダードは、持続的な事象ではあるが、それらも別に「規範的な正しさ」として解釈されているわけではない。事実的なものが規範的に解釈される傾向があることは心理的な事実ではあるが、論理的には距離がある。

意味世界における均衡としての制度

制度は意味世界のものである。ただし同時に、制度は一定の持続性を有している。RSO理論は、この持続性を「行為レベルの均衡」と見なすことで制度を説明しようとしたがそれは正しくない。したがって、制度を説明したり理解したりするためには、個人レベルの均衡を超えた意味世界レベルの均衡を考える必要がある。

日本的雇用慣行を考えてみよう。一般には、年功序列、終身雇用、企業別組合などによって特徴づけられることが多いが、最近では、ジョブ型と対比されるメンバーシップ型雇用として、新卒一括採用、正規-非正規の大きな格差、女性の排除などを説明する有力な仮説である（濱口 2013）。最近ではメンバーシップ型雇用の弊害が指摘されるようになってきてはいるが、依然としてメンバーシップ型雇用慣行は高度な堅牢性を保っている。

通常の進化ゲームの論理だと、この堅牢性は、対立する戦略としてのジョブ型雇用を採用している企業が市場に参入しても、競争に敗退するとして説明される。しかしこれは明らかに現実の事態に対応していない。実際に起こっているのは、たんにそれぞれの企業（の経営トップや人事制度の役員）がメンバーシップ型雇用を変更する必要を感じてこなかったということにすぎない。そこで重要なのは、「彼らにおいてメンバーシップ型雇用を変更する動機が生じなかった背景にある、彼らの意味世界の構造」である。行為者の行為を支える意味世界を「一次理論」と呼ぶが（盛山 1995）、今の場合、それは次のようなものだと考えていいだろう。

経営者たちの意味世界の内部：一次理論

新卒一括採用で、一定の能力のある人材が確保できる。女性は中途退職リスクが大きい。女性は管理職に向いていない。女性は残業が難しいなど労働コストが高い。女性は家庭を守ることに専念すべきだ。企業は共同体である。専門的能力だけではなく、企業への忠誠心が重要。途中解雇には訴訟などのリスクが大きい。偶発的な労働力増加の必要が生じた場合には、非正規労働で賄えばいい。中途採用で人材を賄おうとしても、優れた人材は労働市場に出てこない。

彼らはこの一次理論に照らして合理的な行為選択として、メンバーシップ型雇用を継続するのである。言うまでもなくこの一次理論にはさまざまな偏見や誤認が含まれているが、にもかかわらず、彼らの一次理論は、経験的に「確証」される傾向にあった。実際に、女性の多くは結婚・出産・育児で退職する（した）。転職労働市場には、新卒市場ほどに人材が多くない。非正規労働市場には供給が多く、安い労働力を確保することが容易であったのである。したがって、この一次理論が「真理」だと信じられている限りは、彼らの内部から自発的に雇用慣行を変更しようとする動機は生まれない。

これが、「均衡」の実態である。ここでは、制度の安定性は「意味世界の安定性」にかかっている。なぜなら、制度は「行為の組」ではなく「意味世界そのもの」ないし「意味世界に支えられた持続的行為」だからである。

もっとも、近年、日本型雇用慣行には変化の兆しが現れているといっていいだろう。まず、外的状況の変化ないし影響として。長期にわたる日本経済の低迷があり、かなり前から日本型雇用慣行の効率性への疑念は高まっていた。さらに、ワーク・ライフ・バランス思想、男女雇用均等思想の普及などの規範意識レベルでの変化がある。また、リーマンショックの頃から正規-非正規格差への批判が高まるとともに、人口減少対策の一つとして働く母親への支援策が重要視されるようになってきた。その結果、育児・介護休業制度や保育制度のレベルでは具体的な政策的改善が進展している。さらに二〇一三年くらいからは、労働需給の逼迫、政府における女性雇用促進のスローガンの強化があり、ホワイトカラーエグザンプション、解雇の金銭的解決制度、限定正社員など、さまざまな労働法制の見直しが検討されている。

この変化は必ずしもメンバーシップ型からジョブ型への変化を意味するものではないかもしれないが、いずれにしても従来の日本型雇用慣行に何らかの変化がもたらされるだろうと推測することができる。

4　制度研究の課題

制度がある種の安定的均衡からなっているというのは間違いではない。一定の持続性を伴うからである。しかしその均衡は決して「利得の損益計算で導かれる行為選択」の均衡ではない。そうではなくて、「意味世界の安定性」にかかっている。

この構図は、暫定的であるけれども、図2-1のように示すことができるだろう。

制度は全体としては左側の「経験的世界」も含むものであるが、根幹にあるのは右側の「意味世界」である。し

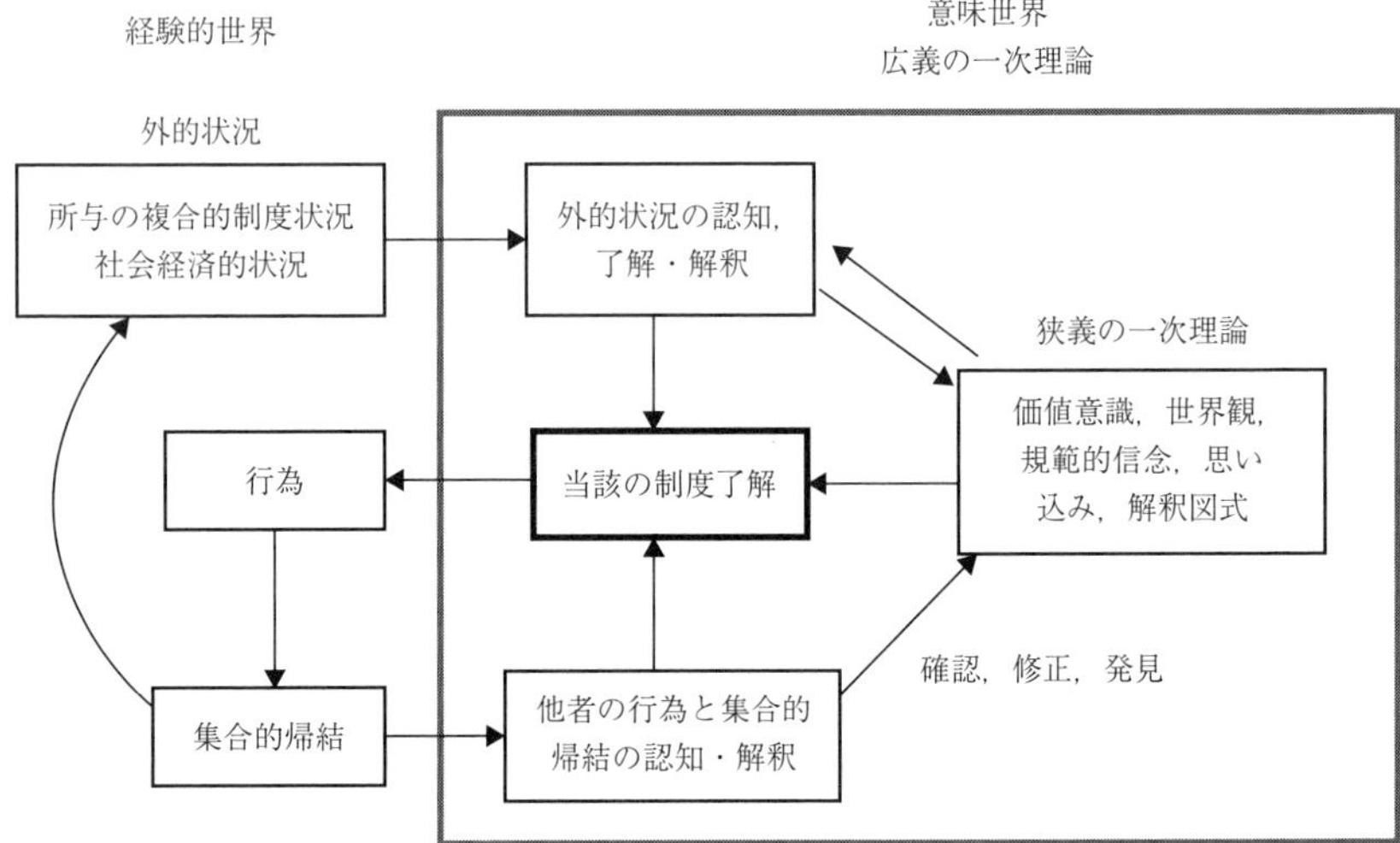

図２−１　意味世界としての制度とその均衡

出所：筆者作成。

たがって、制度の持続性は意味世界の持続性にかかっており、行為の持続性はいわばそのコロラリーにすぎない。むろん、制度の「生成」や「変化」についても同じことが言える。このことから、制度についての探求には、次のような研究戦略が導かれるだろう。

(1) 制度の発見：経験的制度研究の中核をなすのは、「経験的に観測される現象の背後には、いかなる制度が存在するか」を発見することであるが、そこでは「どんな特性をもった意味世界がその制度を構成しているか」についての「発見」ないし「仮説」がポイントとなる。

(2) 制度の生成：(制度一般ではなく、当該の個別の) 制度はいかにして存在するようになったのかという問題へのアプローチは当然のこととして、「新しい意味世界がどのようにして生まれてきたか」の探求が主軸となるだろう。たとえば、「資本主義」という経済制度の成立には、「カルヴァン派の予定説→世俗内禁欲主義」という「新しい意味世界に支えられた新しい生活様式の生成」が関与していたというウェーバーの理論は、(間違っているかもしれないが)

そうした探求の模範例をなしている。

（3）制度の存続と安定：制度はいかにして存続しているかという問題は、「当該の意味世界はいかにして安定的に持続しているか」の探求を基盤にして答えられるだろう。先の日本型雇用慣行についての簡単な説明は、その一つの具体例である。

（4）制度の構想：制度についての探求は決してすでにある制度に限定されない。それは、「社会的空間は、いかなる制度によってどのように（よりよく）変えることができるか」という構想の問題にもかかわっている。ここでは、「どのような意味世界であれば、あるいは現在の意味世界がどのように変われば、新しい（よりよい）制度が成立しうるか」が探求の中心になるだろう。

これが、意味世界としての制度への探求の基本構図である。残念ながら、これまでの制度研究は意味世界を明示的に組み込むことに失敗している。

近代の社会理論は制度構想の学として発展してきた。しかし、皮肉なことに、その主流派として確立されたのは「自生的秩序論」であり、それは「構想」の重要性を無視する理論であった。構想は意味世界の構想である。制度論は、もう一度、構想としての制度、そしてまた意味世界としての制度という原点に立ち返って再構築されなければならないだろう。

文献

青木昌彦、二〇〇三、『比較制度分析に向けて』（新装版）ＮＴＴ出版。

Axelrod, Robert, 1984, *The Evolution of Cooperation*, Basic Books.（松田裕之訳、一九九八『つきあい方の科学』ミネルヴァ書房。）

Beck, Ulrich, Anthony Giddens and Scott Lash, 1994, *Reflexive Modernization : Politics, Tradition and Aethetics in the Mod-*

ern Social Order, Polity Press.（松尾精文・小幡正敏・叶堂隆三訳、一九九七『再帰的近代化――近現代の社会秩序における政治、伝統、美的原理』而立書房。）

Bentham, Jeremy, 1789, *An Introduction to the Principles of Morals and Legislation*.（山下重一訳、一九七九「道徳および立法の諸原理序説」（抄訳）、関嘉彦責任編集『世界の名著49　ベンサム　ミル』中央公論社。）

Berger, Peter L. and Thomas Luckmann, 1966, *The Social Construction of Reality*, Doubleday & Co.（山口節郎訳、二〇〇三『現実の社会的構成――知識社会学論考』（新版）新曜社。）

Breslau, Daniel, 2007, "The American Spencerians : Theorizing a New Science," Craig Calhoun ed., *Sociology in America : A History*, The University of Chicago Press, 39–62.

Coleman, James S., 1990, *Foundations of Social Theory*, Harvard University Press.（久慈利武監訳、二〇〇四・二〇〇六『社会理論の基礎』（上・下）青木書店。）

Davis, Kingsley and Wilbert E. Moore, 1945, "Some Principles of Stratification," *American Sociological Review* 10 : 242–249.

Durkheim, Émile, 1912, *Les formes élémentaires de la vie religieuse : Le système totèmique en Australie*.（古野清人訳、一九七五『宗教生活の原初形態』（上・下）岩波文庫。）

Foucault, Michel, 1976, *L'Histoire de la sexualité I : La volont de savoir*, Gallimard.（渡辺守章訳、一九八六『性の歴史Ⅰ――知への意志』新潮社。）

Hacking, Ian, 1999, *The Social Construction of What?*, Harvard University Press.（出口康夫・久米誠訳、二〇〇六『何が社会的に構成されるのか』岩波書店。）

濱口桂一郎、二〇一三、『若者と労働』中央公論新社。

Malinowski, Bronislaw, 1922, *Argonauts of the Western Pacific : an account of native enterprise and adventure in the archipelagoes of Melanesian New Guinea*.（増田義郎訳、二〇一〇『西太平洋の遠洋航海者――メラネシアのニュー・ギニア諸島における、住民たちの事業と冒険の報告』講談社学術文庫。）

Parsons, Talcott, 1951, *The Social System*, Free Press.（佐藤勉訳、一九七四『社会体系論』青木書店。）

盛山和夫、一九九五、『制度論の構図』創文社。

盛山和夫、二〇一三、『社会学の方法的立場――客観性とはなにか』東京大学出版会。

Sigmund, Karl, 2010, *The Calculus of Selfchness*, Princeton University Press.

Sokal, Alan and Jean Bricmont, 1998, *Fashionable Nonsense : Postmodern Intellectuals' Abuse of Science*, Picador.（田崎晴明・大野克嗣・堀茂樹訳、二〇〇〇『「知」の欺瞞――ポストモダン思想における科学の濫用』岩波書店。）

Sumner, William G., 1906, *Folkways : A Study of the Sociological Importance of Usages, Manners, Customs, Mores, and Morals*, Ginn and Co.（青柳清孝・園田恭一・山本英治訳、一九七五『フォークウェイズ』青木書店。）

Tönnies, Ferdinand, 1887, *Gemeinschaft und Gesellschaft : Grundbegriffe der reinen Soziologie*.（杉之原寿一訳、一九五七『ゲマインシャフトとゲゼルシャフト』（上・下）岩波文庫。）

第3章　モダニティと社会学
――「社会的なるもの」の把握をめざして

友枝敏雄

1　社会学の誕生

西欧近代と社会学

我々が現在、社会科学と呼ぶ学問の多くは、西欧近代において誕生したものである。それではなぜ西欧近代において社会科学は誕生したのであろうか。その原因の一端を明らかにするものとして、西欧近代の特色に注目してみよう。

西欧近代とは、「個人」と「社会」を発見した時代だった。「個人」と「社会」を発見したという意味は、自然現象とは異なるものとして、個人の行為や社会現象が理解されるようになったということである。つまり自然とは明確に区別された「個人」と「社会」という概念によって、世界や社会が認識されるようになったのである[1]。

洋の東西を問わず、近代以前の社会では、自然と社会は未分離であり、自然現象と社会現象とを同一の原理・法則で説明することが試みられていた。西洋では万物の根源を、水（タレス）や火（ヘラクレイトス）に求めた古代ギリシャの自然哲学がその典型である。その後ヨーロッパ世界を支配したキリスト教は、神と人間・万物との断絶を強調したものの、結局、人間・万物を根拠づけるものは神にほかならなかった。また神と人間・万物との断絶を強調したがゆえに、両者を媒介するものとして、神の子であり人の子であるイエスの存在がきわめて重要になってくるのであった。

古代中国では、儒家思想の中核であった天命という概念が、その人の運命ということと、森羅万象の条理ということを意味していたことから明らかなように、自然の秩序と個人の運命とは同じ認識枠組みで認識できるという理論的同型性が前提にされていた。

「個人」の発見

「個人」の発見は、思想史のうえでは、思索する主体もしくは主観の発見であり、個人もしくは主観が、行為や認識の出発点して重視されるようになった。この個人もしくは主観を重視する考え方は、個人主義と呼ばれ、西欧近代を特徴づける思想となった。

個人主義は、自分で意思決定し行為する人間観を前提にして成立する。換言すれば、個人行為者を自己決定と自己責任の主体とみなす人間観のもとで成立する。自己決定と自己責任ということは、個人行為者に権利と義務が付与されているということである。

このような個人主義を前提にすると、いかなる社会が立ち現れるのであろうか。次の二点を指摘しておこう。まず第一に、個人行為者に権利と義務が付与されていることの当然の帰結として、さまざまな社会的資源[2]の帰属が個人になる。このことを最も単純に表現するならば、Aという社会的資源はXさんに帰属することになり、Bという社会的資源はYさんに帰属することになるということである。かくて個人所有＝私的所有が発生する。「一物一権」といわれる近代の法体系は、個人主義を前提にして成立しているということができよう。

第二に、「自己決定と自己責任」という行為原理は、必然的に〈考える私〉、〈行為する私〉の出現を伴っていた。近代における〈考える私〉、〈行為する私〉の登場は、自由な個人が成立したことを意味していた。この自由な個人を支える個人主義思想と自由主義思想は、あのローマの建国者ロムルスとレムスという双子の兄弟のように、ほぼ同時に誕生し近代西欧を支える思想的源流として発展していったのである。

ところで階級、身分、家柄などによる拘束が弱まり、自由になればなるほど、自分とは何かということが明らかにされない限り、自己の一体性・一貫性は保てなくなる。自己の一体性・一貫性の問題は、「私とは何か」という近代固有の問題として登場してくる。「私とは何か」という問題は、個体的同一性の問題と呼ぶことができる。個体的同一性の問題は、哲学においては人間の実存の問題としてあつかわれ、心理学においてはアイデンティティの問題としてあつかわれてきた。

近代の個人主義によって社会の全領域に浸透した個人所有＝私的所有の問題について、マルクス、エンゲルスに代表される社会主義思想が批判してきたことはあまりにも有名な歴史的事実である。本章の目的は私的所有の問題を取り上げることにはないので、これ以上論じないが、近代社会の根幹に個人所有＝私的所有があることを指摘しておく。

本章で問題にしたいのは、個人主義の原理は、確かに近代以降の制度を成立させる主要な原理になってきたが、この原理のみによって、ポストモダン社会あるいは「第二の近代」といわれる二一世紀の社会の全域を覆い尽くすことは不可能なのではないかということである。(3) なぜなら、「自己決定と自己責任」という行為原理を採用できる人間は、社会の一部の人間ではないのか、さらに言えば二一世紀の社会においては、「自己決定と自己責任」という行為原理のもとで行為できない人びとが増加しているのではないかと考えられるからである。

端的に述べよう。「自己決定」できないし「自己責任」を取ることができない人びととは、具体的にはどのような人びとなのだろうか。三つの例を挙げることができる。第一は、医療技術の進歩がもたらした、生まれつき障がいをかかえた人たちの存在である。第二は、高齢化社会のなかで、増加する認知症高齢者である。いずれもケアを必要とする人たちである。もちろん認知症高齢者については、成年後見制度があり、この制度によって自己決定を補完することが試みられており、そのような試みの意義を否定するつもりはない。

以上二つが先進諸国に多く見られる事例であるとするならば、第三の事例は開発途上国に多く見られる事例である。開発途上国では、極度の貧困にあえぐ人びとが、生活の糧を得るために、少年少女による労働にとどまらず、売春、臓器移植のための臓器売買、代理出産といったショッキングな行為をせざるをえないという実態がある。確かにこのような行為に、幾分かは「自己決定」の部分があるかもしれないが、一連の行為の帰結について「自己決定であるから自己責任をとりなさい」と言うことができる人が、どれだけいるであろうか。むしろ多くの人びとは「貧困のために、そういう行為をせざるをえないのだ」という解釈を下し、「そういう行為をしないですむような社会を作り上げるべきだ」と考えるのではないだろうか。

これら三つの例が明らかにするのは、「個人主義の原理」のみで社会の全域を覆い尽くすような制度を作り上げることは困難だということである。確かに「個人主義の原理」によって立ち上げることのできる制度が多くあることも事実であるし、これまでに「個人主義の原理」にもとづいて立ち上げられた制度で、現在も有効な制度はある。しかし、「個人主義の原理」以外の制度によって制度を立ち上げ、「個人主義の原理」によって不可能な領域を補完することが必要であろう。違った言い方をするならば、「個人主義の原理」は、社会制度の構想において、他の原理とともに存在する一つの原理として位置づけられるべきものである。

経済学理論の前提にある「ホモエコノミクス」（経済人）思想は、人間の多様性を極度に単純化して、いわばフィクションとして想定された人間像にもとづいている。にもかかわらずホモエコノミクスにもとづく経済理論は、経済現象の説明に有効である。このことをふまえるならば、個人主義思想が想定する個人もまた、少々極端な表現になるが、フィクションとしての個人と考えるのが適切であろう。

「社会」の発見

すでに述べたように、西欧近代における「社会」の発見は、自然とも人間（個人）とも異なる社会現象の独自の規則性・法則性を探究する学として、社会科学（政治学、経済学、社会学などからなる）を誕生させた。

社会学の始祖をサン・シモン、コントに求めるならば、社会学はあのフランス革命前後のフランス社会の動乱のなかで誕生したことになる。ほとんどは推測もしくは解釈となってしまうが、「第三身分」の台頭による身分制および絶対王政の崩壊に示されているように、「社会というものは存在する。社会というものは変化する。しかも独自のメカニズムをもって変化する」という当時の人びとの実感が、社会学という学問を誕生させたと考えられる。

翻って日本に住む私たち日本人は、このような実感をいつもちえたのであろうか。おそらく幕末から明治維新にかけての時期は、ペリー（黒船）の来航・薩英戦争などに示された欧米列強との対峙、士農工商という身分制社会の崩壊、廃藩置県、徴兵制の実施という出来事を通して、多くの人びとは世の中の激動を感じていたに違いない。当時の日本には、「社会」という言葉がなかったため、現在「社会」と呼んでいるものをいかなる言葉で表現していたのかということは、きわめて興味深い問題であるが[4]、ここではその問題に立ち入らない。重要なことは、現在「社会の変動」という言葉で表現する事態を、人びとは実感していただろうということである。また第二次世界大戦の終戦と焼け野原となった東京や、原爆で焦土と化した広島・長崎を見た人、その後の戦後日本の歴史を体験した人びとも、「社会の変動」を実感したに違いない。

個人と社会

社会学の研究対象はいうまでもなく「社会」である。しかるに一方には「個人」も存在する。したがって「個人と社会」というテーマが、社会学の究極のテーマになったことは、「個人」の発見と「社会」の発見という主題を一手に引き受けるかたちで誕生した社会学にとっては、当然の帰結であり宿命的なものであったといえよう。一方での「個人」と他方での「社会」とがいかなる関係にあるのか解明したいと考えるのは、少しでも知的好奇心のある人なら誰でも容易に思いつくことである。

現在の経済学では、ミクロ経済学とマクロ経済学がエレガントなかたちで展開されているが、ミクロ経済学とマクロ経済学とを統合する理論を構築するという試みは少ない。これに対して、社会学では、ミクロレベルとマクロレベルとを統合する試みがなされてきた。この試みは「ミクロ-マクロ・リンク」と呼ばれることもあった。ミクロレベルとマクロレベルとのあいだに、メゾレベルを設定して統合する試みもなされてきた。

経済学ではあまり熱心に追究されない「個人と社会」もしくは「ミクロ-マクロ・リンク」というテーマが、社会学で追究されるのはなぜか。社会学の歴史を振り返ってみると、著名な社会学者が執拗なまでにさまざまなことを試みているが、ここまで社会学者がこのテーマに固執する理由は何か。その理由として、二つ考えられる。

第一に、ミクロレベルにおける社会学の研究対象は、個人行為者の行為もしくは意味である。ルーマン理論にのっとるならば、コミュニケーションとなる。マクロレベルでの社会学の研究対象は、行為の集積、意味の連鎖、コミュニケーションの接続によって生成する「社会的なるもの」にある。ここで「社会的なるもの」を分解していって、単純に要素としての行為、意味、コミュニケーションにたどりつけるのであれば、「個人と社会」もしくは「ミクロ-マクロ・リンク」という問題が登場することはない。しかるに「創発特性」（emergent property）、「意図せざる結果」という言葉に端的に示されているように、「社会的なるもの」は、要素たる行為、意味、コミュニケーションの単純な総和としては出現しないのである。

「意図せざる結果」についての最も有名な社会学的研究は、あのマックス・ウェーバーの『プロテスタンティズムの倫理と資本主義の精神』である。周知の通り、ウェーバーはプロテスタンティズムの倫理（カルヴァンの予定説）における「世俗内禁欲」というエートスが、西欧に近代資本主義を発生させたとするものであり、熱心なプロテスタントの主観的意図に反して、客観的帰結として近代資本主義が誕生したという有名な命題を提示しているのである。この命題は、その後の社会学理論の展開において、「（行為者の）主観的意図と客観的帰結とのずれ」として位置づけられている。

少々手垢のついた言葉になってしまっているが、「行為者の主体性」を重視したうえで、「社会的なるもの」（集合的なるもの）を説明したいという、近代科学ならではの使命にとらわれると、「個人と社会」もしくは「ミクロ-マクロ・リンク」という問題は、社会学者にとっては追究しなければならないテーマになるのである。

第二の理由は、ミクロレベルでの分析単位ともいうべき行為、意味、コミュニケーションが数量化不可能、測定不可能なことである。したがって「社会的なるもの」を行為、意味、コミュニケーションの集計量として表現することができない。つまり第一の理由とも幾分重なるのであるが、数量化不可能であるから、「社会的なるもの」を単純に要素の総和として捉えることができないのである。

このように考えてくると「個人と社会」もしくは「ミクロ−マクロ・リンク」という問題を完全に解明するような理論は、そもそも不可能なのかもしれない。しかしながら社会学の研究対象が、行為、意味、コミュニケーションにあるのだから、行為の集積、意味の連鎖、コミュニケーションの接続を通して「社会的なるもの」の生成を明らかにすることは、社会学的研究の王道なのである。社会学的研究の真骨頂は、ここにあるのだ。(5)それゆえ、「社会的なるもの」の探究は、社会学者が挑戦せざるをえないテーマになるのである。

2　「社会的なるもの」の探究

エートス、集合意識、社会的性格

社会的なるものの探究の例として、いかなるものを考えればよいのであろうか。マクロな全体社会にかかわるものとして、国家、民族、制度といったものを考えることができる。しかしここでは、「個人と社会」もしくは「ミクロ−マクロ・リンク」という問題の文脈で考えているのであるから、行為の集積、意味の連鎖、コミュニケーションの接続といったものに近いものを考えてみよう。

意識というものは個人固有のものであり、個人の内面において主観的に構成されたものである。複数の意識からなる集合的なもの、もしくは個人意識が集合したものを「社会的なるもの」として想定することはできるであろうか。

この問いを念頭においたうえで社会学的研究をおこなったものは、社会学の歴史において多く見られる。古くはマルクスに端を発し、ルカーチ、マンハイムへと継承されたイデオロギー研究がある。ただしイデオロギー研究の力点は、イデオロギーの存在を所与としてイデオロギーが人びとにいかなる影響を与えるのかという点にあった。つまりイデオロギーの生成過程を論ずるものは少なかったといえるであろう。そこでここでは、もう少しミクロレベルに照準しながらも、ミクロ的なものからマクロ的なものが生成されることに注目したものとして、ウェーバーの「エートス」、デュルケームの「集合意識」、フロムの「社会的性格」をとり上げることにする。

社会学史上に燦然と輝くこれらの概念を考察する準備作業として、ギデンズの知識の二重性（二重の解釈学）にふれておこう。

知識の二重性（二重の解釈学）

ギデンズの言う二重の解釈学とは、行為者が日常生活のなかで活動していくために解釈している（意識的であれ、無意識的であれ）ことや知っていることを、さらに学者が解釈し科学的説明をすることである。つまり社会科学的な知識は、日々の生活のなかで人びとが解釈している意味の枠組み（frame of meaning）と、いわば科学的説明のために社会科学者によって作り出された意味の枠組み（frame of meaning）とからなっているのである（Giddens 1984：374）。

このギデンズの考え方を捉え直すと、われわれが社会を営むうえで用いる知識は二重である、つまり知識には二重性があるという考え方になる。一つは、われわれが日々行為する場合に用いる知識である。日常生活で用いる知識は、当該の行為者が行為するたびに必ず言語化されるものではない。言語化されるにしても、いわばローカルな知（当事者の意味連関）にもとづいて言語化されるものである。たとえば朝起きて、顔を洗い、朝食をとるといった行為は、これまでの学習によって身体技法になっているものである。もう一つは、身体技法や日常生活の行為を科学的に説明したり、自然、社会、文化の現象を因果関係やメカニズムとして説明する知識である。これは言語化された知識であり、他者に説明可能にされた知識である。前者の知識の例として、慣習的行為や集団の年中行事といったものが考えられるから、これを実践としての知識と呼ぶことができる。これに対して、後者の知識は言語によって説明可能であるから、科学的知識もしくは合理的知識と呼ぶことができる。リオタール（Lyotard 1979）にならうならば、前者の知識は物語的知識であり、後者の知識は科学的知識だということになる。

知識の二重性（二重の解釈学）の考え方が重要であるのは、次の二点にある。第一は、生活世界における知識を科学的知識にすることによって、文化の負荷性、社会の負荷性をかなり減少することができるから、理解可能になり、ある程度「客観性」を帯びた知識になることである。

第二に、科学的知識は、日常生活における知識を捉え直したものであるから、構成された知識であるということである。つまりある程度「客観性」を帯びた科学的知識であるとしても、構成された知識なのである。このことは、経験的レファレントをもたない知識の場合にはきわめて明瞭になる。たとえば「神への信仰」という知識は、「人びとのしかじかの行為は神への信仰の表明である」という解釈を加えて（構成されて）、「神への信仰」が理解可能になるのである。ウェーバーの「思念された意味」に由来する意味連関という言葉を用いるならば、知識の二重性（二重の解釈学）とは、人びとの日常生活における意味連関と研究者によって構成された科学的知識にもとづく意味連関とがあるということである。これからとり上げるエートス、集合意識、社会的性格はすべて構成された科学的知識であることをふまえて論じていくことにしよう。

ウェーバーのエートス

『プロテスタンティズムの倫理と資本主義の精神』においては、エートスについては自明なものとされており、ウェーバー自身の説明はない。そこでわが国におけるウェーバー研究の第一人者である大塚久雄によると、「『エートス』とは単なる規範としての倫理ではない。宗教的倫理であれ、あるいは世俗的な伝統主義の倫理であれ、そうした倫理的綱領とか倫理的徳目とかいう倫理規範ではなくて、そういうものが歴史の流れのなかでいつしか人間の血となり、肉となってしまった、いわば社会の倫理的雰囲気とでもいうべきもの」なのだと説明されている（大塚

1991：388）。ウェーバーのエートス概念で重要なのは、そういうエートスをもった人びと（カルヴァン派の人びと）は同じ行為をする、それが図らずも資本主義的経営を推進していくということにある。そういう行為がマジョリティ（企業家も労働者も含む）になることによって、社会が変化していくということである。

繰り返しておこう。ウェーバーの卓抜な説明においては、社会の多くの人が同じエートスを保持していることが重要なのではない。同じエートスをもつ多くの人びとが同じ行為をする、その結果、新たな集団・組織が出現して社会が変化していくことこそが重要なのである。

デュルケームの集合意識

まずデュルケームが集合意識について、どのように述べているか見てみよう。

> 同じ社会の成員たちの平均に共通な諸信念と諸感情の総体は、固有の生命をもつ一定の体系を形成する。これは集合意識または共同意識と呼ぶことができる。（Durkheim 1893：訳 80）

> ……集合意識の諸状態は、個人意識の諸状態とは性質を異にしており、別種の表象をなしている。集団の心性は、個々人の心性とは異なったものであり、それ固有の諸法則をもっている。（Durkheim 1895：訳 32）

> 個人意識から区別された集合意識……。（Durkheim 1895：訳 208）

ここから明らかなように、デュルケームは個人意識と異なるものとして集合意識を考えている。『社会分業論』において、デュルケームは前近代社会を機械的連帯からなる環節構造型の社会とし、近代社会を有機的連帯からなる機能的に高度に分化した社会とする。そしてこの二つの連帯には、二つの意識が対応している。機械的連帯には、社会全体に共通な集合類型をあらわす意識が対応し、有機的連帯には、各個人に固有な人格をあらわす意識が対応している。

周知の通り、デュルケームには「機械的連帯から社会的連帯へ」という社会発展の命題がある。彼にとって近代社会は、機能的に高度に分化した社会のもとで有機的連帯が優位する社会なのである。と同時に、近代社会は個人主義を称揚する結果、個人主義の伸張する社会でもある。

個人主義の進展する社会において、集合意識はどうなるのであろうか。この問いについて考えることを通して、デュルケームは「個人と社会」の問題に対する解答を見出そうとしている。『社会分業論』を素直に読むと、集合意識は機械的連帯にもとづく前近代社会にのみ存在し、有機的連帯にもとづく近代社会では消失するという、きわめて割り切った（明確な）デュルケーム解釈をすることができる。確かに近代社会では集合意識は弱まるであろう。しかし何らかの集合意識はあるのではないか。あるいは何らかの集合意識は必要なのではないか[6]。

デュルケームにとってのディレンマは、まさしくここにあったのであり、このディレンマを解決する方策として、デュルケームが考えたのが、パーソンズのデュルケーム解釈として有名になった「契約の非契約的要素」である[7]。デュルケームは「契約の非契約的要素」について、次のように述べている。

> 契約はそれ自体自足的ではない。社会から生ずる契約の規制力があったはじめて可能である。契約がこの規制力を含んでいる理由は、第一に、契約は、既存の一般的準則を個別的な事例に応じて変えながら適用する機能をもつが、新しい準則をつくりだす機能にとぼしいからである。第二に、契約は、はっきり確定していることが必要なある条件のもとにおいてのみ拘束する力をもち、またもちうるにすぎないからである。（Durkheim 1893：訳 210）

ここに示されているように、「契約の非契約的要素」とは、契約を実効性あるものとするために契約の背後で作用している規制力のことであり、契約当事者双方に存在する、お互いを信頼して契約を履行するという義務感のようなものである。

近代社会においては個人主義が浸透することによって、個人の行為を拘束するものは相対的に弱くなる。にもかかわらず「契約の非契約的要素」が、二者間の安定的な相互作用を可能にする。デュルケーム自身、直接述べているわけではないが、「契約の非契約的要素」は、近代社会における集合意識の一つの現象形態（具体的形態）だと考えられる。

『社会分業論』の刊行から二年後に刊行された『社会学的方法の規準』において、デュルケームは、社会的事実を「固定化されていると否とを問わず、個人のうえに外部的な拘束をおよぼすことができ、さらにいえば、固有の存在をもちながら所与の社会の範囲内に一般的にひろがり、その個人的な表現物から独立しているいっさいの行為様式のことである」と定義している。（Durkheim 1895：訳 69）。したがって『社会分業論』で示された「契約の非契約的要素」（卄）という集合意識は、社会的事実の本質をなすものだといえる。

フロムの社会的性格

あまりにも有名だが、フロムのいう「社会的性格」については、名著『自由からの逃走』の「付録　性格と社会過程」で詳しい説明がなされている。フロムは社会的性格を、「その集団の大部分の成員の性格構造に共通する面」であるとしたうえで、次のように定義している。

> 社会的性格は、……一つの集団の大部分の成員がもっている性格構造の本質的な中核であり、その集団に共同の基本的経験と生活様式の結果、発達したものである。（Fromm 1941：訳 306）

この定義に明らかなように、社会的性格は個人の心理的性向ではない。もちろん社会的性格は個人の意識の集積したものとして成立するが、個人の意識から切り離された独立のものとして存在し、個人行為者に影響を与える。フロムは第一次世界大戦後のドイツ中産階級に浸透していた「権威主義的パーソナリティ」は社会的性格の様相を呈していたとし、この社会的性格があのナチズムへの信奉につながっていったとする。

フロムは、フロイトとの違いとして、人間は本来的に社会的存在であるとして、人間の行為の動因を生物学的要因や心理的要因に求めるのではなくて、社会的要因に求めることを主張する。そのような社会的要因として、「社会的性格」を提示しているのである。もちろん人間の行為は、社会的要因のみによって説明されるものではない。心理的要因（個人のパーソナリティ）や生物学的要因によって説明される部分もある。しかし社会的要因として「社会的性格」を提唱し、「社会的性格」によって説明しようとしたところに、フロムの特色がある。このフロムの姿勢は、自殺の原因を社会的要因にもとめたデュルケームの姿勢ときわめて類似している。『自殺論』において、デュルケームが次のように述べていることを指摘しておく。

> ふつう、集合的傾向とか集合的情念などというときには、人々はそれらの表現を、たんなる比喩、あるいはものの言い方としか考えず、ある数の個々人の状態の一種の平均を表す以外には、なんら実在的なものをさしていないとおもいがちである。人々は、それをものとみなすこと、個人の意識を支配する一種独特の力とみなすことを拒んでいる。だが、これ（ものであること、一種独特の力であること）がそれらの本質なのであり、そのことは、ほかならぬ自殺統計があざやかに証明している。（Durkheim 1897：訳 274）

エートス、集合意識、社会的性格に通底するもの

ウェーバーの「エートス」、デュルケームの「集合意識」、フロムの「社会的性格」を瞥見してきた。それぞれの概念の紹介は、これまでの学説研究における標準的理解にとどまっているが、これら三つの概念をいわば一堂に会してながめてみると、「社会的なるもの」を発見する端緒になっていることが明らかになる。本章では、これらの三つの「社会的なるもの」としての共通点に焦点をあててきたが、あえて三つの違いを指摘するならば、次のようなことがいえる。デュルケームは「社会的事実」という概念を提唱しているし、フロムはフロイトの心理学的接近とも、マルクスの経済学的接近とも距離をとって、社会学的接近を試みている。つまりデュルケームもフロムも、社会学的説明という方法に自覚的だったといえる。これに対してウェーバーは、「エートス」という概念を社会学的説明の方法のなかに位置づける姿勢が弱い。この点で、「エートス」が「集合意識」「社会的性格」に比べて、幾分社会的な色彩が弱いとみることもできる。

このような差異を指摘できるにしても、重要なのはすでに述べた通り、「社会的なるもの」が人間の行為を発生させ、社会を変化させることに、つまり「社会的なるもの」が社会変動の駆動因になっていることにある。この点において、「エートス」も「集合意識」も「社会的性格」も社会学史における卓越した業績として、二一世紀においても高く評価されているのである。(8)

3　「社会的なるもの」の客観的測定は可能か

社会学における社会意識研究

現代社会において「社会的なるもの」を測定することはできるだろうか。「エートス」にしろ、「集合意識」にしろ、「社会的性格」にしろ、個人の行為の集積の結果として生成し、生成されたら逆に個人の行為に影響や拘束を及ぼすものである。そこで個人をベースにした意識調査の結果から、「社会的なるもの」をどのようにして発見すればよいかということについて、具体例をあげながら考えてみよう。

そのような研究として、社会学の世界では「社会意識」研究というものがあった。(9)社会意識とは、マルクス主義の影響下に生み出された言葉であり、社会意識とほぼ同義な言葉として、「エートス」「集合意識」「社会的性格」がある。

日本の社会学において、社会意識を計量データにそくして研究した代表的なものとしては、「国民性調査」（統計数理研究所）とＳＳＭ調査における「中」意識研究（正確には「階層帰属意識」研究）とがある。「エートス」「集合意識」「社会的性格」を計量データにもとづいて捉えるとなると、価値志向・社会観の研究となる。価値志向・社会観の研究には、内閣支持率・テレビ視聴率等の世論調査も含まれる。

高校生調査の計量データ分析から「社会的なるもの」へ

ここでは二〇〇一年以来、六年ごとに三回にわたって筆者が中心となって実施してきた高校生調査[10]の分析結果から、「社会的なるもの」に迫ってみよう。図3-1は、社会観についての七つの質問項目に対する賛成意見の単純集計結果を三時点で比較したものである。

1　就労外国人のために政府は工夫すべきだ
2　太平洋戦争の件で日本は謝罪すべきだ
3　福祉のため税金を上げることもやむをえない
4　時代遅れのしきたりや慣習は廃止すべきだ
5　日本の文化や伝統は他の国よりも優れている
6　行事の際に国歌・国旗を用いるべきだ
7　国のためにやりたいことが制限されてもかまわない

当初は、高校生の社会観がどのようなものであるかを知るために、この質問項目を採用した。高校生調査の最大の目的は、高校生の規範意識が低下しているのか、それとも変容しているのかを明らかにすることにあった。したがって社会観に関する質問項目は、規範意識と社会観との関連を解明するために設定されたものであった。

1．就労外国人のために政府は工夫すべきだ
2．太平洋戦争の件で日本は謝罪すべきだ
3．福祉のため税金を上げることもやむをえない
4．時代遅れのしきたりや慣習は廃止すべきだ
5．日本の文化や伝統は他の国よりも優れている
6．行事の際に，国歌・国旗を用いるべきだ
7．国のためにやりたいこと制限されてもかまわない

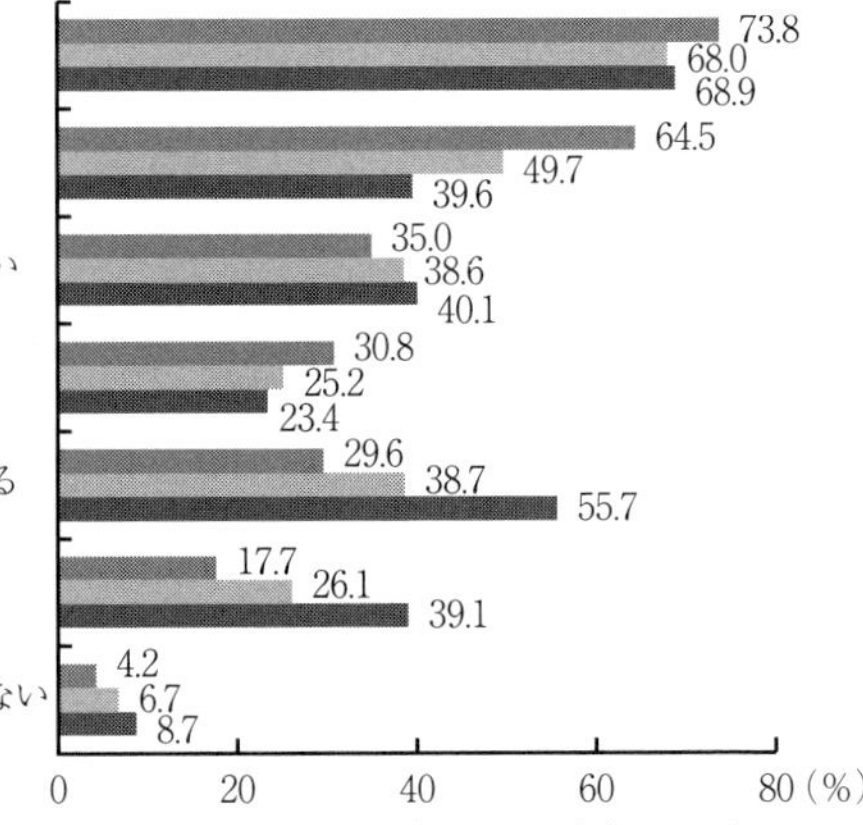

■2001年福岡調査　■2007年福岡調査　■2013年福岡調査

図3－1　社会観の変化

出所：友枝編（2015：104）

しかるに、社会観そのものの分析を通して、高校生のなかに「新しい保守意識」ともいうべきものが発見されたこと、しかもその「新しい保守意識」は、職業科の高校や進路多様校よりも、地域の進学校で強いことが明らかになった。第一回高校生調査を実施したのは、あの九・一一アメリカ同時多発テロの直後の二〇〇一年九月から一〇月にかけてであった。もう少し詳しく述べるならば、二〇〇一年は、あの「ベルリンの壁の崩壊」（一九八九年）から一二年経ち、日本ではネオリベラリズム思想が浸透し、小泉内閣がスタートした年であった。

二〇〇一年第一回高校生調査で発見された「新しい保守意識」の動向をより鮮明にするために、第二回高校生調査（二〇〇七年）でも第三回高校生調査（二〇一三年）で、社会観に関する質問を実施した。

図3-1には、第一回調査から第三回調査までの三時点データがそろう福岡県のデータを示しているが、第二回調査（二〇〇七年）、第三回調査（二〇一三年）で実施した大阪府のデータも、福岡県のデータと同じ趨勢を示している。

七つの質問項目の各項目については、実際の調査では、「賛成」「やや賛成」「どちらともいえない」「やや反対」「反対」の五段階で質問している。図3-1には、「賛成」と「やや賛成」との合計の数値を示しており、項目は合計の数値（二〇〇一年

時点で）の大きい順にならべている。

図3-1で注目されるのは、三時点の変化が想像した以上に大きいことである。特に注目されるのは、次の三点である。

第一に、2「太平洋戦争の件で日本は謝罪すべきだ」への賛成が、二〇〇一年の六四・五％から二〇〇七年の四九・七％を経て、二〇一三年の三九・六％へと、一二年間に二八・九ポイント減少していることである。

第二に、5「日本の文化や伝統は他の国よりも優れている」への賛成が、二〇〇一年の二九・六％から二〇〇七年の三八・七％を経て、二〇一三年の五五・七％へと、一二年間に二六・一ポイント増加していることである。

第三に、6「行事の際に国歌・国旗を用いるべきだ」への賛成が、二〇〇一年の一七・七％から二〇〇七年の二六・一％を経て、二〇一三年の三九・一％へと、一二年間に二一・四ポイント増加していることである。

二〇〇七年調査の分析で、すでに指摘したことだが（友枝 2009）、二〇一三年調査の分析を加えることによって、二〇〇〇年代に入ってからの保守化の趨勢が著しく進展していることが明らかになった。

保守化・右傾化傾向の社会学的インプリケーション

これら三時点の社会観の変化をどう呼ぶか、なかなか難しいところだが「保守化・右傾化」と呼ぶことができよう[11]。これまでの分析で、高校生の保守意識には、次の三点があることが明らかになっている（友枝 2003：2009）。

（1）　日本社会の現状に、たとえ完全に満足していないにしても、現状を肯定し維持しようとする態度

（2）　日本の伝統を高く評価する態度（＝日本賛美）

（3）　ナショナリズムを尊重する態度

高校生の保守意識が、たんなる現状肯定の意味での「保守」であるとともに、日本の伝統を高く評価する態度に

とどまっているのであれば、何ら問題ない。違った言い方をするならば、脱政治的色彩を帯びた社会観であるならば問題ない。しかるに保守意識がナショナリズムと結びつき、右傾化し、政治的色彩を帯びた社会観として登場しているのであれば注意を要する。近年の尖閣列島、竹島をめぐる日中関係、日韓関係の緊張、さらには二〇〇八年以降のリーマンショックによる経済の停滞、年金財政の深刻化といった状況は、若者に政治的色彩を帯びた社会観を醸成しているといえる。香山リカがかつて指摘した「ぷちナショナリズム」（香山 2002）のレベルを超えて、保守化・右傾化が進行していると考えるのが正鵠を得ているであろう。

高校生調査データの計量分析から明らかになった保守化・右傾化の趨勢(12)の社会学的インプリケーションは何であろうか。保守化・右傾化の趨勢が、本章で述べてきた「エートス」「集合意識」「社会的性格」の変化を示していることは明らかである。だとすれば、このような保守化・右傾化の趨勢が、社会構造全体の変動を惹起する可能性があることである。もちろん社会変動が、人びとに幸せをもたらすような変動であれば、何も心配する必要はない。逆に混沌へと向かうような変動であれば、何らかの対応が必要であろう。現時点で、将来いかなる社会変動が生起するのか予測するのは、きわめて困難である。しかしながら高校生における保守化・右傾化の趨勢は、政治的エネルギーが蓄積されていることを示している。比喩的な表現となるが、「閾値」を超えた瞬間に、エネルギーが発散された瞬間に、劇的な社会変動が起こるのではないかということを示唆しているようである。高校生調査データにみられる保守化・右傾化の趨勢は、社会変動が社会の混乱と混沌を招来しないように、さらには人びとを不安と絶望へと至らせないように考えていくことを、私たちに要請しているように思われる。

注

（1）個人と社会が何故ヨーロッパで発見されたかということについては、ヨーロッパ近代を問うという大問題になるので、ここではとり上げない。

（2）社会的資源とは、経済学における財（goods）の概念を一般化したものであり、個人行為者および社会の活動に、さまざまなかたちで使用されるものの総称。富永（1986）は，社会的資源を次のように分類している。

社会的資源の分類

	手段的（手段として）	完結的（報酬として）
物的資源	資本財	消費財
関係的資源	勢力・権力	威信
文化的資源	手段としての知識・教養	尊重の対象としての知識・教養

（3）第二の近代はベック（Beck 2010）の言葉である。第二の近代については拙稿（友枝 2012）を参照のこと。
（4）明治期における society の訳語の誕生については，林（1966）を参照のこと。
（5）もちろんミクロレベルとマクロレベルを必ず接合しないと社会学の研究にならないということではない。ミクロレベルに限定して研究することも可能だし，マクロレベルに限定して研究することも可能である。
（6）この点に関しては，田中（2002）が参考になる。
（7）「契約の非契約的要素」に関する優れた論考として，流王（2012）がある。
（8）「エートス」「集合意識」「社会的性格」と類似した概念として「心性」がある。「心性」については，稿を改めて論じたい。
（9）社会意識研究としては，宮島（1983）が参考になる。
（10）第一回高校生調査の分析結果については，友枝・鈴木（2003）を，第二回高校生調査の分析結果については，友枝（2009）を，第三回高校生調査の分析結果については，友枝（2015）を参照のこと。
（11）右傾化という言葉が，若者の意識を十分に的確に捉えているとはいえない面があることは事実である。しかし適切な言葉がないので，ここでは従来からある「右傾化」という言葉を用いておく。
（12）質問紙調査のデータから，保守化・右傾化の趨勢という命題を導出するにあたり，さまざまな測定誤差が入り込んでいることは，否定できない。特に質問紙調査に高校生が記入する際に各質問文をどのように理解して回答しているかについて，何らかのチェックが必要であろう。質問紙上でおこなうチェックのやり方としては，他の質問項目との関連をみて，回答の妥当性をチェックする方法がある。第三回高校生調査（二〇一三年）では、東日本大震災についての高校生に自由回答記述をしてもらっている。回答された単語の関連の分析を見る限り、高校生はそれなりの理解にもとづいて回答している。このことから推測すると、保守化・右傾化の趨勢という命題も一定の信憑性をもっているといえよう。自由回答記述の分析については、阪口・樋口（2015）を参照のこと。

文献

Beck, Urlich, 2010, "Varieties of Second Modernity : The Cosmopolitan Turn in Social and Political Theory and Research," *British Journal of Sociology*, 61（3）: 403-443.

Durkheim, Émile, 1893, *De la division du travail social*, F. Alcan.（田原音和訳、一九七一『現代社会学大系２　社会分業論』青木書店。）

Durkheim, Émile, 1895, *Les règles de la méthode sociologique*, F. Alcan.（宮島喬訳、一九七八『社会学的方法の規準』岩波文庫。）

Durkheim, Émile, 1897, *La Suicide*, F. Alcan.（宮島喬訳、一九六八『世界の名著47　デュルケーム自殺論』中央公論社。）

Fromm, Erich, 1941, *Escape from Freedom*, Farer & Rinehart.（日高六郎訳、一九五一『自由からの逃走』東京創元社。）

Giddens, Anthony, 1984, *The Constitution of Society*, Polty Press.

林恵海、一九六六、「邦訳『社会』考」『東京女子大学比較文化紀要』二一：六五－一一二頁。

香山リカ、二〇〇二、『ぷちナショナリズム症候群』中公新書ラクレ。

Lyotard, Jean.-François, 1979, *La condition postmoderne*, Editions de Minuit.（小林康夫訳、一九八六『ポストモダンの条件』水声社。）

宮島喬、一九八三、『現代社会意識論』日本評論社。

大塚久雄、一九九一、「訳者解説」『プロテスタンティズムの倫理と資本主義の精神』ワイド版岩波文庫、三七三－四一二頁。

阪口祐介・樋口耕一、二〇一五、「震災後の高校生を脱原発へと向かわせるもの——自由回答の計量テキスト分析から」友枝敏雄編『リスク社会を生きる若者たち——高校生の意識調査から』大阪大学出版会、一八六－二〇三頁。

田中耕一、二〇〇二、「規範と心——実践的行為の構造」『関西学院大学社会学紀要』九一：七一－八五頁。

富永健一、一九八六、『社会学原理』岩波書店。

友枝敏雄、二〇〇三、「高校生・高校教師の社会観と『新しい保守意識』」友枝敏雄・鈴木譲編『現代高校生の規範意識――規範の崩壊か、それとも変容か』九州大学出版会、一二九－一四八頁。

友枝敏雄・鈴木譲編、二〇〇三、『現代高校生の規範意識――規範の崩壊か、それとも変容か』九州大学出版会。

友枝敏雄、二〇〇九、「保守化の趨勢と社会観・政治的態度」友枝敏雄編『現代の高校生は何を考えているか――意識調査の計量分析をとおして』世界思想社、一一五－一三八頁。

友枝敏雄編、二〇〇九、『現代の高校生は何を考えているか――意識調査の計量分析をとおして』世界思想社。

友枝敏雄、二〇一二、「社会理論の基礎としての公共性と正義」牟田和恵・平沢安政・石田慎一郎編『競合するジャスティス――ローカリティ・伝統・正義』大阪大学出版会、二八九－三一〇頁。

友枝敏雄編、二〇一五、『リスク社会を生きる若者たち――高校生の意識調査から』大阪大学出版会。

流王貴義、二〇一二、「『契約における非契約的要素』再考」『社会学評論』六三（三）：四〇八－四二二頁。

Weber, Max, 1905, "Die Protestantische Etik und der »Geist« der Kapitalismus," Gesammelte Aufsätze zur Religionssoziologie, 3Bde., J.C.B.Mohr.（大塚久雄訳、一九九一『プロテスタンティズムの倫理と資本主義の精神』（抄訳）、ワイド版岩波文庫。）

第4章　自己産出系の公理論
——システム論のsyntaxとsemantics

佐藤俊樹

1　自己産出系論への公理論的アプローチ

この数十年の間、システム理論の再構築は理論社会学の重要な主題の一つになっている。構造-機能主義によるシステム理論の体系化は、機能要件の定義や構造の同定可能性をめぐって大きな壁にぶつかった（Parsons 1951：志田・恒松・橋爪 1984）。一九八〇年代以降、それに代わる新たなシステム論の試み、たとえば新機能主義（J・アレグザンダー）、second-order cybernetics（M・マルヤマ）、システムと生活世界の二重性（J・ハーバーマス）、自己組織系論（今田高俊）などが提案され、検討されてきた。N・ルーマンによる自己産出系論 autopoietic system theory もその一つである。現時点では最もよく生き残っている試みとさえいえるが、にもかかわらず、その中身は十分に定式化されたとはいいがたい。むしろ、どう定式化するかの方向性も明確になっていない。

以下に述べるのは、その方向性の提案である。一言でいえば、自己産出系理論群の公理論化 axiomatization of autopoietic system theories をめざすものだ。正確にいえば、自己産出系論が成立しない可能性も含むため、「自己産出系関連の理論群 theories related to autopoietic system」とした方が正確だが、わかりやすさを優先してこう呼んでおく。

ここでいう「公理論化」とは、数学や記号論理学のそれを念頭に置いている。[1] まず、［1］基本的な理論的命題群を「理論構文 syntax」として位置づける。そのうえで、［2］その syntax に対して対応する事象の水準でモデルを考える。すなわち「意味論 semantics」を定式化する。[2]［3］その syntax と semantics の組み合わせに関して妥当性を検討する。裏返せば、組み合わせには複数の可能性がある（当該 syntax が成立しない可能性も含めて）。[3] そういう作業にあたる。

数学や論理学では当たり前の作業だが、社会学では必ずしもそうではない。[4]「モデル」という語が syntax と semantics の両方に用いられてきたことからも、それはわかるだろう。自己産出系論は基本的な術語群が生物学から移入され、社会学とは異なる semantics を元来もっていたこともあって、例外的にこうした作業ができる状態にあるが、だからといってこの理論がより正しいわけではない。むしろ、こうした公理論化を通じて、自己産出系論のどこをどの程度引き継げるのかに関してどう考えればよいのかを明確にする。それがこの論文の目的である。

ただし、紙幅の関係で、ここでは課題の設定と syntax と semantics それぞれの定式化の初めの部分を述べる。残りの部分、複数の具体的な syntax と semantics、そしてその組み合わせの検討、視覚的表現などは別の論考にゆずるが、[5] 理論的な検討の方向性の提案としては、本論考で完結している。

なお、ルーマンの学説研究との関連でいえば、彼自身の術語にも「意味論 Semantik」がある（たとえば Luhmann 1980：1981および高橋 2002参照）。盛山（1995）の術語を借りれば、ルーマンの「意味論」は当事者水準の一次理論、ここでいう semantics は観察者水準の二次理論にあたるが、システムの作動形式を syntax と考えれば、どちらも semantics にあたる。それゆえ、不必要な混同をさけるため、ルーマンの術語をさす場合には「意味論」という表記を用いる。詳しい議論は具体的な semantics の提案とあわせて進めた方がよいので、今回は省略する。

2　syntax と semantics の位置づけ

1節で述べた理由から、本論考では syntax と semantics を厳密に論理学での意味で用いる。すなわち、syntax は基本要素とその特性とそれらの関連させ方の規則、semantics はその syntax をみたす（ある程度形式化された）対象事象のモデル、たとえば社会的事象のモデルにあたる。『意味とシステム』の第4章で定式化した「コミュニケーションシステム論……の公理系」（佐藤 2008：218など）も semantics にあたる（6節参照）。

ただし、論理学や数学での公理論では、syntax は完全に形式的な記号列とそれらの変換規則になっており、無限回の演算ができる（佐藤 2017）。それに対して、自己産出系で想定される基本要素とその関連させ方は、形式化されていない重要な術語を含む。たとえばルーマン自身もスペンサー-ブラウン代数を導入して形式化を試みたが、syntax と semantics の両面で深刻な問題を抱えた。自己産出系論に限らず、社会学の理論は少なくとも現状では、数理化できるような、高度に形式化された syntax はもっていない。

こうした場合、syntax だけで閉じて演算することができない。他の仮定を加えて関連させ方の基本的な規則から新たな命題を導く場合も、常に semantics のモデルとの対応をとる必要がある。だからこそ、syntax と semantics が明確に区別されず、両者をあわせて「モデル」と通称されてきたのだろう。一方、公理論では semantics の方もある程度形式化されている必要があるが、それも社会学ではあまり進んでいない。

それゆえ、ここで試みる公理論化は限定的なものにすぎない。というか、そもそも私は、社会学の理論が一般的に公理論として構築できるとは考えていない。この論考の前提にあるのは、あくまでも特定の理論群に関するまったく経験的な現状認識と予想である。

すなわち、複数の具体的な対象に対して自己産出系論は一定の経験的記述力をもち、かつその「モデル」に関して理論的検討が進められている。そうした現状では［1］～［3］のような公理論的な定式化が見通しよい整理をあたえ、今後の理論的検討にも経験的応用にも役に立つだろう。たとえば、複数のちがった制度を、データを反映させながら比較する汎用的な枠組みとして評価するうえでも、公理論的定式化は有効な手段になる。

要するに、syntax と semantics の両方をできる範囲で形式化した上で、その組み合わせを検討することで、理論をより見通しやすくし、使いやすくする。そんな試みだと考えてくれればよい。

3　自己産出系論の syntax

具体的な考察に入る。

まず、自己産出系論の syntax、すなわち中心的な理論命題群から考えてみよう。現状ではこれにも複数の可能性があるだろうが、ここでは以下のように仮定する。

（1）社会の制度はコミュニケーションを基本要素としており、そのあいだには基底的自己準拠 basale Selbstreferenz（basal self-reference）という特性がみられる。

（2）基底的自己準拠がなりたつ関係性には、反射性 Reflexivität（reflectivity）と反省 Reflexion（reflection）が加わることがある。

最も重要なのは、（1）の基底的自己準拠である。これはシステムを構成する要素が他の要素との関係においてのみ要素たりえることをさす。したがって、特定のシステムの要素にあたるコミュニケーションは、同じシステムの要素にあたる他のコミュニケーション群との関係からのみ成立する。制度がシステムであれば、その制度を構成するコミュニケーションは、その制度を構成する他のコミュニケーション群との関係によってのみ、その制度を構成するコミュニケーションたりえる。「他のコミュニケーション」にも同じことがいえるから、自己準拠になる。

なお、（1）はルーマンの「全体社会 Gesellschaft」を含まない。「制度」という語で、コミュニケーション群が帰属する「自己」にあたる意味的な同一性が当事者水準で構成されているものに限定してある（佐藤 2011：第10章、なお注7も参照）。

この基底的自己準拠が成立すれば、H・マトゥラーナとF・ヴァレラが提唱した意味での「自己産出 autopoiesis」が成立しているといえる。すなわち、「自己」とされる構成要素から、それらのみから、「自己」とされる構成要素がうまれる。彼ら自身による syntax の定式化は以下の通りである。

オートポイエティック・マシンとは、構成素を産出する構成素の産出（変形および破壊）過程のネットワークとして、有機的に組織（単位体（unity）として規定）された機械である。このとき構成素は、次のような特徴をもつ。（i）変換と相互作用をつうじて、構成素を産出する過程（関係）のネットワークを、絶えず再創始し実現する。（ii）ネットワーク（機械）を空間に具体的な単位体として構成し、その空間内において、そうしたネットワークとして実現される位相的領域を特定することで、構成素が存在する。（Maturana and Varela 1980：78–79, 訳 70–71 訳文は一部変更）

この基底的自己準拠は作動的な閉域 operative closure をなす。すなわち、特定時点でみて上の条件をみたすコミュニケーションを要素とする集合が、一つのシステムになる（奥山 1990：128–130）。いうまでもなく、これは外部の影響を因果的に受けないことではない。外部からの影響はうけるが、それは常に構成要素のあり方を通じたものになる。それゆえ、構成要素のあり方だけで産出関係を十分に記述できる、ということである。

作動的な閉域は自己が自己をうみだすという自己組織化現象の一つとも見なせるが、多くの自己組織系論が外部–境界–内部という三つを区別するのに対して、自己産出系論には外部と内部しかない。システムの要素であることを「内」とすれば、「内」とされるコミュニケーションは、「内」とされるコミュニケーション群のみからうみだされる。そういう産出関係が自己産出であり、システムという「自己」は、そうしたかたちで「内」とされていくコミュニケーション群からなる。

それゆえ、自己産出では「内」の特定と「自己」の特定は同義である。その点で、境界の自己定義に注目する型の自己組織系論とは大きくことなる（Luhmann 1997：315, 訳 354-355、佐藤 2011：368-371など）。このちがいは、ルーマン自身のシステム論の展開にもあてはまる。自己産出の導入前は、境界の自己定義に注目していたが、導入後は自己産出の関係性を重視している。

4　自己産出の形態

（2）は（1）への追加である。

まず、要素を産出する関係性の一部が形式化されて表象されて、関係性それ自身へ適用されることがある。これが反射性にあたる。「過程的自己準拠」とも呼ばれる。

たとえば、組織のコミュニケーションでは、組織の規則に反していないことが、組織のコミュニケーションたりうる要件の一つになる。その意味で、組織の規則は要素を産出する関係性の一部であるが、その規則が組織の規則たりうる要件の一つは、自らを含めた組織の規則とされるものに反していないことである。

次に、産出関係全体が反省されて、その全体像に反しないかどうかで、産出される要素、組織でいえば「この組織のコミュニケーション」になるかどうかを判断する基準にされることもある。こちらが反省にあたる。

反射性も反省も、産出の関係性の一部が形式化されて表象されて、自己の要素を成立させていく関係のなかで言及されている状態にあたる。つまり、要素を産出する関係性の特殊な形態として定義できる（奥山 1990：132-135）。これらの形態をとることでどんな性質が加わるかについては、まだ十分には解明されていないが、重要なのは、これらもまた産出の関係性、すなわち基底的自己準拠の一部であることだ（佐藤 2009）。たとえば、組織の規則を決めるのも、組織の要素としてのコミュニケーションである。より日常的な言い方をつかえば、組織の行為を成立させる要件の一つである組織の規則をうみだすのも組織の行為であり、当然、それは組織の規則にしたがうという要件をみたす。

つまり、産出の関係性の一部を表象するのも、その表象をあてはめて「自己かどうか」を判断するのも、「内＝自己」とされるコミュニケーションである。それゆえ、そのコミュニケーションが「内＝自己」でないとされれば、表象もそのあてはめも失効、すなわち無意味化される。もちろん、「内＝自己」でない外部観察が「内＝自己」である条件をどれほど適切に文字化しても、自己産出の関係にはかかわらない。

その意味で、（1）は（2）の前提であり、（2）は（1）への付加にあたる。（2）の付加は無矛盾だと考えられているが、証明されたわけではない。適切な制限が必要になる可能性はある。

5　制度の経験的記述との関係

2節ですでに述べたように、基底的自己準拠-反射性-反省という形式は、完全な意味での syntax とはいいがたい。にもかかわらず、そう位置づけた方がよいと考える最大の理由は、やはり2節で述べたように、複数の制度の挙動を経験的に記述し分析するうえで役立つからである。たとえば近代的な組織（公式組織）、さらには、法や政治、経済や教育、あるいは科学やマスメディアなど、これまで社会学が漠然と「制度」と呼んできた事象群は、これを syntax として定式化することができる。それによって、その内部での、あるいはそれぞれの間での（厳密にいえば、「外部」とされる事象への内部の）挙動をより見通しよく描くことができる。

ルーマン自身は自己産出の適用範囲をもっと広く考えていたが、私は、組織システムと機能システムおよびそれらに関連する範囲、すなわち、伝統的に「制度 institution」と呼ばれてきた事象群に限定した方がよいと考えている。それでも、複数の事象にその抽象的な枠組みをあてはめられるのは、驚くべきことだ。それによって、たとえば（1）がなぜ成立するのか、つまり基底的自己準拠がなぜ成立するのかについて複数の可能性を残しながら、制度の挙動を比較分析し、それにかかわる因果をある程度特定できる[6]。

繰り返すが、これは（1）（2）が正しいことを意味しない。たとえば、特定の場合に（1）が成立しているかのように見える事態が成立することを導き出せる、もっと一般的なsyntaxがあるかもしれない。けれども、それも裏返せば、（1）が少なくとも部分的にはsyntaxになることを意味する。

（1）（2）の有用性を低く評価する立場からは、まったくちがった結論がでてくるだろうが、その妥当性は経験的分析にどれだけ役立つかで判断すればよい。だから（1）（2）それぞれの経験的な記述力を測定できるかたちで、定式化しておく方がよい。syntaxとsemanticsをわけたうえで、その組み合わせを（（1）がsyntaxでない可能性も含めて）考えるのは、そのための手段でもある。

6　自己産出系論のsemantics

では、このsyntaxに対してどのようなsemanticsをあたえられるのだろうか、すなわち論理学的な意味でどんなモデルをあたえられるのだろうか。

これに関しても複数の可能性があり、どのsemanticsが妥当かは、syntaxとしての有用性からある程度切り離せる[7]。すでに述べたように、これは「ある程度」にすぎないが、syntaxとsemanticsを分離して考えることができる意義は、あらためて強調しておきたい。従来の社会学において、この二つはともに「理論」「モデル」と呼ばれてきた（⇒2節）。それは両者をわける必要がなかったからだ。すなわち、syntaxとしての有用性がsemanticsでの妥当性に直接依存していたか、あるいはsyntaxとしての可能性がsemanticsでの妥当性の弱さを補っていたか、どちらかであった。

前者は「世界観としての理論」にあたり、後者は「統一理論への期待」にあたる。別の言い方をすれば、前者は

「イデオロギー的押し付け」、後者は「空手形」だ。そのどちらにも欠けているのは、経験的な記述性能という評価視点である。逆にいえば、経験的な記述性能の高さを評価視点にすれば、syntax と semantics を分離して考える意義を新たに追加できる。前節で述べたように、経験的な分析にとって汎用性のある syntax は有力な道具になる。理論的な検討にとっては、汎用性のある syntax をより適切に使うための作業として、理論的検討の経験的な意義も主張できる。

『意味とシステム』で定式化した公理系は、この semantics にあたる。たとえば第4章では、自己産出系の「作動 Operation」を行為-コミュニケーション論という枠組みで捉え、「コミュニケーションが接続する」という事態に三つの可能性があることを指摘した。接続が①接続されるコミュニケーションの内部で成立する、②接続するコミュニケーションの理解において成立する、③接続されるコミュニケーションすべてが接続にかかわる、である（佐藤 2008：225–226など）。

『意味とシステム』では syntax と semantics を区別しなかったので、この定義①②③に対応するコミュニケーションシステムの特性を想定して、それを公理だとした。基底的自己準拠-反射性-反省を syntax とみなした場合は、定義①②③とそれぞれ対応する公理が semantics にあたる。このうち、定義②は特に「行為の意味の事後成立性」と呼ばれ、『意味とシステム』の公刊以前から大きな争点になってきた。

7　伝統的な行為論との接続

この点にもかかわるが、より具体的に semantics を考えていくうえで、大きな示唆をあたえてくれるのは、伝統的な社会学のなかで「行為論」と呼ばれてきた枠組みである。とりわけ重要なのはM・ウェーバーの理解社会学、特にその「動機」記述の定義だ。

> 「動機」とは、行為者または観察者から、あるふるまいの意味的な「根拠」としてみなされる意味連関をいう。一連の継起したふるまいは、その諸部分の関係が私たちの平均的な思考や感情の習慣に照らしてみて、類型的な（ふつうは「正しい」と表現される）意味連関として認められる程度に応じて、「意味適合的」だとされる。それに対して、先行した事象に後続する事象は、経験則に照らしてみて、機会を有する程度、すなわち、つねに現実に同じような経緯をたどる程度に応じて、「因果適合的」とされる。……
>
> 具体的なふるまいの正しい因果的な解明は、その外的な経過と動機が符合していると同時に、その関連性において意味的に理解されると認められることを意味する。（理解される「行為類型」の）類型的なふるまいの正しい因果的な解明とは、典型的とされる出来事の経過が、（ある程度）意味適合的だとみなされ、かつ（ある程度）因果適合的だと確認できることを意味する。（Weber 1921：550，訳 17-18 訳文は一部変更）

この定式化は、通常の社会学史では、方法的個人主義の始まりとされる。すなわち、社会現象は個人の行為の集積であり、個人の行為はその動機によって十分に記述される。「式」のかたちで表せば、「社会＝Σ_i（行為 i）＝Σ_i（動機 i）」と表される。

けれども、このような意味での方法的個人主義はウェーバーに始まるものではない。一九世紀の半ばすぎには、道徳統計学のドイツ学派のなかで「社会＝Σ_i（行為 i）＝Σ_i（動機 i）」という捉え方がすでに定式化されていた。たとえばM・ドロビッシュは、A・ケトレに始まる社会実在論を批判して、こちらを強く打ち出した（Drobisch 1867）。デュルケームの『自殺論』の第三編第一章「自殺の社会的要素」は、実はこのドロビッシュへの反批判（再反論）になっている（Durkheim 1897）。

こうした古典的な方法的個人主義に対して、ウェーバーの定義は、動機を記述する視点として、観察者の存在を明示的に導入した。一九世紀の社会学や道徳統計学における方法論的個人主義では、誰が動機を記述するかはそもそも問題にされていなかった。それに対して、ウェーバーの理解社会学、特にその「動機」の定義は、動機が

（i）他人の視点から、（ii）平均的な思考や感情の習慣にもとづいて、特定されることを明示している。その点で革新的であり、一九世紀の社会科学から決定的に分かれるものになった。

そして、こう考えた場合、観察者にあたる存在にはさらに二つの可能性がある。

α：外部観察者としての社会科学者
→外部観察の定義は「観察される行為者と相互作用をしない」

β：内部観察者としての他の行為者
→内部観察の定義は「観察される行為者と相互作用をする」

ウェーバーの定義論を読んでも、論理的な可能性としても、観察者にはこの二つの可能性がありうるが、どちらを想定するかで行為連関（相互行為）のあり方は大きく変わる。

αとβは行為論の枠組みでも大きなちがいをつくってきたが、そのまま自己産出系論のsemanticsとしても採用できる。特に定義②の妥当性を、従来の社会学との関連まで含めて検討するうえで、重要な手がかりになる。

また、このちがいは一九世紀の道徳統計学での方法的全体主義と方法的個人主義の対立に対して、デュルケームの方法的全体主義とウェーバーの方法的個人主義がそれぞれどう新しかったのか、ともかかわってくる。先ほど少し触れたが、実はどちらも反省的な方法的個人／全体主義になっている。それは二〇世紀以降の社会学が内部観察として位置づけられていくこととも密接にかかわる（詳しくは佐藤 2011：2014などを参照）。さらに、数理・計量系でいえば、ベイズ統計学の復活（たとえば松原 2010）にもつながってくる。

以降のより具体的な考察は前掲の続編で述べるが、こうした形で、複数のsyntaxとsemanticsの可能性を開いたまま定式化する枠組みを用意しておくことによって、理論的検討と経験的応用の双方で、自己産出系論はよりあつかいやすいものになるだろう。

付記

この論文は日本学術振興会科学研究費助成（基盤研究C）「自己産出系の制度理論とその視覚的表現モデルの構築による機能分化社会の解明」および同「ベイズ統計学的枠組みによる理解社会学と意味システム論の再構築」の成果の一部である。

注

（1）論理学や数学での公理論、特にそれぞれの syntax と semantics に関しては、野矢（1994）や戸田山（2000）などを参照。注2、3も参照。

（2）社会学の理論では syntax と semantics を区別せずに、ともにモデルと呼ぶことが多い。その意味で用いる場合は、「 」をつけて「「モデル」」と表記する。なお、こうした「モデル」概念の多義性については、三浦（2003）がすでに論じている。他にも先行研究はあると思う。

（3）H・パットナムが大好きな「Löwenheim-Skolem の定理」を連想した人がいるかもしれないが、無限回の演算ができない syntax に、公理論的集合論による数学の定理をそのままもちこむのは無意味だ。ここでは、たかだか数個の syntax と semantics の組み合わせの比較検討しか考えていない。

（4）先行業績としては Aberle, Cohen, Davis, Levy and Sutton（1950）と Levy（1952）がある。特に後者は著作の最後に syntax 的な命題の一覧を載せており、公理論的なあつかいを意識している。それに対して、志田・恒松・橋爪（1984）はもっぱら syntax 内部の整合性をあつかっている。裏返せば、構造-機能主義はその水準で大きな問題をはらんでいた。Sato（2011）では syntax と semantics を区別する必要を感じなかった。

（5）佐藤俊樹「自己産出系論の semantics、あるいは沈黙論の新たな試み」『社会が現れるとき　消え去るとき（仮題）』東京大学出版会、近刊。

（6）Levy（1952）らの背景には、人類学的データの蓄積によって、多数の社会の挙動が並列的に比較できるようになったことがある。構造-機能主義の展開のなかで、そうした視点はむしろ弱まったように思う。佐藤（2011）の第6章参照。

（7）毛利（2014）は、「作動理論」に代わる「動的双相理論」という別種の semantics を提案して、全体社会も自己産出系論に含めようとしている。波の合成に関する演算則が明確に理解できなかったので評価はおいておくが、複数の semanticsが提案されることは、それ自体で意義がある。私も毛利（2014）を読んで、自分の考え方をもう一度再検討できた。特に、具体的な記述へ進んでいくという基本的な方向性（毛利 2014：282など）は重要だと思う。

また、高橋（2016）はシステム論的アプローチと行為理論的アプローチの再統合を試みている。私の主張への批判もふくめてこれも興味深かった。関連する論点は、本論考の続編でもあつかう。

文献

Aberle, D. Cohen, A., Davis, A., Levy, M. Jr. and Sutton, F., 1950, "The functional pre- requisites of a society," *Ethics*, 40：100–111.

Drobisch, Moritz, 1867, *Die moralische Statistik und die menschliche Willensfreiheit*, Leopold Voss.（森戸辰男訳、一九四三『道徳統計と人間の意志自由』栗田書店。）

Durkheim, Émile, 1897, *Le Suicide*, PUF.（宮島喬訳、一九八五『自殺論』中公文庫。）

Levy Jr., Marion, 1952, *The Structure of Society*, Princeton University Press.

Luhmann, Niklas, 1980, *Die Gesellschaftsstruktur und Semantik Bd.1*, Suhrkamp.（徳安彰訳、二〇一一『社会構造とゼマンティク1』法政大学出版局。）

Luhmann, Niklas, 1981, *Die Gesellschaftsstruktur und Semantik Bd.2*, Suhrkamp.（馬場靖雄・赤堀三郎・毛利康俊・山名淳訳、二〇一三『社会構造とゼマンティク2』法政大学出版局。）

Luhmann, Niklas, 1997, *Die Gesellschaft der Gesellschaft*, Suhrkamp.（馬場靖雄・赤堀三郎・菅原謙・高橋徹訳、二〇〇九『社会の社会1・2』法政大学出版局。）

松原望、二〇一〇、『ベイズ統計学概説』培風館。

Maturana, H. and F. Varela, 1980, *Autopoiesis and Cognition*, D. Reidel Publishing.（河本英夫訳、一九九一『オートポイエーシス――生命システムとはなにか』国土社。）

Merton, Robert, 1968, *Social Theory and Social Structure*, 3rd ed., Free Press.（森東吾・森好夫・金沢実・中島竜太郎訳、一九六一『社会理論と社会構造』みすず書房、2nd ed. の翻訳。）

三谷武司、二〇〇四、「ルーマン型システム理論の妥当性条件」『ソシオロゴス』二八：一―一三頁。

三浦雅弘、二〇〇三、「モデルとは何か？」『応用社会学研究』四五：四五―五三頁。

毛利康俊、二〇一四、『社会の音響学』勁草書房。

野矢茂樹、一九九四、『論理学』東京大学出版会。

奥山敏雄、一九八六、「組織を捉える視角と装置」『ソシオロゴス』一〇：一二〇―一四三頁。

Parsons, Talcott, 1951, *The Social System*, Free Press.（佐藤勉訳、一九七四『社会体系論』青木書店。）

佐藤俊樹、二〇〇八、『意味とシステム』勁草書房。

佐藤俊樹、二〇〇九、「オートポイエティック・システム論から組織を見る」『組織科学』四三（一）：二〇―二八頁。

佐藤俊樹、二〇一一、『社会学の方法』ミネルヴァ書房。

Sato, Toshiki, 2011, "Functionalism : Its axiomatics" (http://www.sagepub.net/isa/ resources/pdf/Functionalism.pdf.)

佐藤俊樹、二〇一四、「『社会学の方法的立場』をめぐる方法論的考察」『理論と方法』二九（二）：三六一―三七〇頁。

佐藤俊樹、二〇一七、「意味と数理」社会学理論応用事典編集委員会編『社会学理論応用事典』丸善出版（近刊予定）。

盛山和夫、一九九五、『制度論の構図』創文社。

志田基与師・恒松直幸・橋爪大三郎、一九八四、「危機に立つ構造機能主義」『社会学評論』三五（一）：二―一八頁。

高橋顕也、二〇一六、『社会システムとメディア』ナカニシヤ出版。

高橋徹、二〇〇二、『意味の歴史社会学』世界思想社。

戸田山和久、二〇〇〇、『論理学をつくる』名古屋大学出版会。

Weber, Max, 1921, "Soziologische Grundbegriffe," *Gesammelte Aufsätze zur Wissenschaftslehre*. Mohr Siebeck UTB1492.（阿閉吉男・内藤莞爾訳、一九八七『社会学の基礎概念』恒星社厚生閣。）

第5章　モダニティと意味

高橋　徹

1　「古典近代」の終焉をめぐって

「三世紀危機」と現代

古代末期の研究者として知られるピーター・ブラウンは、中世を没落の時代、暗黒の時代とみなす学界の通説を批判し、みずからの講演録に寄せた序文で次のように述べている。「『古典』古代世界を研究する学者の大方の意見に従えば、中世というのはヨーロッパ史のなかでもかなり悲惨な時代ということになっていました。中世の数百年というもの、……『非合理』と『迷信』が優勢となり、キリスト教会の圧倒的な成長の結果としての宗教的教条主義が幅を利かせるようになったのです」(Brown 1978：訳 3)[1]。ブラウンがここで問題にしているのは、五賢帝最後の皇帝、マルクス・アウレリウス帝の死後、キリスト教を公認するミラノ勅令を発したコンスタンティヌス帝の時代にまたがる紀元後三世紀頃のローマ世界の変化である。「三世紀危機」と呼ばれるこの時代を、古典古代の研究者たちが一様に、輝かしい古典古代世界の衰退、人びとを暗く絶望的な思想に走らせる世界と捉えていることにブラウンは異議を唱えたのである。彼は、研究者たちが「『古典期』のローマ帝国がそうであったと想像することから少しでも外れた変化があると、もうそれは変化したというそのこと自体で、地中海の社会・文化の特質における、悲惨な後退を刻印づけるものであるに違いないと考えていたのです。『古典期の』理想からは、どんな変化をしても、それは最悪のものに向かう変化にしかならなかったのです」と述べる（Brown 1978：訳 6-7）。

ブラウンのこの学問的先達への批判は、慧眼の歴史家たちでさえ、みずからが価値的に評価する文明の衰退を冷静には受け止められなかったことを示唆している。そこで頭をもたげてくる問いがある。すなわち、近代社会が獲得してきたさまざまな成果（人権の理念とそれを支える法の支配、普通選挙にもとづく民主主義、法と自律的な市場にもとづく自由経済、開かれた多元主義的な社会など）が世界社会に浸透するプロセスが終焉を迎えたとき、われわれはそのようないわば「古典近代」の終焉をどのように受け止めるだろうか、という問いである。(2)

世界社会の分水嶺

マックス・ウェーバーの合理化論を引き合いに出すまでもなく、社会学は当初から近代化の広範な浸透とともに、近代社会の運命についても思考をめぐらせてきた。もっとも、社会の秩序を全体として捉えようとする社会理論の「偉大な伝統」（ハーバーマス）は、現在では細々とその命脈を保っているにすぎないようにも思われる。その一方で、冷戦終結後の一九九〇年代以降、グローバリゼーション論の領域は、一部の社会学者を含む多分野の論者たちの参入によって活況を呈してきた。グローバリゼーションについては、その歴史的な起点をどこにみるのかによって議論の仕方は変わってくるが、ヨーロッパ近代以後にその起点をみいだす議論においては、肯定的に捉えるのであれ否定的に捉えるのであれ、しばしば欧米型の政治・経済・社会モデルの世界社会への浸透とその影響に焦点があてられてきた。一九九〇年代以降、特に経済面についていえば、自由貿易、資本市場の自由化などからなる一連の経済政策パッケージ（ワシントン・コンセンサス）が、グローバル・スタンダードの看板を掲げて各国の経済政策に影響をおよぼしていた。しかし、二〇〇〇年代以降になると、いわゆる新興国の台頭とともに、欧米の諸制度が世界社会に浸透するという構図自体が相対化されている。(3) 新たな議論の構図では、社会学者が伝統的にモダニティ（近代）の構成要素とみなしてきた諸社会制度は、欧米を中心とする一部の地域で採用されている（その意味で）ローカルな制度モデルという性格を強めている。

政治学者のイアン・ブレマーは、国家資本主義体制のもとで高度経済成長をとげる新興国の成功は、欧米型の民主主義的政治体制と自由市場資本主義の優位性を崩し、このモデルのデファクト・スタンダードとしての地位を弱体化したと考えている。そして、力ある国家・社会はそれぞれのやり方でみずからの繁栄を追求し、二一世紀の世界を生き延びようとするだろうと指摘する（Bremmer 2010）。こうした議論は、かつて「歴史の終わり」を語ったフランシス・フクヤマに反駁するものともなっている[4]。

一部の新興国にみられるような権威主義体制が新たに世界社会において競争優位性をもつモデルとして浸透するのか、それとも欧米型の自由主義体制が中長期的にも相対的に強い浸透力を保持するのかについて考えるうえで、興味深い所説を展開したのがダロン・アセモグルとジェイムズ・A・ロビンソンである。彼らの議論の基軸となっているのは、包括的（inclusive）な政治・経済制度と収奪的（extractive）な政治・経済制度という区別である。アセモグルとロビンソンによれば、「私たちの理論の核となるのは、包括的な政治・経済制度と繁栄のつながりだ。所有権を強化し、平等な機会を創出し、新たなテクノロジーとスキルへの投資を促す包括的経済制度は、収奪的制度よりも経済成長につながりやすい。収奪的制度は多数の持つ資源を少数が搾り取る構造で、所有権を保護しないし、経済活動へのインセンティヴも与えない。包括的経済制度は包括的政治制度に支えられ、かつそれを支える。包括的政治制度とは、政治権力を幅広く多元的に配分し、ある程度の政治的中央集権化を達成できて、その結果、法と秩序、確実な所有権の基盤、包括的市場経済が確立されるような制度だ。同様に、収奪的経済制度は収奪的政治制度と相乗効果を発揮するようなかたちで結びついている（synergistically linked）」（Acemoglu and Robinson 2012：429-430, 訳 下240-241）。興味深いのは、彼らによれば包括的政治制度と包括的経済制度はともに支えあうような相乗的関係にあり、同じことが収奪的政治制度と収奪的経済制度についてもいえるということである。つまり、相乗効果の循環がどちらの方向に向かうかで、それぞれの国・地域の行く末を占うことができるということになる。それと同じことが世界社会についてもいえるとすれば、今後、世界社会が全体としてどのような方向に向かうのかを考える手がかりになる。

アセモグルとロビンソンが取り組んでいるのは、なぜある社会は経済的に豊かになり、他の社会は豊かになれないのかという問題である。包括的政治・経済制度の相互強化の循環は、社会内の暴力を抑止して社会秩序を安定させ、法的な権利を確保し、多数の人びとが自由に経済活動に参加してアイディアを競い、技術革新と創造的破壊によって産み出された富を広く社会に分配する条件を作り出す。これに対して、収奪的な政治制度では、経済活動が産み出す富を一部の政治エリートが蓄え、それによってえた力をさらに現存の体制を維持・強化することに使う。このような正負の循環が、繁栄と貧困を作り出すというわけである。

彼らがシエラレオネやグアテマラ、エチオピアにみた負の循環が、当該社会を貧困にとどめおく強い力を発揮したのが事実だったとしても、それ自体が世界社会全体の今後の趨勢を示すものではないことはいうまでもない。当面注目されるのは、ある意味でもっと中間的な形態である。つまり、政治的には独裁的、収奪的でありながら経済的には一定の自由化を採用し、経済成長を遂げたモデルである。これは先にふれたブレマーの議論では、国家資本主義モデルと呼ばれるものにあたる。ブレマーは、「国家資本主義を採用するのは、政府の富の増大、ひいては政治支配を維持する力の増大に役立つから」であり、「国家資本主義の政策当局は、時として自由化のほうが自分たちの利益につながると判断するし、その場合には経済の自由化を進めるだろう」と述べている（Bremmer 2010：174, 訳 211）。そうした体制において問題なのはあくまで政治であり、経済的な自由化の門戸の開閉も、どの程度市場の自律性に経済を委ねるのかも、政治権力を握るエリートの利益、あるいはそうした政治エリートの間で繰り広げられる権力闘争の論理に従属したものとなる。収奪的政治・経済制度について論じるアセモグルとロビンソンにおいても同様のことが指摘されている。「収奪的な政治・経済制度と経済成長が両立しないわけではない。それどころか、どのエリートも同じように、搾取するものをふやすためにできるだけ成長を促進したがる」（Acemoglu and Robinson 2012：430, 訳 下241）。既得権益を確保し、政権基盤を確固たるものにしたい権威主義的諸国の政治エリートにとって、国家資本主義的な経済成長モデルを採用することが魅力的であれば、全体として巨大な人口規模を要する権威主義的な国家群が成立することにもつながる。注目したいのは、こうした動きが世界社会における中長期的な制度モデル選択にどのような効果をもたらすのかという点である。

もっともブレマーは、国家資本主義はグローバルな政治・経済モデルの新たなオルタナティブではなく、むしろグローバル経済から利益をえて自国の政治体制を安定させるためのマネジメント手法であるとみなしている（Bremmer 2010：172, 訳 208-209）。アセモグルとロビンソンは、持続的な経済成長の源泉となる創造的破壊を抑制する収奪的政治体制のもとでの経済成長は自ずと限界に突き当たると診断している（Acemoglu and Robinson 2012：441-442, 訳 252-253）。

機能不全に陥るモダニティ

彼らの診断は、二一世紀の世界における包括的な政治・経済制度、開かれた多元的な社会の生き残りにとって良いニュースであるように思える。ならば、かつてフクヤマが自由民主主義の最終的な勝利を宣言したように、これらのモデルは国家資本主義や収奪的政治・経済制度に対しても最終的な勝利を収めることになるのだろうか。そのような楽観的な見方を許さない論者もいる。歴史家のニーアル・ファーガソンは、西洋を繁栄に導いた中心的な社会制度（民主主義、資本主義、法の支配、市民社会）がいまや西洋社会を衰退に導く問題の源泉にすらなっていると指摘している。ファーガソンによれば、われわれは「複雑な制度の格子のなかに暮らしている。そこには政府がある。市場がある。法律がある。そして市民社会がある。かつては……この格子は驚くほどうまく機能していて、すべての制度が互いを補足し、補強し合っていた。これこそが一八、一九、二〇世紀の西洋の成功を支えたカギなのだ。だがいまやこれらの制度は、歯車が狂ってしまっている」（Ferguson 2012：134, 訳 162）。たとえば、西洋の民主主義諸国は、持続不可能な過剰債務に直面しているにもかかわらず、財政再建という痛みを伴う政策転換に向けた意思決定をおこなうことができず、財政の死に至る危機に陥っているという。また、リーマンショックは金融機関の無節操な貸付が被害を大きくしたものであり、レーガン政権時代の規制緩和が、あるいは銀行業と証券業の分離を規定したグラススティーガル法の廃止（一九九九年）が、その元凶だといった議論がなされている。しかしファーガソンは、規制か、それとも規制緩和かというただ振り子を左右に揺らすだけの議論は無益であり、考えるべきは「最も有効に機能するのはどのような金融規制か」ということであると主張する。彼が推奨するのは、複雑な金融システムにどんな副作用（意図せざる結果）をもたらすかもわからない複雑な規制を加えるよりも、問題を起こした銀行家は（刑務所行きとなり）すべてを失うという危機感を抱かせ、当事者自身によく考えさせることである。現代の西洋（ファーガソンの議論は実質的には英米）社会の法制度が直面している諸問題は、外国やテロリストの脅威に対する安全保障上の、あるいは公安的な見地からの政府による公民権への介入の増大、（EUの法制度整備に伴う）大陸法的なヨーロッパ法のイギリス法への浸透、成文法の複雑化、（特にアメリカにおける）コンプライアンスのためのコストや訴訟費用の増大である。こうした問題含みの公的制度を改革する力はどこからやってくるのか。ファーガソンが注目するのが市民社会である。しかし、「政府が過去五〇年にわたって、市民社会の領域を過度に侵害しつづけ、また有力企業が活発なロビーイングによって政治過程を左右することによって「市民社会は、企業の利害と大きな政府に挟まれた、単なる無人地帯に成り果てている」（Ferguson 2012：132, 151, 訳 159–160, 182）。このようにファーガソンは、西洋を繁栄に導いた四つの中心的社会制度がすでに機能不全に陥っていることを指摘し、西洋の没落とそれ以外の文明圏の発展によって両者のあいだの「大いなる再収斂」（great reconvergence）が起きていると診断している(5)。

グローバリゼーション論においてこうした大局的な議論がさまざまな論者によって展開されていることは、われわれが歴史上の転換期にあることを示唆している。筆者が特に注目し、ここまで取り上げてきた論者たちが共通に示唆するのは、危機に及んで社会を硬直化させず、いかにして開かれた、活力ある社会を維持・発展させてゆくかという論点である。誕生以来、近代社会の実相に迫り、その可能性の地平を追究してきた社会学にとって、この問題は、生き方において、働き方において、表現や思想において、そして他者とのつながりや共生において開かれた活力ある社会はいかにして可能かという問いにつながる。本章では、この問題を考えるために、社会のあり方とここに生きるわれわれの多様な選択の交点をなす概念としての意味に着目する。かつて意味理論の検討を経て、近代以後の新たな社会像として「意味の文明」を描いた今田高俊の仕事（今田 2001）にも鼓舞されつつ、モダニティ（近代）の遺産を受け継ぎ、発展と変容を続ける現代社会が直面する問題を意味という視点から考えることにしたい。

2　モダニティと意味

意味・複雑性・コンティンジェンシー

意味の問題を、社会学における一つの重要概念の定義問題としてではなく、近代社会という人類史における一つの歴史的境位の運命を問う一つの視点と考えてみることはできるだろうか。つまり、社会的行為であれ相互作用であれ、それら社会学の研究対象を観察し、記述し、理解するための方法的な概念としてではなく、近代社会の歴史的命脈を探る概念として考えるということである。もちろん、パーソンズ以後の社会学において、しばしば意味の問題は社会理論が提示する枠組みに対する批判的ポテンシャルの源泉とされてきた。しかし、意味こそが個人と社会をつなぐ結節環なのだとすれば、ほんらい、意味問題の射程は個々の行為者や相互作用のレベルのみならず、もっと広がりをもった社会という空間そのものの構成にも及びうるはずである。

少し長めのスパンで考えてみよう。ニクラス・ルーマンは、一八世紀後半以後の市民社会において定着した自由の理念と社会学の誕生を結びつけて次のように論じている。「一八世紀後半以来の『市民社会』では、自由や平等のような個人にかかわる価値が、〔市民社会の成立において〕その役割を果たしたのである。これらの価値は、世論による〔政治の〕制御、達成される未来の投影としての民主主義といった構想のもとで、憲法上の権利として、あるいは政治制度として確立したのである。そしてこうした憲法上−政治制度上の確立もまた、市民社会の成立に貢献したのである。〔こうして個人の〕自由は承認されたものの、人間が（特に、他者が同時に行為する場合には）どのように行為するかはわからなかった。そのため，個人主義には次のような点を認める考え方も含まれていたのである。すなわち，未来それ自体はわからない，ということである。そうした状況を社会秩序として受け入れ可能にするには，いかなる手だてが必要なのだろうか。結局のところ，この問題が『社会学』の発明をもたらしたのである」(Luhmann 1998：100 以下〔 〕内は引用者による)。つまり社会学は，自由な人びとの行為によって構成された社会の学として誕生したのである。その瞬間，社会学は，人びとの行為の不確実性，想定された行為に対する別様な行為の諸可能性――ルーマンの用語法でいえばコンティンジェンシー(偶発性)――を核心的契機として組み込んだ社会の学として誕生した。ルーマンにとって，社会学は「コンティンジェントな世界という仮定に立つ専門領域」(Habermas und Luhmann 1971：26, 訳 30)であった。周知のように，その彼が社会学の基礎概念としたのが意味概念である。

ルーマンの意味概念は，「意味とは何か」を定義するものではない。彼の意味概念は，現に活動している心的過程としての意識や社会過程としてのコミュニケーションにおいて，常に現にあるものとは別様なる諸可能性が指示されているという事態をさし示している(Luhmann 1984：93–94, 訳 93–94)。そして，現にあるものと他のものとの関係は，「これ」であって「他のもの」ではない(事象次元)，「このとき」であって「他のとき」ではない(時間次元)，「この自我」にとってであって「他の自我」にとってではない(社会的次元)というかたちで多次元的に捉えられている。社会的な行為やコミュニケーションは，そのような諸次元で別様なる諸可能性にさらされている。それゆえ，それぞれの行為やコミュニケーションの接続は，常に別様なる諸可能性を伴った一つの選択として成立する。たとえば，実際にはａの後にｂが続いたとしても，場合によってはｃが続いていたかもしれないし，あるいはｄが続いていたかもしれない。そうした別様なる諸可能性があったなかでこそ，ａからｂへの接続が一つの選択として成立したと考えることができる。ルーマンがこのような接続連関の選択性を記述するのに複雑性という概念を用いたことは，今日ではよく知られている。しかしここで着目したいのは，彼の複雑性概念の内容それ自体ではなく，そうした概念的定式化が特定の社会的条件のもとで初めて可能になったという点である。少し長くなるが，複雑性に関する彼の論文から次のような一節を引いておこう。「伝統的な考え方にかえて、次のような研究プログラムを提出しよう。すなわち、現実に機能している世界表象の発展は、全体社会システム、およびその環境関係の発展と相関していると考えようとする研究プログラムである。ヨーロッパの全体社会システムの空間において、その跡を辿ることができる世界概念は、その転換点をはっきりと確定することができる。まずは紀元前四世紀頃のことであり、このときは比較的具体的に構想された秩序概念から、現実性総体についての普遍的で〔神話的でもなければ宗教的でもないという意味で〕現世的な考え方へと展開している。続いて紀元後一八、一九世紀頃には、開かれた可能性空間〔としての世界〕という近代的概念に至っており、それとともに〔世界について考える際に〕規定性よりもむしろ無規定性について考えるようになっている。このような展開過程と並行して、全体社会システム自体が、分化様式の変化によってますます複雑なものになっている。それと同時に、全体社会システムは特殊な一社会システムとしてますます環境から分出するとともに、全体社会にとって規定可能な環境複雑性もますます増大している。……このようにあらゆる規定を相対化し、諸関係の関係づけを通してのみコンティンジェンシーを制限するような複雑性概念は、〔このような展開を経てきた〕社会ではじめて明示的に構想できたものなのである」（Luhmann 1982：212, 訳 239-240）。

ルーマンの理論において意味概念とコンティンジェンシー〔偶発性〕概念、複雑性概念は緊密な連関をなす一つの概念系を形成している。意味概念を軸に、有意味なものの様相性を記述するための概念がコンティンジェンシー概念であり、システム理論の導入と連動して意味システム〔意識、コミュニケーション〕の諸要素の選択的結合を記述する概念として用いられているのが複雑性概念である。たとえばルーマンは、「有意味的である」とはいかなることか、という点について次のように述べている。「意味は諸可能性のたえざる顕在化にほかならない。……意味はまさにその時点で顕在的なものと可能性の地平との差異としてのみ意味でありうる。それぞれの可能性が顕在化することで、それに接続可能な可能性がもたらされるのだが、同時にこの可能性の顕在化は、つねにそうした〔新たな〕接続可能性の潜勢化をもたらしている。……意味を持つということは、まさに次のことにほかならない。

すなわち、そのときどきに顕在的なものが、色あせ、間引かれて、それ自体の不安定性によりその顕在性を手放すやいなや、それに接続可能な諸可能性のうちのあるものがそれに続く顕在性として選択されうるし、また選択されなければならないということである（Luhmann 1984：100, 訳 101-102）。そのつど顕在化しているものは、常に、（そのときは選択されず）潜在化している他の諸可能性との比較にさらされうる。つまり、コンティンジェントなものとして立ち現れる。「コンティンジェンシーの概念は、現に存している世界を前提としているのであり、したがって可能なもの一般ではなく、この現に存している世界というリアリティからみて、別様にありうるものを言い表している」（Luhmann 1984：152, 訳 163）。この世界が別様なる諸可能性を伴って現出しているとき、すべての顕在的なもの（より精確にいえば、顕在的なものの連なり）は選択されたもの、すなわち複雑なものとして立ち現れる。コミュニケーションの連なりからなる社会システムについていえば、コミュニケーションの接続は常に選択的になされ、別様なる諸可能性が随伴している。したがって、個々のコミュニケーションが「意味をもつ」ということは、一つの選択として成立した当該コミュニケーション（顕在性）が常に別様なる諸可能性がなす地平（潜在性）と区別され、その区別のもとで処理されるということにほかならない。このような概念系をもって記述することがアクチュアリティをもつ社会とは、どのような社会なのだろうか。

　意味の社会的次元を例にとって考えてみよう。「社会的次元は、一方のシステムが用いている解釈パースペクティヴが他方のシステムによって共有されないことが、体験や行為において際立ってくるにつれて重要になる」（Luhmann 1984：120, 訳 124）。人びとのあいだにパースペクティヴの一致があることを前提とすることができず、その不一致に直面することが想定されればされるほど、顕在的なものと他の諸可能性の差異はコミュニケーションの意味処理において先鋭化してくる。自我と他我のあいだに見解の不一致があることが表面化することが想定され、それをどのように処理するのかという問題が先鋭化するような社会であればあるほど、自我／他我の区別によって構成される意味の社会的次元のアクチュアリティも増すことになる。見解の不一致を表明することが許容されるということは、見解の多様性が受け入れられているということにほかならない。したがって、そもそも多様な見解が存在しえ、かつそれが許容されるような社会的条件のもとでこそ、顕在性／可能性という区別にもとづく意味概念が強いアクチュアリティをもつことになる。

機能分化と意味の地平

多様な見解を可能ならしめ、かつそれを受容するような社会的条件について、さらにシステム理論の視点を介して考えてみよう。別様なる諸可能性を伴うコミュニケーションの選択的接続によって形成される社会システムの複雑性は、当該システムそれ自体のみによって構成されるわけではない。なぜなら、ある要素を別のある要素に接続する際に働く選択性は、純粋にそのシステム内部の接続連関のみによって構成されたものとはいえないからである。たとえば、政府の審議会に委員として出席した科学者が政府の検討している政策について意見を求められた際、検討されている政策について前向きなコメントをすることがその場の議論の流れにおいて期待されていることを察していたとしても、みずからの専門領域において共有されている専門知の内容を曲げてまでそうしたコメントすることはできないだろう。結果としてその委員は、専門家としての知見に照らして政策の推進にきわめて慎重なコメントをすることになるかもしれない。そうして成立したコミュニケーションの接続連関は、審議会という場のみによって構成されたものではない。そこには、参加した専門家委員を介して、他の社会システム（たとえば、科学システムや法システム）の複雑性が作用する余地があるし、そもそも専門家を集めた審議会という場を作ることの意義もそうした複雑性の作用にある。その意味で、「複雑性は、複雑性自体を前提とする事態」（Luhmann 1984：46，訳 37）である。こうした視点からみると、複雑な社会とは、諸社会システムにおいて形成された複雑性を重層的に受容する、いやむしろ積極的に活用するような社会だといえる。個々の社会システムは真空中に浮かぶがごとくそれ自体のみによってみずからの複雑性を構成するのではなく、諸社会領域や個人において形成された複雑性を基盤とし、そこから独自の選択連関を形成することではじめて多様な諸可能性をふまえたみずからの複雑性を形成することができるのである。「たとえば一般に妥当していることだが、進化はそのシステムの環境がそのための十分な複雑性を有している場合にしか可能ではない。このような意味で、進化はシステムと環境の共-進化なのである」(Luhmann 1984：48, 訳 39-40)。

社会の内部で新たな社会システムが形成されること（システム分化）によって、内部分化した個々の社会システムを内包する社会それ自体もまたその複雑性を高めることができる。そしてまた、高い複雑性を具えた社会は、そこから生じるさらなるシステム分化の基盤ともなる。「システム分化は、必然的にその包括的なシステムの複雑性の増大をもたらす。また逆のこともいえる。すなわち、包括的なシステムが数多くの多種多様な諸要素を構成し、これらの諸要素を強度に選択的な諸関係で結びつけることができるばあいにのみ、システム分化は可能なのである、ということである」(Luhmann 1984：261-262, 訳 302)。歴史的に社会の中で形成されてきたシステム分化（社会分化）の形態にはいくつかの代表的なものがある（たとえば、環節分化、中心／周辺-分化、階層分化、機能分化）。ルーマンは、ある社会の到達可能な複雑性のレベルは、その社会における第一次的なシステム分化の形態によって異なると考えている。その社会の第一次的な分化がどのような分化形態であるかによって、「全体社会システムの内部におけるさまざまな行為の機会は、多かったり少なかったりする。それに応じて、行為連関は行為者にとって、選択性やコンティンジェンシーが大きく見えたり小さく見えたりする」(Luhmann 1980：22, 訳 14)。ルーマンにおいて近代化とは、社会のこのような第一次的分化形態が階層分化から機能分化へと転換したこと、またそれに伴って生じたさまざまな変化のことにほかならない。

本章の視点からみて興味深いのは、階層分化から機能分化への転換によって社会の分化はより多極的なものとなり、それゆえに社会そのものの複雑性も高まったという点である。「全体社会システムはシステムだけを分化させるのではなく、システム／環境-関係を分化させる。それぞれのシステム／環境-関係は異なるものになる。これによって、機能分化社会では、階層社会よりもはるかに高度な複雑性が成立する。（たとえば）……教育者にとって政治との関係がもつ意味は、法律家にとっての意味とは異なる。政治家にとって、（教育者や法律家から）自分に向けられるこうしたパースペクティヴの違いは、政治家にとっての環境の構造をなしている。このような構造はまた、教育者や法律家の環境にある構造とは異なるのである」（Luhmann 1980：29，訳 21）。それぞれの機能領域の視点やそこで形成される成果は，互いに異なっているというだけではなく，代替不能な独自性を有している。たとえば，（集合的に拘束力をもつ）政治的決定は，金銭的な取引や科学的な真理の発見をもって代替しうるものではないし，また美的な経験の価値を政治的な決定や作品の価格によって決めることはできない。またそれぞれの機能的視点は，たんに代替不能な独自性をもつだけでなく，その視点をありとあらゆることがらに適用できる普遍性をもつ。たとえば，政治領域では，あらゆるものを政治的な決定におよぼす効果という観点から（その意味で「政治的」に）観察するだろうし，あるいは芸術家であれば体験するあらゆることがらを創作への刺激として受け止めようとするだろう。だからといって，それぞれの視点が相互排他的なものであるというわけでもない。ある出来事（たとえば，巨大企業の破綻）が政治的なインパクトをもつと同時に，株式市場に影響を与えたり，社会科学的なケーススタディの対象となったりすることもありうる。つまり，あることがらを観察し，記述する際にどの視点をとるかということ自体も選択可能であり，それゆえに別様でありうるのである。こうしたかたちで，それぞれの機能的視点は多極的に並立しており，かつ（たとえば，政治家が株式市場の動きを，投資家が政治の動きを互いに観察することで）コミュニケーションに対する選択性を相互に引き出しあっている。したがって機能分化の多極性とは，各機能領域のたんなる横並びの並立ではなく，それぞれの領域で形成された選択性が相互に作用して，各領域でより複合的な選択性のもとで決定が産出されるということにほかならない。

他者と意味の地平

さきほどの検討では，社会の中で機能的に分化した独自の社会領域が相互に他領域を観察することで複合的な選択性が形成されることに焦点をあてた。それは，顕在性と潜在性という区別を軸とした意味概念にアクチュアリティを与える社会的条件を考えるためである。だが，この問題を考えるためには，検討しておかなければならない論点がもう一つある。別様なる諸可能性の源泉となる「他者」としての個人の問題である。

「ともに作動している他の主観がいることで、それぞれの主観は、そのつどの顕在的意識においてみずからに与えられている内容だけから、単独で世界のあらゆる諸可能性を成立させるという負担を免除されている。つまり、単独で〔世界の諸可能性が成立する〕可能性の条件となることを免れているのである。こうしてはじめて、顕在的意識にとっての潜在的可能性の地平としての複雑な世界が、いいかえれば、あらゆる選択における過大な要求の源泉としての複雑な世界が構成されるのである」(Habermas und Luhmann 1971：52, 訳 56)。この一節が示唆するのは、かかわりあいをもちうる他者の存在が別様な諸可能性の源泉であるということであり、したがって顕在性／潜在性という区別を軸とした意味概念の規定にアクチュアリティをもたせるのは、このような他者の存在だということである。システム理論の視点からみれば、このような意味構成的な「他者」となりうるのは、自我に対する他我〔他の意識システム〕であり、ある社会システムに対する他の社会システムである。つまり、意味構成的な他者性は、意識システムの水準と社会システムの水準の双方において存立しうるということである。そのうち、後者についてはすでに機能分化の多極性という観点から取り上げたので、ここでは前者に焦点をあてることにしたい。

社会関係において、自我がみずからの行為に与える意味規定は、自我の行為を観察する他我によって常に別様な規定にさらされる可能性を伴っている。その第一歩は、ある行為者による行為の意味規定が、まさにその当該行為者自身による意味規定にほかならないこと、したがって他我がその意味規定を必ずしも共有するとは限らないことが他我によって示されることである。「他我がもう一人の自我であることを自我が体験しており、かつ自我がこうした体験のコンテクストで行為している場合、自我がみずからの行為に付与している規定はことごとく、〔その自我がおこなった規定であるとして〕その自我自身に差し戻される。自我による規定は、ことごとく自我自身によるものであることが他我によって映し出されるのである。こうしたことは、実際に〔コミュニケーションのなかで〕おこなわれるだけでなく、自我による予期においてもおきる。つまり、まさに〔自我による行為の〕規定の際にもおきるのである」(Luhmann 1984：182, 訳 201-202)。このことは、近代社会に限らず歴史的に広くみられる条件ではあるだろう。しかし、第一次的に階層分化した社会から機能分化した近代社会への移行において、この条件がより尖鋭化している。それをもたらしたのが、人間の社会的包摂の様態の変化である。つまり、階層への全人格的包摂から分化した機能領域への重層的包摂への変化である。後者の包摂様態において、人間は特定の社会領域への全人格的包摂を失う。その結果、「個人を全体の部分、社会の部分として捉えることは不可能になっている」（Luhmann 1989：212, 訳 177）。個人をその出身階層や生まれた家によって規定できず、また当の個人自身も自己規定をそうした社会的枠組みから調達することができなくなった。「個人の居場所は自己自身の内、社会の外」（Luhmann 1989：212, 訳 177）となり、そこにおいてみずからのパースペクティヴを構築しなければならなくなったのである。社会システムの水準ばかりでなく、意識システムの水準においても、システム分化はシステム／環境-関係の分化をもたらす。つまり、それぞれの個人に固有の環境関係の形成をもたらすのである。ルーマンはそこに、近代的な「個」の深まりをみている。「かくして個性というものの特徴をなすのは、非常に普遍的であり、万人に到達可能なものであると同時に、各人に特有のものだということである。つまり、……世界全体を自己のなかに受け入れて、世界を可能なかぎり自己のなかで実現しようとする視界の唯一無二性が〔各人に特有な〕個性の特徴をなしている」（Luhmann 1989：214, 訳 179）。

そのような個人と社会の構造的な関係の変化を背景として、個人を独自の「主体」として描く思想と、個人をそのような存在として社会的に尊重する制度の成立が、意味構成的な「他者」としての個人の成立を支えたのである。「個人の概念を新たなかたちで強化する、《主体》の高度なゼマンティクが成立したのは、カント哲学とフランス革命という二つの出来事が同時期に起こったおかげである」（Luhmann 1989：211, 訳 176）。「主体」としての個人を強力に描き出す哲学思想、個人の自由を基本的な権利として承認することを謳った革命とそうした社会思想のその後の法的制度化は、個人を、独自の視座をもった尊重すべき、したがって選択されたものに対して別様なる諸可能性を提示する「他者」たらしめていった。

社会システムの多極的分化と個人の自由の思想的擁護および制度的保障は、別様なる諸可能性をはらんだ広大な意味の地平が成立する社会的条件である。それゆえ、本節で検討してきた意味・複雑性・コンティンジェンシーからなる概念系がもつアクチュアリティも、そうした社会的条件によって支えられている。

3　モダニティの命脈

「大収斂」のゆくえ

先にファーガソンの議論を取り上げた際に、西洋を繁栄に導いた四つの中心的社会制度（民主主義、法治、資本主義、市民社会）が機能不全に陥っており、西洋とそれ以外の文明の「大いなる再収斂」が起きつつあるという議論に言及した。ファーガソンの議論は、どちらかといえば「西洋」と「東洋」の力関係の逆転、あるいは収斂に焦点があるように見受けられるが、ここで考えたいのは、文明史的な構図における変化の有無ではなく、実質的に今後の世界社会のデファクト・スタンダードとなる制度モデルである。アセモグルとロビンソンの理論的構図でいえば、包括的な政治・経済制度と収奪的な政治・経済制度のいずれが二一世紀の世界社会をかたちづくるのかという問題であるといってもよい。多極的に分化した多様な社会システムを包摂し、個人の自由を擁護・保障する社会と親和性が高い政治・経済制度はいうまでもなく前者の包括的モデルであろう。アセモグルとロビンソンが論じるように、包括的な政治・経済制度が社会に富をもたらす相対的に高い能力を有しており、実際にそうした制度が人びとに豊かな生活をもたらし続けるなら、時間とともに「西洋」も「東洋」もこうした制度に収斂してゆくことになるだろう。アジアにおける巨大な中間層の誕生を視野に収めながらキショール・マブバニが描き出そうとしている「大収斂 Great Convergence」（Mahbubani 2013）は、まさにモダニティがますます多くの人びとを貧困から脱出させながら、グローバルな社会モデルとしての地歩を固めてゆくという見方に組みするものである。

他方で、われわれが拡大する社会的格差の問題に直面していることも事実である。中間層が育つよりもはるかに早く、一部の富裕層が富を独占するような事態が進展したのでは、マブバニが描く「大収斂」も失速し、空中分解してしまうことになる。そうなれば、自由で開かれた社会こそが豊かさをもたらすという信念は大多数の支持者を失うことになる。いいかえれば、モダニティは人びとからの信任を失うことになる。その結果、世界社会を覆うことになるのは、手元にあるパイをわずかでも人に渡すまいとする狭量な心性であろう。そうした心性が、政治的には偏狭なナショナリズムのかたちをとって現れることは容易に想像できる。したがって、われわれはチャンスばかりでなく、リスクにも直面していることになる。

モダニティの再構築、そして「他者」としての歴史

ある社会が転換期においてある方向に向かい、他の方向に向かわなかったのはなぜか。マックス・ウェーバーは、まさにこうした歴史の「転轍手」の問題について大規模な業績を残した社会学者であったし、本章で取り上げたアセモグルとロビンソンのキーワードである「制度」も、この問題を考えるためのものである。ファーガソンとマブバニが提起する「大収斂」は、二重の意味においてモダニティをめぐる世界社会の道行きについての問題を提起している。一方では、かつてモダニティにみずから至らなかった社会が、モダニティを取り入れて、繁栄を手にするのかどうかという問題である。いわゆる近代化論を想起すれば、これはすでに古典的な問題である。新興国の経済発展、国際政治における存在感の増大による欧米諸国の影響力の相対的な低下が、このテーマを問題というよりも現実として浮かび上がらせているのが現在の状況である。もう一方の問題は、ファーガソンが提起している問題である。つまり、ひとたびモダニティの制度的確立を成し遂げ、繁栄を謳歌した社会が、その制度的活力を失い、慢性的な停滞に苦しんでいるという問題である。一度成し遂げられたものを維持・発展させることの難しさ、これはまさに創業守成の故事を想起させる問題であるが、社会学理論は近代化というモダニティの「創業」についてはずっと考えてきたが、「守成」をなしとげるための条件についても、もっと考えをめぐらせてもよいように思う。この問題を考えるための足がかりとして、本章で着目したのが、豊かな意味の地平を包摂しうる社会の条件である。現在、政治学者、経済学者、歴史学者など、さまざまな分野の研究者が、それぞれの視点からモダニティをめぐる創業守成の問題について議論を提起している。社会学的意味論の視点は、この問題への取り組みに社会学が独自の

貢献をなすための一つのアプローチとなりうる。モダニティの「守成」の問題は、新たに「創業」を成し遂げた社会もまた、その繁栄の後にやがて直面する問題である。この問題を克服することなしに、世界社会全体の繁栄に向けた「大収斂」を実現させることはできない。

同時に、われわれはうるわしき「古典古代」の終焉をただ嘆いた先達を批判したブラウンの視点にも学ばなければならない。この次の時代に何が来ようとも、それがモダニティの息吹のなかで育ってきた社会学のこれまでの視座とは相容れないものだったとしても、次に来るものから目を背けることのないようにしなければならない。それは、別様なるものの大いなる源泉、常にわれわれの予想だにしない事態をもたらす歴史という名の大文字の「他者」と向き合うことにほかならない。それによって、「他者」としての歴史が、「古典近代」へのいたずらな思慕がはらむ限界を、思いもしないかたちで教えてくれるかもしれない。むしろ歴史が、そのような測りがたい諸可能性の源泉たる「他者」でないのならば、歴史そのものに意味はないだろう。

注

（1）ブラウンは、自著の日本語版序文に寄せてこのように語っている。なお、筆者は以下で文献の引用にあたっては原文と（翻訳のあるものは）邦訳書を参照しているが、引用している和文は必ずしも邦訳書通りではなく、必要に応じて訳文を変更し、原語を付記した。また、引用文に補足のための挿入文を入れた場合は、そのつど〔　〕内に付記した。

（2）「古代末期」の風景を現代の世界に重ね合わせ、忍び寄る混沌を見据えているのが、Kaplan（2013）である。

（3）経済政策においては、ワシントン・コンセンサスに代わって北京コンセンサスが台頭しているといった議論が象徴的な事例である。これについては、たとえば、Halper（2010）参照。グローバリゼーション論の文脈で、新自由主義的性格を帯びたワシントン・コンセンサスとそれがもたらした諸問題を批判的に検討したものとしては、Held et al.（2005）の第1章を参照。

（4）フクヤマ自身は最終的には国家資本主義的な体制をとっている国においても自由主義、民主主義が広く受け入れられてゆくことになるだろうという見通しを示している（アイエンガーほか 2013：54）。

（5）筆者が確認した限りでは、ファーガソンがこの「大いなる再収斂」を明示的に議論しだしたのは、中国の勃興とアメリカ経済の弱体化があらわになりはじめた二〇〇四年頃からである（Ferguson 2004：2008）。

文献

Acemoglu, Daron and James A. Robinson, 2012, *Why Nations Fail : The Origins of Power, Prosperity, and Poverty*, Profile books.（鬼澤忍訳、二〇一三『国家はなぜ衰退するのか——権力・繁栄・貧困の起源』（上・下）早川書房。）

Bremmer, Ian, 2010, *The End of the Free Market : Who Wins the War between States and Corporations?*, Portfolio.（有賀裕子訳、二〇一一『自由市場の終焉——国家資本主義とどう闘うか』日本経済新聞出版社。）

Bremmer, Ian, 2012, *Every Nation for Itself : Winners and Losers in a G-zero World*, Portfolio/Penguin.（北沢格訳、二〇一二『「Gゼロ」後の世界——主導国なき時代の勝者はだれか』日本経済新聞出版社。）

Brown, Peter, 1978, *The Making of Late Antiquity*, Harvard University Press.（足立広明訳、二〇〇六『古代末期の形成』慶應義塾大学出版会。）

Ferguson, Niall, 2004, *Colossus : The Rise and Fall of the American Empire*, Penguin Books.

Ferguson, Niall, 2008, "Geopolitical Consequences of the Credit Crunch"（http://www.niallferguson.com/journalism/finance-economics/geopolitical-consequences-of-the-credit-crunch, Retrieved July 2, 2016）.

Ferguson, Niall, 2012, *The Great Degeneration : How Institutions Decay and Economies Die*, Penguin Press.（櫻井祐子訳、二〇一三『劣化国家』東洋経済新報社。）

Habermas, Jürgen und Niklas Luhmann, 1971, *Theorie der Gesellschaft oder Sozialtechnologie : Was leistet die Systemforschung?*, Suhrkamp.（佐藤嘉一・山口節郎・藤沢賢一郎訳、一九八七『批判理論と社会システム理論——ハーバーマス＝ルーマン論争』木鐸社。）

Halper, Stefan, 2010, *The Beijing Consensus : How China's Authoritarian Model Will Dominate the Twenty-First Century*, Basic Books.（園田茂人・加茂具樹訳、二〇一一『北京コンセンサス——中国流が世界を動かす』岩波書店。）

Held, David et al.（ed.）, 2005, *Debating Globalization*, Polity.（猪口孝訳、二〇〇七『論争グローバリゼーション——新自由主義対社会民主主義』岩波書店。）

今田高俊、二〇〇一、『意味の文明学序説――その先の近代』東京大学出版会。

アイエンガー、シーナほか、二〇一三、『知の最先端』ＰＨＰ研究所。

Kaplan, Robert D., 2013, “Augustine's World : What Late Antiquity says about the 21st Century and the Syrian Crisis” (http://www.foreignpolicy.com/articles/2013/12/03/augustine_s_world_what_antiquity_tells_us_about_syria, Retrieved July 2, 2016).

Luhmann, Niklas, 1980, *Gesellschaftsstruktur und Semantik 1 : Studien zur Wissenssoziologie der modernen Gesellschaft*. Suhrkamp.（徳安彰訳、二〇一一『社会構造とゼマンティク１』法政大学出版局。）

Luhmann, Niklas, 1982, “Komplexität,” in : ders., *Soziologische Aufklärung 2 : Aufsätze zur Theorie der Gesellschaft*, VS Verlag, 255–276.（西坂仰訳、一九八六「複雑性」土方昭監訳『社会システムと時間論』新泉社、二一六–二六〇頁。）

Luhmann, Niklas, 1984, *Soziale Systeme : Grundriß einer allgemeinen Theorie*. Suhrkamp.（佐藤勉監訳、一九九三・一九九五『社会システム理論』（上・下）恒星社厚生閣。）

Luhmann, Niklas, 1989, *Gesellschaftsstruktur und Semantik 3 : Studien zur Wissenssoziologie der modernen Gesellschaft*. Suhrkamp.（高橋徹・赤堀三郎・阿南衆大・福井康太・徳安彰・三谷武司訳、二〇一三『社会構造とゼマンティク３』法政大学出版局。）

Luhmann, Niklas, 1997, *Die Gesellschaft der Gesellschaft*, 2bde., Suhrkamp.（馬場靖雄・赤堀三郎・菅原謙・高橋徹訳、二〇〇九『社会の社会』（１・２）法政大学出版局。）

Luhmann, Niklas, 1998, “Meinungsfreiheit, öffentliche Meinung, Demokratie,” in : Lampe, E.-J. (Hg.), *Meinungsfreiheit als Menschenrecht*, Nomos, 99–110.

Mahbubani, Kishore, 2013, *The Great Convergence : Asia, the West, and the Logic of One World*, Public Affairs.

第6章　近代と公共性
――ハーバーマス批判の試み

橋本　努

1　ハーバーマスを超えて

近代社会における「公共性」の理念は、巨大な行政機構を民主的に統治するための空間として、国家にも市場にもコミュニティにも還元されない独自の役割を与えられてきた。民主社会がよく機能するためには、議会の内と外において、討議を通じた合意が形成されなければならない。合意を通じて政府の意思決定に正統性を与え、司法・立法・行政の諸機関の運営を健全に導かなければならない。ハーバーマスによれば、近代の合法的支配は、もっぱら道徳的な内実をもつ「手続き的合理性」によってその正統性を与えられるのであり、それは討議にもとづく政治的公共圏を組織化することに依存しているという。かかるハーバーマスの主張は、民主社会の理念を根底から基礎づけようとするものであるが、理論の基礎において困難を抱えているように思われる。その困難を乗り越えて、私たちは別の民主社会構想に至ることも可能であろう。本章では、ハーバーマスの基礎概念たる「コミュニケーション的行為」の矛盾を克服し、新たに「批判的保持」と「熟成」の二つの側面から、民主社会の正統性を組み直してみたい。

表6-1　民主主義のさまざまな次元

	共同（連帯）	歩み寄り	個別
問題化	社会運動的連帯の理想		周辺部の感受性
討議（1）	討議共同体	草の根民主主義？	ゲリラ的民主主義
規範命題の提案			憲法制定権力，意見書，法案の提出
討議（2）	批判的監視(市民の理想)	狭義の立法過程	批判的討議（議会の理想）
合意（Yes/No）	承認(民主的連帯の理想)		了解（コミュニケーション的理性）

2　民主主義のさまざまな意味

ハーバーマスは「コミュニケーション」の概念を独自に練り上げつつ、民主社会の規範原理を体系的に説明している。その企ては、いわば「コミュニケーション的理性の浸透理論」と呼ぶべきものであり[1]、コミュニケーションにおける「了解」の調達から出発して、その正統性と実践的含意を民主主義のさまざまな場面に波及させようと企てるものである（表6-1参照）。

一般に民主主義とは、対等な人びとのあいだでの討議を通じて、何らかの政治的合意を調達する政治体制であるとされる。私たちもまず、このような一般的な理解を前提としたうえで、民主主義の諸相を「手続き」の観点から次のように分類してみたい。第一に、人びとがともかくも討議を始める前に、誰かによって、議題となる問題が提起されなければならない。次に、議題として問題化された事柄について、人びとが討議しなければならない。第三に、問題化されたことがらを討議する過程で、誰かが合意すべき規範命題を提起しなければならない（もし採択すべき規範命題を誰も提出しなければ、合意に至ることはないだろう）。第四に、提起された規範命題をめぐって、人びとはさらに討議し、その内容を批判的に検討しなければならない。提起された規範命題を討議せずに了解するような行為は、民主的な営みとは言えない。最後に、人びとは討議を経たうえで、何らかの合意に到達することができれば、それは民主的な正統性をもった規範原理となる。

このように、民主主義の手続きは、「問題化」→「討議（1）」→「規範命題の提出」→「討議（2）」→「合意」という諸段階に区別することができる。その場合、各段階における行為は、（a）諸個人が個別におこなうものなのか、それとも（b）個別的行為と共同行為の中間にあって、人びとがそれぞれ個別行為を通じて歩み寄るものなのか、あるいは、（c）実践的かつ情動的な連帯を伴う「共同的行為」を必要とするものなのか、という区別をすることができる。こうした「個別行為」「歩み寄り行為」「共同行為」という分類を横軸として、先の諸段階を縦軸として組み合わせると、表6-1を得ることができる。

表6-1では、それぞれの項目が、民主主義のための実践内容を示していると同時に、近代社会における「公共性」の空間を示している。ハーバーマスの試みは、右下の「了解（コミュニケーション的理性）」を中核に据えて、他の領域を体系的に位置づけるものとして理解できよう。ハーバーマスによれば、近代の合法的支配は、その正統性を道徳的な内実をもつ「手続き的合理性」からのみ創り出さなければならない。その場合の手続き的合理性は、人びとが政治的公共圏において討議し、また、コミュニケーション的理性に導かれて合意に至るという、民主的なプロセス全体の正統性を導くものとされる。そのような手続き的合理性を構成するために、ハーバーマスは、公共圏、討議、コミュニケーション、民主主義などの基礎概念を体系的に説明する。政治権力の正統化を、人びとのあいだの対等なコミュニケーションを通じて民主的に基礎づける試みは、それ自体としては受け入れやすいものであろう。だが、その中核に位置づけられる「コミュニケーション」の概念については、以下に示すように、深刻な困難がある。結論から言えば、民主主義の理論を、どれか一つの意味を基底として、他の諸々の意味を導出するという仕方で基礎づけることはできない(2)。民主主義の正統性は、コミュニケーション的行為を根底としているわけではない。民主主義はむしろ、たとえ「了解」に至らなくとも、人びとが広範な問題を論じ、その中からさまざまな法案が産出されるような状況において、その正統性を得るのではないか。了解行為にもとづく社会統合は、民主的な正統性の一部にすぎないように思われる。

3　コミュニケーション概念の批判的検討

ではハーバーマスの「コミュニケーション」概念は、どんな困難を抱えているのか。コミュニケーションとは、ハーバーマスにおいては、人びとがあることがらをめぐって、了解に至ることを意味している。その場合の了解とは、言語遂行的なものであり、了解することそれ自体を目的としているがゆえに、行為それ自体にテロスが含まれる。他者とのあいだに了解を求める人は、言葉を戦略的ないし手段的に用いて一定の目的を達成するのではなく、あくまでも言語行為それ自体において遂行される目的を遂行的に求めるという態度をとるだろう。言い換えれば、他者とのあいだに了解を得ようとする行為は、発語内で完結する目標を、無条件に追求している。またそのような了解行為は、何に対して了解するかについて、自分なりの独自の基準を立てるのではなく、相互主観的に得られるような基準を立てることになる。その場合の基準は、批判に開かれた妥当性要求を承認し、了解の内容を誰もが真理に照らして検討する余地を残しておくだろう(3)。

このような了解を得るためのコミュニケーション的行為は、いわゆる実践理性によって導かれる行為ではない。実践理性とは、「私は何をすべきか」とか、「長期的かつ全体的に見て何が私にとって善いのか」といった問題に対して熟慮ある判断を与えるものである。ところがコミュニケーション的理性は、そのような第一人称の実践に対して、すぐれた含意を与えるわけではない。むしろ規範主義的な助言を退けて、相互主観的な観点からものごとを理解し、社会科学的な客観化のフィルターを通すことによって、社会的に合意すべきことがらに対する妥当な判断を導く（Habermas 1992 : 24, 訳 上25）。了解行為は、人と人のあいだにあることがらについて、その正統性を承認する行為でもあり、了解というまさに言語遂行的な営みによって、社会統合をもたらすことができる。ハーバーマスによれば、発話行為の発話内的力が行為調整の役割を果たすやいなや、言語が社会統合の第一次の源泉として用いられることが明らかになるという（Habermas 1992 : 33-34, 訳 上34）。

妥当性と合意の緊張関係

了解行為が民主的コミュニケーションの中核にあるとするハーバーマスの見解は、しかし、さまざまな難点を伴う。根本的な問題は、了解するための条件が、時間的・空間的に無制約でなければならないという理想に関するものであろう。ハーバーマスは、R・アレクシーが挙げる「合理的討議一般の手続き的条件」――無限の時間、無制限な範囲の参加者、強制の完全な排除――を認めたうえで、「論証について合理的な動機によらない中断を防止する」という条件の他、二つの条件をそこに加えている（Habermas 1992：282, 訳 上270）。またハーバーマスは、純粋なコミュニケーション的社会化のモデルが、「いわば、コミュニケーション過程それ自身のもつ、情報コストと決定コストを考慮しない」（Habermas 1992：395, 訳 下51）ことを明示している。合理的な討議を通じて了解すべき事項は、強制されない条件のもとで、しかも時間的・空間的・情報的な制約をまぬがれた条件のもとで調達されなければならない[4]。こうした要件は、理想的・仮説的な条件の下で得られる「合意」の観点から、現実の政治的決定がもつ正統性を評価したり批判したりするために提案されたものである。そこには明らかに「方法論上の擬制」（Habermas 1992：396, 訳 下52）がある。ハーバーマスの理解では、民主主義はできるだけ理想的な条件の下で合意を調達すべきであり、そのためには時間的な制約すらもできるだけ免れていなければならない。

しかし「無限の時間があれば、おそらくこのように判断することが合理的だろう」という推論は、時間の流れのなかで進行する討議を軽視することにならないだろうか。実際の討議ではなく、無限の時間を想定したうえで「理想的な了解内容」を推測する場合には、その推測は各人によって異なるかもしれず、多元的で暫定的なものにとどまるかもしれない。ポパー流の批判的合理主義の観点からみれば、「理想的了解」といえども、依然として批判に開かれた内容であり、各人の暫定的な態度を調達したものにすぎない。そのような了解は、実際には他者とのあいだで了解したのではなく、各人が推測したものにすぎない[5]。これに対して、時間の不可逆的な流れのなかでの討議過程を重視する場合には、人びとのあいだで現実に形成される合意内容を優先することになる。実際の時間の流れのなかで得られた合意は、理想的な了解内容とは異なるかもしれないが、一元的で現実的なものである。はたして

「理想的了解」と「現実的合意」のいずれの内容が、コミュニケーション的理性において正統性をもつべきかについて、ハーバーマスの理論は緊張をはらんでいるだろう。理想的条件の下での「妥当性」を優先すべきなのか。それとも現実的な条件の下での「合意」を優先すべきなのか。この二つの理念を包括する理論的地平は存在しないように思われる。

この問題を実践的に解決するために私が提案したいのは、次の二つの態度を併用することである。一つには、反実仮想的な条件を想定しつつ、批判的な検討の継続によって、理想的な了解内容を探るという批判的合理主義の態度である。しかしこの態度は現実に得られるだろう合意を軽視することになりかねない。そこで私たちは、批判的合理性とは別の理性を働かせて、現実的な制約条件の下でも、その制約に対処できるような思考法を取り入れなければならない。それはたとえば、さまざまな現実的制約条件の下で、合意すべきことがらを熟慮あるものへと導くために、立法化の過程で破棄された提案を継続的に検討しつつ、人びとの判断を熟成させるような態度である。合意に至らなかったことがらを、いわばプールして継続的に検討するという熟成過程を重んじる態度である。前者の態度は、「了解」を「批判的保持」に代替するものであり、後者の態度は、「了解」を「熟成」に代替するものである。前者は、理想的条件の下での合意を推測するのに対して、後者は、現実的条件の下での合意を思慮深いものにしようとする。ハーバーマスは、方法論上の擬制として、権力の格差、能力の格差、時間（期日）の制約、空間（接近）の制約、意思決定の薄弱に由来する困難等の問題が現実に生じない理想状態を想定して、そのような条件の下での「了解内容」を推測しようとするが、そのような推測が多元的なものとなり、一つの合意に収斂しない場合には、現実の討議を別の観点から導くための知恵が必要である。ハーバーマスは、生活世界の合理化を通じた実践によって、理想的な条件の下でのコミュニケーション的理性による合意が調達可能であるとみなしている。しかしたとえ生活世界が合理化されたとしても、それは認知上の制約条件を克服することができない。認知上の制約を補うためには、私たちは後者の「熟成」過程のような、判断を練り上げる別の理路を必要としているだろう。

コミュニケーションと討議の結びつき

「批判的保持」と「熟成」という二つの理性を用いる観点から，ハーバーマスの「コミュニケーション」概念の困難をさらに検討してみよう。ハーバーマスは，正統な法というものが，コミュニケーション的権力と討議の緊密な結合を通じて産出されると考える。「コミュニケーション的権力」とは，歪曲されていない無傷の間主観的構造において意見を形成する力であり，これに対して「討議」とは，公共的な意見形成・意思形成の法的制度化において，次の二つの機能を果たす原理であるとされる。第一に，討議原理は，追求されている成果が合理的承認可能性の推定をもつように，発言と主題，根拠と情報を選別するものでなければならない。第二に討議原理は，非暴力的なものとして，コミュニケーション的自由の産出力を発揮させる了解関係を作り出すものでなければならない。このようにハーバーマスは，コミュニケーション権力と討議原理の結びつきによって正統な法が産出されると考える。その場合，コミュニケーション的行為における了解の「根拠」が「動機」を形作り，法共同体における意思が形成されるという（Habermas 1992：188，訳 上184）。

しかしここでのハーバーマスの論理には，困難がある。歪みのない空間で発揮されたコミュニケーション的権力は，なぜ討議と了解を通じて，法共同体における「意思」を形成するのだろうか。歪みのない空間は，「妥当性」を調達するために設けられた仮設的なものである。そのような架空の空間は，どのようにして法共同体の意思を調達しうるのだろうか。それはたんなる架空の意思にすぎないのではないか。ハーバーマスは，この問題に気づいているように思われる。というのもハーバーマスは，法規範の根拠づけには，「文化的な特質にもとづくアイデンティティにかかわるものもあれば，構成員の価値志向・目標・利害状況にかかわるものもある」として，「事実性」の意義を認めているからである（Habermas 1992：193，訳 上189）。法共同体の意思は，既存のコンテクストの「事実性」と関係している。妥当な法規範は，討議によって「正しさ」を与えられるとしても，それが「正統」であるのは，法共同体の真の自己理解（すなわち「事実性」）を表現する場合である。とすれば，法規範の「正統性」は，コミュニケーション的行為と討議の理想的な結合，およびそれにもとづく「妥当性」の調達によって与えられるわけではない。民主的な立法の正統性は、ハーバーマスの理論においても事実性との関係を保っている。

ところがハーバーマスの理論は、この事実性が与える正統性をめぐって、あたかもそれが討議にもとづく妥当性に回収しうるような印象を与えている。コミュニケーション的行為において、了解する際の「根拠」は同時に人びとを「動機」づけるものとされるが、ハーバーマスは、その根拠を判断する際の妥当性が、討議によってのみ明らかにされるという。ここに問題があるのではないか。

妥当性をめぐる討議は、原理的にみて終わりのない探究の過程であり、絶対的な終着点は存在しない。「新しい情報とよりよい根拠がもたらされることは、なおさら否定されえない」。実際には、「強制なき合意が成立する場合にはじめて、……われわれは都合のよい諸条件のもとで論証を打ち切る」ことになる。ハーバーマスは、強制なき合意が確保されたなら、その時点で探求と論証を打ち切ったとしても、「合理的に動機づけられた合意」がもたらされると考える。そのような合意はしかし、探求と論証を打ち切ったという点で、「事実性の残滓」を保持しており、根拠と動機は、討議における妥当性によって与えられたわけではない。ハーバーマスによれば、「根拠とは、非心理学的な意味で論証参加者に肯定的な態度をとるよう『動かす』力のことである」（Habermas 1992：278，訳上267）というが、その「力」の源泉は、討議から得られる妥当性にあるというよりも、むしろ、既存のコンテクストを前提とした法共同体の自己理解という、「事実性」に依存しているとみるべきではないだろうか。

ハーバーマスはしかし、あたかも根拠と動機と意思（力）の関係が、コミュニケーション的行為（了解行為）と討議の結びつきによって与えられるかのように述べている。[6] 了解行為の根拠が人びとを動かす動機を与える理由は、その規範命題（了解内容）が討議によって妥当性を確保されたからというよりも、実際には、それが共同体の自己理解という事実性を確保しているからであるという可能性を拭い去ることはできない。法の正統性は、法が実際に事実として貫徹しているかどうかという意味での「事実性」によって与えられるのではないが、私たちが法共同体のコンテクストをどのように理解しているのかという、自己解釈の「事実性」に依存していると考えられる。人びとを突き動かす力は、よりよき妥当性を求める討議よりも、コンテクストのよりよき解釈を求める自己理解によって与えられるのではないか。コンテクストのよりよき解釈は、判断の妥当性を求めている限りにおいて「事実性」と区別されるが、しかしその解釈は、それが討議を経る前に提起される法共同体の自己理解である限りにおいて「事実性」と結びついている。

むろんハーバーマスの理論は、事実性と妥当性の緊張関係を捉えており、権威をまとった規範と価値のすべてをコミュニケーション的理性によって批判するのではなく、さしあたって問題化の対象となりえない準拠枠であるとみなしている。そのような準拠枠が流動化すればするほど、「価値・規範・了解を通じて実施される社会統合」は、コミュニケーション的行為者自身によって作りだされなければならない（Habermas 1992：56，訳 上55）。ところが社会の準拠枠が流動化しすぎると、今度はコミュニケーション的行為者による規範創出に負担がかかりすぎることになる。すると、できる限り準拠枠を流動化すべきではない、という考え方も現れるだろう。あるいは、了解行為以外の仕方で、規範を創出する必要があるという主張も現れるかもしれない。先に私は、「了解」概念の抱える矛盾を克服するために、これを「批判的態度保持」と「熟成」の二つに分けたが、この区別に照らしていえば、私たちは批判的理性の限界を補うために、「熟成」過程のような別の規範創出方法を必要とするように思われる。(7)

誰が規範命題を提案するのか

「熟成」過程が必要であることを明らかにするためには、法案として提出される規範命題が、コミュニケーションと討議の前に、とにもかくにも提案されなければならないという点に注目しなければならない。コミュニケーション的行為における「了解」においては、参加者たちはその規範命題に対して、是認するか否認するかのいずれかしか対応できないという点で、規範命題はすでに、特殊なかたちに加工されている。しかし討議以前に、あるいは討議の場において、規範命題を誰が創造するのか。ハーバーマスはその産出の意義を見落としているように思われる。

ハーバーマスは慎重にも、法秩序の正統性は、コミュニケーションと討議にもとづく合意によって与えられるのではなく、合意によって「承認される」ものだと述べている。[8] つまり、正統性をもった規範内容は、合意以前に提案されなければならないのであるが、その正統な法を、誰がどのようにして提起するのかといえば、ハーバーマスは次のように推測しているように思われる。すなわち「宗教や形而上学の後盾がないとすれば、合法的行動を目的とする強制法が社会統合力を維持するには、法規範の個々の名宛人たちが全体として、同時に規範の理性的創造者として理解されるしかない」（Habermas 1992：51–52, 訳 上51）と。しかし規範の創造者は、コミュニケーション的行為（了解行為）をする者でもなければ、討議する者でもない。ハーバーマスは、別の個所では慎重に、次のように述べている。「ここでわれわれは、市民が自分自身で討議原理を適用しうる場合に必要なパースペクティヴの転換を執りおこなわなければならない。なぜなら市民は、自分が名宛人として服すべき権利の作成者として自己を理解し、かつ同時に活動することによってはじめて、権利主体としての自律を獲得するからである」と。ハーバーマスはここからさらに、「このようなパースペクティヴの転換ののちには、もはやわれわれの視点から平等なコミュニケーション的権利と参加権を根拠づけることはできない。民主主義原理の法的形態を討議原理に付与する権利はいかに創出されねばならないのか、これを熟慮しかつ――憲法制定者の役割において――決定するのは、市民自身なのである」（Habermas 1992：160–161, 訳 上157）と。つまりハーバーマスにおいても、権利（規範命題）の作成者（創造者）は市民自身であるものの、市民は、討議原理によって規範を作成（創造）するのではなく、やはり「憲法制定者」の役割を引き受け、その制定者の観点から規範を作成（創造）するとされている。けれども規範の作成ないし創造は、コミュニケーションによっても討議によっても産出されるわけではない。それは市民による「創出」行為を含んでいるはずである。

ハーバーマスは、法規範の創造者（解釈者・提案者）が、それを承認する者と同一人物（すなわち国家市民）であることから、法の「了解」という一方の側面に焦点を当て、法が討議を通じた了解によって妥当性を与えられる、と主張する。しかし法規範に「正統性」を与えるのは、創造と了解の両方でなければならない。そしてこの「創造」行為（コミュニケーション的権力の行使）に注目するならば、理想的な立法過程は、規範命題の創造（あるいは解釈、提案）を、制度的に刺激するものでなければならない。規範命題が豊かに創造されないところでは、どんな了解行為も民主主義的統治の質を上げることはできないからである。ハーバーマスに欠けているのは、そのような創造のための制度的支援の論理ではないだろうか。

先に私は、ハーバーマスの「コミュニケーション」概念が「妥当」と「合意」の緊張関係をはらんでおり、これを解決するためには「批判的保持」と「熟成」という二つの態度が必要であると提案した。法案の創造過程においても、この二つの態度が必要であるだろう。すなわち、一方においては、法案を大胆に提出し、かつそれをよりよいものにするために検討を続けるという「批判的合理主義」の態度が必要である。他方においては、そのような理性がもつ限界に対処するために、破棄された法案を継続的に審議して熟成させるという別の態度が必要である。このような制度を通じて法の創造を支援する場合に、民主社会はその統治力を高めるように思われる。

原理と価値の対立

規範命題としての法案は、それが討議され了解される以前に、創造（提起）されなければならない。しかしそれがどのように創造されるべきかについては、たんに討議の手続き的な合理性によって説明することはできない。実はハーバーマスも、このことを理解しているように思われる。ハーバーマスは、法を手続き的に正統化する立場と競合するものとして、普遍的価値にもとづく法の正統化論があると考える。しかしそれは、最終的には退けられる。

ハーバーマスはまず、「原理ないし規範」（以下、たんに「原理」と記す）と「価値」とを区別して、司法（連邦憲法裁判所の裁判）においては、「原理」のほうが「価値」よりも正しい正統性を提供しうる、と主張する。ここで「価値」とは、ドイツ連邦共和国の基本法を「具体的価値秩序」として理解する立場の正統化根拠であるとされる。この立場は、基本法を「価値へと転換された原則」として捉え、ある価値にもとづく「未確定な射程をもつ最適化命令」として理解する。しかし最適化命令の充足すべき基準は、実際には明らかでないことから、その命令を解釈する際に、私たちは社会の事実性をふまえて、目標志向的な衡量をする必要がある。そのような衡量においては、「妥当する法の解釈は、事例に依拠して具体化を図る価値実現の営為へと転換される」(Habermas 1992：310，訳 上296)。このように、特定の共同体が追求すべき価値（目的）秩序の観点から法の正統性を与える立場は、共同体が何を追求すべきかについて、諸目的の優先関係を評価することになる。この場合の法の正統性は、「間主観的に共有された選好」によって、グラデーションをなす一連の帯によって評価されるものになるだろう。それは最高次の価値（目的）においては絶対的拘束力をもつものとして、下位の価値については相対的拘束力をもつものとして、それぞれ位置づけられるだろう。

こうした「価値にもとづく評価」は、しかし「原理」の観点から制約されなければならない、とハーバーマスは主張する。「権利の体系により定義された法は、いわば、立法者の目標設定と価値志向を、規範［原理］的観点の厳格な優位によって自在に制御する。憲法を具体的価値秩序として捉えようとする者は、その特殊法的な性格を誤解している。つまり、基本法は法規範として、道徳的規則と同様に、義務づけ的行為規範のモデルに従って形成される」べきなのである、と（Habermas 1992：312，訳 上299)。「価値」にもとづく評価を制約する「原理」とは、目的論に替えて義務論的な意味をもつものであり、その場合の妥当な原理は、「等しく例外なしに、一般化された行為期待を満たす行為を要求する」ものであるとされる（Habermas 1992：311，訳 上297)。「原理」は、確言的命題の場合と同様に、イエスかノーによる二元的な態度決定を求めるものであり、その要求は、誰に対しても等しく普遍的かつ絶対的な拘束力をもつものでなければならない。そのような「原理」こそが、基本法に正統性を与えるのであり、そのためにはイエスかノーかによって応答可能な「了解」の調達が必要になる。言い換えれば、共同体の価値を解釈することよりも、普遍的な原理を「了解」することが、法に正統性を与えるとハーバーマスは考える。

しかしハーバーマスは、こうした自らの議論の困難に気づいているようにみえる。というのもハーバーマスは、概念分析において、「原則［規範］」と「価値」の述語上の区別は、「最高の価値ないし財に対して普遍的妥当性を要求するような理論において無意味になる」ことを認めているからである（Habermas 1992：312，訳 上299)。たとえば、もしある共同体の具体的な価値秩序が、そのなかから普遍的な価値秩序を生み出す力をもつならば、価値はそれ自体として、法に正統性を与える根拠となりうるだろう。普遍的に妥当する価値は、一方で「原則」が指示する「義務（的行為）」を基礎づけ、他方で「具体的価値」が指示する「推奨すべき行為」を基礎づけることができる。「原則」の上位に「普遍的価値」を位置づけるならば、その普遍妥当性によって法を正統化することができるのであり、ハーバーマスはこのような理論的可能性に気づいている。[9] たとえば、人間の尊厳、連帯、自己実現、自律といった義務論的な諸原理が含まれるような抽象的形式を普遍的価値の観点から把握するならば、そのような理念は法に正統性を与える根拠となりうるだろう。

しかしハーバーマスによれば、普遍的価値にもとづく正統化は、コミュニケーション的な「了解」行為にもとづくものではない。普遍的価値をあらかじめ実体的に想定するならば、それは討議を通じた了解を必要としない。そのような普遍的価値の根拠は、伝統と慣れ親しんだ文化的価値志向（すなわち事実性）か、価値に関する高次の決断のいずれかに還元しなければならない点で、困難をはらんでいるのではないか、というのがハーバーマスの疑義である。けれども、事実性としての文化的価値による判断と高次の決断のあいだには、普遍的価値にもとづく文化的価値の「解釈」という実践があり、そのような解釈実践に内在する妥当性の基準によって、法の正統化を調達することもできるだろう。

だがハーバーマスによれば、価値秩序による法の正統化は、それを適用する際に不確定性を発生させるがゆえに、非合理な判決の危険を増大させるという（Habermas 1992 : 316, 訳 上302）。そのような危険を免れるために、ハーバーマスは「原則」にもとづく法の正統化を図るのであるが、その際に注意すべきは、法の正統化は「立法」よりも「司法」によって可能になる、とハーバーマスが考えている点である。[10] ハーバーマスの議論は、立法ではなく裁判の過程から、基本法を手続き的に正統化するものであり、そこにおいて立法過程は、純粋な手続き的正統化に還元できないものとみなされている。ハーバーマスによれば、立法実践の協議的様式は、次の二つの法規範の妥当要求を配慮するものである。すなわち、「戦略的に主張される個別的利害を公共の福祉と調和するよう配慮する要求」と、「普遍主義的正義原則を特定の価値観により特徴づけられた特定の生活様式の地平において実現する要求」である（Habermas 1992：344, 訳 上327）。このうち前者の妥当要求は、共同体の特定の価値秩序に参照して与えられるならば、ハーバーマスはその限りにおいて「事実性」の意義を認めていることになる。また後者の妥当要求は、正義というものを「原則」として捉え、「普遍的価値」として捉えない場合に、はじめてコミュニケーション的行為による「了解」と結びつくことになる。

いずれにせよ問題は、ハーバーマスは、法を制定する際の立法手続きの問題に、正面から取り組んでいない点である。先に私は、ハーバーマスの「コミュニケーション」概念が妥当と合意の緊張関係をはらんでおり、これを解決するために批判的保持と熟成という二つの態度が必要であると提案した。このような発想から、立法過程の正統性を理論化することは、ハーバーマスの理論を超える一つの試みになるだろう。詳細は別稿に譲るとして、以下ではハーバーマスのコミュニケーション的立法論をめぐって、『事実性と妥当性』の後半において展開されている、福祉政策をめぐる理論的含意を検討したい。

4　社会的国家を批判する視点

ハーバーマスは、一方では、古典的自由主義を超える社会的国家（社会民主主義の体制）を支持しつつも、他方では、その体制が抱える困難を乗り越えるために、独自の「公共性」理解にもとづく規範構想を提起している。ハーバーマスによれば、人びとがコミュニケーションと討議を通じて「政治的市民」としての自律を獲得することそれ自体が、社会的国家ならびに福祉政策の目的となるという。以下では、ハーバーマスのこの立論を追いながら、はたしてそれがどこまで成功しているのかについて検討したい。

古典的な私法、あるいは古典的な自由主義の体制においては、消極的な意味での個人の自己決定権というものが、その基礎に置かれる。契約の自由や所有権の保障によって法的に基礎づけられるのは、国家の介入によって制約されない個人の自己決定（私的領域）である。その場合の自由とは、いわゆる「消極的自由」（政府からの自由）であり、この自由権は歴史的にみると、新たな法領域（労働法、社会法、経済法など）の成立とともに再解釈されてきたという経緯がある。すなわち古典的な自由主義は、さまざまな法領域の出現とともに、「人はできる限り法の下で自由であるべきである」という主張としてしだいに理解されるようになり、やがて、「各人は法の下で最大限の自由を平等に保障されるべきである」と解釈されるようになる。最大限の自由を平等に確保することが目的であるとなれば、国家は、さまざまな仕方で個人の自己決定やそのための選択肢の充実化を促進することができるようになる。ハーバーマスによれば、古典的な自由主義を超える社会的国家（社会民主主義の体制）は、このように自由を再解釈することによって、その政治的正統性を与えられてきた。たとえば生存権などの社会的基本権は、法の下での個人の自由を最大限に保障するという観点から、正統化されてきた。

他方で個人の自由権は、倫理的にみると、人格の独立性や自己責任や自由な表現といった、倫理的に自律した生活を可能にするものであり、それは歴史的にみると、人びとの相互行為ないし生活史のなかで、価値あるものとして実現されるべきである、という具合に再解釈されてきた。倫理的な意味での自由（すなわち自律）は、むろん法的な規律とは関係がない。しかしハーバーマスによれば、古典的な自由主義の体制は、そのような倫理的自律の中枢を保護するものとして位置づけられるようになる。古典的な自由主義の体制は、各人をたんに法的に保護するのではなく、「法的自由のメタ法的な、つまり倫理的な使用価値を立証することができる」ようになる（Habermas 1992：482, 訳 下135）。するとそのような立証可能性から、「私的自律」についての理解が転換されていく。すなわち、私法上の意味で自律した法的主体とは、行為と状況にかんするあらゆる権利の総体をもった個人として理解されるようになり、倫理的に自律した存在であることがメタ法的な理念として据えられ、倫理的な自律を権利として主張する行為もまた、私法上の法的主体の概念に含まれるようになる。このような解釈の転換から、「私的生活形成のための不可侵の領域」は、倫理的に自律した諸個人の観点から制約することが正当化されるようになった。むろん、倫理的に自律した人びとの意思決定は、集合的な価値を優先して、個人の権利を制約する危険もある。そのような危険を避けるためには、自由の理解において、「諸個人が平等な仕方で行為の自由を享受できるようにする」ことが、第一に保障されなければならない。この保障は、各人の自由を「平等に分配する」という観点から、個人の特権的自由を制約するものとなる。たとえば、累進課税にもとづく所得の再分配は、個人の特権を排して「平等な自由」の条件を与えると考えられる。私的な領域において倫理的に自律することを権利として要求するためには、人びとはその政治的要求においても自律しうる存在でなければならない。人びとは政治的にも自律した存在として、法の形成過程に参加することができなければならない。そのためには一定の生活水準が必要であり、従属的な意思決定から逃れていなければならない、という政治的要求が生まれることになる（Habermas 1992：483-484, 訳 下136-137）。

他方で、古典的な自由主義の体制においては、個人権（消極的な意味での自己決定権）は、暗黙のうちに、そのような権利の付与が、結果として市場を均衡に導くか、あるいは国富の増大を導くだろうという「社会学的な想定」に依存していると考えられるようになる。言い換えれば、古典的な自由主義の体制は、契約法や所有権法を整備して個人の自由権を保障すれば、社会は全体として秩序化の作用を示すだろうという想定に依拠していることが理解されるようになる。ところが現実には、経済の均衡、あるいはより広い意味での国富の増大とその適正な分配（あるいは危険からの保護）は、法的主体を消極的に保護するだけでは実現されない。たとえば所有権は、物の保障だけでなく、年金に対する請求権といった、財産価値をもつ主観的権利へと拡大されなければ、市場は均衡化の条件を与えられないかもしれない。あるいは所有権に対する公法上の代替手段が、物権法の自由保障機能を担うように制度を工夫しなければ、市場は均衡化の条件を得られないかもしれない。個人の所有権を基本権として保障する際に、「個人的なもの」や「人格の核心に触れるもの」などの権利を保障するのでなければ、市場は均衡しないかもしれない。つまり、国富の増大のためには、一定の共同決定や公用徴収などを正当化しなければならない、という事態が生じてくる。私的所有に対するこうした解釈の変更は、個人の自己決定権を否定するというよりも、それが暗黙のうちに想定していた市場均衡や国富の増大および分配のための諸条件を明るみに出したのであり、こうした諸条件を制度的に確保するためには、個人の権利の中身を再解釈しなければならない。古典的な自由主義は、市場の機能を理想的なものとして想定してきたが、市場が機能不全に陥る可能性を認めるならば、それを克服するために、当初の自由権をさまざまに再解釈しなければならない（Habermas 1992：484-487, 訳 下137-139）。

このように古典的自由主義は、その論理の内側から、政府介入の正当性を認める論理をもたらすことになる。人びとに平等な自由を保障するためには、さまざまな政府介入が必要となる。その場合の「自由権の解釈替え」には、ハーバーマスも理解するように、次のような二つの構成要素があるだろう。

第一に、個々の行為者は、国家によって自由を保障されるべき「クライアント」のような存在としてイメージされるようになる。市場社会は、不均衡に陥るかもしれない。あるいは国富の増大を導かないかもしれない。国富の分配をめぐって、社会を分断させてしまうかもしれない。そのようなリスクと偶然性に晒されたものとしての市場システムは、各個人を、システムの作動に対して脆弱な存在として位置づけるようになる。そして法は、そのような個人を権利によって救済することができなければならないと理解されるようになる。

第二に、そのような救済は、できるならば事前の段階で、予防的に制御されなければならない、という発想が生まれる。破局を未然に防ぐという関心から、古典的自由主義の体制は再解釈され、そこに「社会的国家」のイメージが現れることになる。社会的国家は、リスクへの関心から、クライアントとしての個人を事前に救済しようとする。古典的自由主義は具体的な個人の行為に関心を照準するが、これに対して社会的国家はマクロ的な観点から、社会的リスクの管理に照準する。

むろん、社会的国家は、古典的自由主義の前提を否定するわけではなく、また計画経済や共産主義に至るための諸々の条件を認めるわけではない。たとえば、社会権的基本権としての「給付請求権」について、社会的国家はこれを無条件に認めるのではない。労働、安全、健康、住居、生活保障、教育、自然環境保護などの領域におけるさまざまな福祉政策は、本来であれば（古典的自由主義の解釈替えにもとづく限りでは）、「消極的自由の機会の平等な利用」のために正当化されなければならない。福祉政策は、個人が私的領域において自律することを妨げてはならず、自律を侵害するような温情主義（パターナリズム）を正当化するものではない。社会的国家は、こうした一定の制約の下で福祉政策を認めるにすぎない。

ところがハーバーマスによれば、このような社会的国家のモデルは、「私法的諸制約に強くとらわれたまま」であり、望ましいモデルとはいえない。ハーバーマスにとって、古典的な自由主義の体制も社会的国家の体制も、いずれも「産業資本主義的経済社会の生産主義的モデルを共有している」点で限界があり、「私的自律」と「国家市民の自律」との内的連関を見過ごしているという（Habermas 1992：491, 訳 下143-144）。これら二つのパラダイムに代えて、ハーバーマスが提起するモデルは、人びとが国家市民として自律するために、各種の福祉政策を正当化するというものである（以下「国家市民モデル」と呼ぶ）。分配の正義は、私的領域における個人の自律を妨げないように、あるいは促進するようになされるものではなく、むしろ「個人の能力の発達と訓練」あるいは「集合的コミュニケーションと協同に必要な制度的条件」にかかわるものとして、正当化されなければならないという（Habermas 1992：506, 訳 下155）[11]。

このような主張を展開する際にハーバーマスが取り上げる事例は、フェミニズムの問題である。男性と女性の平等な取り扱いの問題は、社会的国家によって解決されるものではない。たとえば労働者に対する社会的な保護は、労働市場をかえって閉鎖的なものにし、低所得層において女性が大部分を占めるという事態を強化するにすぎないかもしれない。このような問題を解決するためには、法的な平等と事実的な平等が弁証法的関係を築くように、「平等な権利をもつ市民の私的自律をその国家市民的自律の活性化とともにのみ保障する」ことが必要だという（Habermas 1992：515, 訳 下163）。つまり、女性の地位を実質的な意味で向上させるためには、一定の法的平等によって実質的な社会的平等をもたらし、またそれが別の法的平等を正当化するという具合に、弁証法的な発展を展望すべきである、というのである。

表6-2　新しい福祉国家の諸特徴

個性的	統計的	新しい福祉国家
個別的，個人的	カテゴリー的，非個人的	個人的だが集合的（創造の協働）
具体的，逸話的	一般的，細部の省略	具体的対応
機会的，ランダム	継続的，体系的	自己調整的，進化的
単独の行為	団体行動の一部	ルールにしたがう行為
予見不可能（単独）	予見可能（大量）	ルーティン（予測可能な単独現象）と進化（予測不可能な大量現象）
なりゆき任せ，宿命論的	管理的，保険と規制による計画可能性	開発的，支援と促進による庭師的介入

注：「個性的」と「統計的」を対比するハーバーマスの表（Habermas 1992：489，訳 下141）に，第三の類型として，筆者が考える「新しい福祉国家」の諸特徴を加えた。

5　国家市民的自律の検討

はたして「国家市民的自律」の理念が、そのような弁証法を導くのかどうかは未知数である。いずれにせよ、ハーバーマスは「国家市民」の理念に訴えて、私的自律を侵食する温情的な福祉政策でさえも、諸個人が国家市民として自律することを促す限りにおいて、正当化されると考える。このような正当化が、既存の福祉政策を拡張するのか縮小するのかについては、検証しなければならない。しかしハーバーマスは、「産業資本主義的経済社会の生産主義」モデルを排して、もっぱら国家市民の政治的な自律の観点から、福祉政策を正当化するという独自のモデルを提案しているのであり、この点は評価に値する。私たちは国家市民モデルによる福祉政策を、政治的自律の理念に照らして支持することができるだろう。問題はしかし、以下の三つの点にあるように思われる。

（a）ハーバーマスが批判する「産業主義的経済社会」の生産主義モデルは、時代とともに「ポスト産業主義的経済社会」の生産主義モデルへと変容してきたように思われる。上の表6-2は、ハーバーマスが対比する古典的自由主義国家と社会的国家の諸特徴に加えて、新しい福祉国家の諸特徴をいわば「第三の道」として位置づけたものである。ハーバーマスは社会的国家のモデルが、古典的自由主義のモデルにおける自由権を再解釈する試みを通じて出現したことを跡づけている。しかしポスト産業主義的経済社会においては、もはや私的自律を中核に据える自由権の理解は、生産主義の観点からみても望ましいとは言えない。ポスト産業社会においては、情報の創造を促進することが求められており、そのために必要な道徳的理想はもはや私的自律ではなく、創造のための活動的生にあると考えられる。厚生の基準として、各人の自律よりもケイパビリティの活性化を求めることは、ポスト産業社会における開発の理想になりうる。私たちは、国家市民的自律のモデルを正当化する以前に、古典的な自由主義の体制とその社会国家的再解釈がポスト産業社会の台頭とともに変容していることを、理論的に把握しなければならない。国家市民的自律のモデルは、ケイパビリティ論やポスト産業社会における「コモンウェルス（共通の富）論」を批判的に捉えていない点で、限界があるように思われる。

私的自律を中核に据える自由権を制約するのは、「国家市民的自律」の理念だけでなく、「ポスト産業社会の生産主義」でもありうる。だとすれば、「国家市民的自律」の理念と「ポスト産業社会の生産主義」は、古典的自由主義を変革するための二つの柱であると言えるかもしれない。この観点に立脚すれば、ハーバーマスのように、国家市民的自律のモデルこそが、古典的自由主義と社会的国家の両モデルを乗り越えるものであるという主張は、相対化されなければならない。

（b）では「ポスト産業社会の生産主義モデル」と「国家市民モデル」の二つのモデルのうち、いずれのモデルが望ましい福祉国家の理念を提供するであろうか。人びとの「福利」（well-being）を、ポスト産業社会において生産的な諸能力を育むための資源という観点から正当化する場合と、国家市民として政治的に参加するための資源という観点から正当化する場合とでは、いずれが望ましいだろうか。もし「ポスト産業社会の生産主義モデル」のほうがすぐれた厚生水準を達成するとすれば、自律した国家市民は、その理念と政策を支持するだろうか。

この問題は、国家市民モデルのパラドクス（あるいはジレンマ）を示しているように思われる。人びとが国家市民として政治的に自律すべきであるという規範的命題は、それ自体としては正当な要求である。しかしこの規範的命題は、規範的に妥当な法制度ないし法解釈を、もっぱら自己言及的な仕方で、すなわち「国家市民の自律に資するから」という理由によって、選択および正当化するのだとすれば、それは何が合理的であるかの理由と根拠を、すべて政治システムにおける閉じた言説によって与えることになる。国家的市民による選択は、はたして国家市民としての自律の程度を弱めてでも、各人の厚生状態を改善するような政策があるとすれば、それを政治的に自律した仕方で承認することができるだろうか。言い換えれば、国家市民は、みずからの自律を他の諸価値と比較して、あるレベルにおいて自律の程度を弱めることを、メタ・レベルにおいて自律的に選択することができるだろうか。これは難問である。この問題に「否」と答える立場は、政治における民主的正統化を、自己言及的な仕方で特権化しなければならない。だがはたして、このような自己言及的な民主主義の理解をめぐって、人びとの透明な合意を得ることができるかどうかは怪しい。民主的に合意すべき事柄がどのレベルで求められるかについての合意は、やはり開かれた討議に依存していると見るべきではないだろうか。経済体制の問題を、政治的民主主義の観点から自律的に制御するというハーバーマスの発想は、経済体制を法的に制御するための実践としては、不十分であるように思われる。

（c）「国家市民的自律」の理念とそれにもとづく立法の正当化を認めるとして、ではどのような仕方で、立法過程をデザインすべきなのだろうか。ハーバーマスの立論は、立法の過程が議会の外に広がる点を考慮に入れる点で的確である。ハーバーマスによれば、「法治国家的権力分立の論理が要求するのは……適切な種類の根拠の使用可能性を明らかにする、多様な討議と適切なコミュニケーション形式の制度化である」（Habermas 1992：528–529，訳下175–176）。ハーバーマスは、そのための「規範的根拠の事実的使用」が混乱しているとして、三つの討議過程を提案するが、問題は、提案された三つの討議過程が、いずれも凡庸な仕方で列挙されている点にあるだろう。

第一に、それは司法における「フォーラム」の利用を求めるものであり、裁判所と行政に対して統制なき立法権限の委譲をするという現実に歯止めをかけるものである。第二に、それは行政による法制定のための関係者を編成すべく、たとえばオンブズマン制度や公聴会を提案するものである。第三に、それはコミュニケーションの流れを制御するマスメディアの影響力に期待するものであり、エリート主義を排して、いわば社会の底辺から民主主義的な意見を形成する手続きを提案するものである（Habermas 1992：529–532，訳 下176–179）。こうした三つの提案は、いずれも従来の民主主義論がすでに主張してきたものであり、ハーバーマスに独自性があるわけでもなければ、体系的理論化が試みられているわけでもない。はたして「国家市民」が自律的であるためには、どのような仕方で討議過程が編成されるべきなのか。「国家市民」や「政治的自律」の概念は、あまり練り上げられていないようにみえる。

以上の検討をまとめると次のようになる。（a）私的自律を中核に据える自由権を制約するのは、「国家市民的自律」の理念だけでなく、「ポスト産業社会の生産主義」でもありうる。（b）国家市民の政治的選択は、政治的自律と厚生水準のジレンマをはらんでいる。（c）国家市民的自律のための立法過程は素朴にしか提示されていない。これらの問題点を克服するためには、法に正統性を与えるコミュニケーション的行為（了解）を、「批判的保持」と「熟成」の二つの側面から検討し直す必要があるように思われる。国家市民とは、法共同体における法案の妥当性を、最も理想的な条件のもとで自律的に判断する主体である。しかし私たちは、そのような判断を制度的に支援する一方で、理性の現実的な限界に対処するために、別の理性を援用しなければならない。立法における「熟成」過程の利用は、ポスト産業社会の生産主義が、共同体の価値秩序において占める意義を認めるだろう。またそれは、政治的自律よりも厚生水準を優先するさいの理性を与えるだろう。このように捉えてみると、ポスト産業社会における福祉政策の根拠は、ハーバーマス的な「国家市民モデル」には還元できない要素をもつことが理解されるのである。

注

（1）「文化的伝承と社会化過程が反省の対象になるのに応じて、了解志向的行為の構造に内在する、倫理的および道徳的問いの論理が意識されるようになる。最終的には、実践的志向は、批判を拒む宗教的もしくは形而上学的世界像による支えを失い、ただ論証によってのみ、つまりコミュニケーション的行為の反省形式そのものによってのみ獲得されることになる。生活世界の合理化がどの程度進んでいるかは、コミュニケーション的行為に内在し、討議によって解放された合理性の潜勢力が、どの程度生活世界の構造に浸透しこれを流動化させているか、によるのである」(Habermas 1992：127, 訳 上125)。

(2) 民主主義に対する理解は、さまざまでありうる。たとえば「根源的民主主義」の立場は、左上の「社会運動的連帯の理想」を掲げて、何らかの規範的命題に対する意見の一致よりも、人びとが社会運動における連帯の実践を通じて、広く問題を共有することのなかに、民主主義の本質を見出すものである。あるいは「連帯する市民」の理想は、立法の過程で提起される規範命題を、市民たちが共同で、批判的にチェックないし監視するという営みのなかにある。市民社会における民主的活動の理想は、かかる活動を中核に据えているが、それは必ずしも「了解」行為を前提とするわけではない。

(3) 「その［コミュニケーション的理性の］合理性は、了解という言語的テロスに由来するものであり、了解を可能にすると同時に制約する諸条件の調和ある結合体を作りだす」(Habermas 1992：18, 訳 上19)。

(4) 「すべてのありうべき関与者が合理的討議への参加者として合意しうるであろう行為規範こそは、妥当である」(Habermas 1992：138, 訳 上136)。

(5) ハーバーマスによれば、「発話者は、自らの主張した言明の妥当性について批判可能な要求をなすことになる」(Habermas 1992：29, 訳 上30)。その場合の妥当性要求は、解釈共同体全体の合理的に動機づけられた合意に依存するが、他方でその合意は、パースがいうように、真理要求をもつものであり、局所化された特殊な「了解」実践の基準を超えている。つまり、妥当性要求にもとづいて「了解」を得ようとすると、共同体は、常に開かれていなければならず、その真理要求にしたがって、知識の増大をもたらすことになる。このような真理要求から、ハーバーマスのいう了解行為は、ポパー的な可謬主義と結びついていることがわかる。

(6) 「個々の実質的根拠のもつ純然たる説得のための力は、一方では、論拠により生み出される原理的につねに不安定な効果との間に合理性の格差を有し、また他方では、『唯一正しい』決定の要求の絶対性との間に合理性の格差を有するが、これらの格差は、共同的な真理探究の論証手続きを用いることで、理想的には解消される」(Habermas 1992：279, 訳 上268)。

(7) それがどのような立法過程を必要とするのかについては、橋本努（2014）において展開している。

(8) 「事実性と妥当性の緊張関係を強めるとともにその処理について明確な方式を備えている近代法の概念には、ルソーとカントによって展開された民主主義の思想がすでに示されている。すなわち、主観的権利により構成された法秩序のもつ正統性の自負は、自由で平等なすべての国家市民による「一致し合意を作りだす意思」の社会統合力によってのみ、承認されることができるのである」（Habermas 1992 : 50, 訳 上50）。

（9）「概念分析的な考察からすれば、規範と価値の述語上の区別が無意味になるのは、最高の価値ないし財に対して普遍的妥当性を要求するような理論においてだけである……」（Habermas 1992 : 312, 訳 上299）。

（10）「法理論は、裁判官のパースペクティヴの特権化という点で法ドグマティークと共通している。このことは、狭義の法システム内部での裁判の機能的地位によって説明される。すべての法的コミュニケーションは提訴可能な請求を不可欠とするのだから、裁判手続きこそは、法システムを分析するための究極の源泉である。このような考察パースペクティヴの選択は、分析を裁判の領域に限定するという趣旨ではなく、たんに方法論を確定したということにすぎない。……法理論とはなによりもまず、裁判の理論であり、法律的討議の理論なのである」（Habermas 1992 : 241, 訳 上233）。「このような価値にもとづく司法は実際、マウスとベッケンフェルデが連邦裁判所との関連で分析しているような正統性の問題を投げかける。そうした司法は、暗黙のうちに法制定を行うようなかたちで規範を具体化しているのであり、この種の具体化によって、憲法裁判は立法と競合する地位に置かれてしまうのである」（Habermas 1992 : 314-315, 訳 上301）。

（11）ハーバーマスはこの点を、Young（1990 : 39）から引用して論じている。

文献

Habermas, Jürgen, 1992, *Faktizität und Geltung : Beiträge zur Diskurstheorie des Rechts und des demokratischen Rechtsstaats*, *Suhrkamp Verlag*, Frankfurt am Main.（河上倫逸・耳野健二訳、二〇〇二・二〇〇三『事実性と妥当性――法と民主的法治国家の討議理論にかんする研究』（上・下）未來社。）

橋本努、二〇一四、「可謬主義と熟成主義の立法論」井上達夫編『立法学のフロンティアⅠ』ナカニシヤ出版、一五〇－一六八頁。

Young, Iris Marion, 1990, *Justice and Difference*, Princeton.

第7章　東アジア型ハイブリッド・モダニティ？

――在中国日韓台企業の比較が示唆する現実

園田茂人

1　中国の台頭という歴史的経験

筆者が本書のような退職を機縁とする書籍に論考を寄せるのは、今回が二度目である。[1] かつて筆者の恩師である富永健一先生の退官を機に編まれた『社会理論の新領域（フロンティア）』（一九九三年、東京大学出版会）への寄稿が、筆者にとって最初の経験となっている。

同書に寄稿したのが「儒教と近代化」と題した拙文で、一九九〇年代における「新しい近代化理論」の誕生を背景に、当時流行しつつあった儒教文化圏に関する研究群を吟味し、アジアＮＩＥｓの台頭という新たな状況のもとで、どのように近代化理論を彫琢しうるかを議論したものであった。幸い、同種の論文が少なかったこともあって、「グローバリゼーションの視点からＮＩＥｓ台頭の問題を論じ、しかし社会学的洞察に富むような業績」（厚東 2006：181）といった望外の評価を得られることになったが、論文の発表から二〇年以上たった現在、アジアや世界を取り巻く環境は大きく変わってしまった。

当時の議論では、アジアＮＩＥｓの台頭が射程に入れられていたものの、社会主義・中国は、まだ改革・開放を始めてまもなく、一九九二年の鄧小平による南巡講話を契機に大量の外国資本が中国に入る前だった。その後、世界的な対中投資ブームが起こり、中国も急速に経済発展した。そして今や世界第二位の経済大国となり、中国の変化や現状抜きに、近代化を議論することがむずかしい状況にある。

それればかりではない。外資導入が急速な経済発展のカギとなったとされるＮＩＥｓは、その後、海外、とりわけ中国への企業進出を図り、進出企業間での激烈な競争を経験するようになった。他方で、二〇〇八年に世界を襲ったリーマンショックの影響が軽微だったこともあり、中国の世界的プレゼンスは日増しに高まり、「中国モデル」をめぐる議論が活発化するなど（潘維 2010：趙剣英・呉波 2010：唐亮 2012）、世界経済ばかりか、社会科学にも大きなインパクトを与えている。

中国における個別主義の復活

興味深いことに、市場経済化や経済発展とともに中国に復活したのが、個別主義的な人間関係を通じた取引の広がりだった。こうした人間関係は「関係（グアンシ）」（以下、カッコを付けて「関係」と表記）と呼ばれ（園田 2001）、中国社会を広く覆っているとされる。社会主義革命後の計画経済のもとで、個別主義的紐帯は経済の表舞台から姿を消していたのが、改革・開放後に、「封建主義の残滓」（中国ではしばしば、このように表現される）が命を吹き返したのである。

実際、中国でビジネスをおこなうにあたって、「関係」を有効に利用することが大切だとする指摘が、多くの研究者からなされてきた（Gold et. al 2002：Wong 2007：Fan 2007）。中国に進出した外資系企業についても例外ではない。それればかりか、外資系企業が中国の国際市場を開拓する際、中国の政府機関との「関係」がきわめて重要だと指摘するビジネス関連書が数多く存在する（Bjorkman and Kock 1995：Hitt et al. 2002：Standifrd 2006：Langenberg 2007：Wu 2007）。

多国籍企業にとって、政府関係者、とりわけ多大な情報と権限を有する地方政府の官僚との「関係」を構築できるかどうかが、中国市場を制することができるかどうかのカギになっていると指摘する研究者も多い。たとえば、

「関係」、とりわけ中国政府とのそれは、ビジネスチャンスや政府による政策など、多国籍企業に有用な情報を与えてくれる。ビジネスチャンスに関して言えば、「関係」のネットワークが強固であればあるほど、多くのチャンスを手に入れることができる……多国籍企業がこうしたビジネス目的のために、「関係」をうまく利用することができる点は、ほとんど疑いがない。それゆえ、とりわけ中国政府との良好な「関係」づくりは、多国籍企業が中国でビジネスを成功させるための必要条件となっている。

多国籍企業はまた、「関係」を利用して、資源の入手方法を獲得することもできる。必要物資や専門職が不足している現況にあって、中国でこうした資源を手に入れようとすると、組織は「関係」に依存せざるをえなくなる。レンガや石膏、発電施設など生産物資の多くは地方政府の管轄下にある。その意味でも、管轄機関の役人とよい「関係」をもつことは、これらの物資を確実に入手するためにも重要となる。そればかりか、生産に必要な物質を確実に入手するには、強固な「関係」ネットワークをもたねばならない。（Yang 2011：164-165）

「新しい近代化理論」が重視したのが、伝統と近代の相互浸透、相互読み替えだったとすれば、改革・開放路線への転換により、遅れて近代化の隊伍に入った社会主義・中国も、アジアＮＩＥｓと似た特徴をもっていたことになる。

東アジア的特性としての「関係」重視？

中国ビジネスで「関係」構築が重要であるといっても、中国市場に参入した海外の企業が地方政府の役人と簡単に「関係」を構築できるとは限らない。Yang は以下のように述べ、多国籍企業が「関係」構築に慎重になりがちだと指摘する。

もっとも、こうした「関係」を通じて多くの便益を享受できるとしても、多国籍企業は「関係」を腐敗や収賄と見なしがちである。しかも、国際的に名が知られる企業が腐敗や収賄に関与していたとなると、企業の名声は地に落ち、多くの顧客を失うことになって、市場からの退出を余儀なくされるかもしれない。こうしたこともあって、中国のビジネス環境を熟知してない非中国系の多国籍企業は、「関係」の利用には慎重になりがちである。（Yang 2011：165）

ここでいう「非中国系の多国籍企業」は、実質的には「欧米系企業」を意味しているものと思われる。というのも、（香港や台湾を含む）中華圏の企業には、しばしばその文化的親近性ゆえに、「関係」ネットワークの利用をめぐっては共通した特徴が見られると指摘されているからである。再び Yang によれば、

香港や台湾のように、法体系が十分に発達している地域でも「関係」が依然として重要だと見なされているが、これは中国でビジネスを行うにあたって、「関係」がこれからも重要であり続けるであろうことを如実に示している。たとえば香港でビジネスを展開している中国系や非中国系など、さまざまな銀行のオーナーは、顧客との「関係」構築こそ香港でのビジネスのカギだと口を揃えて指摘している。また台湾でも「関係」をうまく利用することで顧客を獲得することができるという。このように、近代的で開放的な社会であり、法の支配が貫徹する香港や台湾を含む、中国圏でのビジネスには「関係」は、きわめて重要な役割を果たしているのである。（Yang 2011：166）

確かに、企業規模や市場での競争の度合によって違いは見られるものの、香港企業や台湾企業は、香港や台湾でそうであったように、進出先の中国大陸でも「関係」ネットワークを利用しているとする調査結果もある（Liou 2009：Huang and Baek 2010）。

では、しばしば東アジアとして一括りにされ、儒教文化の影響を受けてきたとされる韓国系企業や日系企業、台湾系企業は、「関係」が重視されている中国のビジネス環境にどのように対応し、そこにどのような違いが見られるだろうか。

本章では、二〇一〇年から一一年にかけて実施され、中国の駐在事務所や現地法人に勤務する韓国人、日本人、台湾人の駐在員を対象に実施された、第二次在中国東アジアビジネスマン調査の結果を利用し、どのような条件が地方政府の役人との「関係」構築に影響を与えているのかについて分析する。そうすることで、中国市場における個別主義的人間関係の優越への対応がどのようなメカニズムによって生まれているかを理解することができるからであり、後述するように、これが東アジアにおけるハイブリッド・モダニティの存立構造を考える際のヒントを与えてくれるからである。

2　調査のデザインとデータの形状

調査のデザイン

第二次在中国東アジアビジネスマン調査は、筆者を中心にした調査グループによって実施された(2)。調査グループには、日本から岸保行（新潟大学）と筆者、韓国から朴濬植（翰林大学校）と張弘根（韓国労働研究所）、台湾から張家銘（東呉大学）と鄧建邦（淡江大学）、中国から方明豪（大連理工大学）が、それぞれ参加した。

調査チームを、このように多国籍メンバーによって構成したのは、各国の多国籍企業に調査依頼をおこなう際に、同国の研究者がアプローチした方が格段に容易で、信頼構築をしやすいと判断してのことである。岸と方は、筆者のもとで学んだ学生であり、その他の研究者は第一次在中国東アジアビジネスマン調査（二〇〇一年）に従事した経験をもつため、調査チームでの作業はスムーズにおこなわれた（園田 2003）。こうした協力関係がなければ、本章が利用する高品質で比較可能なデータを獲得することはむずかしかったであろう。

第二次在中国東アジアビジネスマン調査では、三種類のデータを収集した。

第一に、中国市場で働く韓国人・台湾人・日本人駐在員を対象にした調査データ。後述するサンプリング方法を用い、質問票によって彼らの情報を収集した。第二に、韓国系企業・台湾系企業・日系企業で働く現地従業員を対象にした調査データ。現地従業員調査は、基本的に二〇〇一年に実施された第一次調査と同じ企業を対象に実施されており、時系列での比較が可能なかたちになっている(3)。

第三に、実際に企業を訪問し、そこで得られた組織や現地化戦略などに関するデータ。具体的には、二〇一〇年には江蘇省・蘇州市で、二〇〇一年に訪問した企業を再度訪問することを目的に、韓国系企業一社、台湾系企業四社、日系企業三社から話をうかがった。また二〇一一年には、投資先の環境によって回答が異なることを考慮して、広東省に進出している韓国系企業四社と台湾系企業一社、日系企業三社を訪問し、調査を実施した。二〇一〇年の江蘇省調査では、二〇〇一年と同じ企業を訪問しようと調整したが、台湾系企業の四社のうち三社が内陸部へと工場を移動させており、訪問は叶わなかった。

データの形状

本章では主に、二〇一〇年に実施された中国で勤務する韓国人と台湾人、日本人の駐在員を対象にした質問票調査の結果を用いる。先述のように、二〇〇一年の段階では江蘇省でのみ調査を実施したが、投資先の環境が企業行動に影響を与える可能性を排除できないため、特に台湾系企業の投資が集中していた広東省も調査対象とすることとした。そのため、二〇〇一年との時系列比較をおこなう場合には、江蘇省のみを選び出す必要がある(4)。直接企業を訪問して得られた駐在員のサンプル数は、江蘇省で七三、広東省で四二と少ない。一般に韓国系企業であれ日系企業であれ、全従業員に占める駐在員の数は五%弱程度であり、一社を訪問しても多くの駐在員サンプルを獲得することが期待できないからである。

そこで、サンプル数を増やすために、郵送法による調査を補助的に実施することとした。具体的には、韓国系企

表7-1　駐在員調査のサンプル構成

		調査地点		合計
		江蘇	広東	
国	韓国	122	70	192
	台湾	99	66	165
	日本	89	59	148
合計		310	195	505

出所：第二次在中国東アジアビジネスマン調査（2010-11年）

業については『2009/2010海外進出韓国企業ディレクトリー』（KOTRA編、二〇一〇年）、台湾系企業については『大陸台商協会会員名録』（財団法人海峡交流基金会、二〇〇七年）、日系企業については『週刊東洋経済　海外進出企業要覧』（東洋経済新報社編、二〇一〇年）をそれぞれサンプリング台帳として用い、江蘇省と広東省で、回収サンプル数が五〇となるまで調査をおこなった。

調査実施にあたっては方明豪が中心となり、二〇一〇年、全企業を対象に十分の一の企業を系統サンプリング法で抽出し、郵送で調査協力を依頼した。当初、回収率が低かったものの、粘り強く調査協力を依頼し続けた結果、韓国系企業、台湾系企業、日系企業から、それぞれ一五〇から二〇〇程度のサンプルを回収することが可能となった（表7-1参照）。

なお、第二次在中国東アジアビジネスマン調査で明らかになった日韓の違いを検証すべく、二〇一二年に、中国への進出をおこなっている韓国と日本の企業、約一〇〇社を対象に質問票調査をおこない、その人的資源管理戦略に関するデータの収集をおこなった。調査の実施にあたっては、韓国は朴濬植が中心となり、マーケティング会社の協力を得ることでサンプルを集めた。日本では筆者が責任者となり、日中経済協会の協力を得て、同協会の加盟企業を対象に郵送法による調査を実施した。本章では、在中国東アジアビジネスマン調査の分析結果を考察するにあたって、このデータも利用する。

3　仮説と分析結果

「関係」志向が強い中国のビジネス環境にあって、韓国系企業や日系企業、台湾系企業の対応に違いは見られるだろうか？　この問いに答えるには、「『関係』志向が強い中国のビジネス環境への対応」を操作的に定義し、いくつかの仮説を設定したうえで、その妥当性を検討しなければならない。

本章では、中国でのビジネスを展開するにあたって貴重な資源を得るのに、地方政府の役人との「関係」をもっているかがきわめて重要であると判断し、こうした「関係」をもっていることを「『関係』志向が強い中国のビジネス環境への対応」したものと解釈する。(5)

仮説

関連文献を吟味してみると、韓国人や日本人も、中国人同様の「関係」に対する感受性をもち合わせていると論じられているケースが少なくない（Wilson and Brennan 2001）。たとえば Jin によれば、

「関係」は中国語による表現だが、日本や韓国でも認識されている。「関」は扉、あるいは内部にいる人間が外を「遮断する」ことを意味し、「係」は繋がった鎖を意味する。そのため「関係」は、結びつきやコネクションを意味するものとされる。アジアで中国系人口が多くを占める地域では、多くの友人をもち、たくさんのコネがある人を指して「関係」が語られ、必ずしも公式的なチャネルを媒介とせずに事に処すことを示す場合が多い。このように、「関係」は社会的な存在で、人間臭い要素を持っている。（Jin 2006：105）

もっとも、言語によるコミュニケーション能力からみれば、台湾人が韓国人や日本人よりも比較優位をもつ。中

国大陸に祖先をもつ「外省人」をも抱える台湾人は、韓国人や日本人より「関係」構築能力が高いものと考えられる。だとすれば、

H1　韓国人駐在員や日本人駐在員に比べ、台湾人駐在員の方が地方政府の役人と友人をもつ者の割合が多い。

ビジネス環境のギャップを埋める方策の一つに言語習得がある。中国語を習得することで現地情報の獲得は格段と容易になり、現地人とのコミュニケーションはスムーズになるからである。中国語を習得することによって、中国のビジネス環境を深く知るようになり、「関係」のもつ重要性を認識する可能性が高い。だとすれば、

H2　中国語を流暢に使える駐在員の方で、地方政府の役人と友人をもつ者の割合は高い。

ここで「中国語を流暢に使える」を、再度、操作的に定義しなければならない。われわれの調査では、中国語の能力については「中国でビジネスを行う際に、あなたはどの程度通訳を利用しますか」という質問によって測定している。「まったく利用しない」という回答を四ポイント、「いつも利用する」を一ポイントとしてスコア化することで、以下の分析をおこなうこととする。

言語能力同様、回答者の「関係」構築能力と関連すると思われるのが、現地での駐在期間である。多くの場合、現地で長く生活すればするほど現地でのネットワーク構築が容易になり、結果的に「関係」構築能力が高くなると予想されるからである。だとすれば、

H3　中国での駐在年数が長い駐在員の方が、地方政府に友人をもつ者の割合が高い。

表7－2　ロジスティック回帰分析の結果（1）——従属変数＝地方政府における友人の有無

Model	非標準化係数		標準化係数	t 値	有意性
	B 値	標準誤差	ベータ係数		
（定数）	.126	.077		1.648	.100
X_1台湾：ダミー変数	−.177	.046	−.205	−3.878	.000
X_2通訳の必要性	.016	.021	.041	.758	.449
X_3中国での駐在年数	.021	.004	.262	5.655	.000
X_4広東：ダミー変数	−.026	.037	−.031	−.690	.491

R^2＝.087（<.001）

出所：第二次在中国東アジアビジネスマン調査（2010–11年）

表7－3　ロジスティック回帰分析の結果（2）——従属変数＝地方政府における友人の有無

Model	非標準化係数		標準化係数	t 値	有意性
	B 値	標準誤差	ベータ係数		
（定数）	.029	.103		.282	.778
X_{11}韓国：ダミー変数	.204	.046	.244	4.391	.000
X_{12}日本：ダミー変数	.080	.058	.090	1.368	.172
X_2通訳の必要性	−.006	.023	−.016	−.282	.778
X_3中国での駐在年数	.020	.004	.257	5.589	.000
X_4広東：ダミー変数	−.020	.037	−.024	−.544	.587

R^2＝.100（<.001）

出所：第二次在中国東アジアビジネスマン調査（2010–11年）

もっとも、投資先の性格によって、ビジネスにどれだけ「関係」が必要となるかに違いが見られるかもしれない。同じ中国といっても地域によってビジネス環境が異なる可能性があるからだが、実際、台湾企業の対中投資を研究してきた張家銘は、江蘇省と広東省を対比して「江蘇省の方が、腐敗が少ない」ことが台湾企業に好印象を与えていると指摘している（張 2006：76）。広東省の方が、地方政府の役人との「関係」なしにはビジネスがむずかしいというわけだが、だとすれば、

H_4 同じ中国でも、江蘇省に比べて広東省の方で多くの駐在員が地方政府に友人をもっている。

分析結果

以上四つの仮説を検証し、その妥当性を検討するために、以下のようなモデルを用い、ロジスティック回帰分析をおこなうこ

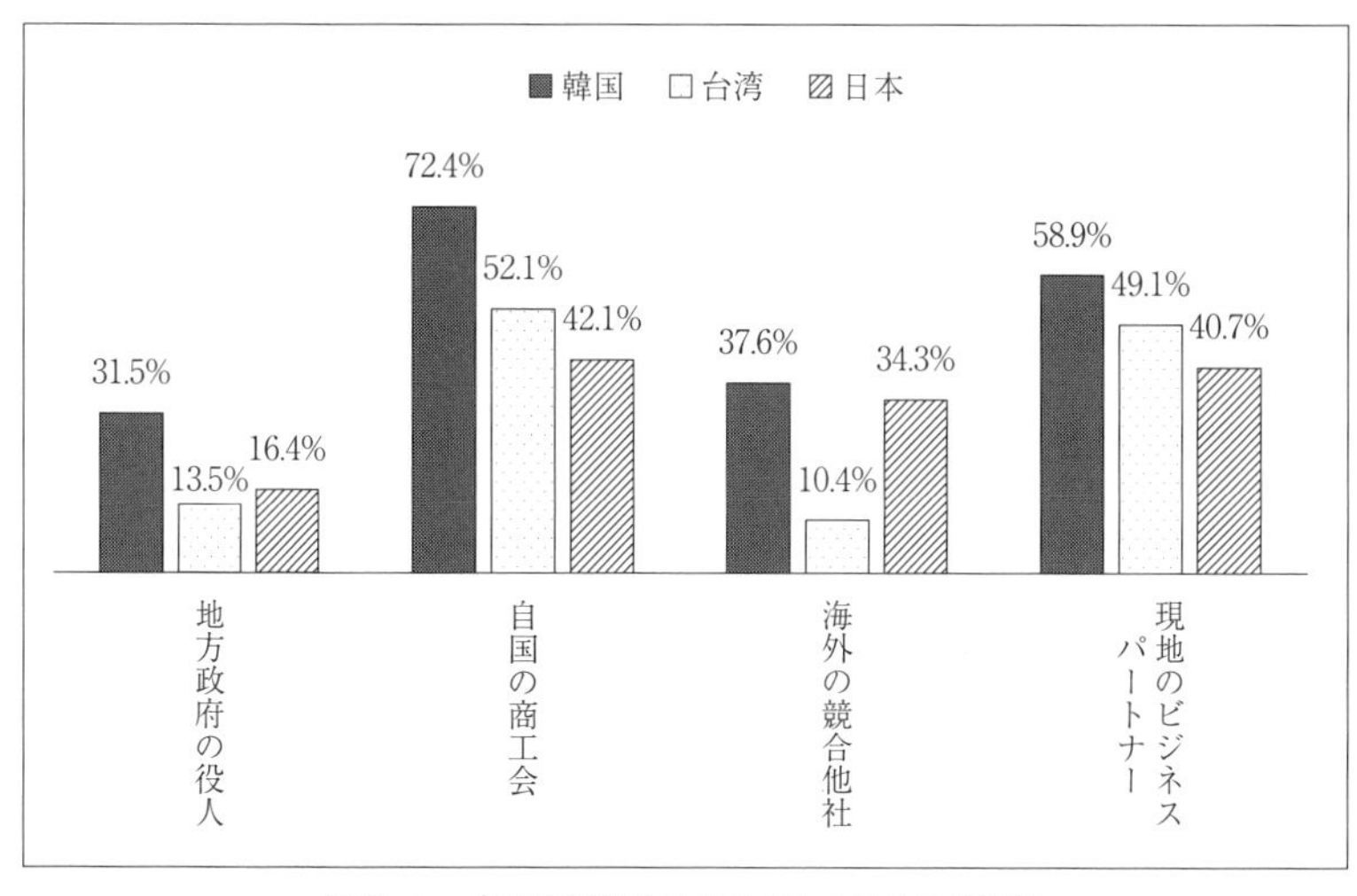

図7－1　在中国日韓台駐在員のもつ社会関係資本

注：数値は，これらのカテゴリーに友人がいると回答した者の割合を示す。
出所：第二次在中国東アジアビジネスマン調査（2010–11年）

ととした。

Y（地方政府における友人の有無：ダミー変数）＝（定数）＋X_1（台湾：ダミー変数）＋X_2（通訳の必要性）＋X_3（中国での駐在年数）＋X_4（広東：ダミー変数）

結果は表7-2の通り。表7-2からもわかるように、地方政府における友人の有無を決定する要素としては、調査対象者の中国での駐在年数が最も説明力が高く、H_3が最も有力だということになる。反対に、通訳の必要性と投資先の違いは、地方政府における友人の有無に有意な影響を与えておらず、H_2とH_4は棄却されることになる。中国語能力の有無や中国国内における地域の違いは、「関係」構築には無関係というわけである。

興味深いのがH_1である。表7-2が示すように、他の三つの変数をコントロールしても、台湾人であることが地方政府における友人の有無に、有意に負の影響を与えている。では、どの国の駐在員が地方政府における友人が多いのか。X_1の代わりに、X_{11}（韓国：ダミー変数）とX_{12}（日本：ダミー変数）に置き換え、上述のモデルを再

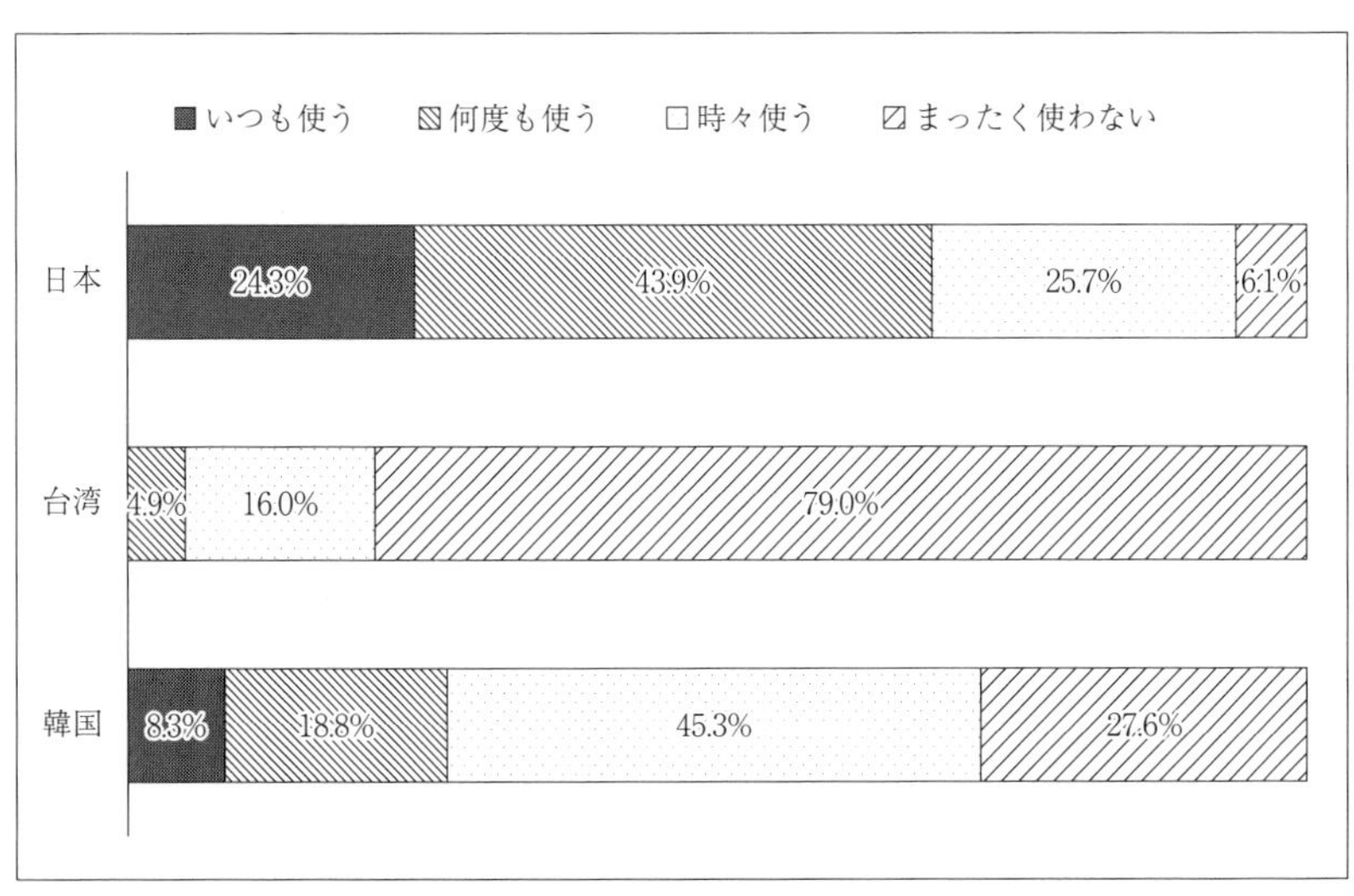

図7-2　通訳の必要性

出所：第二次在中国東アジアビジネスマン調査（2010-11年）

度検討した結果が、表7-3に表されているが、この結果から、韓国人駐在員の方で地方政府に友人をもっている者が有意に多いことがわかる。

実際、韓国人駐在員と日本人駐在員の進出先での社会関係資本のあり方を比べてみると、日本人や台湾人の駐在員に比べ、いずれも韓国人駐在員の方で友人をもっていると回答している割合が高くなっており、そこに韓国企業の特徴の一端を見て取ることができる（図7-1参照）[6]。

4　結果の解釈

なぜ韓国人駐在員の方で地方政府の友人が多いのか？

なぜ韓国人駐在員の方で地方政府に友人をもつ者が多いのか？　この問いに答えるのは容易ではないものの、得られた調査データから、いくつか推測をすることは可能である。

第一に、韓国人駐在員の方で、現地に溶け込もうとする圧力が強く作用しているから。

表7-1が示すように、中国語能力そのものは、地方政府の友人をもつかどうかに有意な影響は与えていない。ところが、図7-2が示しているように、日本人駐在員は通

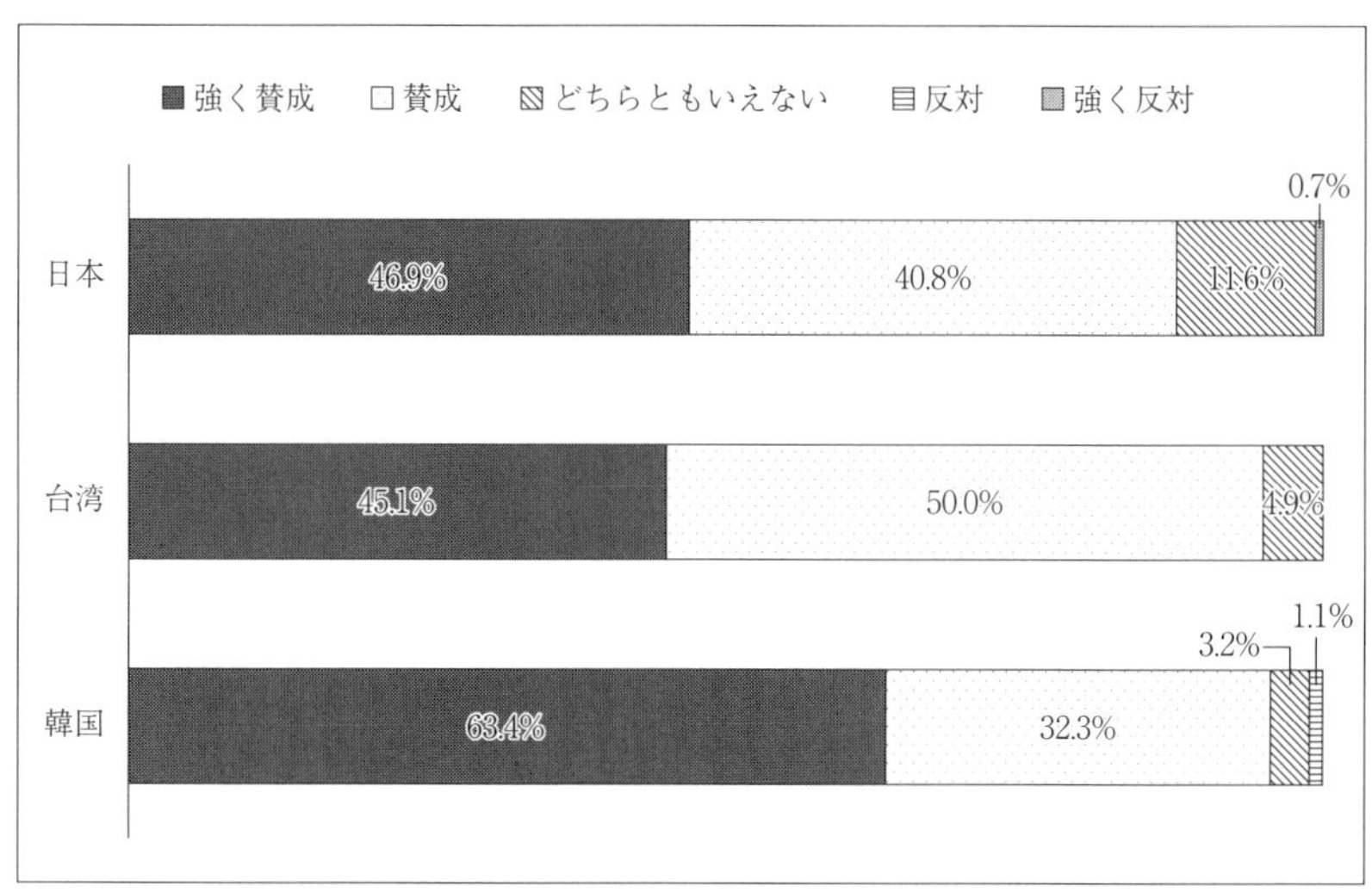

図7－3　「中国でビジネスを行うにあたって中国人を理解するのが重要だ」

出所：第二次在中国東アジアビジネスマン調査（2010–11年）

訳を頻繁に用いているのに対して、韓国人駐在員ではそうなっていないし、中国語能力が高い台湾人駐在員は、韓国人駐在員ほどに地方政府における友人は多くない。

日韓多国籍企業の本社を対象にした調査結果からも、派遣前の段階で、中国語能力に関しては、日本より韓国の駐在員の方がはるかに高いという結果が得られている（韓国系企業で駐在候補者が駐在前に中国語を「ほとんど理解していた」か「まあ理解していた」と回答したのが七七・一％であるのに対し、日系企業では二八・〇％にすぎなかった）。また、企業訪問した際も、日系企業では駐在員に通訳者が付けられていたのに対して、多くの韓国系企業では、駐在員が中国語をうまく操り、現地法人の現況について説明をおこなっていた。こうした言語に対する習熟度の違いは、現地への溶け込みに対する熱意の違いを反映したものと解釈することができる。

図7-3にあるように、「中国でビジネスを行うにあたって中国人を理解するのが重要だ」という文言をめぐっては、日本と韓国のあいだで、「強く賛成」と回答した者の割合に一七・八％の違いが見られる。これからも、日本人や台湾人に比べ、韓国人駐在員の方で、現地へ溶け込もうとする圧力が強く作用していることがわかる。

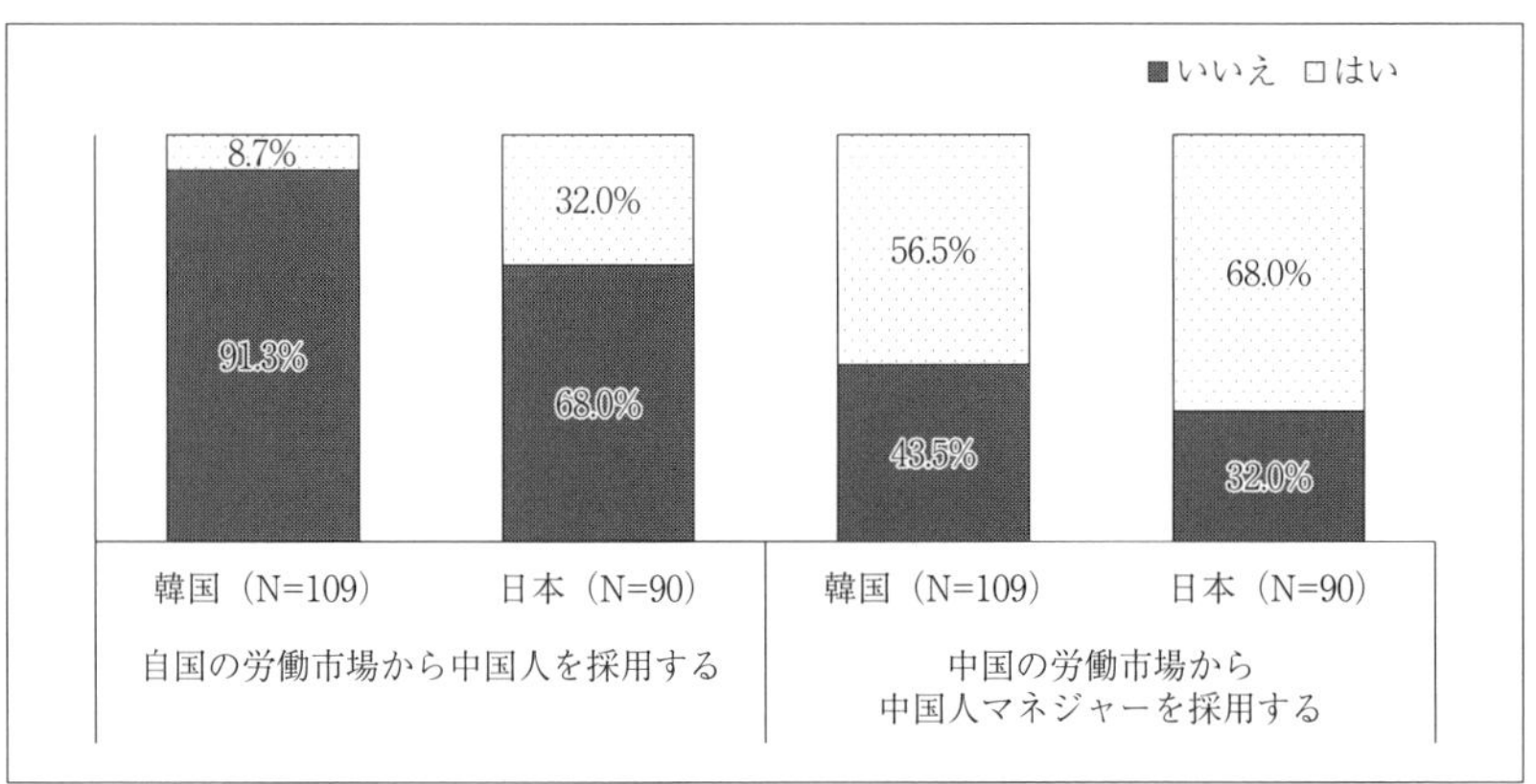

図7－4　中国ビジネス拡大に対応する人的資源管理上の戦略

出所：日韓多国籍企業本社調査（2012年）

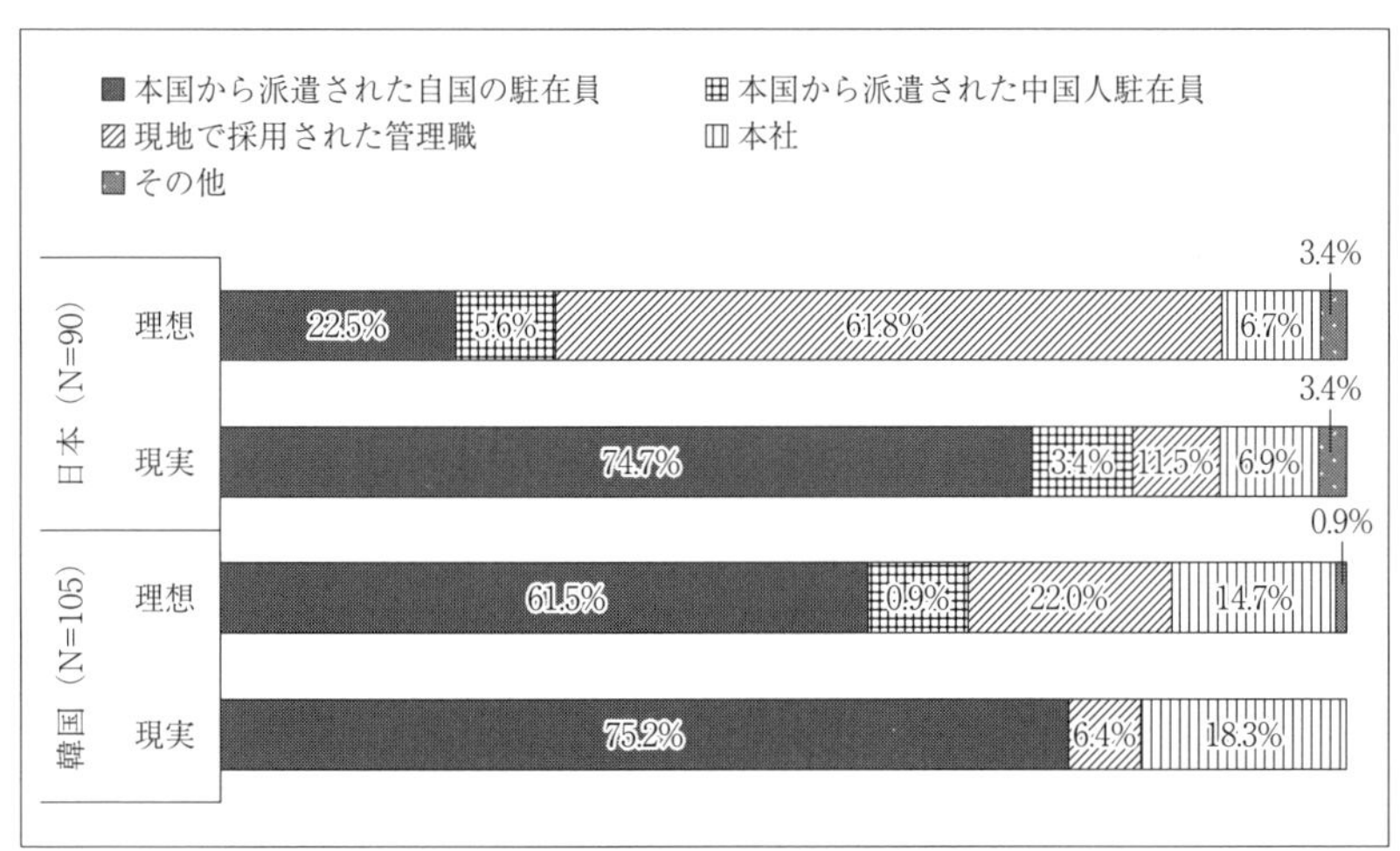

図7－5　現地経営の主な責任者をめぐる理想と現実

注：「現実」とある項目の数値は，「実際に中国の現地法人や事務所を管理しているのは誰か」とする質問に対する回答の分布を，「理想」とあるのは，「では将来，中国の現地法人や事務所を管理すべき主体は誰か」とする回答分布を，それぞれ示している。

出所：日韓多国籍企業本社調査（2012年）

本社による日韓の現地化戦略の違い

では、こうした違いは、単純に駐在員個人の姿勢の違いを反映したものと理解すべきだろうか。そうではない、というのが本章の基本スタンスである。

実際、二〇一二年に実施した本社調査の結果を見ると、日韓のあいだで、ずいぶんと現地化戦略に異なる特徴を見て取ることができる。

たとえば、図7-4にあるように、中国における現地法人のマネジメントをめぐっては、日系企業の方が中国系従業員を相対的に利用しようとする傾向が強い。具体的な数値を見ると、中国ビジネスが拡大する対応策として、「自国の労働市場から中国人を採用する」と回答した日系企業は三一・〇％に達したのに対して、韓国系企業は八・七％にすぎない。また、「中国の労働市場から中国人マネジャーを採用する」と回答した日系企業は六八・〇％に達しているのに対して、韓国系企業では五六・五％がそう回答しているにすぎない。このように、日系企業の方で、明らかに現地従業員を利用しようとする意識が強く働いている。

こうした違いは、中国における現地経営のあるべき姿をめぐる日韓の違いとして明らかになっている。

図7-5が示しているように、おおよそ四分の三の韓国系企業（七五・二％）と日系企業（七四・七％）が、中国の現地経営が実際には本国から派遣された韓国人駐在員／日本人駐在員によってマネジメントされていると回答している。ところが、その理想とするところとなると、日韓のあいだで異なる特徴が見られる。韓国系企業の六一・五％が理想とする現地経営の主な主体として、本国から派遣された韓国人駐在員を挙げたのに対して、日系企業でそう回答した者は二二・五％にすぎず、六一・八％は現地で採用された管理職を中心に現地経営をおこなうのが望ましいと回答している。

現地化戦略の違いを生み出す力

こうした現地化戦略の違いが、「関係」志向の強い現地のビジネス環境に対する日韓の異なる対応を生み出しているものと考えられる。すなわち、あくまで自国から派遣された駐在員を中心に、本社主導の経営を指向する韓国系企業にあっては、何より駐在員が現地の環境に慣れることが求められ、駐在員は競って中国語を学ぼうとする。そして、みずから「関係」構築のために汗をかき、現地に受けいれられるよう努力する。

これに対して日系企業の場合、実際には日本人駐在員を中心に現地経営がなされるケースが多いものの、現地で採用された現地人管理職を中心に経営がおこなわれるべきだと考えるケースが多く、現地人を経営に利用しようとする力が強い。その分、駐在員が現地語を学ぼうとする意欲は弱くなり、家族を帯同しようとしなくなる。

もともと、日系企業においては、対中進出が始まった一九八〇年代から、地方政府との「関係」構築は、厄介で面倒なものだと理解されがちで（園田 2012）、現地従業員を「文化的媒介者」として利用し、彼らに地方政府との「関係」構築を委託する傾向が強かった[7]。

一九九七年のアジア金融危機を経験した韓国系企業は、二〇〇〇年代になってから中国市場をテコに世界に羽ばたこうとしている。中国市場のもつ魅力を高く評価する韓国系企業は、多くの駐在員を中国へと送り込み、中国語学習熱も高まった。

同様に、中国進出が一般的になった日系企業の場合、韓国系企業に比べても、中国へ派遣する駐在員を見つけるのは容易ではなかった。日中の間に存在するさまざまな障壁や摩擦に日系企業はたじろぎ、その解決を現地人従業員にゆだねる傾向を強化している（園田 2013）。

二〇〇八年のリーマンショック以降、中国経済の成長は世界でも突出したものとなり、多くの多国籍企業が中国市場をターゲットにする中で、日系企業は中国市場のシェア獲得で苦戦するケースが増えた。これは、韓国企業にとってはチャンスの到来を意味しており、これが韓国企業をますます中国市場への適応＝「関係」の利用を加速化させる原因となっているようである[8]。

5　グローバル化の中の個別主義的紐帯

中国でビジネスを展開するにあたっては、巨大な許認可権をもつ地方政府の役人との「関係」は依然として大きな力を発揮している。とはいえ本章が見てきたように、本社から派遣された駐在員が現地語を学び、みずから地方政府の役人と「関係」を構築しようとする韓国系企業のようなケースが見られる一方で、ほんらいならば現地人管理職が経営をおこなうのが望ましいと考える本社から派遣された駐在員が、「関係」構築のミッションを現地従業員にゆだねている日系企業のようなケースも見られる。

この日韓のあいだで見られる現地化戦略の違いも、いくつかの仮説によって説明できるかもしれない。（1）労働市場における競争が韓国の方で激烈なため、こうした駐在員の利用の仕方が（日本以上に）可能になっているとする「競争圧力仮説」、（2）日本以上に韓国の方で、外国人に対する不信が強く見られるとする「排外圧力仮説」、（3）中国進出日系企業の多くが、一九七〇年代に東南アジアで日貨排斥運動を経験しているため、現地従業員を重視しなければならないことを知っているとする「歴史的経験仮説」、（4）韓国系企業の方が日系企業に比べて本社によるコントロールが強く、本社主導の経営となりやすいという「組織文化仮説」などが考えられるが、本章ではこれ以上深入りしない。

いずれにせよ、韓国人駐在員に地方政府の友人が多いのは、彼らが友人を作ろうと努力した結果であって、その背後にさまざまな力が存在していることは再度確認しておく必要がある。そして、こうした彼らの営為が、中国における「関係」優位の風土を結果的に維持・強化している現実を理解しておく必要がある。

東アジア型ハイブリッド・モダニティ？

市場経済の成熟や発展とともに普遍主義が優越し、個別主義が自然と衰耗していくと予想するのが、単純化され

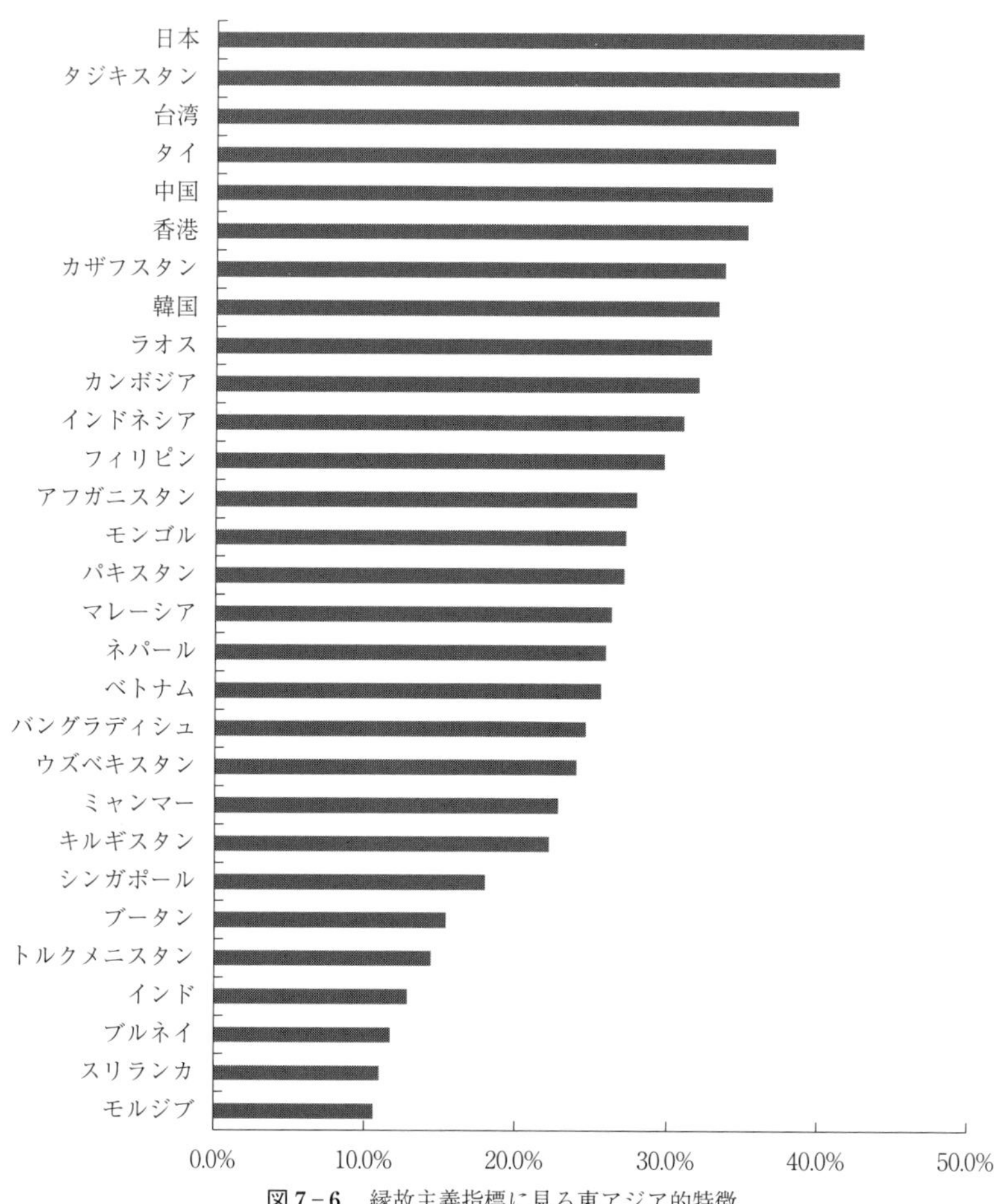

図7－6　縁故主義指標に見る東アジア的特徴

注：数値は，「あなたが，ある会社の社長だとします。社員採用試験で，あなたの親戚が２番の成績をとりましたが，１番の人とあまり成績の開きはありませんでした。あなたなら，１番の人と２番の人とどちらを採用しますか」をする質問に，「親戚」と回答した者の割合を示す。

出所：アジアバロメーター統合データ（2003年-2008年）

た近代化の命題だとすれば、中国を含む東アジアで生じている事象は、明らかにこれとは異なった様相を示している。

テイク・オフを遂げたアジアＮＩＥｓの企業は、みずからの合理性を貫徹する過程で海外展開を試み、一九九〇年代後半以降、中国市場に深く入り込もうとする過程で、地方政府の役人との「関係」構築を試みるようになった。グローバル化する経済にあって、東アジアの企業は個別主義的紐帯を利用することで、みずからの生き残りを志向してきたのである。もっとも、そこにも、中国との異なる関係ゆえの異なる戦略が存在している点については、本章で指摘してきた通りである。

他方で、中国社会における「関係」の復活は、市場経済と個別主義的紐帯の利用が複雑な関係をもっていることを示唆している。

データは少々古くなるが、朝日新聞社が一九九七年に中国の人民大学世論研究所と共同でおこなった世論調査の結果によると、「就職などでコネを使うことをどう思いますか」との質問に対して、調査対象となった二七六六名のうち、「当然だ」と回答した者は全体の一九％にすぎず、「やむを得ない」（三九％）、「使うべきではない」（三八％）とする回答が多かったものの、その回答の分布は年齢階層によって違いが見られたという（朝日新聞総合研究センター 1997：134）。

七〇歳以上の「革命世代」でコネを使うことを「当然だ」と回答したのは全体の三％にすぎず、「使うべきではない」と回答した者が七〇％を占めたのに対して、二〇歳から二四歳にかけての「改革・開放世代」の回答は、それぞれ二〇％と二八％となっており、「使うべきではない」とする回答率は激減している。要するに、若い世代の方でコネの利用に寛容になっているのだ。

アジアを広くカバーした世論調査であるアジアバロメーターでは、東アジア地域（日本、韓国、中国、台湾、香港）における縁故主義指標は、総じて高くなっている（図7-6参照）。実際にコネを利用しているかどうかはさておき、東アジアではコネの利用を拒絶する心理メカニズムは相対的に弱いようである。

これら東アジア地域では、近年、急速な少子高齢化が進み、家族領域では近代化どころか、脱近代化も進行しているとされる。他方で、産業の領域において家族主義的メンタリティーは維持されつつも、これが市民の活動や政治参加に負の効果をもたらしているとする指摘もある（李宗榮 2012）。

中国に進出した日韓台企業の比較は、伝統と近代、脱近代が時に併存し、改革・開放といった近代へのテイク・オフやグローバル化という脱近代へのドライブが個別主義的紐帯を再利用するなど、複雑な様相を示す東アジアのハイブリッド・モダニティの存立構造を照射する絶好のケースとなっている。

今後とも経済のグローバル化は進展していくだろうが、本章が試みた比較研究は、もっと推進されてよいだろう。東アジアといった一枚岩的概念だけでは説明することができない、きわめて挑戦的かつ実践的な研究課題だからである。

注

（1）本章は、筆者による別の論文（Sonoda 2014：園田 2016）をもとに、リライトされたものである。

（2）本調査は、日本学術振興会科学研究費・基盤（B）「中国と向き合って――日韓台対中進出企業の現地化プロセスに関する比較社会学的研究」（課題番号：21402006）によって、財政的に支援された。言語の違いもあって、アジア間比較をおこなうには大変な困難を伴うが、今回の調査を可能にしてくれた調査チームのメンバーには感謝したい。また、われわれの訪問や調査依頼を引き受けてくださった、日本、韓国、台湾の企業にも、あわせて謝意を表したい。

（3）そのため、海外現地従業員と現地従業員を対象にした時系列的分析が可能となっている。もっとも、本章では歴史的変化を主要な分析トピックとはしていないため、時系列的変化については必要最低限、言及することにとどめたい。

（4）二〇〇一年に調査をおこなう際に江蘇省・蘇州市を調査対象としたのは、韓国、台湾、日本の企業がすべてコンパクトな地域の中に進出していたからである。当時の状況では、韓国系企業は中国の東北部、台湾系企業は中国の東南部に投資が集中しており、比較可能な地域を探すのは容易ではなかった。調査の対象となった企業は、すべて電子部品関係の企業で、企業規模も大きく変わらない。その意味で、比較研究にとって最も好都合な場所が蘇州市であった。

（5）質問票の中では、「以下の集団や組織に、親友と呼べる人がいますか」と問い、回答者が「地方政府の管轄部門」と回答したかどうかをチェックしている。本章では、この項目を選んだ者を地方政府に友人がいる者として取り扱っている。

（6）二〇〇一年の第一次在中国東アジアビジネスマン調査でも同様の結果が得られていることから、こうした傾向には、ある程度の持続性が見られるようである。

（7）こうした現地化に対する姿勢の違いは、韓国人駐在員と日本人駐在員の家族帯同への異なる態度とも関連しているようである。第二次在中国東アジアビジネスマン調査の結果によれば調査対象となった駐在員のち、中国に家族を帯同させている者の割合を見ると、韓国人では六四・九％に達しているのに対して、日本人の場合二一・六％にすぎない。企業訪問の際におこなったインタビューの結果から判断すると、韓国人駐在員の多くは中国での駐在を子どもの教育にとって有益なものと捉え、子どもの外国語学習にとっては重要なチャンスと理解する傾向があるのに対して、日本人駐在員の多くは、日本での子どもの教育を継続することを盾に、家族から帯同を拒否されるケースが多い。両者とも「子どもの教育」がキーワードとなっているものの、その方向性が異なっているところが興味深いが、ともあれ、こうした駐在員の姿勢は、日韓ビジネスマンの中国への「根づき方」に大きな影響を与えている。なお、台湾人ビジネスマンの場合、家族を帯同している者が三七・四％となっており、韓国人と日本人の中間的な値となっている。

（8）本調査チームのメンバーで、韓国企業のビジネスマンを対象にインタビューを積み重ねてきた朴濬植によれば、韓国企業にはこうした姿勢が顕著に見られるとし、朴はこうした性向を「三国志的メンタリティー」と名づけている。

文献

朝日新聞総合研究センター、一九九七、『朝日総研レポート』一二八。

Bjorkman, I. and S. Kock, 1995, "Social Relationship and Business Networks: The Case of Western Companies in China," *International Business Review*, 13（1）: 519–535.

張家銘、二〇〇六、『台商在蘇州——全球化與在地化的考察』桂冠図書股份有限公司。

Fan, Ying, 2007, "Guanxi, Government and Corporate Reputation in China: Lessons for International Companies," *Marketing Intelligence & Planning*, 25（5）: 499–510.

Gold, Thomas, D. Guthrie and D. Wank eds., 2002, *Social Connections in China*, Cambridge University Press.

Hitt, Michael A, Ho-uk Lee and Emre Yucel, 2002, "The Importance of Social Capital to the Management of Multinational Enterprises : Relational Networks among Asian and Western Firms," *Asia Pacific Journal of Management*, 19（2-3）: 353-72.

Huang, Lan-ying and H. Young Baek, 2010, "Key Drivers in Guanxi in China among Taiwanese Small to Medium-Sized Firms," *International Business Research*, 3（1）: 136-146.

Jin, Ai, 2006, "Guanxi Networks in China : Its Importance and Future Trends," *China & World Economy*, 14（5）: 105-118.

Langenberg, Eike, A., 2007, *Guanxi and Business Strategy : Theory and Implications for Multinational Companies in China*, Physica-Verlag.

Liou, Dian-yan, 2009, "Globalization with *Guanxi* for Taiwanese High-Tech Industry to China : Panacea or Pandora's Box?," *PICMET 2009 Proceedings*, 2268-2273.

厚東洋輔、二〇〇六、『モダニティの社会学――ポストモダンからグローバリゼーションへ』ミネルヴァ書房。

李宗榮、二〇一二、「アジアにおける家族主義」園田茂人編『アジア比較社会研究のフロンティアⅡ――リスクの中の東アジア』勁草書房、一九一-二一七頁。

潘維、二〇一〇、『当代中華体制――中国模式的経済、政治、社会解析』三聯書店。

園田茂人、二〇〇一、『中国人の心理と行動』ＮＨＫブックス。

園田茂人編、二〇〇三、『東アジアの越境ビジネスマン――その取引国イメージの形成に関する比較社会学的研究』平成一二年度~平成一四年度科学研究費補助金研究成果報告書、中央大学。

園田茂人、二〇一二、「大連、吹き荒れるストライキ（二〇〇五年）――企業内摩擦の変遷にみる相互認識の構造」園田茂人編『日中関係史1972-2012　Ⅲ　社会・文化』東京大学出版会、三〇三-三二一頁。

園田茂人、二〇一三、「対中ビジネス人材の戦略を問う（2）――日本人駐在員育成の理想と現実」『日中経協ジャーナル』一：二四-二七頁。

園田茂人、二〇一六、「『関係』のポリティックスとリスク管理――中国における日韓台企業の比較」園田茂人・蕭新煌編『チャイナ・リスクといかに向き合うか――日韓台の企業の挑戦』東京大学出版会、二一三-二三五頁。

Sonoda, Shigeto, 2014, "Establishing *guanxi* in Chinese Market : Comparative Analysis of Japanese, Korean, and Taiwanese expatriates in mainland China,"Jenn-hwan Wang ed., *Boarder Crossing in Greater China : Production, community and identity*, Routledge, 77–90.

Standifird, S. Stephan, 2006, "Using Guanxi to Establish Corporate Reputation in China," *Corporate Reputation Review*, 9 (3) : 171–178.

唐亮、二〇一二、「中国モデル――理念の普遍性と手段の有効性をどう見るか？」毛里和子・園田茂人編『中国問題――キーワードで読み解く』東京大学出版会、二六三–二八四頁。

Wilson, Jonathan and Ross Brennan, 2001, "Managing Chinese/Western Joint Ventures : A Comparative Analysis of the 'Interaction and Networks' and 'Chinese Management' Literature" (http://www.impgroup.org/uploads/papers/279.pdf,).

Wong, Meiling, 2007, "Guanxi and Its Role in Business," *Chinese Management Studies*, 1 (4) : 257–276.

Wu, Jianlian, 2007, "An Analysis of Business Challenges Faced by Foreign Multinationals Operating the Chinese Market," *International Journal of Business and Management*, 3 (12) : 169–174.

Yang, Fang, 2011, "The Importance of Guanxi to Multinational Companies in China,"*Asian Social Science*, 7 (7) : 163–168.

趙剣英・呉波主編、二〇一〇、『論中国模式』（上・下）中国社会科学出版社。

第8章　「評価国家」における統治の構造
——政治的合理性・プログラム・テクノロジー

町村敬志

近代の政治権力はもはや主体の支配という形式を取りはしない。むしろ、政治権力は、自己の統治というものを編み上げ、維持することを可能にする一連のテクノロジーの網の目に依存するようになりつつある。（Miller and Rose 1990：28）

1　「小さな政府」は本当に「小さい」のか(1)

「小さな政府」は本当に「小さい」のだろうか。今日、財の再配分を通じた直接介入の領域から撤退しつつある政府は、市場を中心とする競争過程に財配分をゆだねる度合いを高めている。だが、はたして政府は本当に「小さく」なったのか。

この単純な問いに対する一つの「答え」を、たとえば大学を含む多くの社会領域の経験を通じて、すでに私たちは直感的に感じ取ってきた。すなわち、直接の介入というかたちではないかもしれないが、政府は依然として間接的に影響力を行使し続けている。そうした間接的な形態のなかには、個別の組織・団体、あるいは個人を互いに競わせたり、その能力を「評価」したり、またそれらに対して何らかの「資格」を認証したりする、といった手法が含まれている。

筆者はこれまで、新たな公共圏を支える市民社会の組織的基盤を明らかにするため、市民社会組織を対象とする調査をたびたび実施してきた[2]。そこで明らかになったのは、市民社会組織側の自発的な活動展開と相対するように姿を現しつつある新しい権力構造のかたちであった。

権力発現の変化する基盤は次の五点に整理できる。

（1）資金の配分：恩恵的・調整的な「団体」補助から特定政策へ的を絞った「活動」助成へと移行するにつれ、団体側は行政側の評価に応えるために「自ら」その活動スタイルを変化させている。

（2）認証・資格付与：各種団体の政策関与に際して「資格」が条件とされ、新たな認証制度が作られるとともに、その質を担保する第三者評価機関が設立された。要件を充たした団体を「適格団体」として認証し特別の権能を認めることもある（例、消費者団体訴訟制度）。NPO法人の認証も含め、資格・認証付与は、団体活動の範囲や権限を拡大させるが、他方でより少ない費用で事実上の統制強化という効果をもつ。

（3）評価、格付け、監査、選択、序列化：行政と諸集団の間に多層的に構築されるこれら過程を通じ、新たな影響構造が作り出され、関与する市民社会組織は国家による監査・評価権力に継続的にさらされる。行政がつくるパンフレット・事例集・ウェブサイトへの掲載、シンポジウムやワークショップでのモデル事例としての顕彰、団体名鑑や有識者名簿の作成、体験交流会への招待などのかたちで団体の序列化が図られ、結果公表を通じて評価基準が暗黙のうちに標準化・制度化される。

（4）集団化：行政による類似集団の組織化、支援センター設立によって活動領域自体が制度化されるとともに、それらの序列化が進む。また中間支援NPOやセンターへの登録要件化を通じて団体が選別される。

（5）意思決定への参画：従来は市民社会組織に対して門戸を閉じていた審議会・私的諮問機関、行政主催の勉強会・ヒアリングへの招待／参加が新たな特権化・格差化の基盤となる。

はたして、こうした政策のなかに、広義の「評価」という契機はどのように埋め込まれているのか。それはまた、一九九〇年代後半以降の政治情勢の下で、どのように変化をしてきたのか。

2　「評価」をめぐる理論的課題

新自由主義という潮流が世界を覆い尽くすようになってすでに久しい。新自由主義じたいは、市場を中心とする経済原理が社会と個人へと浸透していくことを是とするイデオロギーである。当然、影響は市場領域だけにとどまらない。市場セクターじたいの拡大によって、また、市場に適用されていた原理が幅広い社会領域へも拡張されることによって、他のセクター、とりわけ国家と市民社会のあり方にも、多大な影響をおよぼすようになっている。

このことがもたらす理論的な課題を、三つだけ挙げておこう。

第一に、国家と市民社会の関係はどのように再編されつつあるのか。とりわけ国家と市民社会の境界領域の再編という問いは、現代社会学においても重要な研究課題の一つとなっている。

もともと「市場と国家」の関係に深くかかわってきた市民社会論において、市民社会という概念は多義的な位置を与えられてきた。一方で、市民社会は、所有する市民（ブルジョアジー）が王政や貴族政に抵抗するなかで作り出された領域という由来をもち、それゆえ、市民社会は「市場」の形成と深い関係をもっていた。他方で、市民社会は、公共性や公共圏をめぐる議論を介して「国家」を統制したり正当化したりする根拠として、もともと位置づけられていた。古典的な市民社会論——たとえば、ここにはハーバーマスの初期の公共性論までを加えてよいが——もまた、市民社会のこうした二重の性格を内に含んでいた。しかし、一九八〇年代における市民社会論の再興、そしてハーバーマス自身による「構造転換」論の転換を経るなかで、市民社会は、国家とも市場とも区別される第三の「セクター」というニュアンスを強めていく。

この発想は、資源配分における「政府の限界」・「市場の限界」論と結びつき、市民社会を新たな資源配分セクターとして積極的に評価していく見方へと展開する。ただし、市民社会がもしそうした機能的役割の側面だけで論じられるとするならば、それは狭隘かつ静態的すぎる見方というべきだろう。

政府や市場との関係再編という視点は受け継ぐとしても、現実には、それら相互の境界領域じたいが構築・再構築されていく重層的な過程を検討していく必要がある。介入主義国家段階においてこうした動態を捉えようとする中から定式化された「生活世界の植民地化」という考え方の原点に戻りつつ、しかし、権力作動の新たなメカニズムをもう一度、具体的な経験の世界から明らかにしていく必要がある。

第二に、「自発的・競争的身体」の生成とそれを通じた「主体化」というテーマがある。言い換えると、市民社会に基盤を置く主体は、どのような条件の下で、いかにしてみずからを「競争的主体」として自発的に再編していくのか。このテーマは、従来からフーコー流の「統治性」論や「生−権力」論などと重ねて議論されてきた（たとえば Foucault 2004：訳 2007参照）。人びとの経済的な生活を統治する権力のメカニズムとして、フーコーの指摘した「統治性」という課題は、その後、統計（I・ハッキング）や会計（P・ミラー）など、多様な制度やシステムの中に統治問題が投げ返されていく過程の分析へと展開を遂げてきた。主体による自己調整能力にその作動の基盤をもつ評価の権力作用もまた、こうした構造の一つに位置づけられる。しかし、評価は「統治性」一般には還元されない。はたしてその違い――評価のユニークさ――はどこにあるのだろうか。

第三に、今日、姿を現しつつある新しい権力作用の全体を見渡したとき、特徴的なのは、評価という現象が、マクロな事象からミクロな事象にまたがる広範かつ連続的な社会過程として構築されているようにみえることである。たとえば、「評価」的プロセスが最初に制度化されていくのは、政府や企業の会計や監査といった領域であった。したがってここでは、次のような問いが用意されなければならない。なぜ、国家や企業を対象につくられた「評価」制度が、非営利の諸活動をおこなう市民団体や私的グループにまで拡張されるのか。またさらに、家族や個人といった親密性の領域にまで浸透していくのか。フーコーの「統治性」論は、この課題をいち早く明確化したものでもあった。水準の異なる社会領域において、評価の過程は、社会をデザインするいかなるプログラムとして、またどのようなテクノロジーを伴いながら、具体化されてきたのか。こうした過程を具体的に明らかにしていくことは、最終的に、評価をめぐる次のような逆説的問いかけに基礎を与えることにつながる。

すなわち、人びとはいかにして評価をすり抜けていくのか。評価はなぜ、どこから「無効化」されるのか。評価過程が制度的にプログラム化されていたとしても、実際に評価が権力として発現するかどうかは、評価する側、評価される側双方の個別的な判断や対応による。その意味で、評価とは絶えざる交渉の過程でもある。直接的にせよまた間接的にせよ、評価権力は決して一方的に個人ないし制度を縛るものではない。

3 「評価国家」という概念

ちなみに、評価と国家を関連づけていく発想の系譜をたどっていくと、すでに「評価国家」evaluative state という概念が存在することに出合う。評価国家とは、高等教育機関における評価システム導入を契機に、英国等で指摘されるようになった国家概念であった（Neave 1998）。

ほんらいであれば、評価国家という概念は新自由主義を分析するツールとしてもっと大きな展開力をもちえてもよかったのかもしれない。だが、評価と縁の深い教育分野という文脈において、「評価」概念があまりにも実体的に捉えられすぎたせいもあったのだろうか、この概念は必ずしも十分な彫琢が施されることなく放置されてきた（例外として Power 1997）。

評価国家は「新しい介入主義」といえるのか。国家論の系譜に立てば、この点じたいが検証すべき課題としてある。しかし、評価国家論をもち出す理論的前提として、現代社会が取り組まなければならない基本的問題を確認しておかなければならない。

二つの問いを、ここでは挙げておこう。

（1）評価国家の民主的統制は可能か

評価国家を取り巻く政治的問題の核心は次の点にある。すなわち、資格や認証といった制度に後押しされながら、市民の政策的力量は増大し、市民社会組織が政策過程に参画する機会や範囲は確かに拡大しつつある。しかしながら、財政を通じた国家介入の場合には議会による民主的統制が原理的に可能であるのに対して、評価を通じての新しい介入において、それらを民主的に統制することは可能か。少なくとも現在のところ、こうした民主的な統制の契機は十分に明確化されているとは言えない。評価国家を民主的に統制するのは議会か、それとも市民社会に埋め込まれた新しいアクターの連関なのか。

（2）動員される自発性に出口はあるのか

かつてM・ウェーバーは「権力」を定義するときに、本人の「意思に反して」まで影響力が行使されるかどうかに、この概念の中核的意味を見出そうとした。もし、こうした理解を継承するならば、評価国家における権力構造を記述するのは非常に難しい課題となる。なぜならば、評価国家における権力作用とは、各アクターの「意思に反して」ではなく、むしろ評価に応えようとする懸命な「意思の力を通じて」その姿を現していくからである。自発性にこそ権力構造の基盤が存在している。それゆえ、主体の（素朴な）自発性だけに期待していては、評価国家による動員を支える権力に対抗することはできない。では、どこに出口はあるのか。

現実には、経済的なメリットを誘因とする評価がもたらす動機づけの力は万全とはいえない。したがって、課題は次のように言い換えることができる。力を増す評価国家の権力作用は社会のどの階層・領域にまで及んでいるのか。逆にどのような階層・領域には及んでいないのか。そうした権力が及ばない領域に対して、どのような社会統合の装置——権力装置も含めて——が用意されつつあるのか。

一九九〇年代後半以降の国家政策の全体的趨勢を明らかにするという大きな課題に対して、私たちはまず、実際の政策に埋め込まれた（広義の）評価という契機を検証するという作業をおこなうこととした。このうち、たとえば行政監察や政策評価のように、政策それじたいが評価を主要な目的と位置づけているケースはごくまれと言ってよい。重要なことは、直接的には評価とかかわってはいないようにみえる圧倒的多数の政策群のなかに、はたしてどのくらい評価的な契機が組み込まれるようになっているかにある。したがって、全体像に迫るためには広範な政策領域を対象とする必要がある。

そこで、筆者を含むグループは、中央省庁が取り組む個別の政策について、その社会的背景、政策的なねらい、想定される効果、そしてそこに広義の評価にかかわるような要素が含まれているかどうかを確認する作業に取り組むこととした。

ただし、最終的なアウトプットである法律や省令等は、政治的合意形成の結果を体現したものであり、もっぱら行政的な手続きが簡略化されたかたちで表現されているにすぎない。そこで、分析の対象としては、決定済みの法令ではなく、それらを決定していく過程で無数に生みだされる行政文書のうち、新しい政策の背景、意図、想定される効果、対立する利害とその調整、などが浮き彫りになる資料として、審議会、私的諮問機関等が作り出す報告書や提言などを、主要な対象とした。[3]

この作業を通じて明らかになった（広義の）「評価」の過程には、評価が生起させる権力作用という点で、少なくとも次の四つの形態が存在していた。[4]

（1）団体の「パフォーマンス」を評価する
　　――団体がおこなう個別サービスの評価から団体自体の評価・監査へ
（2）「モデル事例」としての顕彰、政策決定への招請を通じた、団体の選別・序列化
（3）「評価」を内面化した「（競争的・自己加熱的）主体」の立ち上げをめざす政策の形成
（4）「社会」の「透明化」をめざす政策の徹底へ

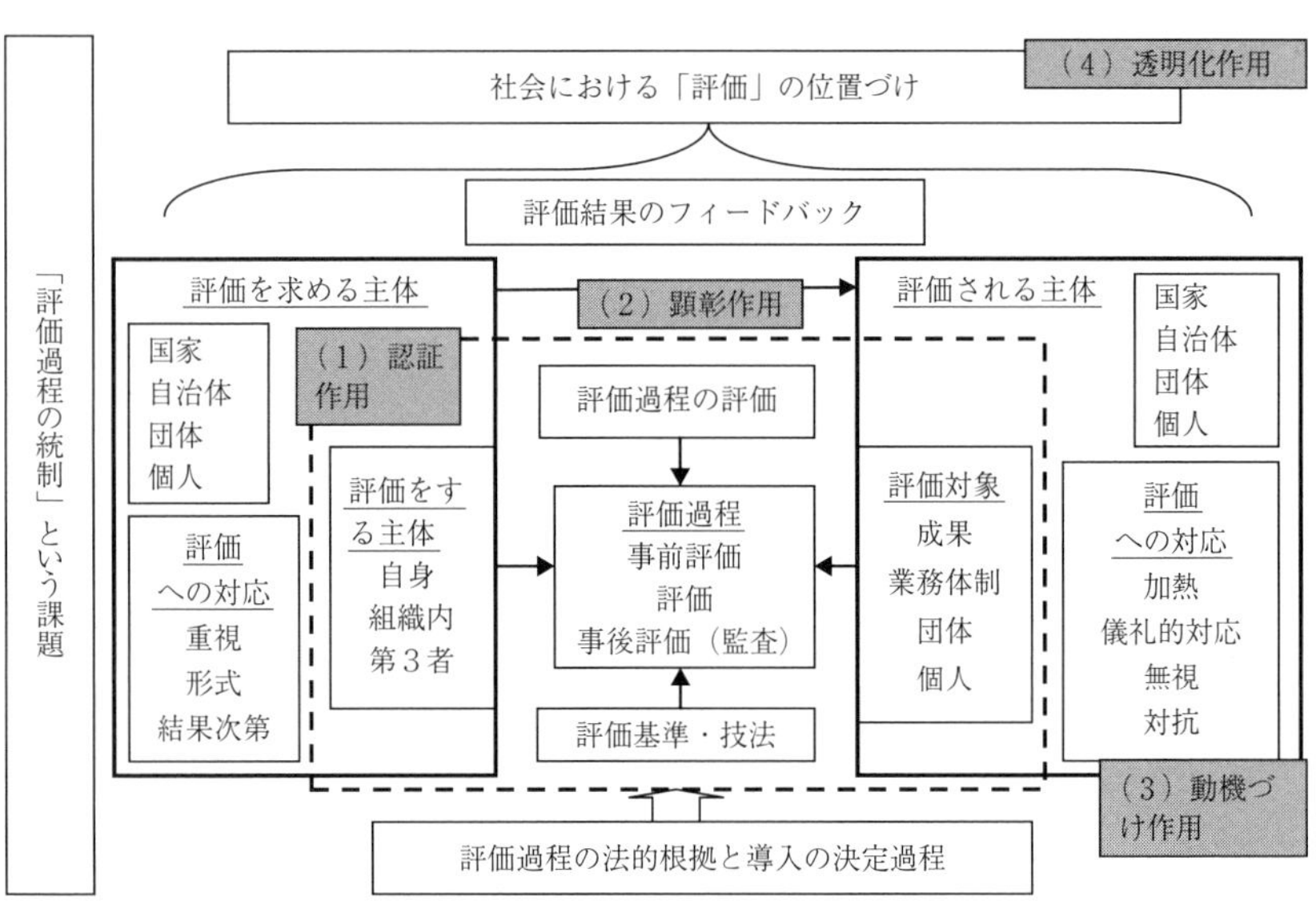

図8－1　「評価」権力の重層的な過程

出所：筆者作成。

――「評価」の視線が隅々にまで行き渡ることを自明視する

図8-1は、これらの四つの形態の関連を含め全体を位置づけた総括的なまとめである。

作業はまだ十分とは言えない。しかし、一見バラバラにみえる諸政策が、大局的な視点から見ると、ゆるやかではあるが一つのまとまりをもった方向性を共有していること、この点は分析のなかで得られた主要な発見の一つであった。しかし、その構図全体を初めから仕組まれたもの――意図された構造――としてみるならば、それはおそらく大きな誤りであろう。

第一に　評価的なプロセスを軸とする統治の全体には求心的な構造が欠けている。たとえば、福祉国家・開発国家であれば、産業化・成長によって雇用を確保し富を蓄積するといった能動的な経済政策、あるいは税収を再配分することによってアクター間やセクター間のバランスを調整するといった介入主義的な統合政策がそこには存在していた。言い換えると、国家を起点とし国家にまた帰っていく求心的な権力の構造が存在していた。これと比べれば、新しく生まれつつある構図の全体には、求心的な統治構造や明確な統治メカニズムが欠けている。

第二に、そもそも、評価の権力作用には限界がある。たとえば、評価という社会過程を通じて、主体化や動員が促進されるとしても、他の強権的な力と比較すれば、実際にはその力は微弱あるいはまだらである。また、あまりにも抜け穴が多い。「評価される主体」にとって、評価という機会の「最初の一撃」がもたらす権力作用は確かに強力であった。評価の権力を批判する主体もまた、いざ自分が評価されるとなると、ついその土台の上でがんばってしまう。しかし、評価される経験の累積は、対応のあり方をたちまち儀礼化・形骸化させていく。また「評価を求める主体」は、この形骸化に対抗するため、新しい統治手段としての評価を次つぎ繰り出し続けていこうとするが、しかしそこには常に、実質的な非合理性が伴う（評価のための評価！）。

第三に、しかしにもかかわらず、評価的プロセスを基盤とする統治のスタイルは、個別の政策領域を超え、確かに他へと浸透・拡張していく傾向をもつ。たとえば、個人の評価、団体の評価、政策の評価は、手続き面でも基準面でもほんらい別々の次元に属している。いやそもそも「評価」という共通の語彙で語ることすら適切ではないかもしれない。しかし、この間の動向を追いかけていくと、それらは確かに連接化されていく。また広義の評価を支える知識・技法を増殖させていく制度的な試みも累積していった。その結果、ほんらいは別々であったはずの評価的なプロセスを一つのまとまりと感じさせ、またそのことを当然と認識させてしまう認知上の構図が作られていく。

要約してみよう。生まれつつある（と考えられる）新しい統治の構造を、たとえば福祉国家や開発国家と同じ水準にあるものとして「評価国家」と呼ぶとするならば、それはおそらく誤りであろう。評価国家には、福祉や開発の場合のような求心的な権力構造が欠けている。しかし同時に、そこには、個別の一見異なる政策群を一つの相互に連関しあうメタレベルの構造へと流し込んでいこうとする作用が、確かに存在してもいる。はたしてそれは何か。そしてその限界はどこにあるのか。

4　「評価」過程の分析枠組み

はたして「評価」過程はどのように分析をしていくことが可能か。ここでは、P・ミラーとN・ローズによる一連の論考（Miller and Rose 1990：2008）を参考としていこう。ミラーとローズは、一九九〇年代初めという早い段階から、M・フーコーの統治性論、B・ラトゥールの権力論などに依拠しながら、統治（government）の理論について検討を進めてきた。筆者が対象とする評価もまた、この「統治すること governing」がかかわる広範な社会過程の一部分に位置づけられる。そこで、「評価」概念との接続を念頭に置きながら、統治の理論の骨格を要約していこう。

現代における政治権力のあり方

現代における政治権力のあり方を考えようとするとき、ミラーとローズは、それを統治（government）の問題として理解すべきことを主張した。二人によれば、現代の統治が果たす役割とは、何らかの社会的政治的目標に向けて、さまざまな主体による経済的・社会的・個人的振る舞いをあたかも一列に並ぶものであるかのように整序していく、「間接的」なメカニズムの作動として捉えられる（Miller and Rose 1990：2）。明確な権力をもった中心的な主体による支配という図式は、無数の個人と組織からなるこの多様で複雑化した現代社会においては適合的ではない。しかし同時に、分離されているはずの諸個人、諸組織が、相互に共振しあうような行為をとっていくこと、その結果として、そこには何かの直接的な力が働いたかにみえる構図がしばしば生まれていることも否定できない。こうした一見矛盾したようにみえる状況をいかに説明するか。ミラーとローズは、フーコーやラトゥールなどに依拠しながら、個々の人間が自己調整的なアクターとして自らを主体化していくこと、そして統治的な主体として個人が形成されていく過程じたいが言語や言説を通じて構築されていることを強調する。そのうえでこれらの過程を説明するため、統治に関して、政治的合理性、プログラム、テクノロジーという三つの水準を区別しながら説明を加えていった。

政治的合理性

統治というプロセスの実現は、その定義上、非常に広範な価値や理念の領域とかかわりをもつ。しかし、そうした価値や理念が、何らかのかたちでの現実の改変という契機を含む政治という領域へと結びつけられていくためには、それらはある特質をもたなければならない。ミラーら（Miller and Rose 2008 : 58-60）は、政治領域へと導かれていく特性を備えた価値や理念を、政治的合理性（political rationality）と呼び、統治という問いかけの起点に置く。たとえば、政治的合理性は、複数の社会的機構――政治はそのなかの一つ――のそれぞれに対してどのような役割や行為を割り当てるか、また統治を導いていくべき理念や原則は何か、といった基本的な問いとかかわる。ただし、理想や原則をもとに働きかけをするとしても、対象とする現実の側にそれを受け入れる可能性がなければ意味をもたない。したがって、政治的合理性はその基礎に、統治という営みが向けられる対象がどのような特性をもっているかについての知識を、あらかじめ含んでいる。

プログラムとしての統治

統治は、その問いかけの起点に政治的合理性を置く。しかし政治的合理性が抽象的な価値や理念にとどまり、現実とのかかわりのなかで語られていないとすれば、統治という過程は実際には作動していかない。すなわち、統治とは、現実への介入というかたちをいきなりとるのではなく、まずは言語を介した「表出」として呈示される。言いかえると、常に言語へと置き換えられながら、その内容は精緻化されていく（Miller and Rose 1990 : 6）。統治とは、この意味で、まずはプログラムとして姿を現す（Miller and Rose 1990 : 4）。

実際、現実の改革を含む何らかの政治的目標の実現をめざそうとするとき、審議会や研究会の報告書、白書、提言など膨大な文書が産み出されていく。程度の差はあれ明示的な改善策を含んだこうした文書は、まさにプログラムとして位置づけられる。だが、統治がプログラムであるという意味は、たんにこうした政策文書というかたちをとるということだけにとどまらない。さまざまな政策文書が産出される根底には、現実はプログラム化することが可能であるという前提、別の言い方をすると、ある社会はもっと好ましいかたちで、あるいはもっと効率的なかたちで運営することができるはずだという信念が存在している（Miller and Rose 2008：63）。いわば現実に対する尽きることのない楽観主義（Miller and Rose 1990：4）が、このプログラム化を支えている。

テクノロジーとしての統治

プログラムがいわばデザインだとすると、プログラムを実際に作動可能なものとするためには、それを一連の戦略やテクニック、手続きへと置き換えていく過程が必要となる（Miller and Rose 2008：63）。この過程を実際に具体化していく多様な内容を、ミラーらは、統治のテクノロジーと呼んだ。ただし、テクノロジーとはいっても、現実にはそれは、日常生活の中にごく普通に埋め込まれた慎ましやかなメカニズムとして存在する（Miller and Rose 1990：8）。評価という営みは、とりわけこのテクノロジーというレベルで多彩なかたちをとって展開していく。たとえば、対象とした社会的事象を名づけたり、数えたり、計算したりすることができなければ、それらを政策の対象とすることはできない。また評価という行為の前提には、もともと背景の異なる対象を「共通」のものと見なしたうえで、それらの違いを超えて適用可能な「標準」を設定しうるという発想が存在する。こうした手続きを実際に可能にするためには、具体的なことがらを数えたり検査したり調査したりする手段、それを集約した結果を人びとに呈示するための種々の方式、これらの全体を実施に移すための訓練態勢の整備・標準化、専門用語の創出と専門家の育成、さらに建築設計や空間デザインのような物理的技術などが用意されなければならない。これらの具体的な総過程がテクノロジーとして位置づけられる。テクノロジーは、言語的に表現されたプログラムとはちがい、モノ的な基盤をもつ。ここに大きな特色がある。

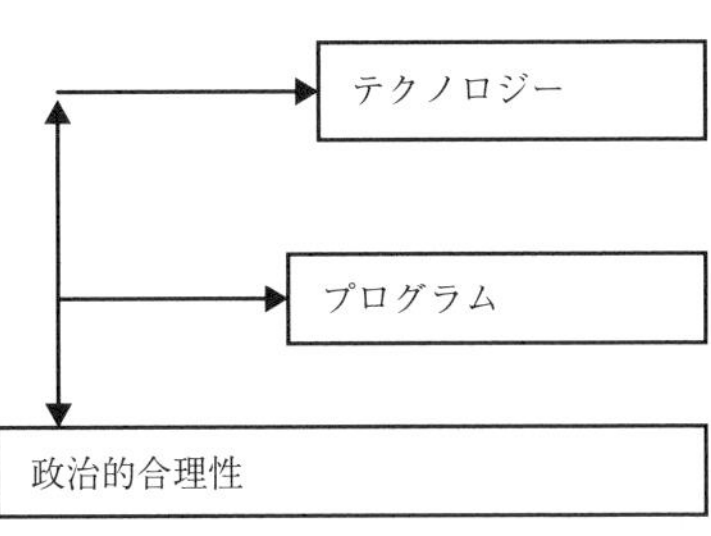

図8－2　「統治」の重層的な作動メカニズム
出所：筆者作成。

権力のかたち

統治をめぐる権力の作用もまた，こうした重層的な構造を介して具体化していく。一方には，やや古典的な権力構造の図式も依然存在しうる。すなわち，特定の政治的合理性に依拠しながらプログラムを作成し，関連するテクノロジーを用いて介入しようとする権力者というイメージである。評価の場合にも，その構想や導入における主導的なアクターは存在する。しかし，こうしたアクターが実際に「支配」しているとみなすと，それは権力現象の現実からはやや遠くなってしまう。確かに最初の一押しにはかかわっているかもしれない。しかし，評価を介した権力作用の最大の特徴とは，直接的な命令関係がないのに，遠く離れた，そして横のつながりを欠いた無数のアクターたちが，自発的な参加を繰り返すことによって，その作動を結果的に支えていくという点にあるからである。ミラーとローズは，こうした支配の「間接的」なメカニズムを説明するために，M・カロンやB・ラトゥールらの「翻訳」あるいは「action at a distance」といった考え方を参照する（Callon 1986：Latour 1986）。ここでそれらの詳細に立ち入ることはしない。しかし，現実の権力作用が，人間の主意主義的な関係（支配者-従属者）だけでなく，モノ（非人間）でもあるテクノロジーと人間が結びあうつながりの場（ネットワーク）を介して作動していくこと。この点は，現代社会における権力構造理解の出発点として位置づけてよい。

統治における政治的合理性とプログラムの関係とは，たんに特定の政治的合理性が種々のプログラムを派生させたり，その内容を決定したりというようなものではない。評価における権力作用も同様である。評価権力とは，たんにある理念をもった法や制度によって決められているから力を発揮するのではなく、ある状況を課題として構成し、それへの対応を模索していこうとする個別の主体がたどる過程の類似性が結果的に産み出していくゆるやかなネットワークにもとづく。問題の定義と解決にかかわる語彙、理論や説明、そしてテクノロジーのゆるやかな共有が、結果的に、ある種の相関（associations）を時間・空間を超えたエージェントのあいだに生み出していく。

統治現象は、図8-2で示したように、政治的合理性、プログラム、テクノロジーの重層的な相互作用を通じて作動していく。こうした集合的な社会過程の「効果」として、権力はその作動をはじめて確認できる。

5　「評価国家」概念を検証する

統治プログラム・統治テクノロジーとしての「評価」の強さと弱さ

以上の分析枠組みを念頭に置きながら、評価という社会過程の特質を日本を事例にして考察しよう。

国家統治の一つのモデルであった「介入国家」は、国家（state）という中心的主体において集約される意思決定、そして国家による財政的再分配の存在を基軸としていた。エリート主義的か、コーポラティズム的か、といったプロセスの多様性は存在するものの、意思決定が国家（中央政府）という場に集約されるという点では、国家中心的な構造がそこに存在するという見方が前提としてあった。

これに対して、広義の「評価」というプロセスと国家の関係は、介入国家の場合とは様相を異にする。一方で、国家による再分配に基礎を置く介入国家が限界に到達したことによって招来された体制として、評価国家はその基本的理念において、個別のアクターの自由や自立性をまず強調する。政府セクターの限界に対応するため、市場メカニズムが重視される。さらに市場だけではカバーできない領域について対応するため、市民社会セクターの動員が試みられる。こうした評価国家的な政策を正当化する政治的合理性としてあったのが、新自由主義である。

新自由主義とは、原理的にみれば、個の自立性と自己責任を強調するリベラリズムの新しい形態としてある。たとえば、新自由主義のこうしたほんらいの側面を言語化しようとした、日本における数少ない政策プログラムの一つに、総理府・21世紀日本の構想懇談会「日本のフロンティアは日本の中にある」（二〇〇〇年）があった。

求められている個は、まず何よりも、自由に、自己責任で行動し、自立して自らを支える個である。自分の責任でリスクを負って、自分の目指すものに先駆的に挑戦する「たくましく、しなやかな個」である。（総理府・21世紀日本の構想懇談会「日本のフロンティアは日本の中にある」二〇〇〇年一月）

しかし、こうした個別アクターの自由と自立性の完全な尊重は、依然として集権的発想を強く残す国家統治のあり方とは相容れない部分をもつ。

国家は、「評価」にまつわる種々の語彙を動員しながら、新しい政治的合理性にもとづく諸プログラムを立ち上げ、また、そうしたプログラムを現実へと移し替えるためのテクノロジーを、諸政策を介して開発することをめざす。そのうえで現実には、国家はみずからが評価の主体となることによって影響力を保持しようとする。あるいはまた民間による評価制度自体を認証する立場に立つことによって統治の実質を確保しようとする。

自他の評価に耐えうる「自立的な主体」の形成という理念は、文字通りリベラリズムの系譜に位置づけられる。

たとえば、介護保険制度の導入に伴いサービス提供を担う経済的主体として非営利組織を組み込む過程で、サービスの質についての第三者評価事業の実施（厚労省「福祉サービスにおける第3者評価事業に関する報告」二〇〇一年三月）がめざされる。さらに、標準化・内部統制・監査の手続き整備を条件に、団体の法的地位の明確化が進められていく（たとえば、特定非営利活動促進法一九九八年三月、経産省「産業構造審議会NPO部会」二〇〇二年四月、経産省「リスク管理・内部統制に関する研究会」二〇〇三年六月、「公益法人制度改革に関する有識者会議」二〇〇四年一二月、国交省「NPO等によるボランティア有償運送検討小委員会」二〇〇五年一一月、公益法人制度改革関連法二〇〇六年五月）。

ただし、主体に影響を及ぼす権力作用という観点から見た場合、実際に影響力を拡大していくうえで力があったのは、こういった新自由主義的な政治的合理性の実体化に直接貢献するような政策群だけではない。むしろ、そうした政治的合理性を現実の社会へと応用していく過程で産み出された種々の派生的なプログラムやテクノロジー、そしてそれらを束ねる語彙の力が果たした役割が大きい。二〇〇〇年代の最初の一〇年についてそうした語彙の例をあげるとするならば、第一に「〇〇力」、第二に「安心・安全」（ないし「リスク」）などが浮かぶ。共通の語彙を通じた拡散の事例を、関係する政策文書で追いかけてみよう。

高度経済成長期のような明確なキャリアトラックが若者にとって見えにくくなった一九九〇年代から、特に若年層向けに「自律的な主体」としての訓育・動機づけ強化をめざす政策群が、政府によって進められるようになる。そこで特徴的なのは、雇用・就業制度といった構造の改革をめざす政策だけでなく、若者自身の「〇〇力」に焦点を絞る言説によって特徴づけられる政策が頻出するようになることである（たとえば、内閣府人間力戦略研究会「若者に夢と目標を抱かせ、意欲を高める」二〇〇三年四月、経産省スピンオフ研究会「大企業文化からの解放と我が国経済の地殻変動に向けて」二〇〇三年四月、文科省「若年者キャリア支援研究会」二〇〇三年九月、経産省「社会人基礎力に関する研究会」二〇〇六年三月、厚労省「生活塾の普及促進に関する研究会」二〇〇六年九月）。

「評価」を内面化した「（自己加熱的）主体」の立ち上げという試みはしかし、労働条件の急激な流動化・格差化、労働市場の流動化・不安定化という状況の下で、「格差的」状況に置かれた異なる社会層ごとに、異なる対応を迫る言説・政策パッケージを生産する方向へと変質していく（たとえば、内閣府「若者の包括的な自立支援方策に関する検討会」二〇〇五年六月、内閣「再チャレンジ可能な仕組みの構築」二〇〇六年六月、厚労省「自殺総合対策の在り方検討会」二〇〇七年四月、厚労省「自殺未遂者・自殺者親族等のケアに関する検討会」二〇〇八年五月、内閣府「子どもと若者総合支援勉強会」二〇〇八年一一月）。

もう一点、この間に増殖してきた主要な語彙として指摘できるのが、「安全・安心」や「リスク」である。グローバリゼーションの進展等により従来の課題理解の枠組みや政策の有効性が低下するにつれ、それら不確実性の総体をたんに「リスク」として一般化する傾向が強まる。またその裏返しとしての「安全・安心」が包括的なキーワードとして浸透していく。しかしそれらはあいまいなものでしかなく、その達成をはかろうとすると、システムの隅々までを「透明化」するしかなくなる。またその構成員はみずから「主体化」することによって相互監視することを期待されるようになっていく。その結果、軍事紛争、テロ、原発事故、各種災害などが連接させられた「有事」を想定したうえで、危機への対応を社会集団や個人生活へと埋め込んでおくことをめざす政策が並行的に打ち出されていく（たとえば、総務省「防災・危機管理教育のあり方に関する調査懇談会」二〇〇三年三月、原子力保安・安全院「有事における原子力施設防護対策懇談会」二〇〇四年一二月、内閣「国民の保護に関する基本方針」二〇〇五年三月、総務省「消防団と事業所の協力体制に関する調査会」二〇〇六年四月、総務省「消防団機能向上のための総合戦略検討小委員会」二〇〇七年二月、消防庁「消防機関と原子力事業者等との連携などに関する検討会」二〇〇七年六月、総務省「地方公共団体における総合的な危機管理体制の整備に関する検討会」二〇〇九年五月、総務省「災害対応能力の維持向上のための地域コミュニティのあり方に関する検討会」二〇〇九年六月）。

逆に、「透明化」できない領域、「主体化」できないとシステム側が判断する主体に対しては、管理や統制が強められていく。とりわけ、「個体」をそれぞれ管理していくシステムの構築がめざされる（住基ネット、入国者・外国人管理、犯罪者処遇）。要約すると、「施設」化から脱「施設」へ（社会への埋め込み）、そして、「社会」全体の「施設」化へ、という構図が浮かび上がってくる。

「評価国家」における対抗とねじれ――浸透と転用・混用の過程

評価的な契機を軸とする権力作用が重層的な構造をつくっていく過程を以上でみてきた。しかし、現実の社会が単一的な統治の構造で埋め尽くされてしまうことはありえない。個人の自由・自律性に価値を置く新自由主義的な動きは、たとえば評価的なテクノロジーの浸透というプロセスを介して、確かに社会のなかで大きな位置を占めるようになってきた。しかし同時に、たとえば福祉国家を支えた社会的厚生や平等といった異なる政治的合理性と整合的なプログラムやテクノロジーも、姿を消したわけではない。

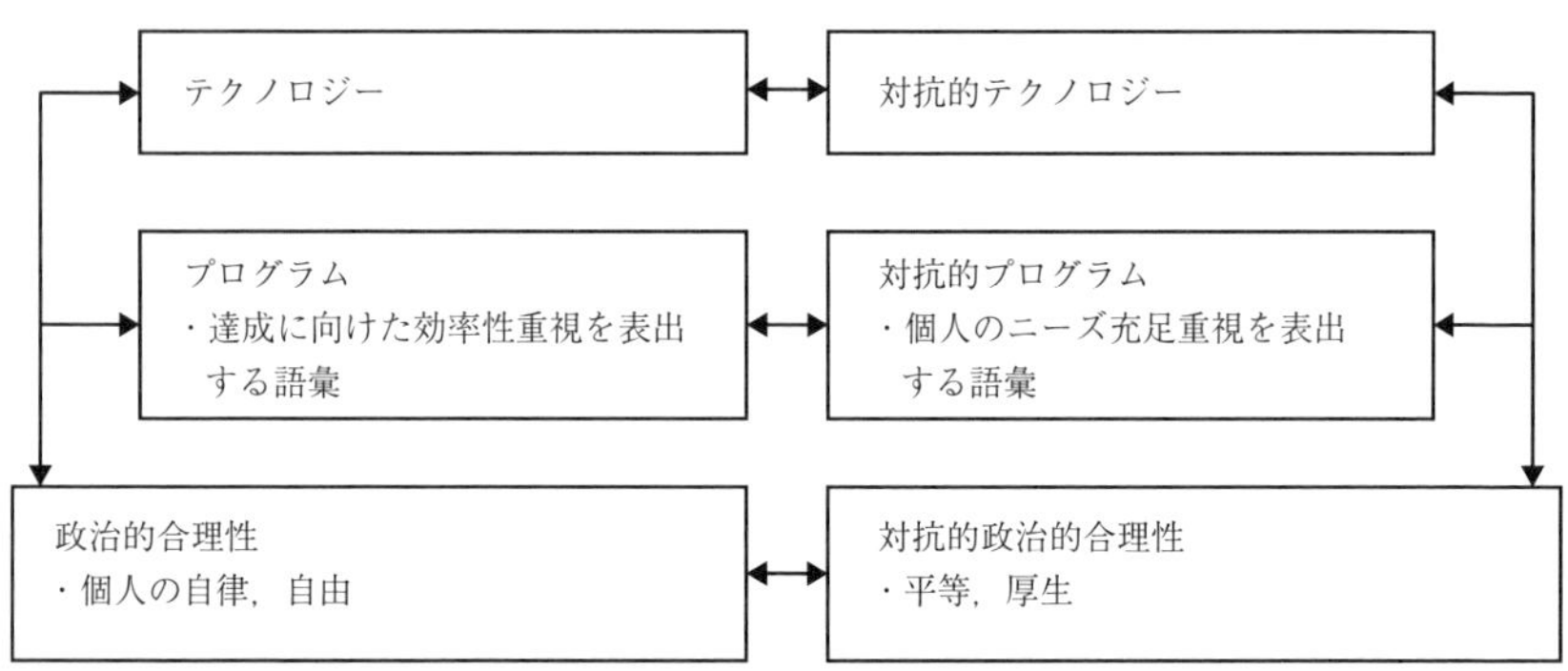

図8－3　対抗しあう政治的合理性・プログラム・テクノロジー
出所：筆者作成。

ミラーとローズ（Miller and Rose 1990：10-11）も指摘するように、「統治性」という契機はその本質としてみずからの実現について「楽観主義的」な見通しをもちやすい。しかし、現実の「統治」はそれほど容易ではない。むしろそれらは、生まれつき失敗を宿命づけられた作用である。政治的合理性やプログラムは常に複数であって、それらは現実には、きびしい競争関係にある。また、一つのプログラムにとっての解が、他のプログラムに対して新たな問題を引き起こすこともまれではない。

単純に考えれば、緊張には少なくとも三つの水準があることになる。すなわち、（1）政治的合理性レベルにおける緊張、（2）プログラムレベルにおける緊張、そして（3）テクノロジーレベルにおける緊張である（図8-3参照）。

しかし、現実には、対抗の図式はそれほど単純ではない。現実に起きているのは、さまざまな折衷的な状況である。冒頭でも述べたように、評価の権力作用には限界がある。評価的な社会過程を通じて、主体化や動員が促進されるとしても、実際には、その力は微弱あるいはまだらであり、あまりにも抜け穴が多い。「評価される主体」にとって、評価機会の影響は確かに大きいものの、評価される経験の累積化は対応をたちまち儀礼化・形骸化させていく。また「評価を求める主体」は、形骸化に対抗するため新しい評価を次つぎ繰り出し続けていくが、それとともに事務手続きは複雑化し実質的な非合理性が増してしまう。

他方で、評価的プロセスを基盤とする統治のスタイルは、個別政策領域を超え、他のセクターや他のアクターにも浸透・拡張していく傾向をもつ。たとえば、そうした傾向は、社会運動団体や市民活動団体のような、もともと支配的体制と距離を置いていた団体の場合も例外ではない。このねじれをどのように理解したらよいのであろうか。評価に自らをさらすことは、運動団体の「変節」なのか。それとも新しい状況への「積極的な挑戦」といえるのか。ここでは、そうしたことがらの「倫理的」な是非を論じるのが目的ではない。しかし、さまざまな市民活動団体からの聴き取りにおいて印象的であったのは、こうしたねじれが比較的容易に――外部環境的にも、また当事者の意識としても――起きていくこと、その構造的な容易さであった。

結論からいうと、その構造的な容易さは、統治における政治的合理性とテクノロジーのズレによって、ある程度説明することができる。すなわち、価値や理念といった「固い」枠によって規定された政治的合理性とは違い、テクノロジーはモノとしての基盤、そして性格をもつ。テクノロジーがあってはじめてプログラムは作動する。しかし、テクノロジーは政治的合理性が立脚する価値や理念と常に整合的であるとは限らない（Higgins and Larner 2010：4-5）。そこには、しばしば、ねじれが存在するのである。

たとえば、統治テクノロジーとしての評価の一例である顕彰という例を考えてみよう。近年の政策文書で目立つのは、その理念や政策の個別項目を精緻に述べる代わりに、政府からみて好ましいと考える具体的な活動・団体・地域などを「モデル事例」として呈示するケースである。モデル事例として政策文書やホームページ、パンフレットで紹介したり、シンポジウムやワークショップ、体験交流会へ講師として招いたり、また、コーディネーター（中間集団）としての役割を依頼したり、といったさまざまな形態がそこには含まれる。さらに競争的資金の提供、さまざまな便宜供与といったより直接的な顕彰をそれに加えてもよい。

従来からこうした顕彰の制度はもちろんあった。しかし日本における新旧の顕彰を比較したとき、そこに違いがあることに気がつく。旧来の顕彰は、たとえば叙勲や位階制度のように、長年の国家への功労に対しておこなわれるものであり、また、顕彰のシンボリックな意味も、国家（天皇制）からの距離として表現されていた（したがって、国家との接点の薄い市民社会組織はほとんど顕彰の対象となることはなかった）。これに対し、モデル化というかたちをと

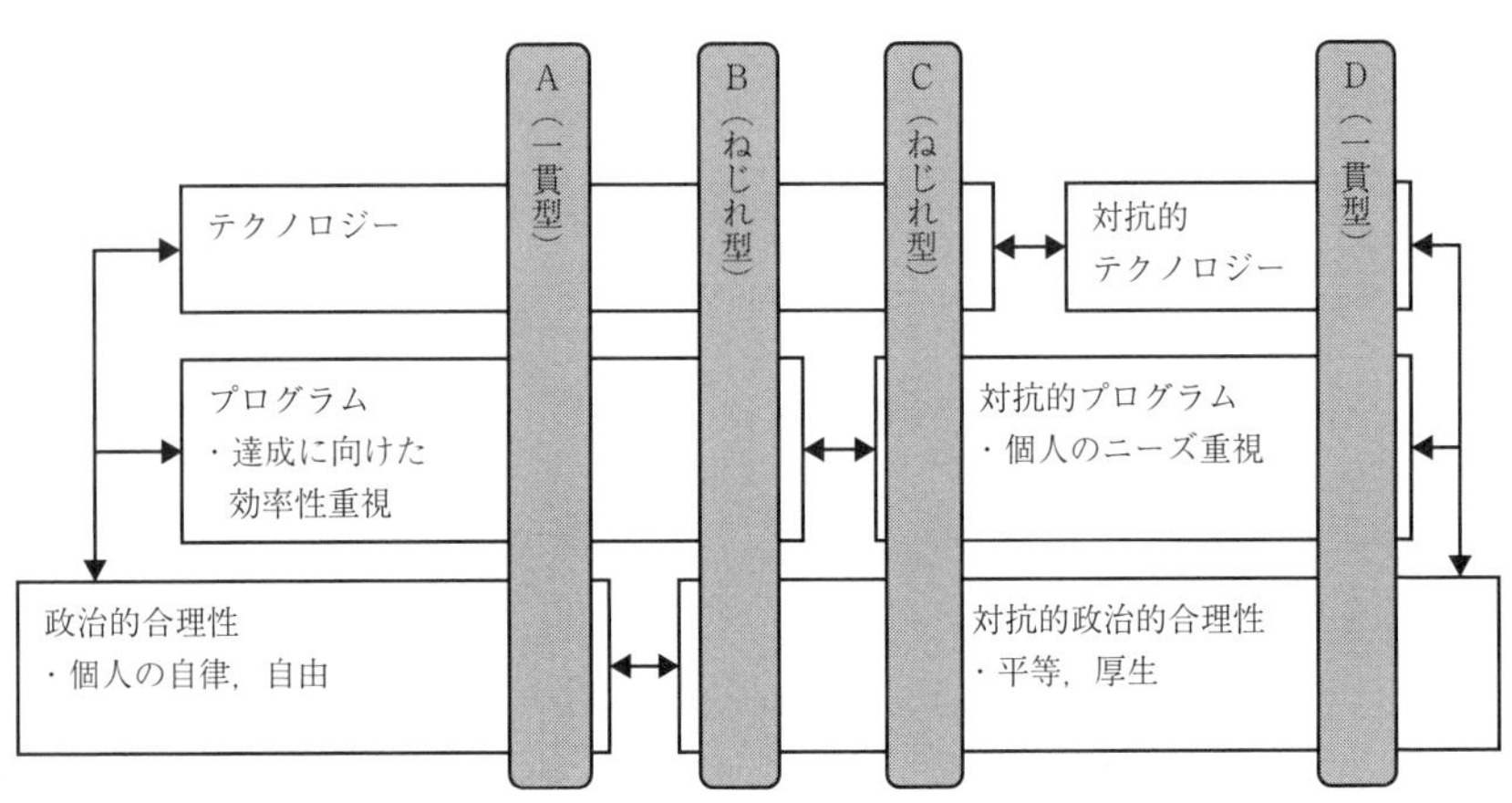

図8-4　ねじれを含んだ統治の構造

出所：筆者作成。

る顕彰とは、基本的に、現時点における「主体」としての「能力」、とりわけ活動の効率性などによって測定され選考される。加えて「評判」やランキングといった外部評価も、リスク管理の制度全体のなかに組み込まれていく（Power 2007：139-149）。

こうした「能力」測定的性格をもつ顕彰制度であれば、それが仮にみずからの組織の目的や趣旨とは異なる政治的合理性に由来するものであったとしても、多くの市民活動団体にとっては比較的受け入れやすいものとなる。テクノロジーには、こうした即物的かつ便宜主義的な性格がつきまとう。

以上のねじれは、図8-4のように示すことができる。政治的合理性、プログラム、そしてテクノロジーは、それぞれ相対的に自律性をもった展開を示しうる。その結果、さまざまな交錯が生まれることになる。たとえば、政治的合理性とプログラム・テクノロジーとが内容的にみて一貫ないし親和的である場合ももちろんありうる。図のA（支配的な政治的合理性、プログラム、テクノロジーの一貫型）、あるいはD（対抗的な政治的合理性、プログラム、テクノロジーの一貫型）がそれである。

しかし、三つの水準のあいだにはねじれが生じる可能性がありうる。たとえば、政治的合理性は特定の立場だが、プログラムとテクノロジーはその政治的合理性とは必ずしも親和的とはいえない立場のものを採用するという場合がある（図のB）。また、政治的合理性とそれを言語化したプログラムの内容は親和的だが、テクノロジーはそれとは異なる由来をもつものを採用していくという場合もありうる（図のC）。

たとえば、冒頭でも述べたように、市場原理に力点を置く新自由主義的な政策運営が力をもちつつある状況下で、非営利の市民活動団体がそうした動きにどう対応するかは、しばしば議論を呼ぶ点となってきた。事業系の活動に乗り出す機会が増えるにつれ、市民活動団体もまた監査や評価の対象となることは避けられない。NPO法人化をした場合、政治活動を中心にその活動には一定の制約が加えられることになる。外部の競争的資金を獲得するためには、さまざまな顕彰制度に積極的に乗り出すことも重要な要件となる。

活動の基本的理念のなかで新自由主義的な市場原理主義に対して違和感をもつ団体は今も決して少なくはない。しかし、そうした団体でも、活動の持続や拡大のためには、新自由主義的な政策運営がもたらしたプログラムやテクノロジーを採用せざるを得ないことがある。それを是とするか否か。

「評価」という一見中立的な手続きのなかには、評価される当事者に対して、活動内容の変容を無意識のうちに受け入れさせていく「しかけ」が存在している。それを新自由主義体制の下における動員とみるか、それとも巧みな転用とみるか。政治的合理性とプログラム・テクノロジーの乖離という現象を、支配的関係性のなかに対抗的勢力が飲み込まれ変質していく過程とみるか。それとも、対抗的な政治的合理性を価値として保持したまま、テクノロジーのみをとりいれ、資源として活用していく巧みな戦略とみるか。この点はなお評価の分かれるところであろう。

6 評価国家の先にあるもの

以上、本章では、評価国家という概念を軸に、現代における統治のあり方について一つの試論を展開してきた。評価という問題を考察しようとするとき、冒頭で挙げた二つの基本的な問い、すなわち、（1）評価国家の民主的統制は可能か、(2) 動員される自発性に出口はあるのか、は依然として検討されるべき課題として残されている。この点をあらためて確認しておこう。

しかし、現代における統治の構造全体を考えたとき、評価国家的な権力作用のメカニズムは決してその全体を覆うものではないこともまた事実である。

確かに、評価というプロセスは、プログラムないしテクノロジーとして拡張していきやすい。たとえば、市場経済や企業経営の監査に向けて開発された「評価」の基準や言語が、大学や市民社会組織といった非営利組織にまで準用されたり、拡張されたりしていく。そうした評価にさらされていくうちに、大学や市民社会組織のような非営利組織までが、みずからをあたかも企業のような「経済主体」として見なすことを不思議と思わなくなっていく。

重要なことは、評価は、特定の活動に対する一面的な意味付与の過程であることを常に再確認していくことである。評価されるのは、「活動」であって、「主体」そのものではない。

前節でみたように、統治をめぐる構造はその内部に緊張やねじれを常に含んでいる。より大きな支配の構造を考えたとき、評価国家的な統治に支えられた権力の基盤は、ときにより上位の支配構造への対抗の源泉ともなりうる可能性ももつ。評価に頼らず、しかし評価を逃げない。そのうえで、評価自体をいかに統制していくか。統治形態としての評価はなお構造化の途上にある。

注

(1) 本章は筆者を研究代表者とする科学研究費（挑戦的萌芽研究）「評価国家の構造と動態――『新しい介入主義』分析の構想」（二〇〇九～二〇一〇年度）による研究プロジェクトの成果にもとづく。関連の作業および聴き取り調査は、岩舘豊、植田剛史、金知榮、佐藤圭一、原田峻各氏との共同で進められた。本章は町村編（2011）の報告書に収められた二つの章（町村執筆）を再構成しつつ、新たな成果を加えたものである。

(2) その中でももっとも規模が大きな質問紙調査「首都圏の市民活動団体に関する調査」は、一都三県に本拠を置く市民活動団体三五六一を対象に二〇〇六年九月に実施された。郵送により九三一団体（二六・一％）から回答を得た。調査および結果については、町村編（2009）を参照。

（3） 膨大な政策文書を網羅的に、しかも一定期間にわたって閲覧することは実質的に不可能といってよい。そこで、中央省庁の政策文書の一覧的な資料紹介として代表的なものの一つである、雑誌『月刊ニュー・ポリシー』を活用することとした。研恒社政策情報資料センターが一九八一年から刊行している同誌は、各省庁が発表する各種文書を網羅的に収集したうえで、同センターが選び出した毎月五〇件程度の政策文書を、原則として全文採録している。対象としては、一九九五年一月から二〇〇九年六月までに刊行された『月刊ニュー・ポリシー』本誌に掲載されている文書のなかから選択をおこない、最終的に七八一件の文書を分析対象とした。手続きの詳細については、町村編（2011）を参照。

（4） 四つの側面については、町村敬志「評価・国家・主体（1）——『生きられた新自由主義』の権力構造分析」（日本社会学会第八三回大会、二〇一〇年一一月六～七日、名古屋大学）での内容にもとづく。

文献

Callon, Michel, 1986, "Some Elements of a Sociology of Translation : Domestication of the Scallops and the Fishermen of St. Briecu Bay," John. Law ed., *Power, Action and Belief : A New Sociology of Knowledge*, Routledge & Kegan Paul, 196–233.

Foucault, Michel, 2004, *Sécurité, Territoire, Population : Cours au Collège de France (1977–1978)*, Gallimard.（高桑和巳訳、二〇〇七『ミシェル・フーコー講義集成〈7〉 安全・領土・人口（コレージュ・ド・フランス講義1977–78）』筑摩書房。）

Higgins, Vanghan and Wendy Larner, 2010, "Standards and Standardization as a Social Scientific Problem," Higgins, V., and W. Larner, eds., *Calculating the Social : Standards and Configuration of Governing*, Palgrave Macmillan, 1–17.

Latour, Bruno, 1986, "The Power of Association," J. Law ed., *Power, Action and Belief : A New Sociology of Knowledge*, Routledge & Kegan Paul, 264–280.

町村敬志編、二〇〇九、『市民エージェントの構想する新しい都市のかたち——グローバル化と新自由主義を越えて』（科学研究費基盤研究（B）（二〇〇六～二〇〇八年度研究成果報告書）（一橋大学機関リポジトリ http://hdl.handle.net/10086/19113）

町村敬志編、二〇一一、『評価国家の構造と動態――「新しい介入主義」分析の構想』（科学研究費挑戦的萌芽研究（二〇〇九～二〇一〇年度研究成果報告書）

Miller, Peter and Nikolas Rose, 1990, "Governing Economic Life," *Economy and Society*, 19(1) : 1-31.

Miller, Peter and Nikolas Rose, 2008, *Governing the Present : Administering Economic, Social and Personal Life*, Polity Press.

Neave, Guy, 1998, "The Evaluative State Reconsidered," *European Journal of Education*, 33(3) : 265-284.

Power, Michael, 1997, *The Audit Society : Rituals of Verification*, Oxford University Press.（國部克彦・堀口真司訳、二〇〇三『監査社会――検証の儀式化』東洋経済新報社。）

Power, Michael, 2007, *Organized Uncertainty : Designing a World of Risk Management*, Oxford University Press.

第Ⅱ部　再帰的自己組織性論とポストモダン

第9章　自己組織性と社会のメタモルフォーゼ

今田高俊

自己組織性が学問的に自覚されたのは、一九五〇年代前半の自然科学分野においてであるが、高度経済成長期には、ほとんど社会的に注目されることがなかった。しかし、第一次石油危機によって「高度成長の時代」から「不確実性の時代」へと社会状況が変容するにおよんで、自己組織化パラダイムへの関心が急速に高まり、一九八〇年代なかばには大きな潮流を形成するに至った。

私はこの四〇年来、自己組織性論と取り組んできた。一九八〇年代初頭まではサイバネティクスの制御論に依拠した自己組織性論の研究に携わり、政策論や計画論への応用を考えた。しかしその後は、シナジェティクスや散逸構造論におけるゆらぎからの秩序形成としての自己組織性に注目するようになった(1)。こうした転機をもたらした理由は、前者がシステムと制御による設計論につながるのに対し、後者がゆらぎと秩序の創発論に焦点をあてていることにある。社会システムの設計論は重要であるが、創発論はそれ以上に重要であると同時に、社会学における古典的でしかもいまだ十分な解答がえられていないテーマである。本章では、新しい流れとしてでてきたシナジェティックな自己組織性論についてその意義と社会理論への含意を論じることにする。

1　内破による自己組織化

自己組織性とは、システムが環境との相互作用を営みつつ、みずからの手でみずからの構造をつくり変えていく性質を総称する概念である。自己組織性の本質は、自己が自己のメカニズムに依拠して自己を変化させることにある。重要なことは、外（つまり環境）からの影響がなくても、自力でみずからを変化させうることである（今田 1986：6：2005：1）。

自力でみずからを変革する営みは単純な環境適応とは異なる。外から注意されたり、問題を指摘されたりして自分を変えるだけでは自己組織的とはいえない。真の自己組織化とは、自己のなかに変化の兆しを読み取り、これを契機に新しい構造や秩序を立ち上げることである。変革の原因を自己の内にもつ、《内破による変化》が本章であつかう自己組織化である。

自己組織性とは何かをイメージするためにサナギの変態の隠喩が有効である（今田 2005：164–166）。昆虫世界の《メタモルフォーゼ》（変態）がそれである。卵から孵った青虫は、最初、環境適応行動をとる。木の葉を食べて成長する。そしてある程度成長するとサナギになる。このサナギの状態は、そのなかで劇的な体質変化が起きているときである。蓑によって可能な限り環境から遮断され、環境との相互作用は営まない（酸素の出入りはあるが）。それは外界に対して事実上、閉じたシステムである。外からみると目立った変化はない。しかし、そのなかでは古い体細胞をスクラップし新しい体細胞をビルドする変化、つまり自分で自分を変える自己組織化の作業がおこなわれている。このサナギの変態によって、青虫は劇的な変化を遂げ、たとえばチョウという、青虫とは構造も機能もまったく異なるものに生まれ変わる。つまり、メタモルフォーゼとは環境からの刺激を受けて受動的になされるのではなく、能動的に自分自身を破壊し体質転換することである。ただし昆虫の場合、あらかじめ変化の道筋は決められている。これに対し人間社会の場合、変化の道筋をみずから決めなければならない。この自己決定にもとづく自己適応能力がほんらいの意味での自己組織性につながる。

自己組織性と直接的には関連しないが、《内破による変化》の重要性を強調したのはアンリ・ベルクソンとフリードリッヒ・ニーチェである。二人は生の哲学者であり、環境適応よりは自己の内側からの内破の力――この言葉を直接使ってはいないが――を強調する。内破（implosion）とは、生の躍動により内側から自身の硬直した構造を破壊していくことである。

ベルクソンは主著『創造的進化』において《持続とは変化することである》という命題を提出した[2]（Bergson 1907）。人や組織が安定するとは、無機物のそれとは異なり、固定した反復ではありえない。人が生きている、組織が存続するとは、みずからに対する差異を生みだしつつ生成変化を遂げることである。彼は差異を「生の躍動」（エラン・ヴィタール）との関連で捉えるべきことを強調したが、生命の持続と差異について興味深い考察をしている。ジル・ドゥルーズのベルクソン解釈によれば、「持続とは差異を生ずるものであり、差異を生ずるものはもはや他のものとの間に差異を生ずるのではなくて、それ自らとの間に差異を生ずるのである」（Deleuze 1956：訳 41-42）。つまり、持続とは「自己に対して差異を生ずるもの」のことだ。チャールズ・ダーウィンやハーバート・スペンサーの進化論が、環境適応というかたちで、自己外の要因との関係において差異の発生（突然変異）を問題にするのに対し、ベルクソンは自己に対する差異を問題にし、その原因として生の躍動を仮定するのである。それは自己組織性における内破の力に通じる。

変化を環境変化との関連で捉えていると、つまり環境適応型の変化ばかりを考えていると、変化は強いられるもの、余儀なくされるものという受け身の発想に陥る。こうした受け身の変化を想定していると、変化に対して消極的・否定的にならざるをえない。しかし、外圧的変化ではなく、みずから別のものに生成変化する内発的な変化に対しては、人も組織もそれほど否定的にはならないものだ。というのも生成変化によってはじめて、人や組織は自己確認ができるからである。ベルクソンのいう創造的進化とは躍動する生によりもたらされる自己組織化の営みといえる。

また、ニーチェは『力への意志』において、悲観論（ペシミズム）と虚無感（ニヒリズム）の問題指摘をおこない、これらを克服すべき対象として掲げた[3]（Nietzsche 1901）。彼にとって力への意志とは、自発的で、常に新しい方向性や形態を模索する意欲であり、まだ承認されていない新しい価値創造のための隠された原理である。彼は、機能主義的な「環境への適応」という発想を徹底的に嫌悪する。環境への適応では、人間の「第一級の能動性」が確保されないからである。進歩や発展とは決して一つの方向（機能効率）へ直線的に向かう変動ではない。有機体の器官や事物、慣習の歴史というものは、諸力がぶつかり合うことによって変形、再解釈をほどこされた帰結としてある。したがって、人間をたんにその適応能力によって定義することは、生命の本質ならびに生きる力への意志を見落とし、受動的なニヒリズムを帰結することになる。

人間がほんらいもっている無限の可能性を引き出して、環境変化に右往左往することなく、内から爆発する内破の力で絶えず生成変化を遂げること、これが力への意志である。人がこうした力を発揮して活力のある社会となることが自己組織化の営みにほかならない。

2　自己組織性のリアリティ——ゆらぎと自己言及

自己組織的になるためには内発的な変化の原因が必要だが、それを《ゆらぎ》あるいは社会的には既存の秩序からの《差異化》に求めるのが自己組織性論の特徴である。しかし、ゆらぎを強調するだけでは、世の中をランダムなものに委ねることになりかねない。ゆらぎを秩序に変換する仕組みが必要である。それを担うのが、ゆらぎを自己強化する触媒作用、より一般的には自己が自己に働きかける自己言及作用である。したがって自己組織性のリアリティは煎じつめれば《ゆらぎ》と《自己言及》にある。そして、自己組織性論とは、これら二つを軸として科学認識の転換をはかる試みである。注意すべきことは、ゆらぎと自己言及性のどちらか一方に焦点をあてただけでは、自己組織性のリアリティはつかみ切れないことだ。

ゆらぎの意義

ゆらぎはシステムの既存の構造に起因して起こるものである。自然科学の世界では、ゆらぎとはマクロ的にみた、システムの平均的な振る舞いからの乖離であると定義される。これを社会現象に応用するには、平均値からのズレの解釈を拡張し、既存の枠組みや制度には収まりきらない、あるいは既存の発想では処理できない現象として捉える工夫が必要である。つまり、ゆらぎとは社会の基盤構造をぐらつかせて危うくしかねない内的要因のことである。既存の仕組みで処理できないとは、社会システムの機能不全（制御不能状態）を意味するが、こうしたゆらぎが発生してはじめて自己組織化が起きる。

ゆらぎを称揚することで社会に混乱が生じ、場合によっては社会解体に至るのではないかという危惧が存在する。確かに、たんにゆらぎを強調するだけでは、世のなかをランダムなものに委ねる無政府主義に陥ってしまう。そうならないためには、ゆらぎを新たな秩序へと媒介する仕組みが必要である。ゆらぎがゆらぎを創発して増幅していくことを促進する自己触媒（自己言及）作用がそれである。自己触媒とはある生成物自体がみずから触媒作用を果たしながら自己を増殖させる反応をあらわす。このことは、自己が自己を生成する触媒となるという意味で、自己言及作用に相当する。社会的イメージにたとえていうと、自分ないしある人物がおこなったことがきっかけとなって他者とのシナジー（協同現象）が呼び起こされ、それをみていた第三者がこれに巻き込まれて、次つぎとその行為が社会に増幅していくことである。

ゆらぎは新しい秩序の可能性をもった情報である。ゆらぎにはいくつかの種類が区別される。いわゆる「白色ノイズ」はランダムなゆらぎであり制御の対象となるが、そうでなく歪み（バイアス）をもったゆらぎは制御可能にはならない。後にもみるように、本章でいうゆらぎは後者のタイプのゆらぎである。ゆらぎは創発的に生みだされた情報であり、これを契機として、新しい秩序や構造が形成される。ゆらぎから新たな秩序や形態を創発させる主体は、一部のエリート層に限定されない。社会や組織のメンバー全員にその可能性が秘められている。ただし、どのような主体の情報創発が新しい可能性やアイディアとなるのかは事前にはわからない。またそれが増幅して新しい秩序や構造を生みだすかは不確実である。そこには確率的要因が存在し、事前に予測することは原則として不可能であるが、一定の条件がそろえば、相乗効果による秩序創発が起きる。

自己組織化のためにはゆらぎに注目する必要があるが、このためには異質なものを取り込み、多様性を確保する体制がシステムに備わっている必要がある。しかし、一般的に、人や組織は異質なものよりは同質なものに安心感を覚える傾向が強い。多様で異質な要因を抱え込むとコンフリクトの原因になりがちである。同質なものに安心感を覚えるのは、お決まりのルーティン思考をしていれば済むからである。環境が安定していて不確実でない場合、異質なものに対してしばしば排除の力学が働く。しかし、環境が不安定で不確実性が高まれば事態は逆転する。異質なものを排除して旧態然とすることは組織解体を招きかねないからである。その際には、危機管理策として「新しい血」――つまり異質なもの＝ゆらぎ――を取り込む機運が高まる。

自己言及の力

自己組織化のもう一つの特徴は《自己言及》である。自己言及とは、ほんらい論理学の概念であり、みずからについてみずからが言及することであり、自分の発言したことが自分自身に跳ね返ってくることを意味する。有名な例として、「クレタ人の嘘つき」の話がある。「クレタ人のある予言者が『クレタ人は嘘つきである』といった。彼はホントのことをいっているのか、それとも嘘をついているのか」がそれである。もしこの予言者がホントのことをいっているとすれば、彼自身クレタ人であるから嘘つきであることに反する。逆にもし彼が嘘をついているとすれば、クレタ人は嘘つきでないはずだから、彼が嘘をついていることは矛盾する。この例は自己言及の際にパラドクスが生じることをあらわす。

自己言及はしばしばパラドクスを引き起こすが、自己言及性は人間の文化形成力に欠かせないものである。人間の特徴としてコミュニケーション能力が取り上げられるが、信号や合図を送る程度のことなら、イルカやサルもコミュニケーションしており、特段に人間が優れているわけではない。人間が他の動物より優れているのは自己言及性を備えた言語（能力）をもつからである。イルカやサルは、互いにその場の状態を伝えることはできても、伝えた内容について、あらためて言及することはできない。自己言及が可能な言語（能力）をもつに至ったがゆえに、人間は知の蓄積や学習ができるのである。発言した内容について言及する。考えたことについて考える。この能力があることで、サルやイルカと違って、人間は高度な文化を発達させることができた。

ゆらぎの個所で述べた化学反応における自己触媒は、ゆらぎがみずからゆらぎを生成し増幅させていくという意味で、自己言及作用と等価である。化学反応では人と違って生成物はたんなる物質にすぎず、意識作用をもたないため自己言及という表現は用いないが、論理は同じである。自然科学分野における自己組織化現象に共通する特徴は、ゆらぎが自己触媒作用によって自己強化されシステムが高度に不安定な非平衡状態（不均衡状態）に至ることにある。たとえば、熱力学系の散逸構造論は《ゆらぎを通じた秩序形成》を研究する学問である。散逸構造の発生は自己触媒作用を内在したシステムが、ゆらぎの増幅によって平衡状態から遠く離れたときに起こる。システムを平衡状態から遠く離れた非平衡状態へ移行させるのは、ゆらぎの自己強化作用である。

エリッヒ・ヤンツによれば、《ゆらぎを通じた秩序》の前提条件は、開放性、高度の非平衡、自己触媒の存在、の三点にある（Jantsch 1980：訳 44）。なかでも重要なことは、自己触媒によるゆらぎの自己強化である。これによりシステムは不安定となり、結果的にはある閾値を超えて新構造へと駆り立てられていく。重要なことは、ゆらぎはシステムを危機に導く要因ではないことである。従来の均衡（平衡）理論では、ゆらぎはシステムの存在を脅かす、あるいは構造を解体させる撹乱要因として位置づけられてきたが、自己組織性論では、ゆらぎはシステムの存在や構造を脅かしたり解体させたりする要因ではなく、別様の存在や構造へとシステムを駆り立てる要因である。重要なことは、新しい構造は不安定性の結果として出現することである（Gransdorff and Prigogine 1971：訳 xii）。

均衡分析に焦点をあててきた従来のシステム理論では、ゆらぎは「マクロ的な平均値」を中心としたランダムな撹乱とみなされる（それゆえ、システムの均衡状態へむけて制御すべき対象とみなされる）。しかし、自己組織性論では、「マクロ的な平均値」は重要な意味をもたない。ゆらぎは均衡に対してランダムではなく、ある方向性をもった制御不可能な現象となる。それはシステムの状態に系統的なバイアスをもたらす要因である。より正確には、ゆらぎそれ自体がランダムに発生しているのではなく、特有の傾向（バイアス）をもつことである。このバイアスから新たな構造が形成される。

3　社会理論への含意

自己組織性論におけるゆらぎと等価な社会科学の概念は、伝統ないし社会に定着した制度からの《差異化》である。また、自己言及性は《自省作用》に相当する。したがって、自己組織性にもとづいた社会理論とは、差異化と自省作用にもとづいて、行為主体による社会構造への介入を定式化するパラダイムのことである。自己組織性とは新たな社会の構図を伝統からのディファレンス（差異）として描写したうえで、従来の制度や価値がもつ意味体系へ立ち返り、リフレクション（自省）作用によって社会の意味を再構築することである。では、ゆらぎと自己言及性の視点に立って社会理論を組み立てるとき、これまでの議論とどこが違ってくるのか。以下、自然科学での自己組織性論の考え方を社会科学的にパラフレーズしておこう(4)。

創造的な「個」の営みを優先すること

自己組織過程が進行しているとき、創造的個の原則が集団の原則を凌駕する。個人が社会や組織の要請にしたがって割り当てられた役割や地位を演じることを要請するだけではなく、必ずしもそれらに縛られることなく、それらからはみ出た行為を可能な限り尊重することである。

自己組織性論では、社会や組織といったマクロな側面よりも個人というミクロな側面に焦点をあて、ミクロな要素の協同現象によって新たなパターンや秩序形成がなされることを重視する。つまり、個々人の行為が協同しあって新たな意味づくりをおこない、そこから新たな社会秩序が立ちあがっていく点を強調することだ。ゆらぎを引き起こしているのは、「個」による差異化の協同現象であり、その意味で組織規範や「平均値」は重要性をもたない。規範や平均値からはみだす「個」の営み、あるいはシステム全体に対するミクロな「個」の挑戦が重視される。一言でいえば、「システムは最後」ということである。

役割とは、誰が何を担当するべきかを規定することである。役割を重視する場合には、行動の範囲は限定されるので、社会システムを変える新しい試みに対する抑止力が働く。したがって、自己組織化がなされるためには一時的に役割や地位による拘束が弛められる必要がある。「社会とは役割の束である」という観点からすれば、既存の役割・地位に課されている拘束を弛めることは社会の存立基盤を揺るがしかねない。しかし、各成員が担っている役割を変形し・解体し・組み替えることで、社会システムが流動化することなくして自己組織化は起きない。

役割について以上のように捉えなおせば、成員が所与の役割を遂行することを監視するだけではなく、各役割についての意味の問いなおしを支援することが、自己組織化につながる。したがって、既存の役割から外れた行為がシステムに対してどのような創発をもたらすのかを吟味し、新しい果実をもたらす可能性があれば、その行為を支援することが必要である。

ゆらぎを秩序の源泉とみなすこと

すでに述べたように、自己組織化にとって重要なことは、ゆらぎはシステムの存在や構造を脅かしたり解体させたりする要因ではなく、別様の存在や新たな構造へとシステムを駆り立てる要因となることである。新しい秩序の形成にはゆらぎが欠かせない。かつて、ゆらぎはシステムの存続を脅かす存在であり、制御すべき対象とみなされた。これはゆらぎをシステムの秩序破壊要因とみなすマクロ優先の見方である。しかし、ミクロの視点からみると、ゆらぎのなかには、系統的な歪み（バイアス）をもったものも存在する。自己言及性と結びついたゆらぎは、ある方向性をもってシステムを均衡から遠く離れた状態へ導き、そこで新たな構造や存在の形成を引き起こす。

そのよい例が流行現象である。誰かがポツンと変わったことを試みると、それにシンクロナイズ（同期化）する人びとが現れ始め、これが社会全体に広がっていく。ヒッピー文化を象徴する長髪とジーンズ姿は、当初、周囲から奇異な目でみられ、逸脱現象のラベルが貼られた。しかし、これに同調する若者が増えていくことで、社会のなかに浸透していった。このように平均値に回帰するのではなく、特定の方向へ増幅してゆくゆらぎがある。逆にいうと、ゆらぎの歪みと、その方向性を見極めることが重要である。新しい秩序はこうしたかたちで発生するのを常とする。

ゆらぎがランダムであるのかそれとも系統的なバイアスをもつのかを見極めるためには、ゆらぎの意味を自省的に考える必要がある。人間社会を読み解く際、新しいゆらぎがこれまでの価値規範や文化とどのように異なり、どのように位置づけられるのかを読み解くことである。

これまで逸脱行動が社会のゆらぎとして考えられてきた。それはしばしば反社会的な行動とみなされる。しかし、逸脱行動すべてが否定的に捉えられてきたのではない。社会の多様性の源泉としての創造的逸脱があることも指摘されてきた。つまり、ゆらぎには最低限、二種類存在することである。ランダムなゆらぎは統制の対象となるが、創造的逸脱はブーメラン効果をもっており、誰かがおこなった逸脱行動が、社会に回帰して取り込まれることがある。この場合、逸脱行動は統制しようにもそれができず、それまでとは異なる秩序を社会が抱え込むことになる。

また、社会には変則者（アノマルな人間）が出没するのを常とする[5]（今田 2001：244-245）。彼らは社会システムの境界にあらわれて、システムを刺激し、脅かし、破壊するような異質性を注入する。変則者とは、異常者のことではなく、また逸脱者のことでもない。変則者とはシステムとの関係においてアウトサイダーの位置を占める者（ボーダーに位置する者）のことであり、たとえば魔術師、道化師や予言者であったり、あるいはまれびと、異邦人であったり、電子社会ではハッカーであったりする。重要なことは、変則者とは例外的な存在である以上に、システムの境界（boundary）に対して刺激や攻撃を与える存在のことである。こうした変則者は社会システムに異質性を運んできたり、注入したりして、ざわめきを引き起こし、システムを励起状態に導く。それは多くの場合、マイナーな現象であり、変則者はよそ者扱いされ糾弾されて逃走する。しかし、彼らは入れ代わり立ち代わり出没するため、社会の構成員はいつしか異質性や変則性に感染して、その方向に流れをつくってしまう可能性が存在する。これは変則者との同盟が成立することであり、社会システムの《変則革命》（自己組織化）を誘発する。

不均衡ないしカオスを排除しないこと

自己組織化はカオス（混沌）を排除するのではなく積極的に活用する。従来の社会システム論では、均衡に焦点をあててシステムの作動が定式化されてきた。そこでは、均衡は目標達成がなされた状態あるいは秩序の確保ができた状態をあらわすのに対し、不均衡はシステムをカオスないし解体に導く要因として位置づけられる。しかし自己組織性論では、不均衡ないしカオスは新たな秩序形成にとって決定的に重要であると認識される。なかでもカオスが重要である。

カオスとは、日常的には、もやもやとして物事の区別がはっきりせず、諸要因が複雑にもつれあった状態を意味する。しかしカオスは、学術的には、かりに現状が正しく認識できたとしても、その先どうなるかが予測不可能な状態のことをいう。このことは現象の背後にある法則を発見すれば、現象の予知や制御ができるとする近代科学の発想が必ずしも正当化できないことをあらわす。

カオスの重要性とは、簡単にいえば、誤差要因を無視すると大きなしっぺ返しを受けるということである。社会や組織というマクロな視点から俯瞰する際、ちょっとした不均衡や逸脱は無視しても大勢に影響はないと考えられてきた。しかし、カオス理論によりほんのわずかな初期値の違いが大規模な変化を招く可能性があることが明らかにされた。われわれは日頃、割り切れない計算結果をためらいもなく、小数点二〜三桁で四捨五入し、それ以下の微少な差異は無視してよいと考えがちである。そのような誤差は無視してよいか、ないしは互いに打ち消しあうため考慮しなくてよいとみなされる。カオス理論はその偏見を取り除くべきであると主張する(6)。

特に、カオスと秩序の境界、いわゆる《カオスの縁》が重要である。カオスの縁は秩序でもなく、カオスでもなく、ちょうどその境目にあたる。ここで何が起きているかは、まだよくわかっていないが、最低限わかっていることは、カオスの縁では相転移がひんぱんに発生することである。相転移とは、システムの位相（構造）が大きく変化することであり、具体例として、水分子が温度によって氷（個体）から水（液体）そして水蒸気（気体）へと変化するケースがある。温度が零度以上になると水は個体から液体になり、そして一〇〇度を超えると気体になる。個体から液体になる境目、そして液体から気体になる境目がカオスの縁であり、温度をパラメータにして三つの位相間の転移が起きる。

一般的に、相転移が起きるカオスの縁ではゆらぎが多発していて、情報創発がひんぱんに起きる。進化論でいうと、カオスの縁とは突然変異がひっきりなしに発生している場のことである。こうした状況下にあるシステムは高度に不安定になる。そこからどのように新しいパターンや秩序が形成されるかは確定的にはいえず、確率論が支配する。この状況下のシステムは励起状態（ハイな状態）になっており、通常では予測できない事象が発生して新たな秩序が創発する。

たとえば、「デシジョン二〇〇〇」と騒がれた大統領選挙で、アメリカは国をあげて励起状態になった。ゴアかブッシュか。この差がアメリカだけでなく世界に大きな影響をおよぼすからである。この重大事がフロリダ州におけるわずか数百票のゆくえに左右されることになった。開票の過程や有効票の基準をめぐって、結果が二転三転する混乱ぶりを露呈し、それも驚くほど些細な原因――投票方法が不明瞭でまとまった票が無効にされたり、誤って泡沫候補に票が流れたりなど――に端を発していることが明らかになった。投票後の開票過程をめぐるわずか数百票の行方の決着がつかず、アメリカだけでなく世界中が固唾を飲む状態になった。ゴアが選ばれていたら世界情勢も大きく変わった可能性がある。

カオスの縁とは、カオスの状態から秩序が生成する場であると同時に、秩序が崩れほんらいの意味でのカオスに陥るときに起こる状態でもある。秩序が崩れる際にも、秩序が形成される際にも、システムは励起状態になる。この状態が収まって秩序が形成されるとシステムは安定し、逆にカオスになってしまうとシステムは崩壊する。カオスの縁とは正負の自己組織化力が活性化している場である。

制御中枢を認めないこと

ゆらぎに積極的意義を与える自己組織性論では、制御中枢ないしその類似概念、つまり権威当局やシステムの全体性といった概念を拒否する。これは、個の全体に対する従属を転倒させる試みであり、制御中枢を欠いた部分の協同現象としてのマクロ構造の生成を強調することである。

自己組織化の重要な特徴はトップダウン式管理を強化しないことにある。ゆらぎやカオスの縁がシステム内に形成されるには、上からの管理を弛める必要がある。従来の管理とは、ある一定の範囲内でシステムが安定するように、全体をコントロールすることであった。しかしそれでは有意義なゆらぎが生まれない。ただしカオス状態に陥ったシステムは放置すれば崩壊へと向かうので、一定範囲内で、ゆらぎが発生するようにメンバーの自由度を広げたり、あるいは制限したり――その程度は難しいが――する介入が重要になる。

それは、リーダーが意図的にシステムをカオスへ振り向けるのがよい、ということを意味しない。意図的であれば、それは操作的になってしまう。トップダウンでシステムにゆらぎを注入するという行為自体、本章でいう自己組織性にはあたらない。社会システムは根源的にトップの思惑通りに動かせるものではなく、一人ひとりの自発的な活動の結晶として変化していくものである。各人の活動から全体へと向かうシナジーをもたらす風土を醸成することが重要である。

カオスやゆらぎの管理という発想は、システムの進化にとって重要な問題である。従来の均衡状態を中心テーマとしたシステム論では、「ゆらぎ潰し」としての管理という発想があった。これに対し、自己組織性論では「ゆらぎの支援」としての管理が重要である（これを管理と呼ぶのが適切かどうかは別にして）。ゆらぎはそれ自体一つの新たな情報創造の試みであり、既存の組織の発想や枠組みには収まりきらない、あるいはそれでは処理しきれない秩序の兆しでもある。したがって、ゆらぎと既存の枠に収まらない情報創造とは同じことを別様に表現したものである。

素朴なゆらぎの強調は反科学主義・神秘主義の危険性を内包する。しかし、自己組織性論では、ゆらぎは構成要素が与えられた初期条件のもとで、システムの活力を見いだそうとして選択した行動であり、システム要素の差異化と自省作用のあらわれであるとみなす。また、それは制御に対抗してなされる新たな意味と秩序の形成運動でもある。この点で、差異化と自省作用にもとづいた自己組織性論は、しばしば「ゆらぎ潰し」を帰結する近代のコントロール思想に対する脱構築戦略の一つになりうる。

近代の発想は効率と合理性もとづいたコントロール思想を優先させ、自己組織性の基礎をなす自己言及性や自省作用の問題を認識の墓場に葬りつづけてきた。その結果、人間の有能な営みである創造性や自己革新能力にもとづくパラダイムづくりが進展しにくい状況をつくりだした。自己組織性論は、こうした近代の発想を科学観の水準で問いなおす意義を担うとともに、ひいては人間観、社会観、技術観をも脱構築する作業へと連なるものである。

4　近代のメタモルフォーゼ——機能優先から意味充実へ

ポスト構造主義からポストモダンへ

近代は西欧を中心とした歴史として位置づけられてきた。そして遅れて近代化を始めた非西洋社会は、西洋を模範としてこれにキャッチ・アップすることが国家目標とされた。しかし、一九七〇年代に起きた二度にわたる石油危機を境に、欧米社会の基礎体力が衰えをみせるなかで、近代とは何であったのかの反省が高まっていった。そして従来のモダニズム（近代主義）、モダニゼーション（近代化）という動的な表現に代わって、モダニティ（近代性）という静的な表現が多用されるようになった。私の知る限り、一九八〇年代以降に出版された国内外の社会学の書物で、近代を問題にした影響力のあるそれは、タイトルに例外なくモダニティという言葉を用いている。近代に拘泥する研究者でも、ポストモダンに対抗するかたちで、ハイモダニティ（アンソニー・ギデンズ）や再帰的近代（ウルリッヒ・ベック）という表現をせざるをえない状況であった。さらに二〇〇〇年代には、リキッド・モダニティ（ジグムント・バウマン）という表現まであらわれた。近代が液状化してメリハリの効かないアトム化した個人の集合体になったというのである。

こうした動向の背景には、一九七〇年代後半から八〇年代にかけて流行をみた、ポスト構造主義からポストモダンへと至る思想の潮流が存在している。これらは近代思想に対する問いなおしを顕著にせまるものであった。また自然科学分野におけるシナジェティックな自己組織性論の台頭と時を同じくしている。両者は近代の進歩的啓蒙思想への懐疑を共有し、ゆきすぎたモダニズムに対する反省を共有していた。

ポスト構造主義によれば、構造は強固なものではなく、随所に歪みや裂け目があるという。これをもたらしているのが異質性であり差異性である。差異化は異質なものを混在させる運動であり、構造に亀裂や裂け目をもたらす。それはゆらぎの発想に近い。また、ポスト構造主義は差異化や構造のきしみ、裂け目を強調するだけではない。脱構築の思想にみられるように、構造を解体しつつ組み立て直す作業が重視される。こうした思想の根底には、統一的なものを排除し、さまざまな差異が変幻自在に蠢きあう、リゾーム（根茎）状のシステムが前提とされている。ジル・ドゥルーズとフェリックス・ガタリのいうリゾームとは、樹木と根といった秩序だった発想に収まりきらない、差異化の運動体である（Deleuze et Guattari 1980：訳 13-39）。それは中心もなく、位階序列もなく、主体と客体の区別もなく、秩序とカオスの区別もない多様体である。近代の秩序や均衡の発想を脱構築した運動体がリゾームである。それはゆらぎを包摂するアンチ・コントロールのシステムでもある。

ポスト構造主義を引き継ぐかたちでポストモダン思想が生まれ、当初、アメリカで主として芸術や文学の領域で流行をみた。その代表的論者であるフランソワ・リオタールは、もはや近代の大きな物語は終わりを告げるべき時代が訪れたと主張する。ポストモダンの発想とは、システムによる効率的な全体化やコンセンサスによる同一化を否定する。そして、ローカルでマイナーな異質性の営み、相互に通約されてしまうことのない差異化のパラロジー（抗論理的想像力）に基礎づけられる、という（Lyotard 1979）。

ポストモダン思想に共通するのは、近代の機能主義理性に対する批判を含んでいることである。近代社会は機能を優先させるあまり、人間の重要な営みである意味の問題をその支配下に置いてきたが、もはや意味を機能の支配下に置くことは許されなくなった。ということで、意味が機能から独立宣言を始め、それがポストモダン思想となってあらわれた。近代社会にとって、意味は主観的で、個人的で、ふわふわとして、いいかげんなものと映る。それはとうてい社会性をもつものではない。このため意味は公共の場から締めだされ、私生活ないし文化の場においやられてきた。ところが、まがりなりにも豊かな社会が訪れたことで、心の豊かさに象徴される意味充実の問題が重視されるようになった。自己実現、生きがい、クオリティ・オブ・ライフ、差異化志向などはそのあらわれである。これらは機能の発想でうまく対応することができない。このためにゆらぎ社会の状況が訪れた。

脱機能的／非構造的

近代文明は効率と合理性を重んじる機能優先の発想を基礎とする。与えられた課題をテキパキと効率よく片づけて成果をあげることが、有能さをあらわし立身出世の鍵であるとされてきた。近代主義建築を特徴づける命題に、「構造は機能にしたがう」および「美は機能にあり」があるが、こうした機能優先の発想は建築分野だけでなく、社会にも浸透した。そして人間関係や文化をも、便利で無駄のない機能性へと一元化する力学が働いてきた。その結果、何のためにや意味を真剣に考えない生活様式が奨励されることになった。かくして、近代社会では《意味充実》の問題はないがしろにされる傾向にあった。意味（より限定的には文化）の問題は二次的なことがらとして、機能（より限定的には経済）に従属してきた。

近代は物の豊かさにかかわる機能の側面では人間を有効活用してきたが、心の豊かさにかかわる意味の側面では人間を浪費してきたといっても過言でない。生きる意味の問題を人それぞれの問題だとして私事化しきれない現実を、正しく認識する必要がある。そして、意味充実を阻害している状況から抜けだすための社会的処方箋を用意すべきである。ところが現在、意味の問題を社会的なかたちにする枠組みが未整備な状態である。人びとの行為は、たんに効率性や合理性にもとづいて社会の機能を遂行することにあるのではない。意味を求め、かつそれを問いなおすことで、新たな生活様式や文化を創りあげていくことも、人間の重要な営みである。機能を中心に運営されてきたこれまでの産業社会は、意味の側面を考慮しそこねたためリアリティ喪失に陥った。

意味とは根源的には機能性からはみ出た（脱機能的な）、しかもいまだ構造化されていない（非構造的な）現象である。私は意味の源泉として《差異》をあげることにしているが、この差異は機能としてのコントロールにしたがわず、構造としてのルールにも支配されない独自の論理をもつ[7]。近代社会は意味の問題を後回しにするか、あるいは意味を機能化して扱ってきたことは否定できない。機能化された意味とは、差異を効用・利便性・性能などを表示するデザインとして、あるいは秩序を維持するシンボルとしてあつかうことである。それは意味の機能への隷属であって、決して意味独自の論理ではない。意味を構造や機能とならぶ重要な社会的要因として位置づけなおす必要がある。しかし、近代の発想は意味の社会性・公共性を排除する傾向がある。したがって、近代の発想の問いなおしによってしか意味の社会性・公共性を構築することができない。ここに《モダンの脱構築》という試みの正当性を設定することが可能であり、ポストモダン論の存在理由を見いだせる。

近代社会は、規則とパターンを基軸とする構造優先の中世社会を脱構築して、構造のほかに機能の発想を取り込むことに成功した。中世社会の主要な活動原理は、ものごとをルーティンのパターンでこなすことである。つまり神の名のもとに規則が人間を支配していた社会である。近代社会はその限界を克服するために、制御（コントロール）による成果（パフォーマンス）の確保という機能の発想を取り込んだ。そうすることで、社会を構想し組み立てる概念装置として、構造と機能のループを考えだしたのである。ところが、この構造と機能のループには収まりきらないゆらぎが多発するにおよんで、差異（化）による意味のメカニズムが問題となってきた（図9-1参照）。

そこでいま現実社会は、構造と機能のループから、さらに構造と機能と意味を結んだハイパーループを形成しつつある。この過程そのものが、近代を超出する試みにつながっている。それは近代文明のメタモルフォーゼが進むことである（今田 1987, 1994, 2001参照）。

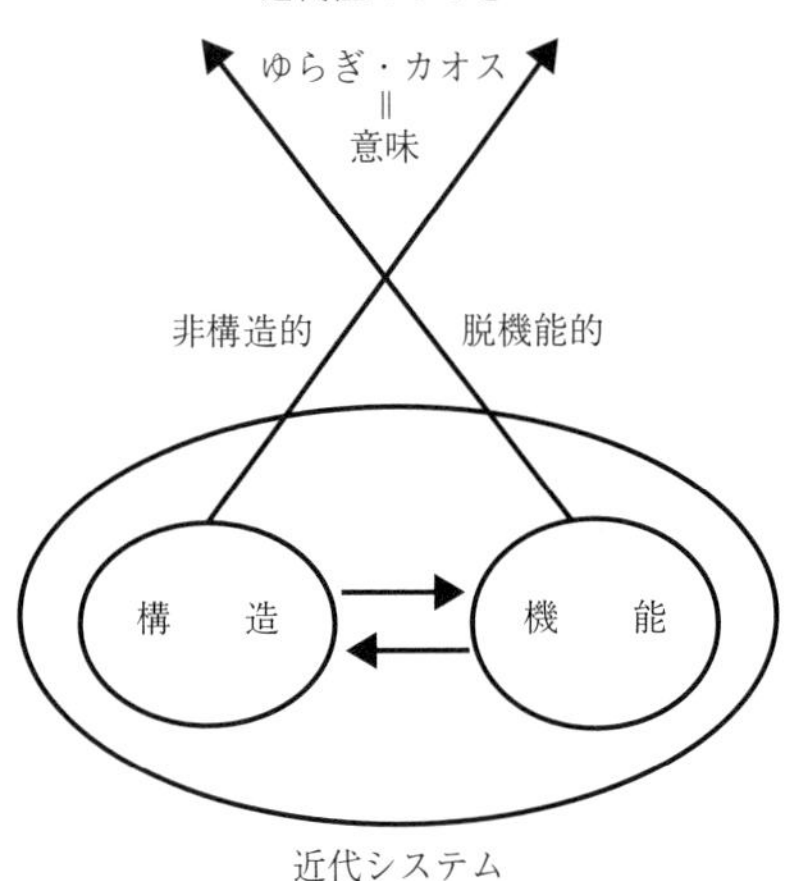

図9-1　構造と機能のループとしての近代とゆらぎ
出所：今田(1993)をもとに作成。

5　社会のパラダイムシフト

今後、情報技術やバイオテクノロジーの革新が飛躍的に進むが、これを契機として、近代の脱構築プロジェクトが進み、近代文明を基礎づけてきた科学観・人間観・社会観・技術観の問いなおしが起きる。その要点は《機能優先から意味充実へのパラダイムシフト》であり、近代の機能の文明に代わって意味の文明への転換が徐々に進むと考える。そしてこのパラダイムシフトのもとに表9-1に掲げられた四つのサブシフトが起きると考える(8)。

第一シフト――欠乏動機から差異動機へ

第一シフトは社会的行為の動機におけるそれである。結論的にいえば、社会の働きの重心が《機能》から《意味》へシフトするのに対応して、行為動機の焦点が《欠乏動機》から《差異動機》へと移行することである。

近代社会では、生産労働に代表される目的-手段図式にしたがった行為様式が中心を占めてきた。それは、満たされない状態に動機づけの根拠を置いた、それゆえ欠乏動機に支配された行為であった。そして、欠乏状態を克服するために、より効率

表9－1　社会のパラダイムシフト

メインシフト	機能優先から意味充実へ
第一シフト	欠乏動機から差異動機へ
第二シフト	効率人間から付加価値人間へ
第三シフト	管理から支援へ
第四シフト	社会統合から社会編集へ

出所：今田（2005：209）

的により合理的に振る舞うことが奨励された。しかし、先に述べたように、豊かな社会が実現することで、機能優先への問いなおしが起き、脱機能的で非構造的な意味が自己主張を始めつつある。意味の世界では、あらかじめ決められた目標を効率的に達成する行為が中心とはならない。個性的な違いを創造したり表現したりする行為が中心である。つまり、差異を創ることへの参加によって動機づけられ、意味を充実させていくこと、差異動機による意味充実が重要である。

差異を求めるとは、人とは違った自己を実現しようとすることである。このような動機には安易さもあるし、必ずしもすべてが本物の自己実現につながるとは限らないが、こうした差異動機が欠乏動機を上回り始めたのが一九八〇年代であった。人びとが差異に敏感になり出したのである。差異に敏感になるということは、個性的な意味を追求するということである。意味を追求し充実させる主要な行為は自己を表現することである。目標は達成するというけれども、意味は達成するとはいわない。表現したり充実させたりすることが中心である。

意味充実がなされるためには、たんに差異を創る（差異化する）だけでは不十分である。それは戯れでしかなく、機能の発想にとっては許容可能なゆらぎにすぎない。差異化を自己強化するメカニズムおよび新たな差異の創造にもとづいて既存の意味（差異）体系を再編集するメカニズムが必要である。つまり、差異化の運動が協力しあって、既存の意味（差異）体系に割り込み、みずからの居場所を確保するような作業がそれである。現在、進行している情報メディア化の波は、こうした差異化の運動を増幅していくと考えられる。

第二シフト──効率人間から付加価値人間へ

第二のシフトは、期待される人材が「勤勉人間」や仕事をテキパキと要領よく片づける「効率人間」から創意工夫を求めるアイディア探究型の《付加価値人間》に移行することである。

現在、経済活動の基準が、労働や資本を中心にしたものから知識や知性を中心としたものへと急速に進んでいる。付加価値とは、何らかのモノを素材として新たなモノを生みだした際に、知識やアイディアなど差異としての意味によって付加された価値のことをいう。かつてのように、工場で商品を大量生産する体制のもとでは、労働者は時計仕掛けの流れ作業からでてくる部品にあわせて作業をする必要があった。このため、遅刻や欠勤やサボタージュは、生産工程に大きな損害を与えた。勤勉さは生産活動にとって不可欠であった。また工場生産では、たんに勤勉なだけでも不十分である。まじめに一所懸命に働いても、要領をえずテキパキと仕事を片づける能力がないと生産性があがらない。このため、定められた目標を効率的に達成する人材が期待された。

しかし、商品の開発や企画、デザインや宣伝など、工場での生産になじまない労働の場合、決められた手続きをまじめに反復したり、あるいは手際よくこなしたりするだけでは必ずしも役に立たない。消費者が何を欲し何を求めているかを探求して、これをかたちにすることが重要である。こうした場合、あらかじめ何をするかという目的が与えられていないから、アイディア探求型の活動をせざるをえない。これは新しい付加価値を生みだす創造活動であって、従来のタイプの生産活動ではない。

一般に、創造活動というのは勤勉に努力したからといって必ずしも成功する保証はない。また、世論調査を実施したり資料や書物を調べたりして情報を効率的に集めても、それだけで成功するとは限らない。逆に、ぼんやりと考えごとをするなかで、一瞬のひらめきから優れたアイディアが生まれることが多い。また、創造活動は思考の遊び性によるところが大きい。あてどなくさまよう思考、目標を定めない思考、思考することの思考といった再帰的な思考が、創造活動に求められる。

極論すれば、これからは必ずしも無遅刻無欠勤の「まじめ人間」である必要はなく、また仕事をスピーディにこなす「効率人間」である必要もない。日頃、よく遅刻したり休暇をとったりする人間であっても、ときどき思いもかけないアイディアを提供して付加価値を生みだす人間であれば、有用な人材となる。もちろん「勤勉人間」や「効率人間」であることが社会にとって重要な人材であることを否定するものではない。重要なことは、こうした人材だけでは社会の持続可能性が担保されないことである。

付加価値人間を育成していくには、時間に縛られた組織活動を課すことは必ずしも効果的ではない。時間に追われてじっくり考えることもできないようでは、成果もあまり期待できない。それゆえ、時間の規律はかなり弱まらざるをえないし、組織に対する忠誠心も変化をせまられることになる。最近しばしば、仕事にゆとりや「遊び性」が必要だといわれる。こうしたことは期待される人間像が勤勉人間や効率人間から付加価値人間へと変わりつつあることの兆しである。しかし、付加価値人間であることは決して気楽に仕事ができることを意味しない。これからの仕事には時間的なゆとりや「遊び性」が増えていく可能性が強いが、新しいアイディアや企画を生みだす活動それ自体はたいへんな作業である。この課題を達成するには多大の努力を払う必要がある。

第三シフト――管理から支援へ

付加価値創造が社会活動のメインになると伝統的な管理の発想が有効でなくなる。付加価値を創造するとは新しい意味やアイディアを創ることである。このような営みには管理が足かせになることが多い。新しいアイディアを生みだし、それをかたちにすることを促進する仕組みが必要である。意味のメカニズムからいえば、管理の発想ではなく《支援》の発想が必要である。機能的な成果の達成であれば管理や制御でよいが、意味世界には、はてしない差異化の運動しかなく、目標値（終り）を定めることができない。付加価値を副産物としてアウトプットしていくプロセスがあるだけなので支援するしかない。

これまでにも支援活動はなされてきた。たとえば、面白いアイディアをもっている人がいれば、政治家や実業家が資金的な援助をすることはしばしばみられた。けれどもそのような支援は、どちらかというと個人的で、社会的に制度化されないことが多かった。しかも、多くの場合、管理的発想が優先されてきた。支援すれば企業に役立つようなアイディアや知識がえられるに違いない、という考えのもとに支援がなされるケースが多い。これは管理的発想に従属した支援である。それは目標達成的であり、機能的な発想からする支援である。

意味領域における支援は利益享受を前提としては成り立たない。意味充実のメカニズムには終わりが想定できず、差異の分節化による付加価値の創造過程しか存在しないからである。また、付加価値はあらかじめ決まっているのではなく、試行錯誤を経てはじめて生み出されるものである。実際に付加価値が創造されるか否かは、事前にはわからない。したがって、結果を度外視する気持ちがないと真の支援はできない。支援が先で管理は必要悪という発想転換がないと意味充実の問題は適切にあつかえない。

支援システムがどのようなものであるかを解明することは、今後の大きな課題であるが、少なくともいえることは、支援とは、何らかの意図をもった他者の行為に対する働きかけであり、その意図を理解しつつ、行為の質を維持・改善する一連のアクションのことをいい、最終的に他者をエンパワーメントする（ことがらをなす力をつける）ことである(9)（今田 2000）。この定義にあるように、支援は他者への働きかけが前提になっている。そして支援される人の意図を理解すること、行為の質の維持・改善、エンパワーメントがポイントである。したがって、自分で勝手に目標を立てて、効率よくそれを達成するという従来の行為とは異なる。支援は他者への配慮と力づけに焦点をあてた行為である。

また、支援は被支援者の置かれた状況に応じてみずからを自在に変化（自己組織化）できなければ、効果を発揮できない。つまり、構造が確定したシステムではなく、柔軟なシステムであることが必要である。状況に対して相対的に安定した、それゆえ規則やお決まりのルーティンが優先するのではなく、被支援者の意図の理解（意味解釈）に応じてそれに適した働きかけを組織化できなければならない。

近代のプロジェクトは管理の仕組みをこの世界に根づかせてきた。そして、産業社会は管理社会という異名をとるほど、管理と密接な関係をもってきた。けれども、産業社会のゆくえを想定してみるとき、おそらく管理システムはその歴史的使命を終えるに違いない。もちろん、これがなくなるというのではないが、少なくとも表舞台から退かざるをえなくなるであろう。

第四シフト——社会統合から社会編集へ

差異動機が支配的な社会では、これまでのような合意形成による社会統合はその重要性を低下させる。これまで、合意形成はしばしば、個性的な意見の相違を無視して、最大公約数としての共通項をまとめることにあった。これからは、可能な限り個性的な違いを認めたうえで、それらを編集してまとまりを形成していくことが求められる。つまり、統一原理によって統合を果たすのではなく、各人の自律性や個性を認めながら、まとまりをつくることである。

近代の発想の根底には、異質性を処理して同質性を高めようとする傾向がある。社会統合のために、特殊性は嫌われ普遍性が評価される。また、ものごとを標準化したり規格化したりしてあつかい、異質性を可能な限り縮減しようとする。しかし、そうすることによって見捨てられるリアリティは多い。

意味とは編集するものである。《差異の編集》が重要になる。個性的な差異は削らずそのまま残しておく。そして個々人のさまざまな差異をある観点にもとづいて関係づける。編集とは諸差異の関係づけである。そうすることで、各人が了解し共有できる新しい意味を発生させることが社会編集である。私は社会編集としての合意形成を次のように定義することにしている。すなわち、「相互に脈絡を欠いてバラバラになっている意見にまとまりをつけ、互いに関係づけることで、それらに調和をもたらすことが社会編集としての合意形成にほかならない」[10]と（今田 2011 傍点は原文のまま）。

編集とはほんらい諸種の材料を集めて、書物や雑誌のかたちにまとめることをあらわす。しかし意味の文明のもとでは、編集をそうした狭い概念に限定せず、文化を意匠し社会を造形することや、社会的な合意をまとめあげることまで含む、広い概念として用いる必要がある。つまり、編集とは素材や情報を組み合わせ、ある独自の意味をもった世界（合意空間を含む）を形成する試みとして位置づけることである。

また、編集の多くは、これまでにない独創的な考えを生みだす作業というよりも、すでにある素材を用いて独自性がある意味空間を編みだす作業である。この編みだす工夫に創造性がある。情報が大量に飛び交う社会では、創造性や想像力は多分に編集的にならざるをえない。たとえば、脚本家次第で、演劇は原作小説を上回る現実味を獲得する。同じニュースの素材でも、編集次第で、伝達されるニュースの現実味が大きく異なる。一流のオーケストラのメンバーは、一人ひとりが一流の演奏者で、いい音を奏でる。指揮者はそれぞれの個性を殺さずに、音を独自に編集する。別の指揮者が編集すれば、異なったオーケストラの音になる。以上のように、編集とは、さまざまな自律性のある個性をフレーミングすることであり、その仕方によってまったく異なったまとまり（意味）が形成される。また、人間関係の編集はさまざまな方針でなされるが、個々の差異をどのように活かすかで、編集者の能力――それはエディターシップ（外山 1975）と呼びうるものである――が問われる。さらにある編集方針では採用されなかったアイディアも、別の編集では生きたり、新たなかたちに生まれ変わったりする。これからは、こうした編集がたくさん重なりあって、多重的な社会になっていく。差異を創ることへの参加を促進し、自分なりのリアリティを編集する社会へ移行することである。

6　意味の文明の試練――ポストモダンとリスク社会

一九八〇年代以降に流布するようになったポストモダン、ゆらぎ、ノイズ、カオス、非平衡、自己言及などは、それまで盤石を維持してきた近代に異変が起きていることを示唆する。そこには、近代文明が曲がり角に立たされており、機能優先に代えて意味充実の受け皿となる文明の条件を模索すべき要請が含まれる。

近代社会の進展とともに、便利さや効用に矮小化された意味が闊歩するようになった。近代が意味を問題とする際の戦略は、機能化された意味であり、意味を機能によって問うことである。しばしば語られる意味喪失感とは、機能汚染された意味の過剰によって、ほんらい問われるべき、存在の意味、自己確認としての意味が稀薄になった状態をあらわす。これからの社会を読み解くためには、新たな文明を構想し描写する意味言語を創りだしていくしかない。

表象の危機と脱分節化

意味の文明の条件とは、人びとの活動が機能の発想を脱し、いまだ構造化していない領域に入り込んでいくことである。そこはコントロールによって成果を確保するのではなく、規則にしたがったパターン形成をするのでもなく、差異が自己編集によって既存の伝統（差異体系）を揺るがし、意味充実をはかっていく空間である。意味の領域を支配しているのは差異のダイナミクスである。そして差異を創ることへの参加が行為の重要な契機になる。個々人が自分なりの差異づくりにひんぱんに参加するようになると、社会現象は差異に差異をとめどもなく重ねていくことになる。このとき、近代の後にくる現実として位置づけられるポストモダンは、表象の危機と脱分節化によって、地に足のつかないデラシネ社会の様相を呈する可能性が強い。

しかし、ポストモダンは着実にかつ静かに進行している。その経験的な根拠として指摘できるのは、一九八〇年代以降これまで、政治経済的な条件の浮き沈みがあったにもかかわらず、人びとの関心が「物の豊かさ」から「心の豊かさ」を求める傾向を増大させ続けていることである（図9-2参照）。内閣府（旧総理府）が実施している「国民生活に関する世論調査」によると、一九八〇年に、心の豊かさが物の豊かさを上回って以降、その差を拡大していった。バブル経済崩壊後の不況期でも、心の豊かさ志向は衰えることなく、二〇〇六年以降は六割以上の対象者が心の豊かさ志向を選択している。心の豊かさは機能の論理ではなく意味の論理が中心となる事象である。

ポストモダン社会では、実在に根拠を置かない無数の表象がわれわれの現実感を構成するようになる。その結果、記号としての現実が支配的になり、オリジナルとコピー、自然と人工、現実と非現実の区別が定かでなくなる。そして、ほんらい虚構であるはずのものが、あたかも現実であるかのように受け止められるようになり、極端にいえ

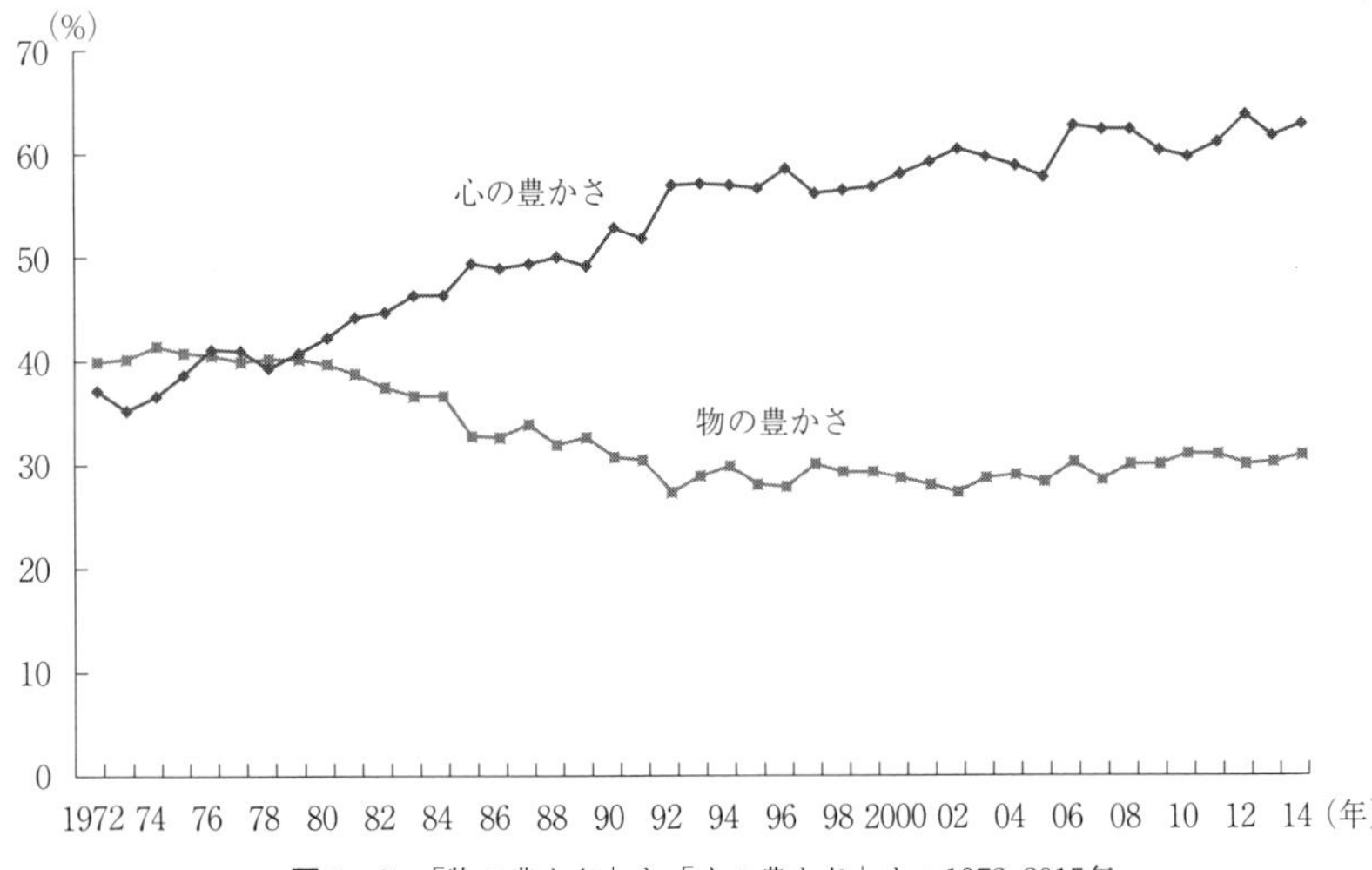

図 9－2　「物の豊かさ」か「心の豊かさ」か：1972–2015年

質問文：「今後の生活において，物の豊かさか心の豊かさかに関して，次のような２つの考え方のうち，あなたの考え方に近いのはどちらでしょうか」

注：1998年，2000年は調査が実施されていないため，また2001年調査では本質問項目が割愛されているので，1998年は前後の年の平均値を当てはめ，2000年と2001年の値は1999年と2002年の差を三等分して各年次に比例配分した。「どちらともいえない」「わからない」は省略してある。

出所：内閣府政府広報室「国民生活に関する世論調査」（各年）

ば、虚構においてしか現実を認識しえなくなるという逆説的な世界が成立する。意味の文明は、こうした副作用をともないつつ、意味充実をめざすことになる。その過程で虚構と現実めぐってさまざまな軋轢が発生することになる。

特に、自己とは何かをめぐってアノミー現象が多発するであろう。近代の自己論では、持続的・統一的な自己の存在を仮定してきたが、ポストモダン社会では、こうした考えは疑問視されるようになる。近代社会が前提としてきた自己像は、社会から「期待される自己 Me」と「主体的自己 I」を統合して「自己 Self」を実現することであった。しかし、消費社会の到来ならびに情報社会の高度化にともなって、シミュラークルやハイパーリアリティなど透明性を欠いた表象が大量に社会のなかを飛び交うようになると、アイデンティティの脱中心化や浮遊化が起きる。そして人びとは氾濫する情報によって解体された記号の断片を編集して、近代的自己の枠組みを超えた領域で自己の意味を生成せざるをえなくなる。

また、ポストモダンのもう一つの特徴である脱分節化（dedifferentiation）により、経済対政治、文化対経済、男性対女性、専門家対素人、国家対市民社会など、近代社会が機能的見地からつくりあげてきた機能分化――それはしばしば価値的な序列づけをともなう――を融解し、越境活動が頻発する。越境活動は各機能セクターの既得権益を侵し、さまざまな軋轢を生みだす可能性が強い。しかし、近代の後にくるものが何であるのかがいまだはっきりしないため、機能分化に代わる新たな社会分化の様式を手探りで探し求めるしかない状況である。

近代の自己加害

ポストモダン以上に大きな課題は、一九八〇年代に、ポストモダン論や自己組織性論の登場と並行して、リスク社会がクローズアップされたことである。リスク社会は近代の機能優先がもたらした負の遺産である。極度に機能分化を遂げて分断された文化の諸領域は、機能の発想に最も親和的な科学技術によって主導権が握られることになった[11]。このため、倫理を欠いたしかも美しくもない科学技術が一人歩きをするようになった。こうした歪みが環境破壊をもたらし、エコロジカルな危機を招来させリスク社会をもたらしたのである。不安という負のゆらぎが社会に蓄積され、安全・安心という基礎ニーズへの信頼が脅かされるようになった。

リスク社会状況は人びとの不安に反映されるが、一九九〇年代に入って以降、不安（悩みを含む）は高まる傾向にある（図9-3参照）。内閣府（旧総理府）が実施している「国民生活に関する世論調査」によると、バブル経済期までは、人びとが日常生活で「悩みや不安を感じている」割合と「感じていない」の割合はおよそ五対四であった。しかし、バブル経済が崩壊してリストラの嵐が吹き荒れだした一九九五年から悩みや不安が顕著に増加していった。二〇〇八年には「悩みや不安を感じる」が約七割、「感じていない」が約三割となった。社会不安、生活不安の高まりは、広い意味で、生活リスクの高まりと相関していると考えられるので、この四半世紀のリスク社会化は、人びとの意識変化にも鮮明に現れているといえる。人びとの関心は安全・安心に大きくシフトした。

近代文明は、真・善・美で構成される文化的な意味世界を科学技術という認知的意味（真）に偏向させてきた。

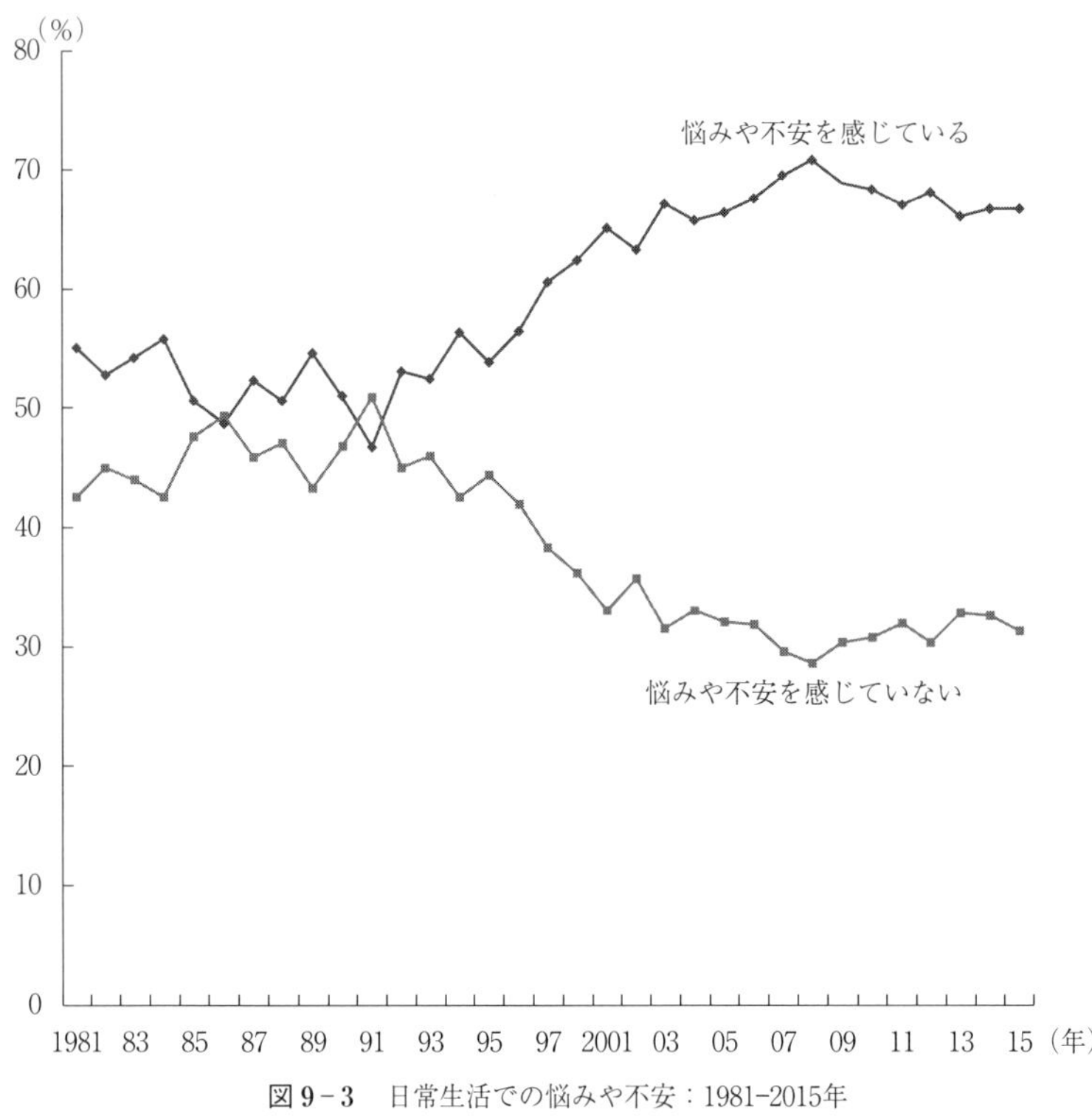

図9－3　日常生活での悩みや不安：1981–2015年

質問文：「あなたは，日頃の生活の中で，悩みや不安を感じていますか，それとも，悩みや不安を感じていませんか」

注：1998年と2000年は調査が実施されていないため各年の数値は前後の年の平均値を当てはめてある。「わからない」と答えた対象者は除いてある。

出所：内閣府政府広報室「国民生活に関する世論調査」（各年）

道徳的意味（善）や鑑賞的意味（美）を社会の周辺的な意味問題においやってきたといっても過言ではない。科学技術至上主義という認知的意味の推進は、今日、科学技術それ自身に跳ね返り、自省作用を強いるようになっている。すなわち、科学技術はたんに自然や社会をその研究対象とするだけではなく、それ自身を研究対象とせざるをえなくなったことである。

近代文明の特徴の一つは、人間が自然環境から独立して自然を支配するという、人間中心の開発精神を生んだことにある。それは人類を一部として含む生態系を、人類が支配するという危険な野望をあらわす。こうした開発精神の結果、人類を一部として含む生態系の循環にダメージを与えたのである。人類は生態系の掟によって「しっぺ返し」を受けることになった。

科学技術がみずからの意味を問いなおすには、意味を認知的意味の問題に偏重することは許されない。認知的意味は真理を問うことができるにすぎない。環境倫理としての道徳的意味や美しい自然といった美的意味を問うことは、認知的意味とは別問題である。意味の問いなおしは意味体系すべてにかかわる。こうした全体的な意味を問うことなくして、科学技術のあり方を定めることはできない。

問題はこうした自省の営みをいかに社会に内在化するかである。換言すれば、自省作用（再帰性）をきちんと組み込んだ社会をどのように構築するかである。残念ながら、近代の機能の文明は単純な反省を超えた自省作用を社会に内在させる論理をもっていない。これを自覚的におこなうには、差異と自省作用を中軸原理とする意味の文明にその任を委ねるほかない。

近代は自省作用をもっているとする批判がもちろんありうる。しかし、こうした議論は真摯さに欠ける。というのも、これまで近代性について自省作用を組み込んだ定義を示し、この概念から近代化過程を体系化してきたのか疑問だからである。再帰的近代化論があるという反論がなされよう。しかし、この理論は従来の近代化論の伝統から著しく逸脱している点、および従来の近代化に対する問いなおし、反省という意識が高まった一九八〇年代に提起されたにすぎない点で問題がある。

再帰的近代を超えて

アンソニー・ギデンズは近代性を定義するにあたり、再帰性の概念を一つの要因として認めている[12]（Giddens 1990：訳 55）。彼は再帰性（自省作用）が人間の行為に本質的な性質であり、それゆえ、前近代社会においても存在する性質であることを認めるが、社会の仕組みや営みが吟味され、改善されるようなかたちでの再帰性は、近代になってはじめてあらわれたとする。しかし、再帰性という概念が脚光を浴びるようになったのは、自己言及性を焦点とする諸理論、特にオートポイエーシス（自己産出）やシナジェティクス（協同現象）など、自己組織性論に関連した議論が登場して以降である。さらに、再帰性という概念を近代性の特徴として位置づける試みが始まったのは、社会学がポストモダン論の洗礼を受けて以降である。実際、再帰性という概念を近代性の重要な要因として本格的に位置づけたのは、ウルリッヒ・ベックの一九八六年の著書『リスク社会』が最初である。それはポストモダン論が一世を風靡していた時期でもある。

ベックによれば再帰的近代は「リスク社会」に対応する近代の位相である。彼のいう再帰的近代化論のポイントは、近代化が徹底することにより《近代性の自己加害》（副作用）としてリスクの生産と分配が進むことにある。注目すべきは、彼が意識過程としての反省（reflection）と行為や作用の自己適用としての《再帰性》（reflexivity）とを明確に区別していることである。単純な近代にみられる反省理論（reflection theory）と再帰的近代における再帰性理論（reflexivity theory）との違いを次のように述べる。

……モダニティの再帰性理論の基本命題は、ごく単純化すれば、次のようになる。つまり、近現代社会の近代化がより一層進展すれば進展するほど、産業社会の基盤はますます解体され、浪費され、変化をこうむり、危機にさらされていくという命題である。前者（反省理論：筆者による）との違いは、産業社会のこうした成り行きが反省なしに、つまり知識や意識が及ばないかたちで生じうるという事実にある[13]（Beck, Giddens and Lash 1994：訳 322）。

要するに、ベックは知識や意識過程に代表される反省とは区別された自己適用、自己加害としての再帰性を問題にしている。再帰性は、行為の意図せざる結果や悪循環などに代表される自己適用ないし自己触媒のメカニズムをあらわす。さらにいえば、自己言及における逆説的な帰結や矛盾をも想定している。であるからこそ、再帰的近代化では近代性の自己加害としてのリスク社会が問題となるのである。自己加害としての再帰性とは「自業自得」のことにほかならない。

再帰的近代化とは、言葉の定義上、近代文明の営み自身を問題化することであり、また近代文明がみずから招いた欠陥とリスクを対象とすることであり、論理的には、近代文明を脱正当化することである。近代が徹底化することで《近代性の自己加害》が起きている状況であるから、これに反省の目を向ける試みは、近代文明の脱構築へと向かわざるをえないはずである。

意味の文明が形成されるまで、リスク社会とポストモダン社会が並存するゆらぎ社会が続くであろう。リスク社会は近代文明の負の遺産でありポストモダン社会は新世界を導く原理である。かつて中世社会から近代社会が立ち上がる際に、イタリアで発生したルネサンス運動がヨーロッパ諸国に広がっていったように、今後ポストモダンの動きは社会の諸領域に、そして世界に広がっていくであろう。この点でポストモダンは意味の文明に向けたミニルネサンスというべきものである。それは近代文明の機能的な人間観の問いなおしに始まって、科学観の問いなおし、社会観の問いなおし、ひいては新たな技術革命にまでおよぶことになるはずである。しかし、この過程でリスク社会という負のゆらぎも増幅する。ポストモダン社会とリスク社会を両軸としてゆらぎが増幅し、近代社会は高度な不均衡状態に至ることが予想される。しかしそこに第三の秩序、すなわち散逸構造が立ちあがってくる可能性を期待するほかない。それは近代の人間中心主義と開発精神を脱構築した生態系にやさしい持続可能社会をおいてほかにない。

注

（1）自己組織性論におけるサイバネティックな段階とシナジェティックな段階の区別とその意義については、今田（2005：序章）の議論を参照。

（2）この命題は筆者なりに解釈したものである。

（3）内容的には「権力」ではなくて生きる「力」と考えられるので、「力への意志」と訳した。

（4）今田高俊（2005：30–34）を参照のこと。ただし、その内容はより社会学的なものに変えてある。

（5）アノマル（変則的）はアブノーマル（異常な）とは異なる概念であり、ドゥルーズとガタリにより用いられているものである。

（6）カオスは天候予測から発見された。これを最初にみつけたのが理論気象学者のエドワード・ローレンツである。天候を予測するにあたっては、細かなデータを収集し、数値を入れて、コンピュータでシミュレーションする必要がある。あるときローレンツは、昼食に出かけるに際して、戻ってきたときにコンピュータが計算を終えているよう、いつもより小数点以下の四捨五入の範囲を狭めて数値入力した。ところが研究室に帰ってみると、意外な結果がでていた。何かの間違いであろうと考えて、もう一度計算してみたところ、結果は変わらなかった。全体の結果に影響しないと思われた小数点何桁か以下の、とるに足らない（誤差程度の）値を切り捨てただけで、シミュレーション結果に大きな違いがでることがわかったのである。

また、カオスの特徴を象徴する表現として、気象学の関係筋で「バタフライ（蝶）効果」と呼ばれるものがある。「北京で今日、蝶が羽ばたいて空気をそよがせたとすると、それが一カ月後にニューヨークで嵐となってあらわれる」がそれである。その意味するところは、ふつうなら無視してよい動き（違い）が、めぐりめぐって大異変をもたらすことである。このバタフライ効果は、専門的には「初期値に対する鋭敏な依存性」と命名されている。ほんのわずかの初期値の違いが結果に大きな違いをもたらすことである。カオス理論からいえることは、全体の動向について考える際、小さな誤差も無視できない場合があることだ。

（7）意味とはほんらい差異のことである。この差異が、人の生と世界とのかかわりにおいて問題とされるとき、生きる意味となる。本章ではこうした意味の定義を想定している。

（8）四つのシフトについては今田（1994：114–122）をベースにして加筆をおこなった。

（9）支援行為は自己中心ではなく他者中心に振る舞うことが重要であり、利他的と利己的が融合したタイプの行為である。仏教でいう「利他即自利」の考えに沿うものである。

（10）引用の論考では、パーソンズのＡＧＩＬ図式を合意形成の戦略として位置づける試みと、ハーバーマスのコミュニケーション的行為による相互了解としての合意形成を論じ、両者の問題点を克服するために社会編集としての合意形成を提唱した。

（11）認知的意味としての科学技術至上主義についての議論は、今田（2001：27-31）を参照しつつ加筆した。

（12）ギデンズは近代性を次の三つの抽象概念で捉える。すなわち、（1）時空間の分離、（2）脱埋め込み、（3）再帰性である。

（13）訳の引用に際して、本章との一貫性を保つために、「省察 reflection」を「反省」に、「工業社会」を「産業社会」に変えてある。

文献

Beck, Ulrich, Anthony Giddens and Scott Lash, 1994, *Reflexive Modernization : Politics, Tradition and Aesthetics in the Modern Social Order*, Polity Press.（松尾精文・小幡正敏・叶堂隆三訳、一九九七『再帰的近代化――近現代における政治、伝統、美的原理』而立書房。）

Bergson, Henri, 1907, *L'Évolution créatrice*, P.U.F.（松浪信三郎・高橋允昭訳、一九六六『ベルクソン全集4　創造的進化』白水社。）

Deleuze, Gilles, 1956, "La conception de la différence chez Bergson," *Le Etudes Bergsoniennes*, Vol. IV, P.U.F., 77–112.（平井啓之訳、一九八九『差異について』青土社。）

Deleuze, Gilles, 1965, *Nietzsche*, P.U.F.（湯浅博雄訳、一九九八『ニーチェ』ちくま学芸文庫。）

Deleuze, Gilles et Félix Guattari, 1980, *Mille plateaux : Capitalisme et schizophrénie*, t. 2, Minuit.（宇野邦一・小沢秋広・田中敏彦ほか訳、一九九四『千のプラトー――資本主義と分裂症』河出書房新社。）

Giddens, Anthony, 1990, *The Consequences of Modernity*, Polity Press.（松尾精文・小幡正敏訳、一九九三『近代とはいかなる時代か？――モダニティの帰結』而立書房。）

Gransdorff, Paul and Prigogine, Ilya, 1971, *Thermodynamic Theory of Structure, Stability and Fluctuations*. Wiley-Interscience.（松本元・竹山協三訳、一九七七『構造・安定性・ゆらぎ――その熱力学的理論』みすず書房。）

今田高俊、一九八六、『自己組織性――社会理論の復活』創文社。

今田高俊、一九八七、『モダンの脱構築――産業社会のゆくえ』中央公論社。

今田高俊、一九九三、「自己組織性の社会理論――ポストモダニズムの社会学をめざして」厚東洋輔・今田高俊・友枝敏雄編

『社会理論の新領域』東京大学出版会、三一–三六頁。

今田高俊、一九九四、『混沌の力』講談社。

今田高俊、二〇〇〇、「支援型の社会システムへ」支援基礎論研究会編『支援学——管理社会を超えて』東方出版、九–二八頁。

今田高俊、二〇〇一、『意味の文明学序説——その先の近代』東京大学出版会。

今田高俊、二〇〇五、『自己組織性と社会』東京大学出版会。

今田高俊、二〇一一、「社会理論における合意形成の位置づけ——社会統合から社会編集へ」猪原健弘編著『合意形成学』勁草書房、一七–三五頁。

Jantsch, Erich, 1980, *The Self-Organizing Universe : Scientific and Human Implications of the Emerging Paradigm of Evolution*, Pergamon Press.（芹沢高志・内田美恵訳、一九八六『自己組織化する宇宙——自然・生命・社会の創発的パラダイム』工作舎。）

Lyotard, Jean-François, 1979, *La condition postmoderne*, Minuit.（小林康夫訳、一九八六『ポスト・モダンの条件——知・社会・言語ゲーム』書肆風の薔薇。）

Nietzsche, Friedrich W., 1901, *Der Wille zur Macht*, Taschenausgaben.（原佑訳、一九九三『権力への意志』（上・下）ちくま学芸文庫。）

外山滋比古、一九七五、『エディターシップ』みすず書房。

第10章　自己組織性と言語ゲーム

橋爪大三郎

自己組織性をそなえた社会システムの理論は、理論家の夢である。それは、どのように論じられうるのか。本章は、システムの発見から、社会システムをめぐるさまざまな着眼やアイディアまで、理論家の格闘のあとを多角的に検討する。比較のために、言語ゲームの考え方をあわせて参照し、これからの課題を浮き彫りにしたい。

1　自己組織システムとは何か

社会システムの自己組織性は、それに先行する、さまざまな議論をふまえ、発展させたアイディアである。そこでまず、どのような議論の流れから、このアイディアが生み出されたのかを、順を追ってふり返ってみよう。

まず、システム（system、体系）とは何か。

システムとは簡単に言えば、要素（変数）が連関した相互関係の全体、のこと。人間が理性を行使して自然のあるがままを認識し再構成しようとした、近代の草創期にその発想がようやく現れた。

システムは、全体である。対象を余すところなく、まるごと捉えようとする。ゆえに対象を、連関しあう要素のゆえにシステムは、「境界」をもち、システムに属さないその「外部」をもつ。
「全体」、とみなす。しかもシステムは、部分である。対象は世界（宇宙）そのものではなく、その一部分である。

システムのはじまり

最初にシステムとされたのは、太陽系（solar system）であった。太陽系は、太陽を中心に、周りを軌道にそって公転する惑星（水星、金星、地球、火星、木星、土星、……）、惑星の周りをめぐる衛星、および彗星、などからなる。このシステムは、ニュートンの万有引力にしたがい、相互に連関して運動する、宇宙の相対的に独立した一部分である。

太陽系を構成する天体が、質量をもち、相互に引力によって引き合っていることが、明確に意識され、方程式のかたちで表現された。けれどもその方程式が、ただちに解けるものではないことも、同時に知られた。三体問題（多体問題）である。質点が二つだけである場合、その運動を表す方程式は解析的に解くことができる。しかし、質点が三つ（あるいはそれ以上）である場合、その相互の運動を表す連立方程式は、解析的に解くことができない。システムを記述する（変数の関係を特定する）ことはできる。だが、システムを解く（変数の値を関数のかたちで明示する）ことができるとは限らない、のである。

太陽系が画期的な点は、太陽や惑星のような天体と、地球とが、同じ物体（質量）として同列に並べられた点である。これは革命的な見方であった。従来の自然理解、たとえばアリストテレスの自然学では、天体からなる天界と、地上界とは、異なる秩序に属するとされていた。たとえば天体は、完全で、重さがなく、その本来の場所である天界に留まるのに対し、大地は不完全で、重さがあり、石を投げ上げても、その本来の場所である地上に落ちてくる。このように宇宙は、さまざまに異なる本質をもつさまざまな対象からなると説明され、統一的に、要素の連関として説明されるのではなかった。

アリストテレスの自然学は、のちにキリスト教に組み込まれ、スコラ哲学の柱の一つとなった。キリスト教もまた、創世記の記述にもとづいて、天と地の区別を重視していたからである。ニュートンは、コペルニクス、ケプラーの地動説を支持し、万有引力の法則を主張することによって、この、天と地の二分法を打ち破った。太陽系は、こうした宇宙観の革新を背景にしてようやく現れた考え方である。

人体のシステム

システムの次の実例は、循環系（circulating system）である。

イギリスの医師ウィリアム・ハーヴェイ（William Harvey 1578-1657）は、血液が動物の体内を循環しているという、血液循環説を唱えた。一六二八年のことである。それまで血液は、肝臓で造られて全身に栄養を運び、そこで消費されると考えられ、循環するとは考えられていなかった。これに対しハーヴェイは、血液はすべて血管に閉じ込められており、ポンプの役割である心臓から、動脈→毛細血管→静脈→心臓へと循環している、と主張したのである。

循環系は、人体のなかで一定の機能を果たす、相対的に独立した、いくつかの器官の集まり（システム）である。ほかにも、神経系、消化器官系、骨格系、などが考えられた。これにより、人体は、不可分な全体ではなく、相対的に自立したいくつかのシステムの複合として、捉えられるようになった。

太陽系と異なるのは、循環系が、人体のなかで、ある機能を担当している点である。それぞれの機能を担当するシステムが複合して、全体を構成するという発想は、のちの社会システム論に通じるものがある。

太陽系は、機械的なシステムであって、機能を担当しない。人体や生物も当初は、これになぞらえ、機械として表象されていた。循環系は、そうした単純な機械論を、対象の具体的な実像に則して置き換える議論だったと考えられる。

経済システム

社会現象をシステムと捉えた試みのさきがけは、経済学である。

経済学は、市場をあつかう。市場では、さまざまな人びとがさまざまな商品を供給し、需要するなかから、価格をめぐる需要供給の法則が成立する。この事実を、アダム・スミスやリカルドは十分に視野に収めていた。また、『資本論』を著したカール・マルクスも、資本主義経済を、その本質においてシステムとして捉えていた。

市場経済を最初に、連立方程式で、システムとして定式化したのは、レオン・ワルラス（Leon Walras 1834-1910）である。ワルラスは『純粋経済学要論』（一八七四／一八七七）で、一般均衡理論を提唱した。一般均衡理論は、すべての商品の価格は相互に連関しており、すべての商品の需給が均等となった場合に、均衡価格が成立するとする。ワルラスは、最も単純な「交換の一般均衡」から、最も複雑な「貨幣の一般均衡」まで、資本主義経済の市場メカニズムのモデルを多重に提案した。これは、ヒックス、サミュエルソンへとつながる近代経済学の標準的なモデルとなる。

サミュエルソンは『経済分析の基礎』（一九四七）で、市場の一般均衡を、動学的に分析する道を開いた。すなわち彼は、一般均衡の連立方程式が、解析力学のバーコフ・システムと同型であることに着目し、価格体系が均衡に収束するための動学的安定条件を考察した。この分析は、サイバネティクスや一般システム理論へも接合できた。なお、今田高俊の初期論文「ダイアド関係の安定条件」（一九七七）は、サミュエルソンの動学的安定条件の分析を、相互行為連関システムに適用した社会学の試みである。

社会システム

社会システムについてはどうか。

社会システム（social system）とは、社会を一つのシステムとして捉えた場合の、社会のあり方。社会学が、社会をシステムと捉えるようになったのは、そう古いことではない。

社会は、システムなのか。社会をシステムとして捉えるには、（1）その要素（変数）は何か、（2）その要素が相互に連関するさまを、どのように特定するか、（3）社会システムの相互連関を、どのように分析するか、といった課題がある。これを社会学では、（1）社会システムの要素は、行為である、（2）行為と行為は相互連関する、（3）行為の相互連関の安定したパターン、すなわち社会構造によって、行為を説明できる、などのように定式化した。

社会学者として、社会システムの考え方を大胆に取り入れたのは、タルコット・パーソンズ（Talcott Parsons 1902-1979）である。パーソンズは、構造-機能分析の提唱者でもあり、生涯を通じて新たなアイディアを次つぎうみだした。

進化論

パーソンズを理解するには、その先駆形態である、社会進化論との違いをみるとよい。社会進化論は、自己組織性の議論の先駆形態であるとも言える。

まず、進化論（evolutionism）とはどのような考え方だったか。

進化は、一九世紀を通じて西欧世界の人びとの思考を支配した、時代精神。それまでのキリスト教の自然理解に対する、アンチテーゼである。

創世記の描くように、神は、さまざまな種を、個別に造った。さまざまな水中の魚類、さまざまな鳥、さまざまな家畜や野生動物や地を這うものがそれぞれの種ごとに、創造された。サルと人間は異なる種なので、サルがだんだん人間に変わったりしない。

神は、この宇宙の外にあり、宇宙の運行を支配している。神は、自然現象と社会現象の究極の原因である。神が存在すれば、この世界を「システム」として捉えることは適当でない。それは、神を排除することになってしまうから。

進化論は、これに続く次の時代の自然認識だ。生物種は、あるがままではない。生成発展のプロセスのなかで、変化しつつある。自然選択にさらされているからである。多数の個体のあいだで繰り広げられる生存競争が結果的に、新たな種をうみだす。進化論は、「神の計画」を、科学的な語彙で言いかえたものなので、目的論的な語り口になる。進化のプロセスは、最高の存在である人間をうみだすためのものだったと。

社会進化論

次に、社会進化論（social evolutionism）とはどういう考え方か。

進化論で進化するのは、種である。社会進化論は、種でなしに、社会と社会のあいだに淘汰がはたらくという。社会ごとに、社会の適応能力に差があるからだ。狩猟採取社会と農耕社会。軍事型社会と産業社会。個体に新しい形質が常に出現するように、社会には新しい特性が常に出現する。社会の進化は、社会の内部の自生的な変化が蓄積した結果である。

社会進化論のロジックは、マルクス主義の史的唯物論と通じるところがある。また社会の内部で、適応能力を高める構造的な変化が自生的に進行すると考えるところは、自己組織システムと通じる。

社会システム論

さてパーソンズは、社会進化論から一歩進んで、社会システム論に、大きな貢献を残した。彼の提唱した構造-機能分析の大枠は、次の通りである。

・社会は多くの行為の相互連関（システム）である。
・行為の相互連関の安定したパターンを、構造と呼ぶ。
・行為は、意味を伴っている。

・社会システムには、それが充足すべき機能要件がそなわっている。
・機能要件は、複数ありうる（たとえば、ＡＧＩＬ図式）。
・社会システムは、特定の機能を分担する下位システムを分化させることがある。

もう少し具体的には、こうも論じた。

・社会は、経済システム／政治システム／文化システムの複合である。
・社会システムを構成する個々人は、パーソナリティ・システムとしてある。

パーソナリティ・システムは、社会システムが供給する規範を内面化する一方、社会システムが健全に作動する前提を再生産する。

パーソンズは社会が、いくつかの機能的な下位システムに分化して、その出力を交換しているとする。ちょうど人体を、循環系や神経系や消化器官系やに分解し、その機能的な結びつきとして再構成するのと似ていて、わかりやすい。

パーソンズの理論は、だが同時に、論理的不整合を抱えたものでもあった。彼は、社会を、個人の集積とみなした。自己決定する個々人の行為の相互関係は、ダブル・コンティンジェンシーを構成する。その相互関係が整合し、社会に秩序が生まれる条件を、ホッブズ的秩序の問題と呼び、規範が所与と仮定すれば、この条件は満たされるとした。この仮定は、現状維持を優先する政治的態度だとされ、異議申し立てする学生たちの批判の的となった。

パーソンズを継承しつつ、その論理的不整合を取り除き、オートポイエーシスの概念を盛り込んで果敢に社会システム論を構築したのは、ニクラス・ルーマン（1927–1998）である。ルーマンの議論については、後述する。

社会システム論の展開

ルーマン以前の段階の社会システム論を、古典的社会システム論といおう。それは、パーソンズの議論を含み、サイバネティクスのロジックにしたがう。わが国でこの議論を中心的に推進したのは、小室直樹であった。そして明らかになったのは、古典的社会システム論が自己組織性を織り込もうとすると、パラドクスに陥ることだった。この理路を追いかけてみる。

システムの自己組織とは、システムの変容である。システムは自己同一性を保ちつつ、それまでと異なったものに変化する。この変化は、システムの通常の過程（変数の相互連関の過程）と異なるレヴェルのものだ。言うならば、オタマジャクシが成長するのが、通常の過程。オタマジャクシがカエルになるのが、自己組織的な変化である。

システムで、n個の変数が相互連関していて、均衡値が決まる。そしてその均衡値（システムの状態）に応じて、機能評価関数がシステムの機能評価をおこなうのだとしよう。システムには、定数（構造パラメータ）も隠れており、システムの与件を構成している。さて、いま、構造を所与として均衡値が決まり、それに応じてシステムの機能評価がおこなわれたが、結果は、機能が十分に充足されていなかった。この場合には、定数であったはずの構造パラメータが変化し、そのもとで、システムの均衡値が新たに定まる。これがおおよその、システムの自生的な構造変動（自己組織）の流れである。

システムで基本的なのは、変数／パラメータ、の区別である。変数は、システムの内部でその状態が説明できる要因。それに対してパラメータは、システムの状態を説明する前提となる要因（与件）。この区別は研究者が、考察の便宜のために設定するのだが、変数は変化しやすくパラメータは変化しにくいという違いをふまえている。

さて、パラドクスは、次のようだ。パラメータの変動（構造変動）それ自体は、理論によって、説明されるのかどうか。これにYｅｓと答えても、Ｎｏと答えても、パラドクスが生じる。

これにYｅｓと答えた場合。すなわち、構造パラメータの変動を、説明する場合。議論は一段目から二段目に後ずさりする。議論の一段目では、構造パラメータを与件として、変数の相互連関を説明した。相互連関分析で、変数が被説明要因、構造パラメータが説明要因である。構造変動を説明する二段目では、構造パラメータ（の一部）は与件ではなしに、変数と同じく、説明されるべきものとなる。説明される要因は、n個の変数に加え、m個の構造パラメータ。説明される要因が、n個からn＋m個に増えるので、説明力を強化するために、これまで構造パラメータにかぞえていなかった要因をいくつか新たに見つけ出し、モデルに構造パラメータとして組み込まなければならない。さて、この二段目の説明が成功したとする。説明の全体を見渡してみると、

・被説明要因…　変数＋構造パラメータ（の一部）
・説明要因…　残りの構造パラメータ（の一部）＋新たに見つけた構造パラメータ

これは、一段目のシステムの分析（相互連関分析）と、まったく同型であって、変数／構造パラメータ、の区別の線を付け替えたにすぎない。

以上を要するに、Ｙｅｓと答えた場合は、結局、説明はやはりただの相互連関分析であって、構造変動を説明する議論にはなっていない。構造変動を説明するはずの自己組織性の議論が、構造変動の説明にならないというパラドクスである。

一方これに、Ｎｏと答えた場合。システムの構造変動が、いつ、どのようにして起こるのか。それは理論によっては、説明されない。構造の変動をテーマとするのに、構造の変動の説明を放棄せざるをえない、というパラドクスである。

構造の変動、言い換えるなら、システムの自己組織性、を理論に取り込もうとした試みは、このパラドクスに阻まれて、古典的社会システム論の枠組みのもとでは、誰ひとり成功しなかった。

ルーマンは、オートポイエーシスの理論を、社会学のシステム論に導入し、このパラドクスの突破をはかった。次にそれをみてみよう。

ルーマンの社会システム論

ルーマンが主に依拠しているのは、マトゥラーナのオートポイエーシスの理論と、スペンサー＝ブラウンの再参入（reentry）の数学モデルとである。ルーマン理論の集大成である大作『社会の社会』（一九九七）にもとづいて、なるべく丁寧に、彼ののべるところを要約してみよう。なお（　）は邦訳ページ数。邦訳で《全体社会》とあるのは、ゲゼルシャフトのこと（die Gesellschaft）である。

ルーマンはまず宣言する、《全体社会の理論に取り組めば、必然的に自己言及的な作動の中へと巻き込まれてしまう》（2）。なぜならば、《全体社会システムは、……ただ全体社会を生産し再生産する作動によって特徴づけられるだけ》で、《この作動とはコミュニケーションである》（65）からだ。《全体社会とは、意味を構成するシステム》（39）であり、《意味はあらゆる心的システムおよび社会システムの、……普遍的なメディアである》（42）のだ。ここまでの説明によって、ルーマンが、実物世界↓行為↓意味↓社会システム、といったウェーバーやパーソンズのような実体主義的な社会のモデル化を離れて、はじめから外部に実体をもたない自己産出的でオートポイエティックなシステムとして、全体社会を想定していることがわかる。《オートポイエーシスという一般的な理論モデルを踏まえるならば意味もまた、意味を常に前提とする……諸作動のネットワークの中で産出されたもの》（33）だからだ。ルーマンはさらに言う、《意味を帯びた同一性……が産出されうるのは、ただ回帰的なかたちにおいてだけ》（36）である。そして《この回帰性は、何よりもまず言語……によって実現される。》（37）言語によって全体社会が可能になっており、全体社会と言語とは不可分に結びついている、という認識が示されている。

ついでルーマンは、《全体社会を分析するには、次の三つの異なる水準を区別しなければならない》（75）という。すなわち、

（1）オートポイエティック・システムの一般理論
（2）社会システムの理論

（3）その特殊例としての、全体社会システムの理論

では、全体社会システムの理論は、科学的・実証的な理論なのか。そうではなく、《記述》にすぎない。ルーマンによると、《全体社会はコニュニカティブに閉じられたシステムで》（95）、しかも、《全体社会を外側から観察することはできない》（81）。全体社会は観察の「客体」にならないのである。社会学それ自身もまた、自己を生産・再生産するコミュニケーションの活動の一種として、全体社会に属しており、全体社会がおこなう《自己記述》の一環なのである。《全体社会は……自分自身と、また自身の環境と、コミュニケーションすることはできない》（96）。《システムというものは、環境と接触しているとの錯覚の下で作動している》（92）のだ。

全体社会は、全体社会の外にあるオートポイエティックな心的システム（意識を伴い言語を操作する自律した閉域）を前提としている。また全体社会（とりわけ近代社会）は、機能的に分化した経済や法や学術や……の社会システムを、その内部に分出させる。これらオートポイエティックなシステムのそれぞれが自律的な閉域なら、それらは互いにどのように関係するのか。

その関係をあらわす概念が、《構造的カップリング》である。その関係が可能になるのは、まず、《システム境界が設定され維持されるとしても、その際には必ず物質連続体が前提されている》（101）からだ。《物質連続体》とは、実物世界のことにほかならない。そこに、さまざまなオートポイエティックなシステムが配置されている。《システムはどんな構造によって、オートポイエーシスを実行できるのか。構造的カップリングは、その可能な構造の範囲を限定する。構造的カップリングにおいては、各々のオートポイエティック・システムが構造的に決定されたシステムとして作動するということが……前提とされている。》（101）物質連続体のうえに存立している《システムの作動が環境に因果的に依存しているという点に異論の余地はない》（138）からだ。

こうして、ルーマンがどのようにして、自己組織性を論じる古典的社会システム論のアポリアを乗り越えたかが、明らかになる。彼は、まず第一に、実物世界の因果関係（物質連続体）と、社会システム（コミュニケーションのオー

トポイエーシス）とを分離する。《この分析に従えば、世界の存在論的基体を仮定することを放棄できる》（120）のだ。第二に、社会システムを、閉じたオートポイエティックなシステムと想定する。そこでは因果的な説明が妥当しないので、矛盾（パラドクス）にみまわれることがない。社会システムは、他のシステムや全体システムと構造的カップリングのもとに置かれ、機能的に連関するだけである。その具体相を、経験的・実証的に考察することができる。第三に、全体社会についての説明を放棄する。社会学は、全体社会についての《自己記述》であって、説明ではない。全体社会は、客体としては捉えられないので、記述の真偽は問題にならない。――『社会の社会』はおおよそ、このような理解に到達している。

ルーマンの考察は、おおむね鋭く聡明で、これまでの誰より周到な考察を進める一方、ときに驚くほど凡庸なところがある。ルーマンは、社会システムを複雑性を縮減する自己組織システムと捉える初期理論を発表したのち、全体社会について長らく考察しあぐねていた。全体社会から分化する機能的な社会システムについての書物ばかりを著していた経過が、それをものがたっている。そして発表された『社会の社会』は、ルーマンの可能性をその臨界までたどったものだと言えるだろう。

ルーマンの理論は結局、社会システムについての神学的な言明に帰着した。たとえば、《全体社会を外側から観察することはできない》という言明は、どのような権利でどこからのべられているか。内容的に正しいかもしれないが論証できない言明をのべるなら、神学であろう。神学的な言明は、それをオウム返しにする追従者をうむとしても、その先の学問的発展を期待することはできない。

ルーマンを頂点とする、システムの自己組織性の議論を、別の角度から照射して考えてみるため、言語ゲームに目を転じてみよう。

2　言語ゲームとは何か

言語ゲーム（language game, Sprachspiel）は、二〇世紀の哲学者L・ヴィトゲンシュタイン（Ludwig Wittgenstein 1889-1951）の唱えたアイディアである。

言語ゲームは、ヴィトゲンシュタインの晩年の著作『哲学探究』にのべられている。さまざまな解釈が可能で、理解がむずかしい。ここでは『言語ゲームと社会理論』（橋爪 1985）、『はじめての言語ゲーム』（橋爪 2009）にもとづいて、考察する。

二人四語ゲーム

言語ゲームを最も理解しやすい場面は、ヴィトゲンシュタイン自身が『哲学探究』の冒頭で掲げる、石工と助手のエピソードであろう。

二人が、何かしているところに私は出くわす。彼らが、石工と助手であることがだんだんわかってくる。石工が何か叫ぶと、助手が何かをもってかけつける。叫ぶのは、「柱」「敷石」など四通りで、それは石材が柱、敷石、……など四種類あるかららしい。こうして、彼らは石工と助手の二人で、何かの作業をしていて、四つの言葉があり、その意味は、四種類の石材（をもって来い／もって行く）、だとわかるのである。

これは、二人四語の言語ゲームである。これは、社会を、n人m語の言語ゲームと捉えるための、予告編のようなものだと考えられる。

このエピソードを、なんだ、ごく簡単なことじゃないか、と思ってはいけない。私がいわばエイリアンか星の王子さまになって、地球に降り立ち、社会のなりたちを一から観察していく場面を想像すべきである。石工や助手などの社会的役割、柱や敷石などの物体の種類、「柱」や「敷石」などの言葉の意味が、どれも知られていないという前提なのだ。

言語ゲームの考え方を、システム論と対照してみよう。

システム論の古典的構え

自己組織性は、システム論をベースにしている。

システム論は、自然科学の方法論を抽象したものである。自然科学は、世界が「存在」でできていると考える。自然は、神が創造した「事物」である。すなわち自然は、さまざまな要素と、その相互関係からできている。存在や構造を数学的に表現すると、点（要素）／集合／関数／……といった、集合論の概念になる。点（要素）はさまざまな値をとり、過程のなかで変化する。システム論がモデルを構成するのに、変数／構造、を区別するのも、これをふまえている。

システム論は、対象を「説明」する。「説明」するとは、対象を、変数／構造パラメータによってモデル化し、対象の挙動を近似することである。そのためには、対象（からなる客観的世界）を観測し、モデルの作動（予測値）と照合しなければならない。モデルとその作動を、理論という。理論を操る主体は、対象（世界）の外に立つ観察者（研究者）である。少なくともルーマン以前の、古典的なシステム理論は、以上のように考える。

ルールとゲーム

これに対して、言語ゲームは、世界を「理解」する。

「理解」とは、どのようなことか。石工と助手のエピソードを思い出そう。彼らのあいだに成立している秩序を、ルール（あるいは、規則）という。また、ルールにしたがった彼らの振る舞いを、言語ゲームという。

ルール（にしたがった言語ゲーム）は、事物のように客観的に、そこにあるのか。それは、観測できるか。説明できるか。

言語ゲームは、事物のように、そこにあるわけではない。

石工と助手がルールにしたがっている。彼らは言語ゲームを営んでいる。そのことは、たまたま通りかかってそれを目撃する別の誰か（私）がいるから、問題になる。最初のうち、そこにルールがあるとも、言語ゲームが営まれているともわからない。わからない以上、ルールがあるとも言語ゲームがあるとも言えない。私が、ルールを「理解」し、言語ゲームが「わかった」ときに、それらはそこに存在していたことになる。

この事情は、助手や石工にとっても、同様である。私はある意味で、石工と助手の言語ゲームに「参加」し「理解」しなければ、ルールや言語ゲームがそのようにそこにあることを、知ることができない。また、石工や助手が、私に比べて、特権的なわけでもない。通りかかった私と、石工や助手とに、本質的な区別はない。

言語ゲームの考え方では、局外に立って事象を「観察」する、観察者（研究者）はいない。対象（言語ゲーム）とその観察とは、独立ではない。観察する人間が、言語ゲームに巻きこまれるのでなければ、言語ゲームはその姿を現さない。

行為列とルール

このことは、言語ゲームの考え方が、自然科学の主客図式に（したがって、古典的社会システム論の前提に）合わないことを意味している。

さらに踏み込んで考えるため、もう一つの例に目を向けよう。数列である。

数列は、『哲学探究』でもしばしば取り上げられる。数列とは、どんなものか。単純な数列のサンプルとして、次のものを考えよう。

2、4、6、8、10、12、14、……　　（a）

「……」の部分は、「以下同様」とよむ。

数列は、第1項があり、第2項、第3項、……、第n項（列挙されている最後の項）がある（nは有限で、しかも比較的小さな数である。上の例では、n＝7）。第1項～第n項は、有限の事例。数列は、「以下同様」にどこまでも続く、数の列である。「どこまでも続く数列」をそのまま書くことはできないから、初めのほうだけを書いてあるのだ。

「……」（以下同様）の部分に、ルールがあることが示されている。

ルールは、事例として掲げられていない事象（これから生起する事象）にもあてはまるという、超越的な、不思議な性質をもっている。

ルールは、有限の事例で終わりなのではなく、その先どこまでも続く事例の連鎖をうみだす（それは社会が、あるところで行き止まりではなく、その先どこまでも続く行為の列であることを、象徴する）。だがそのことは、確かなのか。確かだとすればどのように確かなのか。たとえば、数列（a）の、14の次の数字は何か。16なのか。16とは書いてないのに、なぜ16とわかるのか。

ルール懐疑主義

有限の事例が示されたとしても、それではルールが特定されない、とする懐疑が可能である。この懐疑を主張したのは、S・クリプキ『ウィトゲンシュタインのパラドックス』である。たとえば、数列（a）の14の次の項は、最初に戻って、2であってもよい。プラス（plus）に対してクワス（quus）、規則に対して奇則、どんな言語ゲームに対してももう一つ別の言語ゲームを考えることができるというのだ。

このような主張は、ルール懐疑主義（rule scepticism）である。

ルール懐疑主義は、懐疑として、成立する。しかしこの懐疑は、とるに足らない。有限な事例によって、ルールの存在が示されるという言語ゲームの本質を、否定しないから。そして、ルールにしたがって振る舞うふつうの人びとのやり方に反しているから。

ルールは、以下のような経験である。

有限の事例の、最初のいくつかをみる。「2」。まだ何も思わない。「2、4、6」。おや、と思う。「2、4、6、8、10」。うむ、次は12だ、と思う。その次が、「12」だった。やっぱり、と思う。念のため、その次は、とみる。「14」だ。もう間違いない。わかった。この数列を理解したぞ。この先、どこまでだって続けていける。じゃあもうこれ以上、事例は不要だ。次は「16」なんて、書かなくていい。だって、次は16に決まっているんだから。そこで代わりに、「……」と書いておく。これで、必要かつ十分なのである。

数列のルールを理解し、その先をどこまでも続けていけるようになったとき、ルールは確かにそこにある。そのルールにしたがう言語ゲームは、確かに存在する。

ルール／言語ゲームは、それに人びとが参加（コミット）することで存在している。

ルールは、言語ゲームの局外に立つ観察者（研究者）が、人びとの振る舞いを「説明」するためにつくる理論ではない。理論は、事象を近似する。そうではなくて、ルールは、はじめ局外に立っていた者を含め任意の誰もが、人びとの振る舞いを「理解」し、ルールにコミットするときに、そこにある。ルールは、事象の近似（観察者のつくりだすもの）ではなくて、事象（人びとの振る舞いの秩序）そのものである。そこには、観察者と当事者の区別がない。当事者も自分を観察することができる。また、観察者は当事者とならなければ、観察さえもできない。ルーマンならばこれを、オートポイエティック・システムと呼ぶかもしれない。

言語ゲームとしての社会

社会を、言語ゲームの集積（その全貌を見渡すことのできない渦巻き）とみなすことができる。

ある言語ゲームは、そのルールにしたがう人びとの、一致した振る舞い（行為）である。人びとがその言語ゲームに参加（コミット）し、ルールにしたがって振る舞い続けるのでなければ、言語ゲームは存続しない。言語ゲームはいわば、人びとの身体を整列させることで、成り立っている。言語ゲームは、人びとの身体を内属させる。

なぜここで、「人びとの身体」と言い、「個人」と言わないか。それは言語ゲームの考え方が、社会は個々人の集まりである、という通例の考え方にしたがわないから。言語ゲームに先立って、個人は存在しない。身体をルールによって整形されて、個人は個人になるのだ。

ルール／言語ゲームは、説明されるのではなく、理解される。ルールにしたがい、言語ゲームを営む人びとが、それを理解する。それを外から眺める人びとも、それを理解する。なぜ人びとが、ルールを理解するのか、説明することはできない。人びとは端的に、理解する（わかる）。それは、この世界、この社会を成立させる根源的な事実である。

ルールに従う

いくつか注意すべきポイントがある。

・ルールに従っていると信じることと、ルールに従うこととは、異なる。（b）
・ルールを記述することと、ルールに従うこととは、異なる。（c）

（b）は、ヴィトゲンシュタインが注意している。ルールに従っていると「信じる」ことは、派生的なのに対して、ルールに従うことは、根源的である。ルールに従うことは、心理的な出来事ではない。

（c）の、ルールを「記述」することは、元の言語ゲームにかかわる、新しいもう一つの言語ゲーム（元の言語ゲームのルールを記述する言語ゲーム）を始めることである。この新しい言語ゲームは、元の言語ゲームのルールを記述するとしても、元の言語ゲームを規制しない。またこの新しい言語ゲームは、元の言語ゲームに対してメタレヴェルの、超越的なものでもない。

言語ゲームの考え方によると、社会を考察し、何かをのべるのは、社会の記述（社会を構成するさまざまな言語ゲーことができる。

社会学とは、つきつめれば、このような営為であろう。

ムのルールの記述）である。記述だから、理論ではない。社会を成り立たせる秩序（ルール）を、そのまま取り出す

ルールの相互関係

社会にはさまざまな言語ゲームがあり、ルールがある。それらはどのように、相互に関係しているのか。

社会の成り立ちを知るために、最も基本的な疑問である。しかし、ヴィトゲンシュタインは、このことについて多くを語っていない。社会学は、ヴィトゲンシュタインを越えて進まなければならない。

社会は、さまざまな価値や意味に満ちている。さまざまな価値や意味は、あれこれの言語ゲームのなかで結晶し、それとして実在するようになり、人びとの振る舞いの前提となる。たとえば、神。たとえば、富。たとえば、権威。たとえば、権力。たとえば、信頼。たとえば、愛。これらは社会のなかで、実在するかのような手応えがあるとしても、決して、観察者が検証することはできない。それを支える言語ゲームに参加し、内属することで、はじめてその実在が現れてくる。

社会を、記述するにせよ説明するにせよ、社会を満たしているこうした意味や価値を、捉えなければならない。それではどのように、意味や価値をあつかえばよいのか。

この問いに取り組んだのが、M・ウェーバー（Max Weber 1864-1920）である。彼の理解社会学は、観察者（研究者）がどのように正当に、意味や価値を記述し、社会学を構成するかについて、その方法を基礎づけようとした。「理解社会学」という命名は、彼がこの課題をよく意識していたことを示している。けれども彼は、その先の議論を、十分に進めることができなかった。それは彼が、意味や価値をあつかうのに、伝統的な主客図式を離れることができなかったからである。たとえばそれは彼が、観察者／当事者という区別を、理解社会学で維持している点にもあらわれている。

ウェーバーをひき継いだパーソンズは、社会をシステムと捉え、しかも社会を意味や価値とともにあつかうことができると楽観し、その基礎づけを進めなかった。一方ルーマンは、意味や価値をメディアとして織り込んだシステムを考え、問題を彼なりにうまく回避した。ルーマンの試みがこの課題をどこまで解決したのかは、あらためて検証してみる必要があろう。

ルールと構造

言語ゲームは、意味や価値をあつかうにもかかわらず、自己組織性のパラドクスのような困難に、なぜ見舞われないのか。

それは言語ゲームには、構造にあたるような固定した与件が、ないからである。

固定した与件があるからこそ、それがどう変化するか、たとえば自己組織的に変化するのか、といった議論が始まる。固定した与件がなければ、そうした議論は始まらない。

しかし言語ゲームの、ルールは固定したものではなかったか。ルールがどう変化するかを説明しなくてよいのか。

言語ゲームは、ルールと表裏一体の関係にある。ルール／言語ゲームは、そこに参加する人びとが交代しても、同一のままである。人びとはルールにしたがい、行為する。ルールは構造のように固定しているようにも思われる。

しかしヴィトゲンシュタインは、こうも言っている。言語ゲームを「やりながら、ルールをでっちあげる」場合もあるのだと。ルールは、言語ゲームのスタートに先立って、すみずみまで記述されているわけではない。人びとの振る舞いが一致して、言語ゲームが継続できれば、それが言語ゲームなのだ。

言語ゲームには、観察者（研究者）はいない。言語ゲームを特権的にながめる視点はない。言語ゲームは、ルールをもつが、構造をもたない。ゆえに、構造の変化もない。ルールはいつでも、変化したり、ほかのルールに置き換わったりする可能性に開かれている。誰もが、ルールを実践のなかで変更していくことができると、知っている。ルールの変化を「説明」するより先に、ルールの変化を「理解」する。それはルールの変化を「実践」することでもある。

3　社会はルールか、システムか

以上の言語ゲームの考え方をふまえると、社会をシステムと捉えること、とりわけ、社会を自己組織システムと捉えることは、どのような場合に有効であるか。

ウェーバー、パーソンズ、ルーマン、ヴィトゲンシュタインの議論を参考に、次のように考えることができる。

(1) 社会は、意味や価値に満たされている。これを捉えるには、「理解」を基本としなければならない。ゆえに社会を、たとえば言語ゲームとして捉えることが、本質的である。それを省略して、この社会をいきなり、システムとしてモデル化し、理論によって「説明」しようとすることは無謀である。

(2) そのうえで、社会の部分領域を、システムとして記述し、モデル化することが有効な場合がある。たとえば経済の部分領域(市場)。市場をシステムとしてモデル化し、理論によって「説明」することは有効である。市場が自律的に振る舞うためには、一連の構造的与件が整う必要があるだろう。それらを特定しなくても、市場をシステムとして説明する理論をつくることができる。それは経済学の役割である。一方、構造的与件が変化したら市場のシステムがどう変化するのかを考察するのは、社会学の役割である。この場合、うまく工夫すれば、自己組織システムの社会理論を構成できそうである。

市場のほかにも、システムとして考察できる部分領域は、いくつもあるに違いない。

(3) 社会の部分領域を、言語ゲームとして記述し、モデル化することが有効な場合がある。たとえば、法や宗教の部分領域。法や宗教といった現象は、システム(変数の相互連関)として考察しづらい。意味や価値がそのまま、現象を構成しているからである。言語ゲームをモデルとして、社会を説明する理論を、言語ゲーム論という。『言語ゲームと社会理論』『仏教の言説戦略』で試みた。

（4）社会の全体を、意味や価値を内蔵したいくつかの部分領域（それぞれが社会システムとして記述される）の複合、として捉えることは、可能である。ルーマンの試みがこれにあたる。この場合、社会システムは互いに「外」になるとしても、社会システムの複合の「外」を考えることはできない。したがって、社会の全体を自己組織システムとして描くことはむずかしいだろう。

（5）全体社会システムを、変数／構造パラメータ、の区別にもとづいてモデル化し、構造パラメータの変化を説明する理論は構成できない。それはシステムとしては、ルーマンがやったようにオートポイエティック・システムとして、記述できるだけである。

結語

まとめておこう。

自己組織性の議論は、社会が固定したものでなく、変化に対して柔軟であるという、リベラルな認識を、科学的に主張しようとする動機をもっている。その動機は、よい。古典的社会システム論のモデルは、パラドクスにみまわれて、議論を完成できない。ルーマン以後のシステム理論は、全体社会をオートポイエティック・システムと考える道を拓いたが、説明を放棄することとなった。

社会の全体を、言語ゲームの集積とみるならば、この同じ動機を満たすことができる。そして、古典的社会システム論のパラドクスにみまわれることなく、ルーマンの社会システム論の神学的言明に陥ることなく、それらが企図した実証的研究プランをもっとましに実行することができる。

“Self-organizing System and Language Game” by Daisaburo Hashizume　February 2014

文献

橋爪大三郎、一九八五、『言語ゲームと社会理論――ヴィトゲンシュタイン・ハート・ルーマン』勁草書房。

橋爪大三郎、二〇〇九、『はじめての言語ゲーム』講談社現代新書。

橋爪大三郎・志田基与師・恒松直幸、一九八四、「危機に立つ構造-機能理論――わが国における展開とその問題点」『社会学評論』三五（二）：二-一八頁。

今田高俊、一九八六、『自己組織性――社会理論の復活』創文社。

小室直樹、一九七四、「構造-機能分析の論理と方法」青井和夫編『社会学講座1　理論社会学』東京大学出版会、一五-八〇頁。

Luhmann, Niklas, 1972, *Rechtssoziologie*, Rowohlt.（村上淳一・六本佳平訳、一九七七『法社会学』岩波書店。）

Luhmann, Niklas, 1997, *Die Gesellshaft Der Gesellschaft I & II*, Suhrkamp Verlag.（馬場靖雄・赤堀三郎・菅原謙・高橋徹訳、二〇〇九『社会の社会』（1・2）法政大学出版局。）

宮台真司、二〇一〇、『システムの社会理論――宮台真司初期思考集成』勁草書房。

大澤真幸、一九八八、『行為の代数学――スペンサー＝ブラウンから社会システム論へ』青土社。

Spencer-Brown, G, 1969, *Laws Of Form*, George Allen and Unwin.（大澤真幸・宮台真司訳、一九八七『形式の法則』朝日出版社。）

富永健一、一九六五、『社会変動の理論――経済社会学的研究』岩波書店。

吉田民人、一九七四、「社会体系の一般変動理論」青井和夫編『社会学講座1　理論社会学』東京大学出版会、一八九-二三八頁。

第11章　自己組織性と合理的選択

佐藤嘉倫

本章の目的は、今田（1986）の自己組織性理論と合理的選択理論の相補性を明らかにし、社会理論の新たな発展の可能性を示すことである。今田（1986）の自己組織性理論は社会学のみならず社会科学全般に大きなインパクトを与えた。とりわけメイン・パラダイムが崩壊しミニ・パラダイムが乱立していた社会学の知的状況を「自己組織性」というキーワードで統合する議論は社会理論の到達点の一つを示している。

1　自己組織性理論の重要性と問題点

複合螺旋運動モデル

図11-1は彼の理論を図式化したものである[1]。まず彼は行為次元とシステム次元における螺旋運動を想定する。行為次元における螺旋運動は、慣習的行為、合理的行為、自省的行為のあいだで生じる。行為者は通常は慣習的に行為を遂行している。しかし遂行された行為が行為者の目的を実現しなくなると、目的に対して最適な手段を合理的に選択しようとする。ところが合理的行為が問題に直面すると、既存の規則の意味を問い直し、新しい意味を構

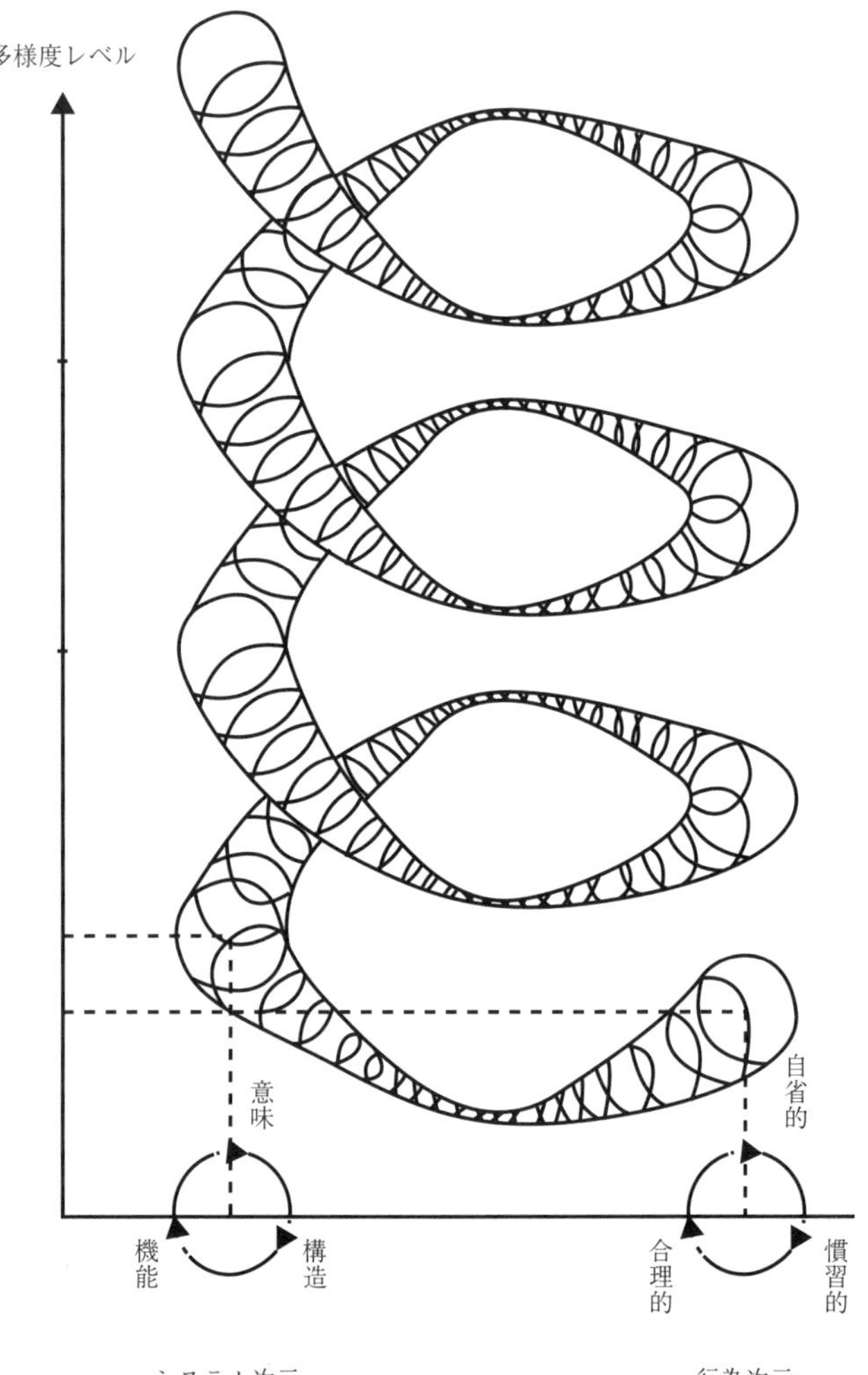

図11-1　行為次元とシステム次元の複合螺旋運動

出所：今田（1986：285）理論モデル4

築する自省的行為をおこなう。そして新しい意味は慣習的行為の中に取り込まれて、螺旋運動の次のサイクルに入る。

システム次元の螺旋運動は、構造、機能、意味のあいだで生じる。まず現行のパターンとしての社会構造は、機能の視点から機能的パフォーマンスを充足するように制御される。これは従来の構造-機能主義の発想である。今田はこの発想に意味の自省作用を付け加える。すなわち、機能のもつ意味が問い直されて、意味自体も変化しうる。そして意味は差異として規則としての社会構造を基準として作り出される。

次に、今田は行為次元とシステム次元の往復運動ともいえる複合螺旋運動を想定する。システム次元から行為次元への移行では、社会の情報が行為者に取り込まれる。このことを彼は「行為者は構造・機能・意味の螺旋をシステムの内部イメージとして取り込み、これを慣習的行為・合理的行為・自省的行為の螺旋に変換する」（今田 1986：286）と述べている。行為次元からシステム次元への移行では、社会問題などから生じる意味の自省作用が慣習的行為からの差異化をもたらす。この差異化が契機となりシステム次元の構造・機能・意味の新しい螺旋運動が始まり、それが増幅して差異化による差異が構造として制度化されていく。

複合螺旋運動モデルの意義と問題点

今田の複合螺旋運動モデルにもとづく自己組織性理論は、行為次元とシステム次元――ないしは行為者の水準と社会の水準――をつなげる斬新な理論枠組みだと評価できる。ミニ・パラダイムが乱立していた当時の社会学では、それぞれの次元の研究が分かれて展開していた。両者を架橋する多水準分析はやっと緒についたばかりだった。一九八九年のアメリカ社会学会のテーマがマクロとミクロの理論・研究の相互関係であり、それにもとづいたジョアン・フーバーの編著『社会学におけるマクロ-ミクロ連結』（Huber 1991）が刊行されたのが一九九一年である。また多水準分析を明確に意識したジェームズ・コールマンの主著『社会理論の基礎』（Coleman 1990）が刊行されたのがその一年前の一九九〇年である。このことからも、今田の理論が当時の最先端を行くものだったことがわかる。

図11-2　コールマンによるウェーバー理論解釈

出所：Coleman（1990：8, Figure 1.2）

しかしながら，彼の理論では行為次元とシステム次元のあいだの移行（多水準間移行）のメカニズムが明確ではない。橋爪（1986）は，行為次元で生じる自省作用がシステム次元に変換される複合螺旋の屈折がどのように生じるのかが解明されていない，と指摘した。ミクロレベルからマクロレベルへの移行の問題点を的確に指摘した批判である。また厚東（1986）も行為次元とシステム次元の二つの螺旋が複合するためのメカニズムの分析が必要であると指摘した。

コールマンによる多水準分析

多水準分析――とりわけ多水準間移行メカニズムの解明――は，社会学における根本問題である。この問題について，コールマン（Coleman 1990：訳 2004-2006）の図式を用いて解説しよう。彼によると，ウェーバー（Weber 1920）の「プロテスタンティズムの倫理が資本主義を生み出した」というマクロレベル（社会レベル）の命題は，いったんミクロレベル（個人レベル）を通すことで，より厳密に理解できる。図11-2に即して彼の議論を整理すると，次のようになる。まず，マクロレベルのプロテスタントの宗教教義はミクロレベルでその支持者に特定の価値を植え付けた（図11-2の矢印1）。次に，その価値をもった個人は，経済活動に対してある方向付けを受ける（矢印2）。そして最後に，ミクロレベルにおけるこの方向付けはマクロレベルで資本主義的経済組織が生じることを促す（矢印3）。

コールマンによると、この図式で最も解明が難しいのは最後のミクロレベルからマクロレベルへの移行である。なぜなら、この移行は行為者の行為選択をたんに足し合わせたものではないからである。もちろん有権者の投票行動と政党の得票率はこのような単純な集計関係にある。しかし政党の得票率とその政党の獲得議席数は必ずしも比例しない。そこには、選挙制度が介在しているからである。完全な比例代表制ならば、得票率と議席数は比例する。しかしそうでない場合もある。有名な例は二〇〇〇年のアメリカ大統領選挙である。共和党のジョージ・W・ブッシュと民主党のアル・ゴアが接戦を演じ、ブッシュが選挙人投票でかろうじて当選した。しかし投票率ではゴアの方がわずかながら上だった。このような事態が生じたのは、アメリカ大統領選挙に固有の選挙人選挙制度によるものである。

ウェーバーが深い考察をおこなった人びとの経済行為と資本主義の成立との関係はさらに複雑である。資本主義が成立するためには、企業、金融機関、商品市場、金融市場などの制度やその制度をバックアップする法律などが必要になる。これらは、人びとの経済行為をたんに集計するだけで生まれるものではない。

この制度の生成やさらには維持、崩壊の過程の分析は多水準分析を完成させるためには不可欠のものである。上述したように難しい問題であり、橋爪（1986）も指摘するように、今田（1986）もこの分析を明確におこなってはいない。しかし合理的選択理論家たちはこの問題に正面から取り組んできた。次節ではこの点に注目しながら、合理的選択理論の論理構造を検討しよう。

2　合理的選択理論の基本的論理構造

合理的選択理論の基本的な論理構造は、行為者の合理性を仮定してさまざまな社会現象を説明することである。[2]行為者はさまざまな水準で定義できる。多くの場合は個人が行為者として想定される。たとえば囚人のジレンマや社会的ジレンマの研究では、個人の合理的選択が社会的に不合理な結果を生み出す過程を研究対象としている。市場における企業間の競争や談合などの相互作用の分析では、企業が行為者として想定される。また国際関係の研究では国家を行為者として分析をする。さらには、行政訴訟のように国家や地方自治体と個人が行為者として想定される場合もある。このように、研究目的や研究対象によって想定する行為者の水準が決まる。

合理性の仮定

次に合理性の仮定について説明しよう。合理的選択理論に対して批判的な社会学者から「人間はそんなに合理的ではない」という批判がよくなされる仮定である。しかしこの批判は科学方法論的に間違っている（佐藤 1998b）。科学理論における仮定は、その経験的妥当性によって採否が決まるのではなく、その仮定から導き出される命題（仮説）の経験的妥当性によって採否が決まる。たとえばニュートン力学は慣性の法則、運動方程式、作用・反作用の法則という三つの仮定からなる理論である。ニュートン力学の優れた点は、たった三つの仮定から実に多くの物理現象を予測することができ、かつその予測が当たっていること（経験的妥当性があること）である。しかし予測が当たらない物理現象が発見されると、仮定を見直す必要がある。

合理的選択理論に即して言えば、合理性の仮定から導出された命題が研究対象とする社会現象を説明できるか否かによって仮定の是非が判断される。説明できるならば、その仮定は当面正しいと判断される。しかし説明できないならば、その仮定に代わる新しい仮定が求められる。

前向き合理性と後ろ向き合理性

このことをふまえたうえで、合理性の仮定を検討しよう。大きく分けて合理性には二種類ある。第一は前向き合理性である。この合理性の仮定は、行為者が将来自分の望ましい結果を生み出すと考える行為を現時点で選択する、というものである。期待効用最大化理論やゲーム理論で用いられる仮定である。単純な例をあげれば、ハンバーグよりもカレーライスの好きな人は昼食にカレーライスを選ぶと予想できる。しかし友人と一緒に昼食を食べる場合は、より複雑な状況になる。友人がカレーライスよりもハンバーグが好きで「ハンバーグを一緒に食べに行こう」と言ったとしよう。この場合、一人でカレーライスを食べるか、友人と一緒にハンバーグを食べるかという選択肢（行為）がある。友人と食事することを重視する人は、カレーライスを食べることをあきらめて友人と一緒にハンバーグを食べるだろう。その人にとってそのほうが望ましいからである。

第二の合理性は後ろ向き合理性である。この仮定は、行為者が過去の経験にもとづいて現時点の行為を選択する、というものである。進化ゲーム理論やエージェント・ベースト・モデルで多く用いられる仮定である。この後ろ向き合理性を表現するモデルはいろいろとある。自分以外の行為者の行為選択分布を予想して最適と思われる行為を選択する仮想プレー（fictitious play）のような複雑な学習モデルもあれば、ブッシュ・モステラー型学習モデルのような単純な刺激-反応モデルもある（七條・中野 1999：Macy and Flache 2002）。

この刺激-反応モデルを用いて、後ろ向き合理性の仮定を説明しよう。このモデルでは、行為者がある行為を選択して報酬を得られれば、その行為を選ぶ傾向（性向とも呼ばれる）が高まり、報酬を得られなければ、その傾向が低くなると仮定する。たとえば、ある人が昨日あるレストランで食事をしたところ、とてもおいしかったならば、今日も同じ店に行くだろう。しかしまずかったならば、今日は別の店に行くだろう。

二種類の合理性の間の切り替え

第5節で詳細に説明するが、行為者がどちらの種類の合理性を用いるかは、情報収集のためのコストと収集によって得られる結果のメリットに依存する（Sato 2016）。たとえばある人が風邪を引いたとしよう。たいていは市販薬を買うか、かかりつけの家庭医へ行く。風邪治療の名医を本や雑誌、インターネットで探したりはしない。風邪が治るメリットに比べて、名医を探すコスト（この場合は探索に費やす時間や見つけた名医を訪ねるための時間や交通料金など）が大きいからだ。前に飲んだ市販薬が効いたならば、または前にかかった家庭医の診療が良かったならば、同じ市販薬を飲んだり、同じ家庭医のところへ行ったりするだろう。後ろ向き合理性にもとづく行為選択である。

しかしその人ががんになったとしたら、かかりつけの家庭医で治療しようとはしないだろう。懸命になってがん治療の名医を探して遠距離であっても治療費が高額であっても治療に通うだろう。名医を探すコストに比べてがんが治るメリットの方がはるかに大きいからである。このため、その人は前向き合理性にもとづいた医師の選択をする。

3　合理的選択理論によるミクローマクロ移行の説明

前項で解説した合理的選択理論では、ミクローマクロ移行（図11-2の矢印3）はいかに説明されるのだろうか。マクロレベルの社会構造や制度は、たんなる行為者の秩序だった行為パターンだけでなく、「社会とはそういうものだ（そうあるべきだ）、他の人もそう思っているはずだ」という信念に支えられている。今田（1986）はそれを内部イメージと呼び、盛山（1995）は一次理論と呼ぶ。したがって合理的選択理論によるミクローマクロ移行の説明の要点は、秩序だった行為パターンと信念がいかに人びとの合理的選択から生じるか、ということになる。

このミクローマクロ移行においては、行為と信念の相互強化メカニズムが働いていると考えられる（佐藤 1998a）。行為と信念の関係はにわとりと卵のような関係であり、どちらからでもメカニズムは作動しうる。まず行為からこれが作動する場合を考えよう。複数の行為者が秩序だった行為をしているときに、ある行為者が秩序から逸脱することをおこなったとしよう。すると、社会秩序が乱れて、スムーズな相互行為が遂行できなくなる。

社会秩序の回復と崩壊

ここから先は二つのケースに分かれる。第一のケースでは、その行為者は他の行為者から注意や非難を受けて逸脱行為をやめる。このとき行為者のあいだには「社会秩序が乱れると生活に支障が出るので、社会秩序は守られるべきである」という信念が生まれる。逸脱行為がない状況では、社会秩序はあたかも水や空気のように行為者のあいだで意識されない。逸脱行為が生じて初めて、行為者は右のような信念を抱く。そしてこの信念にもとづいて、秩序だった行為をさらに遂行していく。

このケースでは、誰が逸脱者を注意や非難するのかという問題がある。注意して逆恨みされる危険もあるので、できれば誰か別の行為者にやってもらいたい。すべての行為者がそのように考えると、けっきょく注意する行為者はいないので、逸脱行為は継続する。典型的なフリーライダー問題であり、社会秩序維持の最大の問題である。この問題に対して、アクセルロッドがエージェント・ベースト・モデルを用いてある条件の下ではフリーライダー問題が生じないことを示している（Axelrod 1997）。またエリクソンは称賛の重要性を指摘する（Ellickson 2001）。逸脱者を注意した行為者に対して他の行為者たちが「よく言ってくれた、ありがとう」という称賛をすると、注意した行為者は心理的な報酬を得ることができる。また称賛する行為者たちにとって称賛はほとんどコストのかからない行為である。このようにフリーライダー問題を回避するメカニズムが社会の中に存在しているので、行為と信念の相互強化メカニズムが働き続けるのである。

第二のケースは、逸脱行為に同調する行為者が増えていって、最終的に逸脱行為が秩序だった行為として社会に定着する場合である。この事例はたくさんある。新しいファッション・アイテムが社会の中に普及する流行現象から始まり、新しい慣習や価値観、規範の広まり、社会運動、革命などさまざまな現象がある。これらの現象では、逸脱行為に同調する行為者は逸脱行為を見て「新しい行為（逸脱行為）の方が既存の行為よりも望ましい」という信念を抱くようになる。さらにそのような同調者が増えるほど、この信念を抱く行為者も増えていくだろう。

人気のない規範の維持と崩壊

このことについてクランが興味深い考察をしている（Kuran 1995）。彼は、旧共産国の政治体制のような、人びとのあいだで人気のない規範がなぜ維持されるのか、またあるときなだれを打ってその規範が崩壊するのはなぜか、という問いを立てた。そしてこの問いに答えるために、虚偽の選好表明の相互強化メカニズムに着目する。人は個人的にはそのような規範を好んでいないが、そのような個人的な選好を表明すると罰が与えられると恐れて、公の場では規範を支持する選好を表明する。この公的な選好表明が他の人に「他の人もこの規範を支持しているのだから、自分も支持していると言うべきだ」という意識を生み出して、その人も公的に規範を支持することを表明する。このように雪だるま式に規範を支持する選好が社会の中に広がり、結果として人気のない規範が維持されることになる。

この規範が崩壊しはじめるのは、何らかの撹乱要因によって人びとが「実はこの規範が好きではなかった」と公に表明したときである。誰かがそのような表明をすれば、私的には規範を支持していなかった人は「実は自分もそうだ」と表明する。後はやはり雪だるま式に個人的選好を公に表明する人が増えていって、規範は急激に崩壊する。

行為者の信念とマクロレベルの秩序

次に、行為者の信念からマクロレベルの社会構造や規範、制度が形成される過程を考察しよう。この過程では、行為者は「このような制度がほしい」と考えることから話は始まる。ウェーバーの例でいえば、会社組織を立ち上げるために、会社に関する法制度や金融市場の整備など、さまざまな制度が必要とされる。行為者はこの信念を抱いて、行為を相互に調整しながら、制度を作り上げていく。もちろん出来上がった制度が行為者の信念とずれることもあるが、その場合は微調整をしていくことになる。

ただしこの議論には注意すべき点が一つある。それは、行為者がある制度を望んだからといって、必ずしもその制度が生成されるわけではない、ということである。かつての構造-機能主義では、社会システムの存続のために、機能要件を満たさない社会構造はそれを満たすように変動すると想定した（富永 1965）。また今田（1986）はそこまで明示的ではないが、やはり行為次元からシステム次元に螺旋運動が移行するときに、スムーズな移行を想定している。

しかし経験的にはそうとは限らない。たとえば、日本では正規雇用者と非正規雇用者の賃金格差が大きく、それを是正するために同一労働同一賃金制度を導入すべきだという意見がある。確かにこの制度が実現すれば、人は自分のライフステージに応じて正規雇用者として働いたり、家族との時間を重視して非正規雇用者として働くことが容易にできるようになる。しかしこの制度はなかなか実現しない。

なぜこのようなことが生じるのだろうか。理由はいくつかある。もっともわかりやすいのは、既存の制度から利益を得ている既得権益者が新しい制度を作り出そうとする行為者よりも権力や影響力があり、新しい制度の生成を阻止するからである。しかしより複雑な社会的メカニズムのために行為者の意図と出来上がった制度に齟齬が生じることがある。第一は経路依存性である。社会の制度は真空中に存在するわけではない。歴史的な文脈の中に存在し、かつ他の制度と相互につながっている。このため、ある制度を改変しようとしたり、新しい制度を作り出そうとしたりすると、他の制度と矛盾を生じる場合がある。そしてこの矛盾のために、制度が意図通りに作られない場合がある。第二は意図せざる結果である（佐藤 1998a）。制度の改変や新しい制度の導入には多くの行為者が関係するため、行為者の相互行為の結果として、当初の意図とは異なる制度ができる場合がある。

以上見てきたように、合理的選択理論は、マクロレベルとミクロレベルの移行を厳密に分析することができる。それでは、合理的選択理論は今田の自己組織性理論よりも優れたものなのだろうか。私の解答は、必ずしもそうとは言い切れない、というものである。このことについて次節で詳しく考察しよう。

4　自省的行為と合理的選択理論

第1節では詳しく述べなかったが、今田の自己組織性理論のオリジナリティは複合螺旋運動だけにあるのではない。行為次元で自省的行為を、そしてシステム次元で意味を明示的に理論モデルの中に取り入れたことも独創的な発想である。とりわけ自省的行為の概念は合理的選択理論による制度生成分析の問題点を埋めるものである。前節で考察したように、合理的選択理論は信念と行為の相互強化メカニズムによって制度生成の問題にアタックする。

ここで重要なことは、初期の信念と行為者の目的は所与とされている、ということである。ウェーバーの例でいえば、図11-2の矢印1と矢印2にかかわる想定である。矢印1のマクロレベルからミクロレベルへの移行では、プロテスタントの宗教教義がその支持者に特定の価値を植え付けた、とされる。「誰が神に選ばれて天国に行けるかはすでに決まっている」という教義（カルヴァン派の予定説）は、当時の人びとを不安にさせたことだろう。その不安を解消するために、「職業的に成功することが神に選ばれた証拠だ」という天職概念（信念）が生まれてくる。ここから当然、「人は天職をまっとうすべきだ」という行動規範が形成される。そして、図11-2の矢印2では、「天職をまっとうする」という目的が形成され、人びとはその目的を実現するために自分の仕事に熱心に従事するようになる。

合理的に選択されない信念や目的

この議論で重要なことは、天職に関する信念や目的は行為者によって合理的に選択されたものではない、ということである。いったん信念が形成され目的が設定されたならば、信念の変更メカニズム（たとえばベイズ的信念修正）や目的に対する手段の合理的選択という仮定を用いて、図11-2の矢印3のミクロレベルからマクロレベルへの移行を明晰に解明することができる。しかし一番初めの信念や目的がどのように形成されるのかということについては、合理的選択理論は説明できない。

もちろん進化論的に説明することは論理的に可能である。多数の行為者がさまざまな信念や目的をもっていると想定しよう。しかし自分たちを取り巻く環境に適合しない信念や目的をもった行為者は淘汰されていって、環境に適した信念や目的をもった行為者が繁栄して、その信念と目的が社会に普及する、というストーリーである。

しかしこのストーリーは、行為者の自省性を無視している。プロテスタントの宗教教義の下で人びとがランダムに信念と目的をもって、宗教教義に適合的な信念と目的だけが社会に普及したというストーリーは経験的に正しくない。むしろ、人びとはこの宗教教義と何らかの意味連関をもつような信念を探索したと考えられる。その結果たどり着いたのが天職概念なのだろう。このことは反実仮想例を考えるとわかりやすい。たとえば「大食いできることが神に選ばれた証拠だ」という信念が人びとのあいだで支持されることはないだろう。なぜなら、人びとは「神に選ばれる」ということと「大食いできる」ということに意味的なつながりを見いだせないからである。プロテスタントにおける神概念には、「厳格」や「ストイック」といった言葉が意味的に連関する。しかし「大食いする」という快楽的な言葉は神概念とつながらない。

この点、天職という言葉は神概念と意味的につながりやすい。自分に適した仕事に全力で取り組むということは、まさに厳格でストイックな生き方である。そして天職に打ち込んで経済的に成功することは神に選ばれた証拠であるという解釈も人びとに受け入れられやすいものだっただろう。

自己組織性理論と合理的選択理論の相補性

以上述べてきたような天職に関する信念と目的の形成過程は合理的選択理論によっては十分に説明できない。自省的行為という概念を用いて説明する必要がある。カトリック教会の免罪符発行に対する疑問から発した宗教改革運動は、まさに既存の規則の意味を問い直し、新しい意味を構築する自省的行為である。そしてカルヴァン派の予定説が生み出され、歴史的文脈の中で天職に関する信念と目的が形成されていった。

今田の複合螺旋運動モデルは抽象的な理論モデルだが、先述したように、歴史的文脈やそれに依存する経路依存性を考慮するならば、歴史社会学的分析に応用できるものである。そしてさらに重要なことは、自省的行為に着目することで、合理的選択理論が理論の枠外に設定していた初期の信念や目的の形成過程を明確に分析できる。この意味で、今田の複合螺旋運動モデルと合理的選択理論は相互に補完する関係にある。

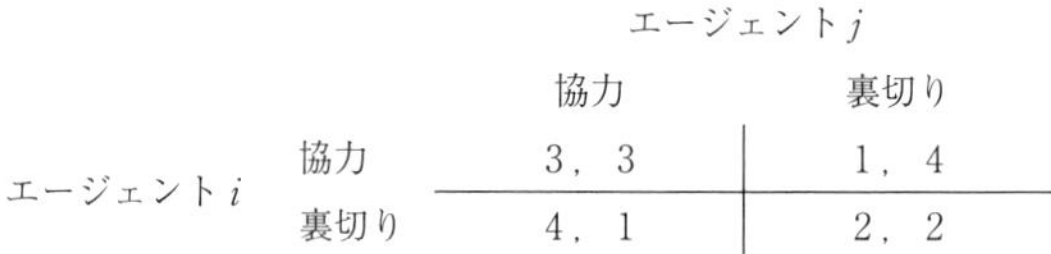

		エージェント j	
		協力	裏切り
エージェント i	協力	3，3	1，4
	裏切り	4，1	2，2

図11-3　囚人のジレンマゲームの利得行列

出所：筆者作成。

5　エージェント・ベースト・モデルの可能性

本節ではさらに駒を一歩進めて、合理的選択理論の一つの発展形であるエージェント・ベースト・モデルと今田の自己組織性理論の関係について検討しよう。コンピュータ能力の向上に伴って、社会科学の中でコンピュータ・シミュレーションを活用する研究が盛んになってきている。エージェント・ベースト・モデルはそのようなシミュレーションの一つの潮流である（Macy and Willer 2002；金澤・朝岡・堀内・関口・中井 2011）。

エージェント・ベースト・モデルの基本的論理構造

エージェント・ベースト・モデルにはさまざまなバリエーションがあるが、その基本的な論理は次のようになる。ブッシュ・モステラー型の単純な学習プロセスを備えたエージェントが図11-3の囚人のジレンマゲームをおこなうシミュレーションを例にとって説明しよう。

一．初期化　モデル上に多くのエージェントを作り出し、さまざまな特性を付与する。どのような特性をどのように付与するかは研究目的による。

例：各エージェントは囚人のジレンマゲームで協力を選択する性向（協力を選択する確率）を付与される。すべてのエージェントが同じ性向を付与される場合もあれば、ランダムに付与される場合もある。前者では、すべてのエージェントの協力性向が0のようなホッブズ的状況を設定することもできれば、全員の協力性向が1という極端な状況を設定することもできる。後者の場合は、協力しやすいエージェントや裏切りやすいエージェントがランダムに存在することになる。

二．ペアリング　エージェントが第三ステージで相互作用する相手とペアになる。ランダムにペアになる場合もあれば、同類原理にもとづいて似たような特性をもったエージェント同士がペアになることもある。どのようなペアリング規則を用いるかは研究目的による。なお、エージェントはペアではなくチームを組むことになる。例：囚人のジレンマゲームをおこなう相手が決まる。ランダムに決まる設定もあれば、協力性向の高い人は協力性向の高い人とペアになるような設定もできる。

三．相互作用　ペアになったエージェントは相互作用をする。各エージェントは自分の特性に応じて行為を選択する。行為選択が完全に特性によって決まる場合もあれば、特性とランダム要素の影響を受ける場合もある。

例：ペアになったエージェント同士で囚人のジレンマゲームをおこなう。協力性向が0.5以上のエージェントは協力を選び、0.5未満のエージェントは裏切りを選ぶような設定をすることもできれば、協力性向がランダムに発生させた数より大きければ協力を、小さければ裏切りを選ぶような設定も可能である。

四．相互作用の結果　ペアになったエージェントの行為選択に応じてさまざまな結果が生じる。そして各エージェントは結果に応じて利得を得る。

例：囚人のジレンマゲームをおこなったエージェントは、自分と相手の行為選択の結果に応じて利得を得る。たとえば二人とも協力を選んだならば、それぞれ3の利得を得るが、一人が協力、もう一人が裏切りを選んだならば、前者は1、後者は4の利得を得る。

五．学習（ないしは自然選択）　各エージェントは自分の行為選択と得られた利得にもとづいて自分の特性を変化させる。学習によって変化するという設定をすることもできれば、自然選択によって、利得の高いエージェントは自分と同じ特性をもった子孫を多く残せ、利得の低いエージェントはそのような子孫をあまり残せないという設定をすることもできる。なおここで突然変異などのエラー要因を導入する場合もある。

この第五ステージが完了したら、第二ステージに戻り次の時点に入る。

例：第四ステージの囚人のジレンマゲームで協力を選び高い利得を得たならば、協力性向を高める。しかし低い利得ならば、協力性向を低める。

自己組織性とエージェント・ベースト・モデル

このような基本的論理構造をもつエージェント・ベースト・モデルの利点は二つある。第一は、社会レベルと個人（エージェント）レベルの連関を明確に捉えられることである。実際のシミュレーションでは、研究者がマクロ変数間に関する仮説を立てて、それを検証する。たとえば、「人びとはランダムに付き合うよりも同じような人びとと付き合うほうが、協力しやすい」という仮説を立てたならば、ランダムなペアリングと同類原理にもとづいたペアリングという二つの人間関係構成原理を設定し、それらが社会全体の協力率に違いをもたらすかどうかチェックできる。

第二は、第一の利点と関連するが、自己組織性の過程を追跡できる、ということである。いったんシミュレーションが動き出すと、エージェントはみずから自分の特性を変化させていく。そして時間が経つにつれて、（条件が整えば）社会は動的均衡に到達する。たとえば、初めは協力するエージェントも裏切るエージェントもいたのに、一定の時間が経過すると、すべてのエージェントが協力し続けるようになる。(3)

今田（2009）もこの点に注目している。彼は自己組織性をサイバネティックな自己組織性とシナジェティックな自己組織性に分け、エージェント・ベースト・モデルは後者の研究を進めるためのツールとして適していると主張している。

私も自己組織性とエージェント・ベースト・モデルの親和性に着目してきたので（佐藤 2006）、彼の主張には賛同する。しかし留保条件がある。もともとの彼の自己組織性理論に立ち戻ると、行為者レベルにおける自省的行為

エージェントの利得 $=f_1$（メリット，コスト）

$$\frac{\partial f_1}{\partial \text{メリット}} > 0,\qquad \frac{\partial f_1}{\partial \text{コスト}} < 0$$

コスト $=f_2$（認知的負荷，その他の要因）

$$\frac{\partial f_2}{\partial \text{認知的負荷}} > 0$$

認知的負荷 $=f_3$（選択肢の複雑性，認知能力）

$$\frac{\partial f_3}{\partial \text{選択肢の複雑性}} > 0,\qquad \frac{\partial f_3}{\partial \text{認知能力}} < 0$$

選択肢の複雑性 $=f_4$（選択肢の数，選択肢の分かりやすさ）

$$\frac{\partial f_4}{\partial \text{選択肢の数}} > 0,\qquad \frac{\partial f_4}{\partial \text{選択肢の分かりやすさ}} < 0$$

が重要な位置を占める。エージェントが自分の（そして他のエージェントの）行為選択の結果としてもたらされる利得にもとづいて特性を変化させる学習過程は自省的行為と言えなくはない。しかし今田の提示した自省的行為は，いわばより高次の学習過程である。慣習的行為や合理的行為では問題が解決しないときに，既存の規則の意味を問い直し，新しい意味を構築しようとする自省的行為は，従来のエージェント・ベースト・モデルで想定しているような学習過程ではモデル化できない。今田（2009）自身もシェリング（Schelling 1971）の住み分けモデルを改良したエージェント・ベースト・モデルを提示しているが，自省的行為を組み入れたモデルの構築には至っていない。

自省的行為を組み入れたエージェント・ベースト・モデルの可能性

それでは自省的行為を組み入れたモデルを構築することは不可能なのだろうか。必ずしもそうではないだろう。エージェントの内部に三つの行為――慣習的行為，合理的行為，自省的行為――のモードを切り替えるメカニズムを想定すれば，後で述べる問題点を除いて，自省的行為を組み入れたモデルを構築することは可能である。

このようなモデルの基礎はエージェントがメタ合理性ともいうべき合理性を有していると仮定することである。まず慣習的行為と合理的行為のモード切り替えから検討しよう。慣習的行為とは，今までのやり方でうまくいっていたからそのやり方をつづける行為である。これは第2節で述べた後ろ向き合理性にもとづいた行為である。そして今田（1986）のいう合理的行為は前向き合理性にもとづいた行為である。このように考えれば，第2節で述べたように，エージェントはコストとメリットによって慣習的行為と合理的行為を切り替えると仮定できる。今までは新しい選択肢を探して比較検討するコストを節約するために慣習的行為にしたがっていたエージェントは，慣習的行為では問題が解決しないとなると，よりメリットのある行為を求めて合理的行為のモードに入る。

このことを厳密に表現すると，二五九頁の式のようになる（Sato 2016を改変）。

まずエージェントの利得は選んだ選択肢から得られるメリットと選択をするためのコストによって決まる。メリットが大きいほど利得は大きくなり，コストが大きいほど利得は小さくなる。

次に，コストは選択肢を探して選ぶことに伴う認知的負荷とその他の要因（時間や金銭など）によって決まる。認知的負荷が大きくなるほど，コストは大きくなる。

第三に，エージェントの認知的負荷は選択肢の複雑性とエージェントの認知能力によって決まる。選択肢が複雑なほど，認知的負荷は大きくなる。一方，エージェントの認知能力が高いほど，認知的負荷は小さくなる。

第四に，選択肢の複雑性は選択肢の数とわかりやすさによって決まる。選択対象となる選択肢の数が多くなるほど，選択肢の複雑性は高まる。選択肢の内容がわかりやすいほど，選択肢の複雑性は低くなる。

以上の準備をしたうえで，慣習的行為と合理的行為のモードの切り替えを考察しよう。風邪をひいたときに市販薬を買ったりかかりつけの家庭医に行くのは，風邪を治すためのコストを低くしているからである。風邪を治す手段をあれこれ考えないことで選択肢の数を減らし，よく知っている市販薬やかかりつけの家庭医を選択対象とすることで選択肢のわかりやすさを高めることで，選択肢の複雑性を減らしている。その結果として，認知的負荷が小さくなり，コストが小さくなる。もちろん現実の行為者はこのような複雑なことを意識的に考えているわけではない。しかし無意識のうちにこのような思考過程を経て慣習的行為を遂行している。

しかし状況の変化によって（たとえばかかりつけの家庭医にがんに罹っている可能性を指摘されると）コストとメリッ

トのバランスが崩れると、行為者は慣習的行為から合理的行為にモードを切り替える。慣習的行為より合理的行為によって選ばれた選択肢の方が（行為者がエラーを起こさないならば）メリットは大きい。ただしその選択肢を選ぶコストも大きくなる。しかしメリットの増加の方がコストの増加よりも大きいので、行為者はモードを切り替える。

がんに罹っても、治療の名医を探すことができ、がんが治るならば、名医を探さないよりもメリットは大きくなる。しかし探すためのコストも大きくなる。まずがん治療の方法はいろいろあるので、選択肢の数が多くなる。またがんの治療方法は風邪の治療方法に比べてわかりにくい。このため選択肢の複雑性が高まる。この結果として、認知的負荷が大きくなり、コストも大きくなる。しかしがん治療の名医によってがんが治るメリットの方がコストの増加をしのぐので、利得は大きくなる。このため慣習的行為から合理的行為にモードが切り替わる。

この慣習的行為から合理的行為へのモード切り替えメカニズムが合理的行為から自省的行為へのモード切り替えのときにも作動すると考えられる。やはり状況の変化によってコストとメリットのバランスが崩れると、行為者は合理的行為から自省的行為にモードを切り替える。自省的行為において、行為者は行為の新たな意味を模索し、行為の目的を問い直す。言い換えれば、行為者は、発想を変換して、行為の目的自体を選択し直すことになる。今まで自明としてきた目的を捨てて新たな目的を探すので、選択肢の数も増え、選択肢もわかりにくいものになる。したがって認知的負荷が大きくなり、コストも大きくなる。しかしコストの増加分を上回るほどメリットが増加するならば、行為者は合理的行為から自省的行為にモードを切り替えるだろう。

がん治療の名医を探し出して治療を受けたとしても、必ずしも治療がうまくいくとは限らない。抗がん剤の副作用で苦しい思いをすることもある。そのときに「そもそもがんを治す必要があるのか」と問い直す患者もいる。そして「抗がん剤で苦しむよりも、がんの痛みを緩和しながら最期を迎えたい」という考えに至りホスピスに入る。合理的行為から自省的行為への切り替えである。

以上、慣習的行為から合理的行為へ、合理的行為から自省的行為への切り替えメカニズムをメタ合理性の視点から分析してきた。この考え方から、さらにエージェントの異質性を考慮に入れた興味深いモデルを構築することもできる。右の議論ではエージェントの認知能力の違いは考慮しなかった。しかし現実には認知能力の高い人も低い人もいる。そうすると、容易に慣習的行為から合理的行為へ、そして自省的行為へ移行できるエージェントとそうでないエージェントをモデルの中に設定することができる。そうすることで、認知能力の違いがいかに行為モードの切り替えに影響し、その結果として社会的不平等を生み出すかを解明することができるだろう（Sato 2016）。

自省的行為とエージェント・ベースト・モデル

このようにメタ合理性をモデルの中に明示的に組み入れることで、今田（1986）の自己組織性理論とエージェント・ベースト・モデルはつながりやすくなる。しかしそのためにはもう一つ大きな問題を解決しなければならない。それは自省的行為において行為者はまったく新しい目的を考え出す可能性があるということである。現実の人間とコンピュータ上のエージェントの最も大きな違いはここにある。人間は新しい目的を考え出すことができるが、エージェントにはほとんど不可能である。なぜなら、エージェント・ベースト・モデルでは手段（行為選択肢）にしても目的にしても有限集合の中から選択されるからである。エージェントは、モデル構築者の方があらかじめ設定した集合の中から選択するのであって、みずから集合を設定するわけではない。とりわけ目的集合の設定は困難だろう。近年、コンピュータがチェスや将棋のプロ棋士に勝つようになったが、それはゲームに勝つという目的を所与として効果的な手段を選択できるようになったからである。しかしゲームを面白くするために目的を変えるということがエージェントにできるかどうかは不明である。

ただし、エージェント・ベースト・モデルの一種である遺伝アルゴリズムを用いれば、近似的に自省的行為をモデルに組み入れられるだろう。数多くの遺伝子をもったエージェントならば、遺伝子の組み換えによって有限ではあるが人間の目から見て無数ともいえる行為パターンや目的を生成することができる。エージェントが他のエージェントとの相互作用や突然変異によって選択集合の要素数を多くしていけば、エージェントが合理的行為から自省的行為にモードを切り替えたときに人間の目には新しい目的を選ぶことができるだろう。

6　新しい社会理論に向けて

本章では、合理的選択理論の立場から今田（1986）の自己組織性理論の問題点を指摘し、それを乗り越えて新たな自己組織性理論を構築する可能性を検討してきた。今田が『自己組織性――社会理論の復活』を刊行した一九八六年から現在に至るまで、合理的選択理論は大きく発展してきた。一つは合理性概念の拡張である。経済学やゲーム理論で従来から用いられてきた前向き合理性に加えて、進化ゲーム理論やエージェント・ベースト・モデルで用いられる後ろ向き合理性が多くの研究者に用いられるようになった。もう一つの発展はエージェント・ベースト・モデルの進展である。これらの発展により、合理的選択理論は行動レベルでは今田（2009）のいうシナジェティック型自己組織性を分析するための強力な道具になった。

しかし今田の自己組織性理論を特徴づける自省性ないしは自省的行為を適切に位置づけるためには、本章で示したようなメタ合理性にもとづく行為モードの切り替えメカニズムをモデルに組み入れる必要がある。さらに新しい目的を考え出すという自省的行為固有の特性を近似的とはいえモデル化する必要もある。

これらの作業は困難だが、挑戦するに値する。エージェント・ベースト・モデルに限らず数理モデルを構築する研究者は、どちらかといえばモデル化しやすい現象を追求する傾向がある（Sato 2013）。しかし今田（1986）の提唱した自己組織性理論を試金石として、新たなモデルを構築していくことは新たな社会理論の構築につながるだろう。

注

（1）今田の自己組織性理論に関する解説は佐藤（1998a）に依拠している。
（2）本節の記述は佐藤（1998b）と Sato（2016）に依拠している。
（3）この分野の先駆的研究に Macy（1989）がある。

文献

Axelrod, Robert, 1997, *The Complexity of Cooperation: Agent-Based Models of Competition and Collaboration*, Princeton University Press.（寺野隆雄監訳、二〇〇三『対立と協調の科学――エージェント・ベース・モデルによる複雑系の解明』ダイヤモンド社。）

Coleman, James S., 1990, *Foundations of Social Theory*, The Belknap Press of Harvard University.（久慈利武監訳、二〇〇四・二〇〇六『社会理論の基礎』（上・下）青木書店。）

Ellickson, Robert C., 2001, "The Evolution of Social Norms: A Perspective from the Legal Academy," Michael Hechter and Karl-Dieter Opp eds., *Social Norms*, Russell Sage Foundation, 35–75.

橋爪大三郎、一九八六、「（書評）『自己組織性――社会理論の復活』」『理論と方法』一（一）：一六五―一六七頁。

Huber, Joan, ed., 1991, *Macro-Micro Linkages in Sociology*, Sage.

今田高俊、一九八六、『自己組織性――社会理論の復活』創文社。

今田高俊、二〇〇九、「社会システム論への新たな接近法――エージェントベース・アプローチ」出口弘・木嶋恭一編著『エージェントベースの社会システム科学宣言――地球社会のリベラルアーツめざして』勁草書房、二一―三六頁。

金澤悠介・朝岡誠・堀内史朗・関口卓也・中井豊、二〇一一、「エージェント・ベースト・モデルの方法と社会学におけるその展開」『理論と方法』二六（一）：一四一―一五九頁。

厚東洋輔、一九八六、「社会変動から自己組織性へ――今田高俊『自己組織性――社会理論の復活』を読む」『創文』二六七：四―八頁。

Kuran, Timur, 1995, *Private Truths, Public Lies: The Social Consequences of Preference Falsification*, Harvard University Press.

Macy, Michael W., 1989, "Walking out of Social Traps: A Stochastic Learning Model for the Prisoner's Dilemma," *Rationality and Society*, 1 (2)：197–219.

Macy, Michael W. and Andreas Flache, 2002, "Learning dynamics in social dilemmas," *Proceedings of the National Academy of Sciences of the United States of America*, 99 (Supplement 3)：7229–7236.

Macy, Michael W. and Robert Willer, 2002, "From Factors to Actors: Computational Sociology and Agent-Based Modeling,"

Annual Review of Sociology, 28：143–166.
佐藤嘉倫、一九九八a、『意図的社会変動の理論』東京大学出版会。
佐藤嘉倫、一九九八b、「合理的選択理論批判の論理構造とその問題点」『社会学評論』四九（二）：一八八–二〇五頁。
佐藤嘉倫、二〇〇六、「自己組織性とエージェント・ベースト・モデル」『理論と方法』二一（一）：一–一〇頁。
Sato, Yoshimichi, 2013, "Mathematical Sociology in Japan：Its Powerful Development and a Problem," *International Journal of Japanese Sociology*, 22（1）：16–31.
Sato, Yoshimichi, 2016, "Exploring Moving Mechanism between Forward-looking and Backward-looking Rational Actions: Toward a Meta Rational Choice Theory," Paper presented at the 111th American Sociological Association Meeting.
Schelling, Thomas, 1971, "Dynamic Models of Segregation," *Journal of Mathematical Sociology*, 1：143–186.
盛山和夫、一九九五、『制度論の構図』創文社。
七條達弘・中野康人、一九九九、「シミュレーションにおける学習モデルの性質――シミュレーションの基礎理論構築へ向けて」『理論と方法』一四（二）：八九–一〇一頁。
富永健一、一九六五、『社会変動の理論――経済社会学的研究』岩波書店。
Weber, Max, 1920, *Die protestantische Ethik und der《Geist》des Kapitalismus*,（*Gesammelte Aufsätze zur Religionssoziologie*, Bd. I 所収）.（梶山力・大塚久雄訳、一九五五『プロテスタンティズムの倫理と資本主義の精神』岩波書店。）

第12章　自己組織化の普遍性と歴史性
——自律・他律・共律

正村俊之

1　自己組織化の諸相

I・プリゴジンの散逸構造論が登場して以後、自己組織化論は物理的秩序のみならず、生命的秩序や社会的秩序をも射程に入れた理論へと発展してきた。散逸構造論は、ミクロな運動をつうじてマクロな秩序が創発することを定式化したが、こうした自己組織化のメカニズムは他の秩序にも見いだされる。

たとえば、アリゾナ砂漠に生息する働きアリは、女王アリの指示に頼ることなく巣から一番遠い場所にアリの「墓場」を作り、巣と墓場の両方からの距離を最大化する場所に「ゴミ捨て場」を作る。コロニーのメンバーとなるアリは絶えず入れ替わるが、アリのコロニーは進化的な発達を遂げていくことができる。

アリが仲間との交信に使える記号（主にフェロモン）は一〇～二〇個程度にすぎず、個々のアリにできるのは、アリが発するフェロモン記号とその頻度にもとづいて自分の行動を調整するだけである。にもかかわらず、アリは人間社会なら階層的な指揮系統を使って解決するような問題を統計的な確率のもとに解決する（Johnson 2002）。つまり、局所的な場におけるアリ同士の相互作用の累積的な帰結として秩序が自生的に形成されるわけである。

一方、人間社会では、権力者の意志を末端にまで浸透させる中央集権的なシステムが発達してきたが、もちろんそれだけではない。Y・ベンクラーは、西欧近代社会の二つの対極的な仕組みとして、ホッブズの『リヴァイアサン』とアダム・スミスの『国富論』に描かれた二つの方法を対置したうえで、「信頼と長期的な協力に基づく協働ネットワーク」を第三の方法として位置づけた。第一の方法では強大な権力者のもとで闘争が抑止され、第二の方法では、市場の見えざる手によって利害が調整されるが、いずれも利己的な人間像を前提にしている。これに対して第三の方法は、他者に対する信頼と長期的な協力に基礎を置いている。そうした事例として、ベンクラーは古来の灌漑農業や漁業における監視方式、トヨタの5SやQCサークル活動、ウィキペディアやフリーソフト運動等を挙げている（Benkler 2011）。

人間社会にも、ミクロな相互作用をつうじてマクロな秩序を形成する自律分散的なメカニズムが働いていることは、歴史普遍的な事実である。とはいえ、アリの場合と違って、人間社会の自己組織化は可変的な性格をもっている。

これまで自己組織化論は、主に要素（個体）間の協調というミクロな関係をつうじてマクロな秩序を生成するメカニズムをあつかってきたが、自己組織化のあり方は、秩序の種類によって変化する。社会秩序の場合には、社会の歴史的過程で多様な文化が形成され、それぞれの文化のもとで多様な相互作用が営まれてきた。さまざまな協働ネットワークが形成されただけではなく、文化や世界観のあり方に応じて、自己組織化も多様な形態をとってきた。個体間の信頼と協力を生み出すメカニズムは、社会秩序を形成する基底的なメカニズムであるとはいえ、自己組織化を実現する唯一のメカニズムではない。後で説明するように、『リヴァイアサン』と『国富論』のなかで描かれた権力システムと市場システムも、特有の世界観――人間観や自然観を含む――を前提にした自己組織システムである。

したがって、社会秩序の自己組織化を論ずる際には文化内在的な視点が必要になる。社会秩序を生み出す客観的なメカニズムを観察者視点から記述するだけでなく、それを各社会の文化や世界観に関連づけて把握するような当事者視点に立つことが必要なのである。そこで本章では、二つの視点に立脚しながら社会の自己組織化様式の歴史的変遷を概観したうえで、現代社会の自己組織化について論じよう。

2　自己組織化のプレ・モダン的様式

自己組織化の非自明性

社会の自己組織化を考えるうえで、まず考慮に入れなければならないのは、人間が自らの意志で社会秩序を形成するという、われわれにとっては自明な観念が社会の歴史的展開をつうじて獲得された文化的所産だということである。観察者視点で捉えるならば、いつの時代にも人間はみずからの手で社会秩序を形成してきたが、当事者視点に立つならば、それは歴史普遍的な事実ではない。人間がみずからの意志にもとづいて社会秩序を形成するためには人間が自律していなければならないが、そうした自律性の観念は優れて近代的なものなのである。

近代的個人と近代国家は、どちらも外部（他者や他国）に対して相対的な自律性を有する存在である。利己的な個人を前提にして強大な国家を構想したホッブズの思想が近代的であったのは、近代的個人と近代国家の本質を先取りしていたからである。

『リヴァイアサン』が公刊されたのは、三十年戦争が終結し、近代国家の形成のきっかけとなるウェストファリア条約が締結された直後のことである。「万人の万人に対する戦い」は、「自然状態」というフィクションのうえに成り立っていたとはいえ、三十年戦争という、中世最大にして最後の宗教戦争を背景にしていた。そのリアルな出来事をふまえて、人間の本性という原理的なレベルから国家の成り立ちを説明したのが『リヴァイアサン』であった。利己的な個人の集まりから帰結する「万人の万人に対する戦い」を回避するために要請されたリヴァイアサンとは、強大な権力を有する主権国家にほかならない。

西欧の歴史を振り返ってみると、『リヴァイアサン』が公刊された一七世紀は、絶対主義国家の時代である。王権神授説を標榜していた絶対主義国家は近代国家であるとはいえ、神の権威を借りて社会を統治しようとしていた点で中世的要素を残していた[1]。近代国家がそうした中世的要素を払拭し、至上の権威を有する国家すなわち主権国家となったのは、国民国家の段階においてである（正村 2009）。個人が近代的主体として、また近代国家が主権国家（国民国家）として確立されたのは、一八世紀から一九世紀にかけてであるが、ホッブズはそうした近代的個人と近代国家の本質を先取りしていたのである。近代的個人は「近代的主体」と呼ばれるが、近代的個人を小文字の「近代的主体」とすれば、近代国家は大文字の「近代的主体」である。どちらも、外部に対して自律性と主体性を備えている。

人間がみずからの意志で社会を形成しうるという観念は、このような人間社会の自律を前提にして確立された。逆にいえば、近代以前の多くの社会では[2]、宗教と政治が一体化し、聖なる力を借りて社会の統治がおこなわれていた。世俗の世界に住む人間にとって、王の権力は、超越的存在である神の意志にもとづき、聖なる力を帯びる限りで正当化されたのである。

もっとも、このことは自己組織化の普遍性を否定するわけではない。人為性の対立物である超越性そのものが人為的に創出されていたからである。世俗の世界のなかから、世俗を超越した聖なる力が生み出されていた。そのため、社会の自己組織化は、自己組織性に対する否定という逆説的な形式をとっている。その原初的な形態をアルカイック社会の供犠のなかに見ることができる。

自己否定的な自己組織化様式——俗なる存在性の否定と聖なる力の発現

M・モースとH・ユベール（Mauss and Hubert 1899）によれば、供犠というのは、神に対する供物を破壊し聖化することによって、儀礼の執行にかかわる祭主や祭司、そして共同体の構成員の性質を変化させる儀礼である。儀礼の執行にかかわる祭主や祭司は、儀礼を執行する前から聖なる性質を十全な意味で帯びているわけではない。儀礼をつうじて聖なる力を獲得するのである。そうした聖なる力を発現させる儀式が供犠にほかならない。供犠によって、聖なる世界と俗なる世界のあいだの伝達が可能になる。

供犠には、「俗から聖への伝達」がおこなわれる「聖化」と、「聖から俗への伝達」がおこなわれる「脱聖化」という二つの側面がある。まず聖化の過程では、犠牲獣の殺害というかたちで供物の破壊がおこなわれる。供物の対象となるのは、たとえば「聖なる牛」であるが、「聖なる牛」も、最初から聖なる性質を備えているわけではない。犠牲獣は、儀礼的な殺害を通して聖なる性質を付与される。というのも、犠牲獣の世俗的な死は、聖なるものとしての復活を意味するからである。犠牲獣の「死は、フェニクス〔不死鳥〕の死であって、聖なるものとして再生したのである」（Mauss and Hubert 1899：訳 42）。

次に、世俗の世界に現れた聖なる力が社会的に利用される。まず、聖なる力が犠牲獣から祭司や祭主に伝達される。祭主や祭司は、儀礼が執行されるあいだずっと犠牲獣と物理的な接触を保ち、犠牲獣との象徴的な一体性を維持することによって、世俗的な死と聖なるものの復活という、犠牲獣に起こった出来事をみずからの出来事として利用する。そもそも、世俗的な死をつうじて聖なる力を獲得しなければならないのは、王の前身的な存在である祭主や祭司である。しかし、彼らは、世俗的な死と聖なる復活を直接体験することはできない。彼らの死を回避するために、その身代わりとなったのが犠牲獣である。犠牲獣は、死と復活をつうじて世俗の世界のなかから聖なる力を発現させる媒介的な役割を果たしているのである。

そして、聖なる力は、犠牲獣から祭司や祭主に伝達されるだけでなく、共同体の構成員にも伝達される。この伝達を実現するのが犠牲獣の消費である。犠牲獣の一部を全員で食することによって、共同体としての結束がはかられる。共同体の構成員が供物を食しながら神と交わる「会食儀礼」は「コミュニオン」と呼ばれ、その機能は、聖なる力を人びとに浸透させ、共同体への帰属意識を高めることにある。ちなみに、「コミュニケーション」の語源にもなっているラテン語の「コムニオ communio」は「共有」を意味していた。

俗なる世界のなかに聖なる力を発現させる供犠は、権力を発生させる装置でもあったが、こうした供犠のなかに現出する集団的な結束力を、É・デュルケーム（Durkheim 1912）は「集合的沸騰」として定式化した。聖俗二元論的な世界観を擁する社会では、社会秩序は聖と俗との交替を通して維持される。聖なる儀礼の瞬間には、日常的な秩序が否定されるが、そこで現出した聖なる力は、日常的な秩序を再生する原動力となる。

このようにアルカイック社会では、俗なる世界に属する社会秩序の自己組織化は、聖なる力に媒介されていた。王の起源について研究したJ・G・フレイザー（Frazer 1968）は、古代の王が呪術師から発展し、王も供犠を執行する大祭司であったことを明らかにしているが、社会の統治を可能にする超越的な権力は、「世俗的な死と聖なるものとしての復活」というロジックに支えられていたのである。

要するに、供犠は、人間がみずからの手で社会を創造しつつも、その痕跡を一切消去するような宗教儀礼であった。アルカイック社会の自己組織性は、人為性を超越した聖なる力を人為的に創出するところにある。その意味で「自己組織性を否定した、社会の自己組織化様式」といえる（正村 2014）。当事者視点に立てば、自己組織化が否定されているが、観察者視点に立てば、そうした自己否定的な論理を介して自己組織化が実現されていたのである。

「神中心の王権」から「人間中心の王権」へ

供犠は、社会の歴史的発展とともに消滅していったが、自己否定的な自己組織化様式は、供犠が消滅した後も命脈を保った。では、この自己組織化様式は、どのようにして乗り越えられていったのだろうか。その過程で重要な役割を果たしたのがキリスト教である。キリスト教は、供犠の形式を継承すると同時に、自己否定的な自己組織様式を打ち破る契機をはらんでいた。

ユダヤ教から発展したキリスト教は、供犠の論理を内包していた。供犠のなかで犠牲獣は、殺害後に聖なるものとして復活したが、イエスもみずからの死を介して神として復活する。人間であると同時に神でもあるイエスは、犠牲獣と同様、聖なる世界と俗なる世界の媒介者である。さらに供犠では、犠牲獣の会食をつうじて共同体的な結束がはかられたように、キリスト教の聖餐式でも「ホスティア」（聖体）すなわちイエスの体と血を意味するパンと葡萄酒を分かち合うことによってイエスとの一体化がはかられる。「ホスティア」の原義は「生け贄」であり、イエスとの一体化をつうじてキリスト教共同体への帰属が確認される。

キリスト教は，このような意味で供犠の形式を内包していたが，中世から近代に至る過程で大きな転換を遂げ，それに呼応して自己組織化様式も変化していった。この歴史的な転換を理解するためには，西欧中世社会の聖俗二元的な体制に言及し，キリスト教と封建制の関係を説明する必要があるが，ここでその余裕はないので，中世政治思想の展開を論じたE・H・カントロヴィッチの『王の二つの身体』（Kantorowicz 1957）を手かがにして考察を進めよう。

カントロヴィッチは，王が生身の人間として可視的な「自然的身体」をもつと同時に，政治組織からなる不可視の「政治的身体」をもつという絶対主義時代の王権表象が王＝司祭という中世の王権思想に淵源しているとしたうえで，中世における王権表象の歴史的変遷を四つの段階に区分した。

最初の「キリストを中心とする王権」の段階では，王は司祭と同様に，「キリストの模倣者（キリストの似姿・キリストの代理人）」として現れた。イエス・キリストが人間であると同時に神でもあるように，王も自然的であると同時に神的な存在であり，その神的性格によって権力を獲得した。当時の文献に記されているように「王の権力は神の権力である」（Kantorowicz 1957：訳 上95）。

「法を中心とする王権」の段階になると，典礼的な王権構造からの離脱が始まり，「王＝司祭」という典礼的な概念は「自然法」や「人定法」という神政論的・法学的な観念に置き換えられた。王は「法から解放されていると同時に法に拘束されている」という二重性を帯び，この二重性は，王が人定法に関しては「法の主人」，自然法に関しては「法の下僕」であるという解釈によって説明された。

さらに「政体（団体）を中心とする王権」の段階になると，法学的な国家観念に団体論的な国家観念が付け加わった。この観念上の変化は，「神秘体」という概念の解釈変更にみることができる。「神秘体」（corpus mysticum）は元来，イエスの体（と血）であるホスティアを意味したが，一二世紀以降，その意味が変化し，ホスティアによって統合される教会すなわちキリスト教社会の組織体をさすようになった。この意味変化をふまえて，教会は「キリストを頭とする神秘体」となったが、さらにそこから「神秘体」という言葉が国家にも適用され、国家も「王を頭とする神秘体である」と解釈された。こうして教会も国家も、今日でいう法人格に相当する団体として理解されたのである。この段階でも、教会と国家、政治と宗教をアナロジカルに捉える発想が残っていたが、「君主は王国の頭であり、王国は君主の身体である」という捉え方は、政治組織を王の「政治的身体」とみなす絶対主義時代の王権表象のすぐ手前まできていた。

そして、最後の一歩となったのが「人間を中心とする王権」である。この段階に至って、純粋な「人間」が中心に据えられるような王権観念が登場する。カントロヴィッチは、ダンテの作品のなかに人間社会の自律化を読み取っている。「〈人間性〉の領域は、ダンテの哲学体系のなかで、〈キリスト教徒たること〉の領域から根本的に分離され、人間社会の自律的権利が――これは教会による祝福に依存しているものの――力強く説かれている」(Kantorowicz 1957：訳 下240)。ダンテは、それまで霊魂に結びつけられていた理性を霊魂から切り離し、理性の力を用いて非キリスト教徒をも含む全世界的な人間社会を統合しようと試みた。ダンテの意義は、「キリスト教世界」を「人類」という観念に置き代え、キリスト教世界の理念を世俗化したことにある。こうした国家と教会、政治と宗教の分離をつうじて人間社会の自律化への道が切り開かれたのである。

3　自己組織化のモダン的様式

自己否定的な自己組織化様式の否定

人間の自律的な意思にもとづく統治の仕組みは、最終的には近代民主主義として結実するが、近代民主主義の構成要素となる立憲主義、代表制、人民主権は、いずれも西欧中世社会に端を発していた。マグナカルタの制定は、政治権力を法の支配のもとに置く近代立憲主義の萌芽であったし、カトリック文化圏のなかで成立した身分制議会は、身分という団体の総体的な意志を代表する機関として機能した。そして、人民主権論を最初に提唱したのは一八世紀のJ・ルソーではなく，ダンテと同時代のイタリアで活躍したパドヴァのマルシリウスであった。

もちろん，中世から近代への移行は平坦な道のりではなかった。というのも，中世の立憲主義，代表制原理，人民主権論は，絶対主義国家の成立とともに姿を消してしまったからである。われわれが近代民主主義の確立として理解しているプロセスは，絶対主義国家の打倒とともに中世的要素が一掃されていくプロセスである。しかし，世俗化の過程で，西欧中世社会の根幹をなしたキリスト教は単なる否定の対象ではなかった。キリスト教自体に人間社会の自律化を促す内在的な契機が組み込まれていたのである。そのことを理解するために，近代的主体に関するM・フーコー（Foucault 1975）の議論と近代資本主義に関するM・ウェーバー（Weber 1920）の議論を比較してみよう。

周知のように，「パノプティコン」（一望監視装置）は，一九世紀にイギリスのJ・ベンサムが考案した監獄であるが，そのなかで囚人は，独房に収容されているだけでなく，看守の一方向的な視線に晒されている。囚人は看守を直接観察することができない。看守が自分をどのように見ているのかを知るためには，看守の態度を想像的に取り込まなければならない。監視する看守は主体的，監視される囚人は従属的な立場に立っているが，看守の主体的な態度を内面化することを通して，服従的な立場に立つ囚人が主体化される。看守に従属する囚人こそ，近代的主体のモデルであるというのがフーコーの見解であった。近代的主体（Subject）とは，服従（subjection）を介して主体性（subjectivity）を獲得した存在なのである。

囚人と囚人は「相互孤立」的な関係，看守と囚人は「支配／服従」的な関係にあるが，ウェーバーがプロテスタンティズムの倫理のなかに見いだした人間と人間，人間と神の関係にも同様な構造が成り立っていた（正村 2001）。まず，教会組織に依存したカトリックと違って，聖書主義に立脚したプロテスタンティズムは，神と信者との直接的なつながりを追求したことから信者間の孤立化が進んだ。特にカルヴィニズムは，人間の運命があらかじめ決定されているという予定説を採用したため，この「教説が，その壮大な帰結に身をゆだねた世代の心に与えずには置かなかった結果は，何よりもまず，個々人のかつてみない内面的孤独化の感情だった」（Weber 1920：訳 156）。

そして、神と人間の関係は「神が人間を見ることはできるが、人間が神を見ることはできない」という一方的な関係である。「われわれは彼の決意を理解することも、知ることさえもできないのだ。われわれが拠り所とするのはこうした永遠の真理の諸断片だけで、他の一切――われわれの個人的運命のもつ意味は見るべからざる神秘に蔽われており、それを究めようとするのは不可能でもあるし、身の程知らぬことでもある」(Weber 1920：訳 153)。

プロテスタンティズムは、このように信者を相互に孤立させつつ、神と信者の間に「支配／服従」関係を確立した。ウェーバーは、プロテスタンティズムの倫理が教会や聖礼典による救済を完全に廃棄したという点で「呪術からの解放」をみたが、ここで注目すべきは、教会組織の排除を通して、神と人間の「支配／服従」関係が純粋なかたちで現れ、いっそう強化されたということである。そのことが逆説的にも、服従の主体性への転化というメカニズムを作動させたのである。

近代は、神に代わって人間が世界の創造主体となった時代であるが、人間の主体化は、このように超越的なものを生み出す宗教的なロジックの展開の果てに実現された。供犠の本質は、俗なる世界に聖なる力を発現させる点にあったが、プロテスタンティズムの倫理は、超越的な神に対する人間の服従を徹底的に推し進めることによって、逆説的にも、神に従属していた人間を世界の創造主体に引き上げたのである。当事者視点に立つならば、人間が理性と自由意志にもとづいて社会秩序を創造することは、アリが本能にしたがって集団的秩序を創出したのと同じくらい自然な出来事である。しかし、そのような事態は、観察者視点で捉えると、人間が最初に築いた「自己否定的な自己組織性」を再び否定するという二重の否定をつうじて成立したのである。

近代的主体と自己組織性

ところで、人間社会が真の意味での自律化を遂げたのは、絶対主義国家から国民国家へ移行し、近代民主主義が制度化された段階においてである。フランスでは、ナポレオン三世が統治した第二帝政期のあとの第三共和政期に、三権分立と普通選挙(3)を根幹とする第三共和国憲法が制定され、代議制民主主義としての近代民主主義が確立された。

この時代にパリの大改造がおこなわれるが、この出来事は、社会秩序が権力者の人為的な意志によって創出された一つの象徴的な事例といえる。

大改造前のパリは、産業化に伴う急激な人口集中、狭く込み入った道路網、多発する犯罪、劣悪な生活環境、失業者の増加といったさまざまな社会問題に直面していた。そうしたなかでナポレオン三世は、経済的には資本主義、政治的には国民国家に適合した都市を建設するために、セーヌ県知事オスマンに命じてパリの大改造を行った。一七年の歳月をかけて、道路網の整備、行政施設の集約、緑地の配備、上下水道やガス等などのインフラ整備が実施された。アウステルリッツの戦いでロシア・オーストリア軍に勝利したナポレオン三世は、勝利を記念してエトワール凱旋門を建設したが、そこを基点に一二本の直線道路が放射状に配置された。この放射状の道路は、そこからパリの街を見渡すことを可能にするとともに、そこがパリの中心であることを示唆していた。

パリ改造の設計理念として掲げられたのは、パリに光と風を入れることであった。ナポレオン三世は次のように語っている。「パリはフランスの中心である。この偉大なシテの美化のために、その住民の境遇の改善のために、われわれのあらゆる努力を傾注しよう。新しい道を開こう。空気と日光の不足している過密街区の浄化を果たそう。そうすれば、太陽の恵み深いわが城壁内の隅々まで差し込むことになるだろう」（松井 1997：110）。

街を放射状の道路によって整然と区画し、街の隅々にまで光が届くようにしたパリの都市改造は、各独房に光が差し込むように設計されたパノプティコンの構造に通ずるものがある。どちらの場合にも、光を取り入れることで中心から全体を眺められるように設計されている。もちろん、看守と囚人のあいだに視線の一方向的な構造を創り上げたパノプティコンと違って、パリでは、凱旋門から周囲を見渡せるだけでなく、周囲から凱旋門を眺めることもできる。しかし、看守の姿を隠し、常に看守に監視されていると思わせることが監視権力の効果を高めたように、遠く離れた場所から権力の象徴である凱旋門を眺められるようにしたことは、権力の存在を人びとに意識させる効果を発揮する。

いずれにしても、パリの大改造は、街全体を俯瞰する超越的な視点のもとで計画されていた。その後、パリに倣って他の地域でも近代的な都市計画が進められたが、そうした都市計画を支えた超越的視点は、神の追放を通して人間が獲得したといっても過言ではない。近代社会の自己組織性は、何よりも人間の理性的能力と自由意志を前提にしているが、そうした自己組織化の前提そのものが近代社会という特殊な歴史的・社会的条件のもとで創出されたのである。

このことをふまえると、近代社会の仕組みが自己組織的なシステムであることがわかる。ベンクラーがホッブズの『リヴァイアサン』とアダム・スミスの『国富論』のなかに読み取った近代国家と市場システムは、集権的か分権的かという点で対照的であるが、そこには一定の共通性がみられる。経済学が市場システムを解明する際、その理論的基礎に据えたのは、利己的であると同時に自律的な個人であった。そして、国民主権（人民主権）を実現した近代国家は、理念的には外部の影響を受けることなく、内部を自律的に統治できる主権国家であった。近代社会の自己組織性は、個人も国家も理性をつうじてみずからのあり方を決定しうる自律的な存在であるという存在論的な前提のもとで作動してきたのである。

4　モダン的自己組織化様式の変容

競争原理の浸透

この存在論的な前提は、今でも有効性を失ってはいない。当事者視点からみれば、個人的意志なのか集合的意志なのかは別にして、人間の自律的な意志にもとづいて社会秩序が生成されることに変わりはない。だが、観察者視点に立つならば、二〇世紀後半以降、近代社会が変貌をとげるなかで人間の自律性は一定の変化を蒙ってきた。それに伴って、新しい自己組織化様式が現れてきた。もっとも、そこには二つのタイプがある。第一は、現代社会の制度的変更と政策的意図のもとで誕生したものであり、第二は、そうした状況のなかで、より自生的な動きとして出現したものである。まずは、前者から見ていこう。

二〇世紀中庸に至るまで、近代社会の歴史は、集権的な国家と分権的な市場の力関係が変化していく歴史でもあった。夜警国家の時代が続いた一八世紀から一九世紀にかけては、市場が国家に対して優位を占めていた。その後、官僚制機構の発達とともに国家の力が増大し、福祉国家が築かれた第二次世界大戦後に、市場に対する統制力が極まった。しかし、七〇年代に入って福祉国家が行き詰まると、資本主義の再生戦略として新自由主義が台頭してきた。

新自由主義的な政策が世界的に浸透していくなかで、国家と市場の力関係も再び変化したが、この変化は、二〇世紀前半の流れに対するたんなる揺り戻しではなかった。確かに、新自由主義は、その改革理念として「大きな政府から小さな政府へ」を掲げ、さまざまな規制を取り払って市場メカニズムを最大限に活用することをめざしている。しかし、新自由主義的な改革は、その意図通りの結果をもたらしたわけではない。

新自由主義が「市場原理主義」と称される理由は、規制緩和によって市場メカニズムを活性化させるだけでなく、経済以外の社会領域に市場原理を導入しようとする点にある。とはいえ、経済以外の社会領域では、市場メカニズムと完全に同一なシステムを構築することはできない。

市場経済は、アダム・スミスが「神の見えざる手」と呼んだように、貨幣による自動調整機能を組み込んだシステムであり、価格変動をつうじて需要と供給の調整がなされる。生産者間に競争が働き、消費者が生産者の生産した商品を自由に選択できるのは、貨幣が需要と供給に関する多様な情報を価格という数量的情報に還元しながら、価格変動をつうじて需給の均衡化がはかられるからである。貨幣による価格表示は、一元的な尺度で商品を評価し、その結果を再び生産活動に反映させるフィードバック機能を担っている。もちろん、貨幣の自動調整機能が常に有効に働くわけではないが、少なくとも理念的には、そうした機能が働くことによって、生産者と消費者は、価格だけを頼りに商品の生産量や購買量を自律的に決定しうる。競争的市場が分権的なシステムである所以である。

一方、経済以外の社会領域では、市場原理を導入しても、貨幣の自動調整機能を働かせることは難しい。けれども、競争と選択のメカニズムを作動させることは可能である。新自由主義的な改革のねらいは、経済以外の社会領域のなかに、競争と選択のメカニズムを導入し、「生産者と生産者」と「生産者と消費者」に比肩できるような社会関係を確立することにある。公的機関の役割を民間企業に肩代わりさせるだけでなく、公的機関のあいだに競争的な関係を創り出し、そのアウトプットとなる財やサービスを自由に選択できるような関係を築くことができれば、市場に近づけられる。このようなシステムが「疑似市場」（準市場）である（Le Grand 2007）。

疑似市場には自動調整機能が欠落しているとはいえ、市場と違うかたちで、財やサービスに対する評価をおこない、評価結果を生産過程にフィードバックさせる仕組みが組み込まれている。その具体的な仕組みは、疑似市場によって異なるが、いずれにせよ、評価基準が社会的・計画的に設定され、一定の主体によって評価がなされる。その際、評価主体となるのは、個々のサービス享受者である場合もあるが、第三者的な立場に立つ特定の主体である場合もある。さらに、評価と資金配分が連動し、高い評価を受けた主体に対してより多くの資金が配分されるような仕組みが確立される場合もある（正村 2014）。

したがって、疑似市場は、競争と選択が働く点で分権的であるが、システム全体に対して評価とフィードバックを働かせるような人為的なコントロールが加えられている点で集権的でもある。評価主体は、評価基準の設定や評価の実施を通して、被評価主体のあり方を脱統制的な仕方で統制しうる。つまり、評価の仕組み自体が人為的に構築されている疑似市場では、被評価主体は、みずからのあり方を自律的に選択できるとはいえ、評価主体による「脱統制的な統制」下に置かれている。その意味で、疑似市場は、「自律と他律」「分権と集権」という二つの相反的な要素を備えたシステムである（もっと正確にいえば、こうした伝統的な二分法では捉えきれないシステムである）。

そして、このような社会環境を創出するうえで指導的役割を果たしてきたのが国家である。G・ニーブ（Neave 1988）が「評価国家」と称したように、現代の国家は、評価とフィードバックに支えられた競争的環境を整備するだけでなく、ときに競争を判定する評価主体として立ち現れる。「大きな政府から小さな政府へ」という新自由主義的な改革がその意図に反する帰結を生み出しているのは、国家が「非統制的な統制」という新しい権力様式を獲得したからである。

新自由主義的な改革が始まる一九八〇年代以降、現代社会では「ガバメントからガバナンスへ」と呼ばれる変化が進行しているが、この統治構造の変化も、新自由主義的な改革と軌を一にしている。というのも、どちらも戦後の福祉国家の行き詰まりに端を発しているからである。最初のガバナンス改革は、パブリック・ガバナンスの領域で起こり、新自由主義的な改革の一環をなす「新公共管理」が導入された。新公共管理は、一言でいえば、行政組織の内部に競原理をもち込み、中央集権的な官僚機構を疑似市場へ近づける試みであった。その後、ガバナンス改革は、教育・福祉・医療・環境・国際開発援助など、多様な領域に拡大し、世界的に浸透していった。

一口に「ガバナンス」といっても、多様な形態があるが、多くのガバナンスに評価の仕組みが取り入れられている。ＯＥＣＤは、行政活動に対する評価の目的として、次の二つを挙げている。第一は、「学習」をつうじて行政活動を改善すること、そして第二は、評価結果を報告・公表すること（OECD-DAC 2001）。日本では「アカウンタビリティ」（アカウンタビリティ）として利害関係者に評価結果を報告・公表することを「説明責任」と訳されているが、その力点は成果の説明にあるのではなく、必要な成果を挙げること、つまり「結果責任」を果たすことに置かれている。

学習と説明責任は、評価システムの構成要素としてさまざまな疑似市場やガバナンスに組み込まれているが、こうした評価の仕組みこそ現代社会の自己組織性を特徴づけている。評価を高めるためには、各主体が絶えざる学習をつうじてみずからのあり方を変革していかなければならない。上からの命令にしたがって行動するのではなく、自律的に振る舞うことが要請される。その点では、先に述べた自己組織化のモダン的様式と類似している。

しかし、自律性の内実が異なっている。近代的主体も、服従の主体性への転化という逆説的なメカニズムのもとで生成されたとはいえ、自分がしたがうべき他者や絶対他者としての神をいったんみずからのうちに取り込めば、後は、その行動原理にしたがって自律的に振る舞える。評価の基準は自己の内部に置かれ、評価をおこなう主体も自分自身である。フィードバックは、自分で自分を評価するという内的循環の形式をとる。

ところが、説明責任を要求する現代的な評価の場合には、常に外部の主体によって評価され、外部の期待に応えなければならない。外部の主体には、ステークホルダーとなる多様な（個人的・集合的な）主体だけでなく、評価基準を設定したり評価を実施したりする主体も含まれる。評価基準はあるべき行動を規定するので、外部評価を受けるようになると、被評価主体は、評価主体によって間接的にコントロールされる。

それゆえ、被評価主体は、学習をつうじてみずからのあり方や他主体との関係を変化させられる反面、説明責任というかたちで外部からの評価に晒され、高い評価を受けられるように振る舞うことが強制される。その意味で、現代の主体は、自律的であると同時に他律的でもある。評価という営みはいつの時代にもおこなわれているが、評価の仕組みを組織化し、社会的な評価システムを構築することは、人間がみずからの活動に対してフィードバックを社会的・計画的に働かせることを意味している。現代社会は、各主体の自律的な活動を動機づけるための評価基準を社会的・計画的に設定し、評価結果を各主体の活動に反映させるフィードバックを不断に働かせることによって自己組織的な機能を高めようとしている。

このような評価システムの構築は、社会の変革を導いていく創造的な効果を発揮する反面、ひとたび方法を誤れば、社会の自己破壊を招くことにもなりかねない。「自己組織化」を、社会に対する自己創造的作用と自己破壊的作用を含む価値中立的な概念として定義するならば、現代社会のなかで評価システムは、正負の効果をおよぼしながら、自己組織的な機能を担っている。たとえば、疑似市場のような競争的環境が整備されると、評価を得るための熾烈な競争が展開されるが、このようなミクロ・レベルのダイナミズムが現代社会の自己組織性を支えているのである。

社会的協働性の追求

この新しい自己組織化様式は、自律と他律の混合形式としての「共律」によって特徴づけられるが、共律のあり方によって二つのタイプに区別される。これまで述べてきたタイプは、評価システムが確立されるだけでなく、「非統制的な統制」という仕方で被評価主体に対するコントロールが働くケース、いいかえれば、自律に対して他律、学習に対して説明責任に重きが置かれるケースである。先に述べたように、評価主体が国家であったり、競争的要素が加わったり、評価の結果と資金配分が連動したりすることもある[4]。

これとは逆に、第二のタイプは、他律より自律、説明責任より学習が重視されるタイプである。諸主体間の協働的な関係性を築くことが自己組織化の要になる。そうした事例として、二〇〇〇年前後から世界的な注目を集めるようになった「ソーシャル・イノベーション」を挙げることができよう。

二〇世紀後半以降、国家だけでも企業だけでも解決できない問題が増大し、問題の解決には、国家、企業、NPO、ボランティアといった多様な主体が協力しながら対処する必要性が高まってきた。現在、ソーシャル・イノベーションの試みは世界各地に広がっているが、ブラジルの「HIV／AIDS」制圧運動もその一つである。一九九〇年の時点でブラジルは、HIV感染者数・AIDS患者数が南アフリカ共和国の二倍近くあり、事態の悪化が予想されていたが、二〇〇〇年代に入って感染率が激減した。それは、「貧しくても、地位が低くても、無学でも、誰一人として見放さない」という大原則のもとに、医療専門家、教会関係者、慈善団体のボランティア、政府など、さまざまな主体がHIV／AIDS制圧運動に関与し、その協働的な関係を築くことに成功したからである。

F・ウェストリーら（Westley et al. 2006）は、社会問題を「単純」（simple）、「煩雑」（complicated）、「複雑」（complex）という三つのタイプに分類したうえで、現代社会が抱える問題が「複雑な」問題であり、ソーシャル・イノベーションが問題解決に有効であることを指摘している。三つのタイプのなかで、煩雑な問題というのは、結果の確実性が高く、厳密な計画や強力なコントロールが必要とされる問題をさしている。月にロケットを送るケースのように、綿密な青写真を用意して計画通りに事を進めなければならない。

これに対して、複雑な問題というのは、結果の不確実性が高く、厳密な計画は部分的にしか役立たないか逆効果となる問題のことである。問題を解決するうえで「その本質は個別の人間、個別の体験、個別の時が同調する関係にある」（Westley et al. 2006：訳 30）。問題の解決は、多様な主体間の協力的かつ創発的な相互作用をつうじてなされる。

ソーシャル・イノベーションのプロセスには、小さな変化が突如大きな変化へと発展していく「ティッピング・

ポイント」があるが、そこへと向かう社会的フローを生み出しているのは、デュルケームのいう「集合的沸騰」であるという。ブラジルのＨＩＶ／ＡＩＤＳ流行からの回復が一九九〇年代半ばに唐突に起きたように見えたのも、その時点で政府の介入があったからではなく、ティッピング・ポイントに達したからであった。

ソーシャル・イノベーションは、各主体の自律性と多様な主体間の協働性を基礎にしているので、各主体の活動が評価される場合にも、その方法は、先に述べたケースとは異なっている。ウェストリーらによれば、一般的な評価が説明責任の遂行を第一目的としているのに対して、ソーシャル・イノベーションに適した現実検証は、学習を第一目的とした「発展的評価」である。一般的な評価においては、目標を達成したかどうかが問われるが、こうした説明責任は、「単純な」問題や「煩雑な」問題のように、あらかじめ結果が予想できる場合に有効である。しかし、結果を予測しえない「複雑な」問題に関しては、状況的変化のなかで学習することが重要である。それゆえ、ソーシャル・イノベーションには発展的評価が適しているというわけである。

情報化とネットワーク

右の二つのタイプは、現代社会が抱える共通の状況のなかから生まれたものである以上、両者のあいだに明確な境界線を引けるわけではない。確かに、「競争と協働」「他律と自律」「学習と説明責任」は、一見対抗的な関係にみえるが、両立不可能ではない。これらは、すべて広い意味での社会的なイノベーションにかかわっている。

これまでイノベーションは「技術革新」の意味に解されてきたが、技術革新を遂げるためには、多様な人材を結集し、異質な技術、異質な知識を結合しなければならない。イノベーションの本質は、それまで無関係と思われていた異質なものを結合するところにある。このことは技術革新のみならず、社会的な問題解決にもあてはまる。複雑な社会問題を解決するためには、多様性を増大させるとともに、一つの新しい創造に向けて異質なものを結びつけていかなければならない。イノベーションは、分解と結合、異質性と統一性という二つの対立的なモメントが組み合わさってはじめて達成される。

一九世紀における「市場の失敗」と二〇世紀における「政府の失敗」を経験してきた今日、社会問題の解決は、多様な主体間の結合関係のもとで達成されうる。ソーシャル・イノベーションだけではなく、疑似市場やガバナンスもその点では共通している。競争原理に支えられた疑似市場と、社会的協働性に裏打ちされたソーシャル・イノベーションの違いは、分解と結合、異質性と統一性を実現する仕方にある。

以上のことをふまえると、この新しい自己組織化様式がプレ・モダン的様式ともモダン的様式からも区別されることがわかる。プレ・モダン的様式が超越的な存在に準拠していた点で「他律性」、モダン的様式が人間の自由意志に依拠していた点で「自律性」によって特徴づけられるのに対して、現代の自己組織化様式は、自律性と他律性を混在させた「共律性」の形式をとっている。現代社会は、評価をつうじて各主体が自律的に振る舞うことを促進するとともに、評価の基準や方法を社会的に組織化することによって、各主体の自律的な振る舞いを間接的にコントロールしている。そのコントロールは、「支配／服従」という垂直的コントロールではなく、「誘導」や「舵取り」といった、自律的な主体間に働く水平的コントロールである。要するに、自律と他律の有り様がそれぞれ変化するなかで、二つの要素が結びついたのが現代的な自己組織化様式なのである。

そして、この二つのタイプの自己組織化を根底で支えているのが、現代の情報技術である。どのような評価にせよ、体系的な評価をおこなうためには、評価対象に関する膨大な情報を収集し、評価基準にもとづいて分析しなければならない。現代の情報技術の中核にあるのは、文字、音声、映像を問わず、あらゆる情報をデジタル信号に変換するデジタル技術であるが、「デジタル」の本質は数値という非連続量にある。貨幣は、需給にかんする膨大な情報を価格という数量的情報に還元するので人類最古のデジタル技術といえる。市場経済は、貨幣という最古のデジタル技術を組み込むことによって自動的な調整機能を果したが、今や情報技術という新たなデジタル技術が加わっている。

また、現代の情報技術は、現代的な評価を可能にしただけではなく、社会的ネットワークという、流動的な社会関係の形成を促進している。評価にもとづくフィードバックは、各主体のあり方を変化させるだけでなく、主体間の関係をも変化させている。現代社会では、ネットワーク化によって社会関係の流動的な再編が進んでいるが、そうした社会的ネットワークのインフラ的基盤となっているのが、コンピュータ・ネットワークとしての電子メディアである。

もちろん、現代社会の自己組織性を支えているのは情報技術だけでない。ソーシャル・イノベーションの事例には、情報技術が介在していないケースも多数含まれている。異質なものを結合するのは情報や知識だけではない。あの「集合的沸騰」に内在する情動的な要素すなわち社会的な同調性や共振性も、そうした媒体的な機能を担っている。異質性が増大すればするほど、より強力な結合作用が必要になる。アルカイック社会の供儀のなかに現れた集合的沸騰は、デュルケームが指摘したように、完全に消滅したわけではなく、その後も非日常的な状況のなかで現出してきた。

社会的な同調性や共振性に依拠した自己組織化を「原初的コミュニケーションによる自己組織化」（正村〔1989〕2001）と呼ぶならば、技術的・社会的なイノベーションがこれまで以上に要請されている現代社会では、原初的コミュニケーションによる自己組織化が最新の情報技術に支えられるかたちで復活してきた。このような自己組織化の仕組みは、すでに企業内では技術的なイノベーションを達成するために取り入れられてきたが、今や社会問題の解決する仕組みとして、全社会的なレベルで形成されつつある。それがソーシャル・イノベーションである。

また、評価と資金配分が連動している疑似市場やガバナンスの形式には、貨幣の機能的変容も関与している（正村 2014）。貨幣は、これまで商品交換の媒体として価格表示機能を果たしてきたが、評価結果に応じて資金が配分されると、貨幣は、価格表示以上の象徴機能を担い、権力手段にもなる。その場合には、貨幣という最古のデジタル技術と、コンピュータ・ネットワークという最新のデジタル技術が結びつくことによって、膨大な情報の収集と分析をおこなう評価システムが構築されている。現代社会の自己組織化は、こうしたさまざまな要因が組み合わさって成立しているのである。

冒頭で紹介したように、ベンクラーは、人間社会にも信頼と長期的な協力にもとづく協働ネットワークが存在していることを指摘した。社会的協働にもとづく自己組織化は、ミクロなレベルでいえば、普遍的に存在してきたが、これまで見てきたように、現代という歴史的・社会的条件のもとで支配的な様式へと発展してきた。その意味で、信頼と協力にもとづく協働ネットワークは、古くて新しい自己組織化様式なのである。

注

（1）ただし、王権神授説は、国王の権力が神から直接授けられていると考える点で、国王と神のあいだに教皇やローマ・カトリック教会が介在する中世の世界観とは一線を画していた。

（2）近代以前においても、民主政を採用していた古代ギリシャの都市国家のように、自然（ピュシス）と社会（ノモス）を分離し、人間中心的な世界観をもつ社会も存在しないわけではなかったが、それは例外的である。

（3）普通選挙制といっても、選挙資格をもつのは成人男子に限られており、女性を含む完全な普通選挙制は、もっと後のことである。

（4）詳しくは拙著（正村 2014）を参照されたい。

文献

Benkler, Yochai, 2011, *The Penguin and the Lleviathan : How Cooperation Triumphs over Self-interest* Crown Business.（山形浩生訳、二〇一三『協力がつくる社会――ペンギンとリヴァイアサン』ＮＴＴ出版。）

Durkheim, Émile, 1912, *Les formes élémentaires de la vie religieuse : Le système totémique en Australie* Felix Alcan.（古野清人訳、一九七五『宗教生活の原初形態』（上・下）岩波文庫。）

Foucault, Michel, 1975, *Surveiller et punir : Naissance de la prison*, Gallimard.（田村俶訳、一九七七『監獄の誕生――監視と処罰』新潮社。）

Frazer, James George, 1968, *The Magical Origin of Kings*, Dawsons of Pall Mall.（折島正司・黒瀬恭子訳、一九八六『王権の呪術的起源』思索社。）

Johnson, Steven, 2002, *Emergence : The Connected Lives of Ants, Brains, Cities, and Software*, Penguin.（山形浩生訳、二〇

○四『創発——蟻・脳・都市・ソフトウェアの自己組織化ネットワーク』ソフトバンク・パブリッシング。）
Kantorowicz, Ernst Hartwig, 1957, *The King's Two Bodies : a Study in Mediaeval Political Theology*, Princeton University Press.（小林公訳、二〇〇三『王の二つの身体——中世政治神学研究』（上・下）ちくま学芸文庫。）
Le Grand, Julian, 2007, *The Other Invisible Hand : Delivering Public Services through Choice and Competition*, Princeton University Press.（後房雄訳、二〇一〇『準市場　もう一つの見えざる手——選択と競争による公共サービス』法律文化社。）
正村俊之、一九九三、「高度情報社会のコミュニケーション——コミュニケーションの距離化とその歴史」『フィナンシャル・レビュー』二六号、大蔵省財政金融研究所。
正村俊之、二〇〇一、『コミュニケーション・メディア——分離と結合の力学』世界思想社。
正村俊之、二〇〇九、『グローバリゼーション——現代はいかなる時代なのか』有斐閣。
正村俊之、二〇一四、『変貌する資本主義と現代社会——貨幣・神・情報』有斐閣。
松井道昭、一九九七、『フランス第二帝政下のパリ都市改造』日本経済評論社。
Mauss, M.and H.Hubert, 1899, "Essai sur la nature et la fonction du sacrifice.", *l'Année Sociologique*, II,（小関藤一郎訳、一九八三『供犠』法政大学出版局。）
Neave, Guy., 1988, "On the Cultivation of Quality, Efficiency and Enterprise : An Overview of Recent Trends in Higher Education in Western Europe, 1968–1988," *European Journal of Education*, 23（1/2）, 7–23.
OECD–DAC, 2001, *Evaluation Feedback for Effective Learning and Accountability*, OECD.
Weber, Max, 1920, Die protestantische Ethik und » Geist « des Kapitalismus, 1904–05, Archiv für Sozialwissenschaft und Sozialpolitik, Bd. 20–21 ; in *Gesammelte Aufsätze zur Religionssoziologie*, I,J.C.B.Mohr.（梶山力・大塚久雄訳、一九五五『プロテスタンティズムの倫理と資本主義の精神』（上・下）岩波文庫。）
Westley, F., B., Zimmerman and M.Q., Patton, 2006, *Getting to Maybe : How the World is Changed*,（東出顕子訳、二〇〇八『誰が世界を変えるのか』英治出版。）

第13章　自己組織性と社会システム
——主体のありかをめぐる考察

徳安　彰

1　自己組織化の主体をめぐる概念的なねじれ

主体としての人間

社会システムの自己組織化が論じられるさい、社会システムそのものの主体性ではなく、個的存在あるいは集合的存在として当該の社会システムに関与する人間の主体性が、しばしば強調される。たとえば、今田高俊の次の文章に、それが典型的に表現されている。

社会が変化するのではなく人間が社会をつくり変えていく。私が社会変動に代えて自己組織性という語を用いる理由はこの一文に集約されている。つまり、社会が変化や変動の主語になるのではなく人間が主語であり、社会はあくまで目的語にすぎないことである。社会変動という語から連想されるのは、個々人から離れたところで個々人とは関係なく社会が変化するイメージであり、社会変動が他人事のように把えらえるニュアンスがぬぐいきれない。（今田 1986：176）

人間が主語＝主体（subject）であり、社会システムが目的語＝客体（object）というわけである。同様のことは、さまざまな論者によって、さまざまな領域で主張されている。たとえば、鶴見和子は、近代化について提起した内発的発展論のなかで、次のように述べている。

そこ〔内発的発展〕へ至る経路と、目標を実現する社会の姿と、人々の暮らしの流儀とは、それぞれの地域の人々および集団が、固有の自然生態系に適合し、文化遺産（伝統）に基づいて、外来の知識・技術・制度などを照合しつつ、自律的に創出する。（鶴見 1989：49〔　〕は引用者による）

また野中郁次郎と竹内弘高は、経営組織論における組織的な知識創造を促進する要件について、次のように述べている。

組織のメンバーには、事情が許すかぎり、個人のレベルで自由な行動を認めるようにすべきである。そうすることによって、組織は思いがけない機会を取り込むチャンスを増やすことができる。また自律性によって、個人が新しい知識を創造するために自分を動機づけることが容易になる。さらに、自律的な個人は、部分の中に全体の情報が含まれるホログラフィック構造の一部分として機能する。独自のアイデアが自律的な個人から生まれ、チームの中に広まり、やがて組織全体のアイデアとなる。このように、自己組織化する個人は、ロシアの入れ子人形の核のような地位を占めるのである。（野中・竹内 1996：112）

鶴見や野中・竹内の文章で明示的なキーワードとして強調されているのは、主体性ではなく自律性であるが、自律性は他律性と対義語であり、他者によって律せられる（制御される、強制される）のではなく、みずから律するという意味で、やはり主体性の意義を強調しているものと解釈することができる。また両者ともに、自己組織化という言葉を明示的には使っていないが、創出や創造という言葉のなかには、主体としての人間が、なかでみずからが生きる、あるいは活動する社会システムを、よりよいものにしていくという方向性が示されており、アシュビーのいう「わるい組織」から「よい組織」への転換という意味での自己組織化（Ashby 1962：267）[1]を志向していると解釈することができる。

社会システムと人間の相克

他方で、自己組織化の概念をあくまで形式論理的に解釈すれば、社会システムの自己組織化は、社会システムが環境との相互作用をしながらも、自律的に自己の振る舞いや状態を決定していくことであろう。したがって社会システムの自己組織化とは、社会システムそのものが、環境からの因果的な制御や強制をうけることなく、自律的に自己の振る舞いや構造を決定していくことであり、その意味で主体性を発揮する自己組織化の「主体」は社会システムである、というべきであろう。ここに、人間の主体性を重視する議論との、概念的な齟齬が発生する。

しかし、人間論的な観点から見ると、社会学理論の伝統のなかには、近代社会においては社会が構造化されることによって、人間の主体性の発揮（自律性、自由など）が制約され、阻害されているという基本認識がある。たとえば、舩橋晴俊の組織の存立構造論にかんする次の文章は、この問題意識を簡潔に表現している。

……本来的には自由な諸個人の実践の総体の中から、どのような論理的メカニズムを通して、当の諸個人を超越するような対象的（オブジェクティヴ）＝客観的な組織構造や制度構造や社会構造が立ち現れ、逆に諸個人がそれに包摂され拘束されるようになるのか……。（舩橋 2010：5-6）

この問題の社会学史上最も有名な例は、マックス・ウェーバーの『プロテスタンティズムの倫理と資本主義の精神』である。ウェーバーは、プロテスタンティズムの禁欲倫理が作り出した近代資本主義が、鉄の檻となって人間に抗しがたい力をふるう、という有名なテーゼを述べている。このテーゼを翻訳すれば、近代資本主義の経済システムは、もともとプロテスタンティズムの信仰に裏打ちされた人びとの世俗内禁欲のエートスに突き動かされた主体的行為の産物として成立したにもかかわらず、いったん成立すると、信仰のいかんにかかわらず人びとの行為をシステムの論理に適合するように規制し、人びとは主体性を失う、ということになるだろう。そしてハーバーマスが、ウェーバーの合理性概念を再検討しながら、システムによる生活世界の植民地化というテーゼを提示するのは、そのような文脈のなかでのことである。

人間の主体性が尊重されるべきであるという価値志向に立脚すれば、人間の主体性を制約し、阻害する社会は、アシュビーのいうわるい組織であり、個々の人間の主体性が回復され、十分に発揮できるように社会を変革しなければならない、つまりアッシュビーのいうよい組織へと転換しなければならない、ということになる。そのため、社会システムの自己組織化とは、社会システムが固有の論理によって自律的に作動することではなく、むしろ社会システムにかかわる諸個人の主体性、自律性によって社会システムが形成されることだと考えられるようになる。

ここにある種の概念構成のねじれが生じる。なぜこのようなねじれが生じるのであろうか。社会学の伝統のなかでは、この問題は、「個人と社会」というきわめてラフな定式化から、「ミクロ－マクロ・リンク」や「エージェンシーと構造」という概念的に作り込まれた定式化に至るまで、さなざまなかたちで理論的に構成され、考察されてきた。多くの理論が、人間論的な主体の存在とその主体性発揮という前提を保持したまま、概念的なねじれを解決しようとしてきた。

2　社会システムと個人の理論的関係

個人の社会システムへの隷属？

前節で述べたように、社会学のなかには、近代社会が人間に対して抑圧的にはたらく集合的メカニズムを生み出したという、近代批判的な考え方が、根強く息づいている。一般システム理論の概念を社会現象に適用する場合にも、これに類する問題が生じることがある。ハーケンは、シナジェティクス理論のなかで、システムの要素が巨視的な秩序パラメータにしたがう現象を、隷属（slaving）と名づけた。原子のような物理的なシステムの要素の振舞いが巨視的な秩序パラメータに隷属して特定の秩序を形成すると述べたところで、倫理的・政治的な問題はまったく生じないし、隷属という用語はシナジェティクス理論では抑圧的な含意のまったくない純粋な専門用語にすぎないにもかかわらず、これを社会的状況に適用しようとすると、多くの社会学者の激しい反発を招く。隷属原理によれば、個々の人間の行為が社会システムの巨視的な秩序パラメータに隷属するという理論構成になり、これが倫理的・政治的な問題を引き起こしてしまうのである。ハーケン自身は、人間は自覚しているよりずっと隷属の度合が大きく、それを自覚する方が健全かもしれないと確信するようになった、と述べているが（Haken 1984：37）、社会学者がそれを受けいれるのは容易ではない。

社会システムと個人の関係の論理的可能性

社会システムへの個人の隷属、社会システムによる個人の疎外、主体性の抑圧や剝奪といった近代社会の診断を背景に、社会学の伝統のなかでは常に、個々の人間の主体的、自律的、能動的なはたらきとしての行為、社会システムの構造によって規定され、それにしたがうだけではなく、むしろ社会システムの構造を変えていくはたらきとしての行為を、どのように位置づけるかということが問題とされてきた。しかし吉田民人は、そのような個人の主体性にもとづく社会変革の可能性だけを一方的に強調すると、社会システムと個人の関係の論理的可能性について盲点が発生するとして、社会システムと個人の革新志向／保守志向と両者の優位／劣位を組み合わせることによって、複合的自己組織性について、次のような整理をおこなっている（吉田 1990：286–288）。

①　個人＝革新優位タイプA：革新志向型個人＞保守志向型社会

②　個人＝革新優位タイプB：革新志向型個人＞革新志向型社会
③　個人＝保守優位タイプA：保守志向型個人＞革新志向型社会
④　個人＝保守優位タイプB：保守志向型個人＞保守志向型社会
⑤　社会＝革新優位タイプA：保守志向型個人＜革新志向型社会
⑥　社会＝革新優位タイプB：革新志向型個人＜革新志向型社会
⑦　社会＝保守優位タイプA：革新志向型個人＜保守志向型社会
⑧　社会＝保守優位タイプB：保守志向型個人＜保守志向型社会

　このように社会システムと個人の関係の論理的可能性を網羅したうえで、吉田は、多くの社会学者が称揚してきたのは①のタイプであり、その裏返しとして⑦のタイプを批判してきたとして、それが特殊なイデオロギーにもとづく自己組織性の部分的評価にすぎないと批判している。社会システムのレベルであれ、個人のレベルであれ、主体性の発揮とは常に革新志向を意味するわけではなく、保守志向も含めた自己組織化を考える必要があること、また個人の主体性が常に社会システムの主体性に優位するわけではない（つまり個人の社会システムへの隷属もありうる）ことを、論理的に導き出した点で、この議論はヒューリスティックな意義をもっている。

階層的なシステム構成

　システム理論では、システムの階層性という観点から理論が構成されることも多い。一般システム理論は、一方ではきわめて洗練され、抽象化された理論を構築し、そのなかでシステムの階層性のモデルを作ることもあるが、他方では物理的システムから生物的システムを経て社会システムに至る実体的なシステムの系列をもって、実在するシステムの階層とみなすこともしばしばである。後者の場合に、社会システムの構成要素は個々の人間であり、その人間が社会システムの一つ下のシステム階層を構成すると考えられることが多い。むしろ逆の順序で、生物有機体としての人間の個体をまずシステムと考えて、それらが相互作用によって形成する個体群の創発的性質を社会システムとみなしたり、主体的行為者としての人間をまずシステムと考えて、それらが相互作用によって形成する集合体の創発的性質を社会システムとみなしたりする、というべきかもしれない。

この点について、たとえば出口弘は、グラウンディング（還元）という方法について議論を展開している（出口1995）。出口はエージェントの概念を用いて、グラウンディングとは、高次のエージェントの活動を、それを構成しているより基本的なエージェントの活動プロセスへ還元することである、としている。グラウンディングをすべきか否かについては、上位エージェントのもつ法則性が下位エージェントの特性からどの程度自律しているかが鍵となるが、人間と社会の関係の場合は、上位と見なされる社会システムが自律的法則性をもつとはみなしがたく、それを実現している下位のエージェントのプロセスに還元することこそが必要になることが多い、という。出口のエージェントの概念は、個人だけでなく組織も含む抽象的な主体概念だが、より高次の複雑システムとしての社会システムが下位のエージェントから構成され、かつ下位のエージェントの特性から十分に自律していないとみなしている点を、確認しておこう。

また、オートポイエーシス理論の社会システム理論への適用についてみると、提唱者であるマトゥラーナとヴァレラや、それをかなりストレートに社会学に導入したヘイルの場合は、システムの階層性を前提とし、オートポイエティック・システムとしての個々の有機体の相互作用からなるより高次のシステムとして社会システムを捉え、社会システムそのものはほんらいの意味でのオートポイエティック・システムとはいえないとしている（Maturana and Varela 1984 : Hejl 1984）。したがってオートポイエーシスの原理は、社会システムを構成する下位エージェントの特性記述のため、社会システムの特性記述のグラウンディングのために用いられるべきだ、ということになるだろう。

一方、公文俊平は、複合主体という概念を提起している（公文 1978 : 121ff.）。公文は、複数の要素主体が結びついて複合主体を形成する、という理論構成をとっている。複合主体は、統合の度合いによって、①協働体（統合の度合いが弱く、当事者である要素主体のあいだにも、複合主体が生まれたという自覚がほとんど見られない）、②同盟体（目的の共有と行為の相互調整が多少とも持続的かつ広範におこなわれるに至った段階だが、要素主体はまだみずからが下位主体になったという自覚が乏しく、自由意志による脱退も可能である）、③統一体（新たに形成された主体が要素主体にとっての上位主体であるという意識が、要素主体のあいだにもたれるようになり、要素主体はみずからをその下位主体として自覚する）、の三つが区別される。

統合の度合いが強まるにつれて、上位主体は物化し、それが上位主体と下位主体の関係のあり方に影響をおよぼす。物化の度合いによって、①可換体（下位システムの存在理由が上位システムの目的達成のための機能としての役割に求められるが、役割は自己自身の手段をもつ下位主体によって充足される傾向が強い）、②通過体（上位主体内部の役割構造までが物化し、上位主体が役割充足のための手段をみずから直轄し、下位主体に供給するようになり、下位主体は自律性の維持が困難になる）、③依存体（上位主体によって与えられる役割を、下位主体がいわば絶対視して、よりよい役割充足のための自己組織に全力をあげるが、その分だけ下位主体の自己疎外が進行する）、の三つが区別される。公文の複合主体の議論は、出口のグラウンディングの考え方にくらべると、社会学の伝統的な問題意識を継承した類型の構成になっている点を、確認しておこう。

社会システムと個人の関係の脱構築

これに対してパーソンズやルーマンは、具体的にはそれぞれ異なるやり方ではあるが、個人と社会の関係づけという問題設定をいわば脱構築して、個人を下位要素としない社会システムの概念を構築している。

パーソンズは、行為理論の展開の上に社会システム理論を構築しているが、行為者を要素とした社会システム概念を想定しているわけではない。パーソンズの行為の一般理論は、より正確には行為システムの一般理論であり、そのなかで行為の諸要素はいったん徹底的に分解されて、行為システムの下位システムとしての文化システム、社会システム、パーソナリティ（後期にはさらに行動有機体）へと再構成されている（Parsons and Shils eds. 1951）。社会システムの構造的な構成要素は、分析的に再構成された地位・役割であって、決して人間、個人、行為者などではない。パーソンズの社会システム理論は、行為理論と密接に関係してはいても、社会システムの特性を構成要素（ないし下位エージェント）としての行為者の特性によってグラウンディングするという方法をとっていない。

ルーマンはさらにラディカルである。ルーマンは、社会システムを機械や有機体と同じレベルの抽象度のシステムとして位置づけ、同時に心理システムとも同じレベルの意味を構成するシステムとして位置づけている（Luhmann 1984）。ルーマンは、マトゥラーナとヴァレラやヘイルとは異なり、オートポイエーシスや自己言及の原理を一般システム理論のレベルにいったん抽象化し、それを社会システムに直接適用することによって、社会システムをオートポイエティック・システムとみなしている。

ルーマンの社会システム理論において、システムの構成要素はコミュニケーションである。パーソンズが、地位・役割を構成要素とする構造論的な社会システム概念を設定し、そこからシステム内過程の記述を進めたのに対して、ルーマンは構成要素を生成するや否や消滅するコミュニケーションとして時間化し、コミュニケーションの不断のオートポイエティックな再生産過程として、いわば過程論的な社会システム概念を設定する。ルーマンは、コミュニケーションを生産するのはコミュニケーションだけであって、決して人間ではない、としばしば述べているが、このテーゼこそが、社会システムの特性を構成要素（ないし下位エージェント）としての個人（ないしはその意識システム）の特性によってグラウンディングするという方法をとっていないことを、如実に示している。

パーソンズやルーマンは、社会システムの作動や変動に個々の人間の意識や行為が何の影響もおよぼさない、などという主張をしているのではない。むしろ、個人が構成要素として特定の社会システムに包摂されるのではなく、複数の社会システムに選択的、部分的に関与するしかない、そのような現代社会における社会システムの一般理論を構築するさいに、行為理論によって社会システム理論を基礎づけたり、個人行為者をまるごと社会システムの構成要素としてシステムの階層性を前提にしたりすることは、理論構成上必ずしも適切ではない、という判断を下しているると言うべきであろう[2]。

3　近代的構成物としての主体

社会分化形態の変化

パーソンズやルーマンの社会システム理論、特にルーマン理論の、社会システムと個人の関係を脱構築した理論構成の背景は、社会の分化形態の変容およびそれと相関するゼマンティクの変容という歴史的過程のなかに求めることができるだろう。階層分化から機能分化への移行がそれである（Luhmann 1980）。ルーマンがしばしば述べるように、階層分化が優勢だった前近代社会においては、ヒエラルヒー的、存在論的な社会認識が主流だったのに対して、機能分化が優勢になった近代社会においては、ヘテラルヒー的、脱存在論的な社会認識が主流になる。機能分化した社会における自己認識のモードとして成立してくるのが、自己言及的に閉じたかたちで意味構成するシステムという考え方である。これは、全体社会の自己認識というよりは、経済、政治、法、宗教、科学、教育、芸術といった、機能的に分出した個々の部分システムにおける自己認識として、より明確に現れてくる。

機能分化と主体概念の転換

だが歴史を見ると、じっさいにはシステム理論ではなく超越論的主体の概念が先行した。しかし、これもまた機能分化の進行がもたらした帰結として捉えることができよう。つまり、前近代社会においては、個々の人間は部分システムである特定の階層に包摂され、その限りにおいて社会に包摂される社会内存在であったから、みずからを超越論的主体とみなす契機はなく、超越神が世界のすべてを基礎づけているというところから出発するヒエラルヒー的、存在論的な社会認識を用いることができた。つまり個々の人間は、社会的存在としては、社会のヒエラルヒーの頂点に従属する、前近代的な意味での subject（臣民）であった。機能分化が進行すると、個々の人間は前近代的な意味で特定の部分システムに包摂されることはない。さまざまな機能システムに関与はするが、どの機能システムにもまるごと包摂されることはなく、その意味で社会から排除されている社会外存在となる。だからこそ、個々の人間はユニークな個性をもった個人という存在であると同時に、超越論的主体として外在的に社会を認識する存在であると考えられるようになった。そのような超越論的主体は、社会的存在としてはフランス革命に象徴されるような市民革命を契機として現れた能動的な市民主体であった。ここに、従属する subject から自立する subject への転換が起こったのである。分出した機能システムと社会から排除された個人としての主体は、いわば機能分化がもたらした双子である。

統合的主体から多元的主体へ

ナセヒによれば、このような理論構成の結果、ルーマン理論は一方であまりに多くの主観哲学の要素を持ち込み、他方であまりに主体性の位置づけを欠いていると批判されている（Nassehi 2012）。ナセヒは、ルーマンの機能分化論を承認しながらも、排除によって成立する個人主体という考え方を、あまりに古典的なブルジョア的主体とみなし、むしろ各機能システムへの包摂によって形成される多元的な個人主体について語っている（Nassehi 2002）。たとえば経済システムは、個人を支払いの意思決定や所有の帰属先とし、個人を功利主義的な利害にみちびかれる主体（ホモ・エコノミクス）として構成する。法システムは、個人を意思決定や行為の責任の帰属先とし、個人の自律性を前提にして、法のもとでの平等、責任、人権、契約能力などの概念を構成する。政治システムは、集合的問題を個人的問題に転換し、福祉国家における給付や援助の権利を個人化する。教育システムは、ライフコースの個人的な見方や人格の内面的発達という観念を提供する。宗教システムは、信者と神の個人的な関係を強調する。そのほか、科学システムや医療システムなどについても、それぞれのシステムの機能にそくした主体の形成が見られる。したがって近代的主体とは、社会からの排除によって成り立つ単一の統合的主体というよりは、むしろ各機能システムへの包摂によって成り立つ多元的主体なのである。

人間の分解と再合成

このように、個人主体を近代的な構成物とみなし、社会システムの実在的な構成要素とはみなさない考え方の根拠はどこにあるのだろうか。

その一つは、全体社会のなかでの機能システムの分出と、認識対象についての分解-再結合能力の向上とのあいだには連関がある、というものである（Luhmann 1990：326f.：Luhmann 1995：267）。とりわけ、科学システムが全体社会のなかで自律性をもった部分システムとして機能的に分化するにつれて、科学は認識対象を日常的経験のなかでナイーブに捉えられるかたちであつかうのではなく、より分析的で抽象的なものに「分解」し、それを「再結合」するようなかたちであつかうようになる、ということである。

およそ科学としての地位を共有するならば、社会科学、そしてその一分野としての社会学もまた、自然科学と同様、分解-再結合能力の向上によって新たな理論展開をおこなうのが、歴史的な趨勢に即した流れであろう。じっさいルーマンは、社会学における展開として、社会は人間から成り立っており、何らかの関係にある人間の集合であるという想定が、役割や制度についてしか語らない考え方にますます取って代わられ（パーソンズを想起せよ）、さらには役割や制度の概念が行動の予期の概念によって分解され、社会構造は最終的に行動の予期として捉えられるようになっている、と述べている。つまり、人間という概念規定はあまりにコンパクトであり、素朴である。人間は、統一態あるいは見通すことのできない複雑性を表すための枠組みにすぎず、もはや直接命題化することのできる対象ではない、というのである（Luhmann 1995：268-269）。

そこで、科学の発展の現状から出発すれば、むしろ人間を切り刻むような、現実の秩序構成のさまざまな創発レベルから出発しなければならない。一人の人間は、すくなくとも生命システムと心理システムに区別される（Luhmann 1984：296-297）。さらに、生命の再帰的再生産をおこなう生命システムや意識の再帰的再生産をおこなう心理システムとならんで、コミュニケーションの再帰的再生産をおこなう社会システムも、同じオートポイエーシスの論理が適用されるオートポイエティック・システムであると主張される（Luhmann 1995：270-271）。心理システムと社会システムは二つとも意味処理にかかわるシステムであり、その構成要素は意識とコミュニケーションであって、決して人間そのものではない。

主体概念の思想史的背景

もう一つの観点は思想史的なものである。ルーマンによれば、ヨーロッパの伝統的な人文主義的人間学は、存在論的形而上学と結びつき、常に人間の本質についての問いを立てて、その問いにさまざまな答えを与えるかたちで展開してきた。近代に至って、最重要な答えとして与えられたのが、主体という概念である。人間は、諸主体を所与とする自己の客体性を失い、人間自身が自己自身と他のすべてのものの基礎をなす主体となる。人間は、物の実在性から引き離されて形而上学化するのである（Luhmann 1995：155–157）。社会存在としての subject が従属的存在から自律的存在へ転換したことに対応して、哲学的、認識論的には超越論的主体（主観）が成立する。[3]

カントに始まるとされるこの主体概念は、意識の理論のなかで説得力を得る。意識の理論は、意識が自己自身と関係をもち、自己自身の統一態を自己のすべての作動（表象、行為、判断）の条件としてイメージすることができることを示し、それを議論のなかで徹底的に利用する。この理論の背後には、一八世紀の新しい自由主義があって、自己の関心や感情や目的などの妥当性を自分で認める個人というゼマンティク上の姿を用いて、古い秩序をかいくぐろうとした。主体の形而上学は、その後の思想史上の紆余曲折を経て、こんにちでは陳腐化し、人間個人を主体と呼び、社会に対する一種の反逆のなかで個人を主体の名のもとに擁護する習慣だけが残った。人間のように振る舞い、人間として取り入るそのやり方を、ルーマンはヘーゲルの「理性の狡知」をもじって「主体の狡知」とまで呼ぶ（Luhmann 1995：157）。

4　主体とともに、あるいは主体の先に？

このように、社会システムと個人の関係を見てくると、社会システムの自己組織化を記述し、分析する理論枠組みの構築のために、次のように問わなければならない。近代思想を継承して、主体概念とともに自己組織化を問うのか、それとも、主体なき自己組織化を問うのか。

間主観性の問題

主体を構成要素とする社会システム理論がつまずくのは、他の主体を認めることができない点である。ルーマンは、このつまずきの一つの典型を、フッサールの『デカルト的省察』の第五省察に見ている。フッサールは、この第五省察において、超越論的現象学が独我論であるとの批判に答えるべく、モナド的な人間存在の共同性という考え方をもちだし、超越論的間主観性というほとんど形容矛盾のように思われる概念を提示する。これはきわめてアクロバチックな論法であり、どうしても「間 Inter」と「主観／主体 Subjekt」が矛盾をきたす（Luhmann 1995：170）。そして、主体の概念をまじめに考えるあらゆる分析は、社会を捨てるか主体を捨てるかという悲劇的選択の状況に陥る（Luhmann 1995：159）。

主体による自己組織化

しかし今田は、むしろこのモナド的な社会システムの構成を、自己組織化の積極的な契機とみなしている。今田によれば、自己組織化が進行しているとき、巨視的なシステム特性は重要なはたらきをもたず、創造的個の原則がシステムの原則を凌駕する。システムの自己組織化を推進する契機となるゆらぎは、システムに対するモナドの反乱である。個々人の差異化の協同現象によって、新たな意味づくりがおこなわれ、そこから新しい秩序が立ち上がってくる。このような構成をとることによって、個の全体への従属が克服され、むしろ社会システムの自己組織化を推進する個の創造的意義が正しく位置づけられるようになる（今田 2005：30-32）。このような理論構成から明らかなように、今田は、しばしばポストモダンに言及しているにもかかわらず、ここでの問題設定に即していえば、主体概念とともに自己組織化を問う路線を選択しているといえよう。

主体なき自己組織化

フッサールの超越論的主体は、意識が自己言及的な固有の作動のなかで現前すると措定している。問題は、そのような意識の作動様式が、自己自身と他のすべてのものの基礎となる唯一の主体として、超越論的に捉えられた点にある。だがルーマンの論法では、かつての超越論的主体は、一方で自己言及という性質を保持されつつ、他方で存在論的特権性を奪われてしまう。意識は、自己言及的な性質を保持されるために、その作動が他の意識と直接的に結びつくことがなく、したがって社会的な作動となりえない。他方、超越論的、独我論的でない以上、意識を再生産する心理システムは複数存在する。ルーマンの好みのフレーズによれば、世界中の数十億の心理システムのどれに言及するのかが問題である。それにかわって、意識と同じように自己言及的でありながら、個々の人間を超えた「間」そのものの作動としてのコミュニケーションを要素とする、社会システムというシステム言及を選択するという可能性、つまり主体なき自己組織化を問う可能性が生まれるのである(4)。

注

（1）アシュビーは、自己組織化の二つの意味を区別している。第一の意味は、要素どうしが分離した未組織の状態から結合した組織の状態に移行する自己連結であり、第二の意味が、本文で述べたわるい組織からよい組織への移行である。もっともアシュビー自身は、いかなるシステム（アシュビーの用語では「機械」）も第二の意味において自己組織的ではありえないとして、この意味での自己組織化という用語の使用に否定的である（Ashby 1962：266-269）。第二の意味での自己組織化が実現するためには、システムにおける「自己」の拡大、つまりもとのシステムにもう一つのシステムを結合させることが必要である。今田はこのもう一つのシステムを自己組織化層と呼び、それが社会システムの内外の視野をもつ複眼性を有し、社会システムという位相集合の内点でも外点でもなく境界点に位置するとしている（今田 2005：83-85）。

（2）筆者は、かつて社会・経済システム学会において、行為理論の復権という問題提起を受けて、社会システム理論における階層的なシステム構成とその脱構築について、社会システム理論を社会学理論と一般システム理論の二つの潮流のなかに位置づけながら、より詳細に論じたことがある（徳安 2000）。

（3）筆者は、かつて認識論に焦点をあてて、ルーマンの社会システム論の観点から主体／主観の問題を、より詳細に論じたことがある（徳安 2006）。

（4）フランスのポストモダン思想では、ジャン＝リュック・ナンシーによる「主体の後に誰が来るのか？」という提題にそった議論がおこなわれたことがある（Nancy ed. 1989）。ただ、ルーマンの社会システム論を、ただちにフランス流のポストモダン思想と同一視するのは不適切であろう。ルーマンの場合には、近代社会がどのように主体を構成してきたのか、という問題設定をしているのであって、ただちに主体概念を脱構築して捨て去るべきだという主張をしているわけではない。

文献

Ashby, W. Ross, 1962, "Principles of the self-organizing system," H. von Foerster and G. W. Zopf, Jr. eds., *Principles of Self-Organization : Transactions of the Illinois Symposium*, Pergamon Press, 255–278.（山田坂仁ほか訳、一九六七『頭脳への設計――知性と生命の起源』宇野書店、三四三―三七二頁。）

出口弘、一九九五、「産業社会の変化とポリエージェントシステム」高木晴夫ほか『マルチメディア時代の人間と社会――ポリエージェント・ソサエティ』日科技連出版社、二四一―二八〇頁。

舩橋晴俊、二〇一〇、『組織の存立構造論と両義性論』東信堂。

Haken, Hermann, 1984, "Can Synergetics be of use to management theory?" H. Ulrich and G. J. B. Probst eds., *Self-Organization and Management of Social Systems*, Springer Verlag, 33–41.（徳安彰訳、一九九二『自己組織化とマネジメント』東海大学出版会。）

Hejl, Peter, 1984, "Toward a theory of social systems : self-organization and self-maintenance, self-reference and syn-reference," H. Ulrich and G. J. B. Probst eds., *Self-Organization and Management of Social Systems*, Springer Verlag : 60–78.（徳安彰訳、一九九二『自己組織化とマネジメント』東海大学出版会。）

今田高俊、一九八六、『自己組織性――社会理論の復活』創文社。

今田高俊、二〇〇五、『自己組織性と社会』東京大学出版会。

公文俊平、一九七八、『社会システム論』日本経済新聞社。

Luhmann, Niklas, 1980, *Gesellschaftsstruktur und Semantik : Studien zur Wissenssoziologie der modernen Gesellschaft*, Bd.1, Suhrkamp Verlag.（徳安彰訳、二〇一一『社会構造とゼマンティク1』法政大学出版局。）

Luhmann, Niklas, 1984, *Soziale Systeme*, Suhrkamp Verlag.（佐藤勉監訳、一九九三・一九九五、『社会システム理論』（上・下）恒星社厚生閣。）

Luhmann, Niklas, 1989, *Gesellschaftsstruktur und Semantik : Studien zur Wissenssoziologie der modernen Gesellschaft*, Bd.3, Suhrkamp Verlag.（高橋徹ほか訳、二〇一三『社会構造とゼマンティク3』法政大学出版局。）

Luhmann, Niklas, 1990, *Die Wissenschaft der Gesellschaft*, Suhrkamp Verlag.（徳安彰訳、二〇〇九『社会の科学』（1・2）法政大学出版局。）

Luhmann, Niklas, 1995, *Soziologische Aufklärung 6 : Die Soziologie und der Mensch*, Westdeutscher Verlag.（村上淳一訳、二〇〇七『ポストヒューマンの人間論――後期ルーマン論集』東京大学出版会（部分訳）。）

Maturana, Humberto R. and Francisco J. Varela, 1984, *El Árbol del Conocimiento*, Editorial Universitaria.（管啓次郎訳、一九九七『知恵の樹』筑摩書房。）

Nancy, Jean-Luc, ed. 1989, *Cahiers Confrontation n°20 : Après le sujet qui vinet*, Aubier.（港道隆ほか訳、一九九六、『主体の後に誰が来るのか?』現代企画室。）

Nassehi, Armin, 2002, "Exclusion Individuality or Individuality by Inclusion?" *Soziale Systeme* 8（1）: 124–135.

Nassehi, Armin, 2012, "Theorie ohne Subjekt?" Oliver Jahraus, Armin Nassehi, et al. hrsg., *Luhmann-Handbuch : Leben-Werk-Wirkung*, J.B. Metzler Verlag, 419–424.

野中郁次郎・竹内弘高、一九九六、『知識創造企業』東洋経済新報社。

Parsons, Talcott and Edward A. Shils, eds., 1951, *Toward a General Theory of Action*, Free Press.（永井道雄・作田啓一・橋本真訳、一九六〇『行為の総合理論をめざして』（部分訳）日本評論社。）

徳安彰、二〇〇〇、「社会システム理論の現在」『社会・経済システム』（一九）：一八-二七頁。

徳安彰、二〇〇六、「社会システムの脱人間化と脱主観化」富永健一編『理論社会学の可能性——客観主義から主観主義まで』新曜社、七四-九三頁。

鶴見和子、一九八九、「内発的発展論の系譜」鶴見和子・川田侃編『内発的発展論』東京大学出版会、四三-六四頁。

吉田民人、一九九〇、『情報と自己組織性の理論』東京大学出版会。

第14章　自己組織性とリスク・信頼

小松丈晃

1　リスクのゆえの信頼問題——リスクは信頼を必要とする

あらためて振り返るまでもなく、二〇一一年三月一一日の東日本大震災は、「リスク」や（とくに科学技術に対する）「信頼」についての議論を喚起することになった。もちろん、二〇一一年以前から「リスク社会（化）」や「信頼」にかかわる研究は社会学の内・外において既に一定程度の蓄積はあったが、東日本大震災は、それまでこうしたテーマから距離をとっていた人びとをもリスク論議の中に巻き込み、われわれが直面している社会構造的な難題を浮き彫りにしてきた。本章では、二〇一一年以降のこうした状況をも考慮に入れつつ、しかしまたより一般的な観点に依拠しながら、リスクと信頼の関係について、社会システム理論およびそれと一部親和性を有する議論を援用しながら、考察する。これまで、リスクと信頼の関係を主題にする場合、ごく大づかみに整理すれば、①「リスクは信頼を必要とする」というかたちでの関係づけ方のもとでの議論と、②「信頼はリスクを必要とする」というかたちでの関係づけ方による議論が存在したといえる。しかし、もう一つ、これらの問い方とは区別される、③「信頼性調達がそれ自体リスクとなり、新たな問題の源泉となりうる」という視点があり、この視点が今後、より重要になっていくであろう。

決定者と被影響者の溝

さて周知のとおり、震災にともなう福島第一原発事故以降、「核の八面体」(吉岡 2012：89-94) あるいは揶揄的に「原子力ムラ」とも呼ばれる「原子力複合体」(舩橋・長谷川・飯島 2012：190)[1] がそれまでつくりあげてきた「安全神話」は、大きく揺らいだ。しかもこの「揺らぎ」は、通常とは異なった様相を呈している。今田によれば、これまでは原発事故が起こっても一定期間が過ぎれば、原発管理に対する信頼感はそれ以前の水準にまで回復し原発への不安感もほぼ払拭されていたのに対して、今回の場合、事故の規模も影響しているのであろうが、事故からしばらく経っても事故発生前の比率にもどる傾向が見られない (今田 2013b：154-156)。もっとも、安全神話が大きく揺らぎ、「多くの国民が安全神話から目覚めたと期待」(今田 2013b：157) できるか否かについては、今後より一層注視していく必要があるだろう。

かつてN・ルーマンは、「場合によっては起こりうる損害が決定の帰結とみなされ、したがって、決定に帰属される、というのが一つ。この場合には、リスクと呼ぼう。詳しく言うと、決定のリスクである。もう一つは、場合によってはありうる損害が、外部からもたらされたものとみなされる、つまり環境に帰属される場合である。このときには、危険 (Gefahr) と呼ぼう」(Luhmann 1991：30-31, 訳 38) と述べ、リスクと危険を概念的に区別し、またそれと関連させるかたちで、決定者の立場と、その決定によって損害を被りうる立場 (被影響者 (Betroffene)) とが、乖離すると述べた (Luhmann 1991)[2]。決定により損害を被りうる被影響者は、決定者とは違ったかたちでリスク評価するであろうし、また、誰が被影響者となりうるかをめぐってもコンフリクトが起こりうる。このように、将来的損害の可能性をどう見積もるか、誰に責任があり誰が損害を被りうる人びとなのかに関して、決定者と被影響者の間で溝が生じれば、その溝はしばしば、決定者側への「不信」というかたちをとって現れ、両者の視点が大きく分岐してしまう。被影響者の側は、何らかの施設設置の決定を一定期間内に下さなくてはならないという圧力のもとにおかれておらず、また必ずしもその利益の分け前にあずかるわけでもないがゆえに、決定者とはきわめて異なった評価や判断を下しうるわけである。しかも核物理学者A・ワインバーグのいうトランスサイエンス的問題に直面せざるをえない状況下では、「混乱を避ける」ために、専門家側の発する見解を「シングルボイス」に集約するなどの試み[3]を通じて、唯一正しいデータや解答を示しさえすれば、被影響者側の不安が払拭でき、この溝は必ず埋められるはずだといった見通しも多くの場合立てられない。このような状況下ではこの試み自体が批判の対象となりうるからである。

信頼の条件

そもそも、信頼性を得るための条件とはどんなものだろうか。レンら（Renn and Levine 1991）は、それまでの信頼研究をレビューし、先行研究を総括するかたちで、信頼を構成する六つの要素（のちに七つの要素（Renn 2008 : 124, 223））を挙げている。それは、（1）専門的な知識をどれだけ有していると知覚されるか、つまり有能であるとの認知、（2）主観的な思い込みや偏見だけで話しているわけではないという客観性の認知、（3）すべての人が（特に手続き的に）公正に扱われているか否か、（4）話の筋が通っていたり過去の言動との一貫性があるかどうか、（5）話し手が誠実に対応しているかどうかの認知、（6）話し手は基本的に善意にもとづいて行動するはずだとの信念（faith）、である。レン（2008 : 124）ではこの六つに、（7）被害を被りうる人びとに理解を示し、そうした人びとへの連帯感を示しえているかどうかの度合いとしての「共感（empathy）」、が加えられている。もっとも、信頼はこうした七つの要素すべてに依拠しているわけだが、たとえば客観性の達成が困難でも（3）の公正さの認知を高める工夫をしたり（6）の人びとの「信念」の側面を強化するような試みによって補完できるといった具合に、いずれか一つが欠落あるいは不足していても、他の要素をより強化することで、それをカバーできるという（Renn 2008 : 224）[4]。さらに、価値の共有、つまり話し手の価値観が自分の価値観と類似しているとの認知も信頼にとって重要な要因であるとされることもある（中谷内 2012）。

ところが影浦（2013）の指摘によれば、東日本大震災後の専門家たちの語り口は、信頼性を失った政府とその関係機関、および専門家側の問題であるはずのものを、あたかも信頼しない市民の側の問題であるかのようにすり替えるような構成になっており、専門家と被影響者の間の不信（さらには被影響者である市民の分断）をむしろ増幅させてしまっている。専門家が事故前に行っていた発言と矛盾する説明をしたり（前記（4）への違反）、事実に反する内容が語られたりした（（2）への違反）だけでなく、あたかも専門家や政府の説明を聞いても安心せず不信感を抱き続ける受け手側（住民）が悪いかのようなコミュニケーションのされ方になっているという。つまり、信頼を失った責任は、政府や東電側にではなく、住民や被害者側にあるかのような印象が紡ぎ出されているわけである。事故後のこうした「語り方」も、「専門家」と呼ばれる人々や科学技術そのものに対する不信感が、前述したように一定時間の経過後も払拭されずに残存しつづけている原因の一つなのかもしれない。

信頼（信任）の危機

このような三・一一後の状況を考慮すれば、大震災後「日本版」の「信頼の危機」（平川 2011）が、あるいは専門家には任せておくことができないという「信任の危機」（田中 2013）が、確かに到来しているといえるかもしれない[5]。さらに、一般的な視点から言えば、このような不信から、特定組織や施設等へのスティグマ付与（stigmatization）[6]の過程が進行しはじめると、排除、回避の動きがより一層促されることになる。信頼回復の試みは、こうしたスティグマ付与の過程を食い止めるという意味も有している。

「専門家」やリスク規制者の立場からすれば、「リスク」の高まりにより、信頼をいかにして（再）調達するかが問題になり、この観点から、信頼を得るための条件が（主として社会心理学において）研究されたり、リスクコミュニケーションのあり様が検討されたりしている。手短にいえば、「リスク」は信頼を必要とする状況を作り出したといえる。ただし、信頼の危機や不信、あるいはそれへの対応などといった場合、それがどのレベルの信頼・不信かについては入念な考察が必要であろう。たとえば（「リスクの社会的増幅フレームワーク」論で知られる）カスパーソンは、政治への信頼に関して、①特定の代議士への信頼、②政府や政治的組織への信頼、③民主主義が最良か否かなどにかかわる政治的体制への信頼、④当該国家の誇りとか何々人としてのアイデンティティなどに結びつく、政治的コミュニティへの信頼、というように信頼のレベルを区別しているが、①のほうがより表面的・特定的であり、④に向かうにしたがって政治システムの「核心」的な問題に、あるいは普遍的な問題に近づく（Kasperson［1999］2005：197）。D・イーストンにならって、政治システムへの入力にかかわる信頼・不信（政治的有効性感覚）と、出力にかかわる信頼・不信とを区別した上で、これをこうしたカスパーソンのようなレベルの区別と組み合わせるという考え方もありえよう。また、レンも同様に、リスクコミュニケーションを題材にして、①コミュニケーションのメッセージに対する信頼、②コミュニケーター（人格）に対する信頼、③組織に対する信頼、④マクロな社会全体の信頼や信用の雰囲気、といった区別をしている。もちろん、①のレベルで信頼が攪乱されれば②の不信へとつながりうるし、②も同様に、③の不信へと波及しうるので、これらの各レベルは相互に連動しうる関係にあるが、しかし、この区別が曖昧なものになると、たとえば、目の前で説明している者への信頼（①や②）を、各種の印象操作で調達することをとおして、③のようなより上位のレベルの信頼の獲得につなげようという問題ある姿勢を助長してしまいうるので、信頼の危機やその「対応」について語るとき、こうした信頼・不信のレベルにも留意が必要であろう。(7)

ともあれ、「リスク社会」の中での信頼（の獲得や喪失）という問題は喫緊の考察テーマであるが、このテーマをさらに掘り下げていくためにも、次に、「信頼」概念をどう捉えればよいのかを簡単に考察しておきたい。

2　信頼について――信頼はリスクを必要とする

「信頼」は「リスク」と同様、多様に定義されているが、(8)そうした数ある信頼研究の中でも、ここではN・ルーマンと山岸(9)（Luhmann 1973：山岸 1998, 1999）の所論を取り上げたい。というのは、彼らの議論はすでに周知のものではあるが、多様な信頼の先行研究においてしばしば引き合いに出される「信頼」の特徴を明確に描き出していると思われるからである。

信頼の機能

社会学内外のこれまでの信頼研究に関しては、佐藤（Sato 1999）や安達（2005）らが、それぞれの研究関心に沿って見通しのよい整理を行っており、参考になる。たとえば、佐藤は、信頼論を「機能分析」「心理学的分析」「合理的分析」に三分類しており、安達は、「功利主義的アプローチ」「文化論的アプローチ」「相互行為的アプローチ」「心的アプローチ」という四分類を提案している。佐藤の整理にしたがえば、ルーマンの信頼論は、信頼の社会的な機能について論じる「機能分析」に相当し、また安達によれば、「相互行為的アプローチ」に整理される。近代の機能分化した社会における「信頼の機能」を問い、とりわけ近代社会にとっての（「人格的信頼」と区別される）「システム信頼」（のちの彼の議論の中では、システム信頼は「確信（confidence）」とも表現されることになる（Luhmann 1988））の重要性を強調している点に注目すれば、マクロ社会学的な信頼論という特徴づけも可能だが、安達のような整理では、どちらかといえばルーマン信頼論のミクロ社会学的な側面が注目されており、この両側面を連関させて論じようとする点もルーマン信頼論の特徴の一つとなっている（Luhmann 1988）。

では「信頼の機能」という場合、それはルーマンの場合、何を意味するだろうか。端的に言えば、信頼は、「多かれ少なかれ相変わらず未規定な複雑性をもった将来を縮減する」ために必要とされる（Luhmann 1973：19, 訳 25）。信頼は、たとえば自由な他者（それゆえに裏切ったり予期とは異なる選択をしうる他者）を前にしたきわめて不確かな状況の中で複雑性（Komplexität）を縮減するために必要となる重要な方途である。状況が不確かであるからこそ信頼が必要になるわけである。もちろん、複雑性を「縮減」するからといって、信頼が確実な状況を作り出すわけではなく、むしろ信頼は、「過去から入手しうる情報を過剰利用して将来を規定するというリスク」を冒している（Luhmann 1973：23–24, 訳 33）。そのため、信頼は、裏切られたり期待はずれになるリスクを含み、「リスクを賭した前払い」(Luhmann 1973 : 27, 訳 39) である。したがって、信頼をする者は、「過大な損失の可能性を前にして、他者の行為の選択性を自覚し、そのうえで他者に向かいあう」(Luhmann 1973 : 28, 訳 40)。

このように、信頼を構築することで不確かな状況でも、あるいは不確かな状況でこそ事態を進捗させることが可能になるがそこにはたえずリスクが付随する、というのがルーマンの信頼論の核となる主張の一つである。のちにルーマンは、この「リスクを含む信頼」という論点を、『リスクの社会学（*Soziologie des Risikos*）』(1991) で詳述されることになる議論と結びつけている (Luhmann 1988)。この論文では、「信頼（trust）」と「確信（confidence）」との対比が議論の主な軸の一つとなっている。この場合、確信とは、他の選択肢を考慮に入れず期待はずれになる可能性を無視している場合をいう (Luhmann 1988 : 97)。信頼が、前述のとおり、期待はずれになる可能性があるにもかかわらず「自分はそれでもあえて」というかたちでリスクを冒して形成される（それゆえ、信頼を抱く者は、「信頼することにした」という自分自身の選択（決定）をのちに悔やむ結果になるかもしれない）のに対して、確信の状態にある者は、「そうなって当然」と考え、不確かさを消去している。期待はずれの可能性をこのように無視するのは、その可能性が経験上稀であると認識しているからかもしれないし、他の可能性などそもそも思いもよらないからかもしれない。

またルーマンによれば、高度に複雑な近代社会に移行するにつれて、ある特定の人格に対する「人格的信頼」に加えて、新たな種類の「システム信頼」が登場する。システム信頼とは、政治や科学や法や経済といった各種の機能システムが作動していることそれ自体への信頼である。あるいは、たとえば経済システムのシンボリック・メディアである「貨幣」への信頼（目の前の金属・紙片が「貨幣」として妥当することへの信頼）である。目の前にいる医師の専門知は、医療システムにおいて幾重もの妥当性のチェックを受けたものであること、等々といった信頼は、ある特定の人格への信頼というよりも、「システムへの信頼」である。

機能分化が進み社会が複雑化すれば、われわれの「無知」もまた増大する。「専門家」にしても、隣接する研究領域についてすらほぼ素人になりうる。このような「無知」を補うのが、システム信頼であり、システム信頼があるからこそ、われわれは日常生活において多様な選択肢を、つまり「自由」を享受できる。生活する上では、われわれは、知っている者（ある（専門）知識に通じている者）が誰（あるいはどの組織）かを知っているだけでよい。（ほとんど見知らぬ）他者たちの情報処理（すなわち他者による前もっての複雑性の縮減）をあてにできなければ、一日たりとも生活できないだろう。政府や各種の規制機関等に対する信頼は、このような意味でのシステム信頼であって、前述した「信頼の危機」も「システム信頼」にかかわる議論であるといえよう。

リスクとしての信頼

ともあれ、ルーマンの場合、「信頼」概念の核心部分に「リスク」概念がすでに内在的に組み込まれている。同じように山岸も、社会的な不確実性が存在している状況下でなされる相手の意図についての期待を「信頼」と呼び、これを、社会的不確実性が存在しないという判断としての「安心」から区別している（山岸 1998, 1999）。山岸のいう「安心」は前述したルーマンの「確信」にほぼ相当し、ここでも、リスク概念は信頼概念の構成要素の一つとなっている。[10] こういった信頼概念の規定は、現在では広く受け入れられているとみてよく、[11] ルーマンや山岸の名前を挙げなくとも、たとえば、信頼は、信頼を抱く者を、傷つきやすい（vulnerable）状況にさらすことになるといった議論がなされるのであれば、基本的な発想は共通しているといえる。信頼論そのものは実に多様な広がりを見せてはいるが、中谷内（2012）も指摘するとおり、期待はずれに終わったり都合のよい結果が得られたり、多様な可能性が考えられるなかで、おそらくはよい結果が得られるだろうと期待して、被害を被りうる（vulnerable）立場に身を置こうとするというところに、すなわち「リスクをとる」というところに、信頼概念の核心部分があると考えている点で、「信頼」に関する多くの先行研究は共通している。信頼論に多くみられるこうした議論運びを、もし一言に縮約して表現するならば、「信頼はリスクを必要とする」という言い方になるだろう。つまり、信頼することそのものもリスクなしにはおこないえない。

リスクと信頼の三つの関係

ところで、科学技術等をめぐる「リスク」の問題の高まりにより信頼の再構築が必要になる、といった議論のなかでは、科学技術そのものがいわばその「性質」として有する危険性という意味で、端的に「科学技術のリスク」といった表現が用いられるが、いま見てきたように、信頼することそのものも（別の意味での）リスクである。すなわち、ここまでの記述をふまえていえば、従来、リスクと信頼の関係についての取り上げ方としては、多くの場合、①科学技術等をめぐる「リスク」の問題の高まりにより「信頼（信任）の危機」が生まれ、信頼の再構築が必要になる、という「リスクは信頼を必要とする」というパターンでの関係づけ方と、②信頼することそのものがリスクを冒すことにほかならないという「信頼はリスクを必要とする」というパターンでの関連づけ方、という二通りの仕方が存在してきた、といえる。「信頼（信任）の危機」（①）の到来によって、専門家同士でも意見が相当程度食い違うケースが多々あり、どの専門家を「信頼」すべきなのかが、信頼する側の「選択」の問題にもなりうる。本来、専門家や「専門家システム」（ギデンズ）に対する人びとの予期は（信頼／確信の区別にそって言えば）「信頼」ではなく「確信」であってしかるべきなのだが、このように考えると、「信頼（信任）の危機」は、ある局面では、「確信」を「信頼」へと変えてしまう、もしくは、問題を「個人化」する、とも言えるかもしれない。

だがさらにもう一つ、前記の二つのパターンに加えて、これらとはまた別の「リスクと信頼の関係」がありうるのではないだろうか。次にこの、これまであまり触れられてこなかった第三のパターンについて、やや立ち入って考察してみることにしたい。

3　自己言及的リスクのマネジメント

たとえば、福島第一原子力発電所事故に関する各種の調査報告書などがすでに指摘しているように、東京電力では、その全社的リスク管理（Enterprise Risk Management）を担当する「リスク管理委員会」の下部組織として「原子力リスク管理会議」が置かれていたが、そこでの「原子力重要リスク管理表」で挙げられているリスクは、「設置許可の取り消し」や「訴訟の再燃」「社会的な信用失墜」といったリスクであった。津波による想定水位が従来より上回る可能性があるとの科学的な新知見に対応して迅速な措置をとることは、朝令暮改の印象を生み出し従前の安全対策への信頼を毀損しうるリスクとして把握されていた（国会事故調 2012：482-490：民間事故調 2012：310-311）。つまり「過酷事故を防ぐにはどうすればよいか」から「信頼を失わないようにするにはどうすればよいか」へと問題そのものが移行し、後者のリスクへの対応には、前者のシビアアクシデントの「リスク」を最小化するのとは真逆の対応が求められる。

リスクの二重性

この事例が示唆しているように、いまや公的・私的を問わず各種の組織にとって、信頼性[12]を調達できるか否かそれ自体が一つの固有の、しかもきわめて重要なリスクとなっている。つまり民間企業であれ金融機関であれ大学であれ規制当局や行政組織であれ、信頼性調達にとってプラスの効果をもたらす評判を積極的に管理しようという新たな関心が、あらゆる組織の中に生み出されている。たとえば近年、企業にはレピュテーショナル・リスク（評判リスク）[13]の管理への対応が求められているが、これは当該企業への信頼低下が、結果的に経営悪化や致命的な損害に直結しうるからである。イギリスの「勅許管理会計士協会（CIMA）」による企業評判（corporate reputation）に関する文書で述べられているとおり、「評判は、あらゆる組織にとって重大なリスクの一つであり、オペレーショナル・リスクや戦略リスク、財務リスクといったその他の重要なリスクすべてと横並びで考えるべきもの」（CIMA 2007：1）である。レピュテーショナル・リスクは、組織メンバーの不適切な行動、製品に関する噂、顧客データの流出など情報セキュリティの不備、規則違反、表示偽装など、意図的・非意図的な多様な要因によってもたらされ、その意味では、そのリスクの管理は、かつてフランク・ナイト（Knight 1921=1959）が述べていた意味での（確率論的に測定可能な）「リスク」の管理ではなく、むしろ（確率論的判断に必要な情報がかなりの程度欠落した、予測しえない）

「不確実性（uncertainty）」の管理にほかならない。抽象的でいささか不定型な「不確実性」の管理に対しても計画的な取り組みが必要とされ、全社的リスク管理の一環として、それへの責任とアカウンタビリティが求められるのである。同様のことは、業績管理による行政改革（アジア諸国）や政策評価制度（日本）、自治体職員の行動規範や倫理規定を設け市民の自治体への信頼の回復に取り組む行政組織などについても、いえる。

しかし繰り返しておけば、こうしたリスクは、あくまでも当該組織にとってのリスクであって、当然、交通事故による死亡率とか放射性物質への曝露による健康影響や過酷事故の可能性などという意味での（一次的な）「リスク」ではない。しかし前記の福島原発の事例のように、組織にとっての（二次的な）リスクという（いわば）フィルターを介して、後者の一次的なリスクに対処するといった動きは、少なからず観察されうる。

この点に関連して、かつてルーマンが、政治という機能システムによるリスク変換（Risikotransformation）について語っていたことを想起してみるのは有益だろう。ルーマンによれば、人間の健康や自然環境などに対する数々の外的脅威が、政治システムによって捉えられると、（たとえば次の選挙で得票数を落とすとか、緊急を要するテーマが世論を支配してしまったがためにこれまでのみずからの取組みが正当に顧みられなくなるなどといった政治システムに固有の）「政治的リスク」という形式を獲得し、政治システムは、こうして変換された「政治的リスク」への対処をとおして、前者の外的脅威に取り組もうとする。それゆえに、長期的な取組みが必要な前者に対して、（たとえば次の選挙までという）きわめて短期的なパースペクティブで対処されることになる。彼はこうした事態を、「オートポイエティック」な政治システムによる「リスク変換（Risikotransformation）」と呼んだが（Luhmann 1991：185，訳 199；Krücken 1997）、この見解を一般化すれば、政治システムにかぎらず、多様な外的脅威が、（組織も含めた）社会システムによって把捉されると、そのシステムに固有のリスクへと変換されて処理・対処されるという見方も成り立つだろう。付言しておけば、「リスク変換」は通常、リスク研究においては、リスクトレードオフ（目標リスクに対する対策が意想外の他のリスク、つまり対抗リスクを引き起こし、目標リスクと対抗リスクとの駆け引きが必要となる事態）の一種として把握され、目標リスクと対抗リスクが異なるタイプで、不利な結果が、異なる集団に生じる場合を指す、とされる（これに対して、目標リスクへの対策によって、同じ種類の（対抗）リスクが同じ集団に生じる場合は「リスクオフセット（risk offset）」、同じ種類の対抗リスクが別の集団に生じる場合は「リスク移動（risk transfer）」、別の種類の対抗リスクが同じ集団に生じる場合は「リスク代替（risk substitution）」という（Graham and Wiener 1995：訳 23-24））。たとえば、DDT（＝目標リスク（源））の禁止は、野生生物（対象集団a）を保護することになるが、DDTの禁止により別の有機リン化合物（＝対抗リスク（源））を使用せざるをえなくなった農夫（対象集団b）の健康が代わりに損なわれてしまう、といった事態である。しかし、このリスク変換概念は、ルーマンの述べているリスク変換概念と一部重なる部分はあるものの、前者はもっぱら一次的リスクに焦点を当てたものであり、一次的リスクを処理するシステムにとっての（二次的）リスク、という含みはない点で、また、ルーマンのいうリスク変換の場合、目標リスクと対抗リスクを意識的に比較考量した上でいずれかの処理を優先すべく選ぶ（あるいは選べる）という選択の問題ではない点で、両者は異なる。

　ルーマンの「リスク変換」に依拠すれば、そもそも、政治的リスクにできるだけ変換されないような方策をとることも政治的リスクのマネジメントの一つである。たとえば、（食品中の放射性物質の基準値、被曝許容線量などといった）「限界値（Grenzwert）」（基準値、規制値[14]）の設定も政治に固有のリスク管理としての側面をもつ（Luhmann 1991：177, 訳 191：Luhmann 1997：209-210）。限界値とは、安全な値／そうではない値、許容できる値／許容できない値とに数値を分割することで作られる一つの（ルーマンが述べる意味での）「形式（Form）」である。限界値は、それゆえ「問題をデジタル化」（Luhmann 1991：177, 訳 191）する。政治システムにとっては、計測された数値が、「マーク」されている数値よりも上にあるのか下にあるのかが確認できさえすればよく、もし「許容できない」側にあると確認されればそれは介入の（たとえば流通禁止などの）措置のきっかけになる。介入するか／しないか（介入するのが正しいのか、しないのが正しいのか）を決めるのに利用されるという意味では、限界値は、決定プログラム（精確には「条件プログラム」）である。ひとまず「安全」と定義された領域が（あるいは、ここまでの損害（汚染等）であれば許容できるというラインが――将来的に変更が見込まれるとしても――）確定すると、政治システムはリスク忌避的な（極端な場合にはゼロリスクを要求する）社会によって、当面は（たとえば、何らかの重大事故が発生するまでは）、その「根拠」さえ問われなければ、[15] テクノロジーや自然に由来する外的脅威の可能性すべてに対応しなくてよくなり、政治システムに過剰なほどの要求がつきつけられる（またそれに応えられないことで政治不信が生じてしまう）事態を回避できる（Luhmann 1997：210）。

とはいえ、言うまでもなく、限界値によって、許容できる／許容できないという線引きがされたからといって、「許容される」と定義された領域で損害が生ずる可能性が排除されるわけではない（Luhmann 1997：196）。限界値や基準値は、ゼロリスクを保証するものなどではなく、主観的な推定や仮定がかなり関与しており、限界値を下回っているときでも、そこにはしかるべき「リスク」を見込んでいる（村上ほか 2014）。しかし通常は、限界値の「理由」は問われないし、そもそものための根拠となる文書が残っていなかったり、残っていたとしても明らかにされることすらないケースもある。

このようにして、このプログラム自体はさしあたり問題化されず、たとえ――精緻に検討してみれば――その科学的な妥当性が疑わしいものであっても、その組織の脈絡の中では、一種の決定前提として利用される[16]。その意味で、限界値の設定は、一種の「権威」として、「不確実性吸収（uncertainty absorption）[17]」の機能を果たしているといえる。「専門知の政治的-行政的な使用も司法的な使用も、その知を受け入れるシステムによって規定され」「当該システムのオートポイエーシスの進捗にとって必要な権威（Autorität）が、それにより備え付けられる」（Luhmann 1997：208）。ただし当然、重大な事故後、規制への信頼が揺らぎ、限界値設定の「根拠」が問われるようになり、見直しをも余儀なくされれば、結果的に、「限界値の設定はその副次的効果として、専門家の威信を貶めることにも寄与」（Luhmann 1997：202）しうる。

ともあれ、このようなリスク変換のアイデアに依拠するならば、この当該システム自体にとっての固有のリスクを、自己言及的なリスクと呼ぶこともできるだろう。C・フッドやH・ロシュタインらにならって、健康や環境や安全の毀損の可能性としてのリスクを「社会環境的リスク（societal risk）」、自己言及的なリスクを「制度的リスク

（institutional risk）」と名付けてもよい（Rothstein, Huber and Gaskell 2006 : Hood 2011など）。社会環境的リスクを規制したり管理したりする（国家的なあるいは非国家的な）組織からすれば、「制度的リスク」とは「リスク管理のリスク」ともいえる（Rothstein, et. al., 2006 : 92）。ロシュタインらも述べているとおり、通常、リスク規制について議論されるさい、この二種類のリスクが截然と区別されまた両者の間の関係が明示的に問題化されたりすることはあまりない（Rothstein, et al., 2006 : 99）。前述した事例に鑑みれば明らかなとおり、この二つのリスク（「リスクの二重性」）の区別と関係は重要であるが、しかし、この二つのリスクのマネジメントは、しばしば、外部にいる人びとにとっては、明確には判別しにくいかたちで進められる。したがって、この「リスクの二重性」は潜在化しやすく、それだけに、両リスクを明示的に截然と区別したうえで、それらがどのように関係しあっているのかを問う分析視角が必要になるだろう。

4　リスク管理と信頼リスク管理

ここに見いだされるのは、前述した「リスクは信頼を必要とする」という問題でも「信頼はリスクを必要とする」という問題でもなく、「信頼性調達そのものがリスクになる」という事態であり、しかもそのことが、一次的なリスクの管理にとってしばしば逆機能的になりうるということである。ＢＳＥ問題や原発事故などを契機として「信頼（信任）の危機」が議論されるようになると、多様な観点から「外部」に対する透明性やアカウンタビリティを求める動きが高まる。すると、より広い観察者の観察にさらされやすくなり、みずからの行動（決定）を（しかも現在のみならずしばしば過去のものも含めて）多様な公衆や多様な利害関係者に対して正当化せよ、との圧力にさらされ、多様な観察者の観察を観察しなくてはならなくなる（「セカンド・オーダーの観察」が必要になる）。しかし「何を問題だと見なすか」の判断基準も多様であるため、その「説明」に失敗し、受容されなかったり信頼を失うリスクへの関心が高まり、そうしたリスクを先取りする動きが現れる。事実、評判リスクへの関心の高まりは、一九九五年のシェル石油によるブレントスパーの海洋投棄問題や、大規模な化学工場事故、企業による環境破壊といった企業不祥事や大規模組織による事故や災害の頻出を背景としている（Power 2007）。こうした事故や不祥事の結果、企業（や政府）に対する信頼が失われ、そのことが当該組織にとっての想定外の多大な損失・損害やコストにつながりうるとの認識が、評判リスクの管理へと組織を駆り立てる。

システム信頼が「確信」や「安心」であるならば、通常、際だったかたちで（人々の意識の中でもコミュニケーションにおいても）顕在化することはなく、むしろ潜在的であるがゆえにシステム信頼はそれとして機能しえているともいえる。「信頼」や「信頼回復」が、コミュニケーションの中で顕在的な主題となるのはたいていの場合、信頼を損ねるような何らかの非難されるべき問題（規制の不備、医療事故、偽装表示、等）が、過去あるいは現在に生じているときである。とすると、信頼や評判リスクの管理とは、そうした非難が生じた場合の、あるいは非難が生じないようにするための対応を事前に、事後的に講じることでもある。

かつてメアリー・ダグラスは、非難（blame）と無関係なリスクはありえない、と述べていたが（Douglas 1992）、これまで述べてきたような「信頼リスク」への管理に対する関心の高まりとともに、新しいかたちで、リスクと非難あるいは非難回避（また非難回避策を通じての評判管理）との結びつきに注目する必要性が高まっているといえるだろう。

リスク管理と信頼リスク管理の関係の管理

今田（2002, 2013a）は、U・ベックらのいう再帰的近代の自己加害に対処する筋道を考察する中で、バリー・コモナーの「閉じた輪」の論理、すなわち閉じた輪である生態系の中ではトータルで利得も損失もないのであって自然を開発してどこかで収益を上げれば別のどこかで損益が発生するという生態系の法則（「ただ飯（フリーランチ）はない」）を援用しながら、リスクを分散させても決してそれはなくなるわけではない、と述べる。ある特定の場所で首尾よくリスク回避がなされても、それは形を変えて、別のところにリスクが移行するにすぎないという。この視点は重要であり、本章の問題関心に引きつけつついささか変形させて表現すれば、あるシステムが、そのシステムにとっての（自己言及的な）リスクを処理し最小化したことによって、かえってそのシステムの環境（他の人々や組織や自然）にとっての「リスク」が増幅し、別のところに安全ではなくむしろ（一次的な）リスクを押しつける結果を生み出すという可能性を否定できないのではないかということである。

信頼の維持・再調達のための（自己言及的）リスクの最小化の取組みは、必ずしも一次的なリスクの最小化や対策に直結するわけではなく、ときとしてそれをかえって拡大させる可能性すらある。ここで問題となっているのは、組織システムの環境（外部）に存在する多様な（たとえば科学技術に付随する）リスクの管理と、当該組織システムの維持や存立にとって重要な、内的あるいは自己言及的なリスクの管理との関係である。こうした信頼リスクの管理と一次的リスクの管理との潜在的な緊張関係を考慮に入れるとき、リスク管理と信頼リスク管理の関係の管理、という視角が、アカデミックな議論においても実践の場面でも、とくに求められるのではないだろうか。

注

（1）　舩橋・長谷川・飯島（2012：190）によれば、「原子力複合体」とは、「原子力使用の推進という点で利害関心を共有し、原発などの原子力諸施設の建設や運営を直接的に担ったり、間接的に支えている各分野の主体群、すなわち産業界、政界、学会、メディア業界などに属する主体群の総体」である。また「核の八面体」とは、吉岡（2012：89–90）によれば「経済産業省、電力業界、地方自治体関係者、原子力産業（メーカー）、政治家集団、およびアメリカ政府関係者の六者」という「主役」に加えて、「学者とマスメディアを準主役メンバー」として加えた、原子力政策を推進するための構造である。

（2）　もちろん、この区別は実体的に固定されたものではなく、脈絡に応じてその境界線は移動する。ある状況では決定者であっても、別の状況では被影響者になりうるし、傍目からは傍観者に見える人や集団が、被影響者としての立場から語り出すことも十分にありうる。また、決定者とされる人びとも、必ずしも「受益者」というわけではない。

（3）　たとえば、多方面から批判された、日本気象学会の二〇一一年三月一八日付の学会ホームページでの呼びかけ、および気象庁の類似の見解を参照。一般に、唯一解・最適解がない問題についてあたかも唯一解・最適解があるかのような効果を生む危険性を回避するための松本（2009, 2012）の提言も参照。

（4）ただし、他方で、信頼を構成する諸次元の一部の達成が、他の次元の達成を阻害することもありうる、という指摘もある。たとえば、カスパーソンら（Kasperson, et al. [1999] 2005）は、信頼を構成する次元として、①コミットメント（健康や環境保護といった目標や任務に妥協しないかたちでコミットしているとの認知、信託義務やその他の社会規範を果たそうとしているとの認知）、②能力（特定の目的をリーズナブルに実現できるだけの技術的な能力があるとの認知）、③ケアリング（信頼を供与している個人への関心を示したりその人の利益になるよう行為するだろうとの認知）、④予測可能性（信頼を供与している側の期待や予期が充足されるだろうとの認知）の四つを挙げる。その上で、たとえば③ケアリングについての人々の認知を改善するために、決定過程や情報へのアクセスの面での開放性を高めると、不適切で誤った推論、不完全な成果などに関する情報をも開示し、②能力の次元を侵食し不信を昂進させる要因にもなりうる。同様の指摘として、Luhmann（1991：165–166, 訳 179–180）も参照。同じことは、レンの議論についても言えるだろう。また情報提供との関わりでは、いわゆるプロパガンダ・パラドックス（情報が豊富に提供されればされるほど人びとがその情報を信じなくなる）も考慮に入れる必要があるだろう。

（5）もっとも、「信頼の危機」が実際にどのような様相を呈しているのかについては慎重な判断が必要かもしれない。たとえば、イギリスのＢＳＥ危機を経た後も科学への「信頼の危機」は実際にはほとんど存在せず、相変わらず科学や科学者に対しては人々から高い信頼が寄せられていた、という内容の（一見「グッドニュース」に思える）調査レポートが当時あったが、ＢＳＥ危機後の「科学への信頼の危機」にいかに対処すべきかという（すでに進捗していた）政策課題にそぐわなかったために、ほぼ無視された、とする論考などを参照（Rayner 2012）。社会学的な「無知」研究にとって示唆的な事例であると思われるが、これについては小松（2016）も参照。

（6）リスク研究や科学技術の社会学などでも、ゴッフマン以来の伝統的なスティグマ概念を用いた研究が存在してきたが、どのような条件下で特定の技術的施設、特定の生産物、あるいは場所に対して、こうした「スティグマ付与」がなされ劇的に貶価され回避要求されてゆくのかが問われている。

（7）また、信頼性調達（回復）の試みが、それぞれの「レベル」でかなり違ったものになるというのも、こうしたレベルの区別を行う理由の一つである（Renn 2008：229–230）。たとえば、コミュニケーター個人への（人格的）信頼の改善にとって重要になるのは、主に、関与者間での意気投合（共感）であったり価値観の共有であったり、こちらを気遣ってくれているとの認知の改善であるが、組織への信頼の改善にとって重要なのは、当該組織への共感を呼び込むための広報活動や印象改善のためのレトリックなどではなく、費用対効果の高い取り組み実績や、ステークホルダーや公衆からの新たな要求への柔軟な取り組み、受託者責任の遂行、等々といった「実績」であるはずである。レベルを混同すると、前者によって後者を埋め合わせるという本末転倒が起こりうる。もちろん組織の「自己呈示」の意味がなくなるわけではないが、他者からの信頼を維持していくつもりがある以上、自己呈示には強い「自己拘束効果」が付随する。そのため、たとえ「偽り」のあるいは場当たり的な自己呈示でも、いったんそれをおこなった以上は、それ以後、その自己呈示と矛盾しない実績を示し続けなくてはならない。

（8）レン（2008：223）は、信頼（trust）と確信（confidence）と信用（credibility）を区別し、信頼、とくにルーマンのシステム信頼にほぼ相当すると思われる制度的信頼（institutional trust）について、「さまざまな社会的アクターや公衆が、ある組織に割り当てられた機能――ここでいう機能には、その組織が、課題に対処できる力量として認知されるものも、また、プロフェッション、ステークホルダー、メディア、公衆一般と当該組織が接するさいのコミュニケーションのスタイルも、含まれる――について主観的に抱いている期待とか社会的に共有している期待と、その組織の実績として認知されているものとがマッチしているかどうか、またどの程度マッチしているのかに関する一般化された判断」と定義し、また、ある組織の信頼性（trustworthiness）がある程度持続する場合を「確信」と定義している（「信頼性」とは、後述するとおり、他者からの信頼に応えようとする、信頼される側の特性である）。組織への「先行投資」としての信頼が、長期間にわたって失望にいたらずに済んでいるとき、確信が抱かれる、というわけである。さらに「信用」は、ある組織の側の（市民などへの）語りやコミュニケーションにのみかかわる概念として使用しており、そうした語り・コミュニケーションが、その組織が当然有していてしかるべきとされる属性――たとえば誠実性とか開放性、プロフェッショナリズム、応答性など――とどれだけ合致しているとみなせるか、というその度合いのことを指す、という。

（9）日本でのルーマンの信頼論研究を主題的にあつかった論考としては、三上（2008）、畠山（2008）、小野（2006）、小松（2003,［2007］2013）などを参照。

（10）もっとも、ルーマンは、山岸のように、ある特定の「社会」を「信頼社会」あるいは「安心社会」として特徴づける発想（山岸 1999）は持ち合わせていない。

（11）ただし、本章では検討できないが、被信頼者の行動について社会的不確実性を含意させない信頼概念を用いる例もある。たとえば、荒井（2006：28）では「AのBに対する信頼とは、Bの表明したことや（表明しない場合は）社会的に倫理的であると考えられることをBが行うとAが信じる確率」と定義される（ここでの確率は「主観的確率」）。この場合、被信頼者が信頼者を裏切る可能性があるにもかかわらず、あえて傷つきやすい（バルネラブルな）弱い立場に身を置くといった、リスクをともなった選択としての意味は信頼概念には含まれない。この定義を採用するならば、本章でいう「信頼はリスクを必要とする」という議論の系列には入らない信頼論が展開できよう。

（12）信頼性（trustworthiness）とは、信頼に応えようとする性質のことであり（石川 2008：88）、信頼される側の問題に言及する概念であって、「信頼（trust）」とは区別される。本章第一節で述べた信頼の条件や要素についての議論も、精確に言えば、「信頼性」を問題にしているし、評判リスクもこの意味での「信頼性」にかかわる。

（13）レピュテーショナル・リスクはしばしば「風評リスク」と訳されることがあるが、「風評」概念は、ネガティブな含意しか表現できず、また（風評を受ける当事者が考える）「本来」の評価とは異なる評価という意味合いがその背後に隠れている。しかしレピュテーションには、肯定的・否定的の双方が含まれ、また、本来的か否かという区別も設けられない（設けるとすれば、誰がその区別をするかが問われなくてはならない）。それゆえ本章では、レピュテーショナル・リスクは「風評リスク」ではなく、「評判リスク」と解することにしたい。

（14）一般には「基準値」とも呼ばれる。ただ、正確に言えば、法律で遵守が義務づけられているものもあれば、努力義務とされている基準値（目標値）、法に定められてはいるが、超過しても罰則規定のないものなど、多様である（村上・永井・小野・岸本 2014）。

（15）しばしば、こうした限界値の設定は、非公開でなされることがある。たとえば、福島第一原子力発電所の津波想定の見直しやそのための審議は、二〇〇六年までは非公開であり、記録も残っていない。また限界値設定の根拠にかかわる批判として、Beck（1986：90-91, 訳 107-108）も参照（翻訳では「許容値」だが、原語は Grenzwert で同じである）。

（16）たとえば、福島第一原子力発電所の津波想定（「限界値」）を二〇〇二年に五・七メートルに設定したさいに、土木学会津波評価部会の土木学会手法（国会事故調 2012：27）を――土木学会自体は、当時の知見にもとづいた報告書であり事業者が使用するのを義務づけているわけではないと考えていたにもかかわらず――旧保安院が、内容を精査せず事実上の標準手法として採用している。

（17）マーチとサイモンが言う意味での「不確実性吸収」である（March and Simon 1958：186，訳 207–208）。ある一定の地位に就いた人物が伝達しているというただそれだけの理由で受容され、ある決定から別の決定へと決定が連鎖していく過程を言い表した概念である。決定結果がコミュニケーションされるときには、そのコミュニケーションの受け手の側では、そこで伝達される決定内容がすでに吟味ずみのものとして前提とされ、それ以上の再吟味は（吟味する能力や権限の欠如のゆえであれ、吟味のための時間の欠如のゆえであれ、問い直す気力がないがゆえであれ）試みられず、「決定前提」として受容され、決定を接続させていくという観点からみた相対的な「確かさ」は生み出されるが、当然、そこには重大なリスクがはらまれている可能性がある。これについては、小松（2003：125–130）でも簡単に触れておいた。なお、さまざまな基準値の「根拠」を丁寧に探った研究として、村上・永井・小野・岸本（2014）があるが、そこでは、次のように述べられている。「米国の疫学者であり衛生工学者のウィリアム・セジウィック氏（1855–1921）の言葉に、このようなものがある。『基準というものは、考えるという行為を遠ざけてしまう格好の道具である』。基準値はいったん定められると、あたかもある種の『権威』のようになり、その根拠を深く考えることなく使ってしまいがちである、という戒めである」（村上ほか 2014：17–18）。

文献

安達智史、二〇〇五、「信頼への四つのアプローチ――信頼の源泉に着目して」『社会学年報』三四：二四七–二六六頁。

荒井一博、二〇〇六、『信頼と自由』勁草書房。

Beck, Ulrich, 1986, *Risikogesellschaft : Auf dem Weg in eine andere Moderne*, Suhrkamp.（東廉・伊藤美登里訳、一九九八『危険社会――新しい近代への道』法政大学出版局。）

Douglas, Mary, 1992, *Risk and Blame*, Routledge.

Graham, John D. and Jonathan B. Wiener, ed., 1995, *Risk vs. Risk*, Harvard University Press.（菅原努監訳、一九九五『リスク対リスク』昭和堂。）

今田高俊、二〇〇二、「リスク社会と再帰的近代化」『海外社会保障研究』（一三八）：六二–七一頁。

今田高俊、二〇一三a、「リスク社会への視点」『［新装増補］リスク学入門四　社会生活からみたリスク』岩波書店、一–一一頁。

今田高俊、二〇一三b、「3.11後のリスク学のために――3.11後の社会とリスク対応」『［新装増補］リスク学入門四　社会生活からみたリスク』岩波書店、一四九―一六二頁。

石川博康、二〇〇八、「『信頼』に関する学際的研究の一動向」中山信弘・藤田友敬編『ソフトローの基礎理論』有斐閣、六七―九八頁。

畠山洋輔、二〇〇八、「信頼への機能的アプローチ――ルーマン信頼論再考」『年報社会学論集』二一：一―一二頁。

平川秀幸、二〇一一、「三・一一以降の科学技術ガバナンスに向けて」『現代思想』三九（七）：一七二―一九一頁。

Hood, Christopher, 2011, "Risk and Government：The architectonics of blame-avoidance", in: L. Skinns, et al., ed., *Risk*, Cambridge University Press, 62–84.

福島原発事故独立検証委員会（民間事故調）、二〇一二、『調査・検証報告書』ディスカヴァー・トゥエンティワン。

舩橋晴俊・長谷川公一・飯島伸子、二〇一二、『核燃料サイクル施設の社会学――青森県六ヶ所村』有斐閣。

影浦峡、二〇一三、『信頼の条件―原発事故をめぐることば』岩波書店。

Kasperson, Roger E., Dominic Golding, and Jeanne X. Kasperson, [1999] 2005, "Risk, Trust and Democratic Theory", in, J. X. Kasperson and R. E. Kasperson, *The Social Contours of Risk, Vol.*1, *Publics, Risk Communication and the Social Amplification of Risk*, Earthscan, 181–201.

Knight, Frank, 1921, *Risk, Uncertainty and Profit*, Houton Mifflin（奥隅栄喜訳、一九五九『危険、不確実性及び利潤』文雅堂銀行研究社。）

小松丈晃、二〇〇三、『リスク論のルーマン』勁草書房.

小松丈晃、[二〇〇七] 二〇一三、「リスク社会と信頼」今田高俊編『[新装増補] リスク学入門 社会生活からみたリスク』岩波書店：一〇九―一二六頁。

小松丈晃、二〇一六、「U・ベックの『無知』の社会学――『戦略的無知』論への視点」『社会学研究』九八：一―二四頁。

Krücken, Georg, 1997, *Risikotransformation*, Westdeutscher Verlag.

Luhmann, Niklas, 1973, *Vertrauen : Ein Mechanismus der Reduktion sozialer Komplexitat*, 2.erweiterte Auflage, Lucius and Lucius.（大庭健・正村俊之訳、一九九〇『信頼』勁草書房。）

Luhmann, Niklas, 1988, "Familialit, Confidence, Trust: Problems and Alternatives", D.Gambetta, ed., *Trust : Making and Breaking Cooperative Relations*, Basil Blackwell, 94–108.

Luhmann, Niklas, 1991, *Soziologie des Risikos*,Walter de Gruyter.（小松丈晃訳、二〇一四『リスクの社会学』新泉社。）

Luhmann, Niklas, 1997, “Grenzwert der okologische Politik : Eine Form von Risikomanagement”, P. Hiller, et. al., *Risiko und Regulierung*, Suhrkamp, 195–221.

March, James G. and Herbert A. Simon, 1993 [1958], *Organizations*, 2nd. ed., John Wiley and Sons.（高橋伸夫訳、二〇一四『オーガニゼーションズ・第二版』ダイヤモンド社。）

松本三和夫、二〇〇九、『テクノサイエンス・リスクと社会学』東京大学出版会。

松本三和夫、二〇一二、『構造災――科学技術社会に潜む危機』岩波書店。

三上剛史、二〇〇八、「信頼論の構造と変容――ジンメル、ギデンズ、ルーマン――リスクと信頼と監視」『神戸大学大学院国際文化学研究科紀要』（三一）：一–二三頁。

村上道夫・永井孝志・小野恭子・岸本充生、二〇一四、『基準値のからくり』講談社。

中谷内一也、二〇一二、『リスクの社会心理学』有斐閣。

新川達郎、二〇〇六、「『信頼』の構図――政府のガバナンスの観点から」田中一昭・岡田彰編著『信頼のガバナンス』ぎょうせい、三–三〇頁。

小野耕二、二〇〇六、「ルーマンにおける『信頼』論の位置」『法政論集』二一四：一–四九頁。

Power, Michael, 2004, *The Risk Management of Everything*, Demos.

Power, Michael, 2007, *Organized Uncertainty: Designing a World of Risk Management*, Oxford UP.（堀口真司訳、二〇一一『リスクを管理する――不確実性の組織化』中央経済社。）

Rayner, Steve, 2012, “Uncomfortable Knowledge : the social construction of ignorance in science and environmental policy discourse”, in, *Economy and Society* 41（1）: 107–125.

Renn, Ortwin, and Debra Levine, 1991, “Credibility and Trust in Risk Communication”, R. E. Kasperson and P. J. M. Stallen, eds., *Communicating Risks to the Public : International Perspectives*, Kluwer Academic Publishers: 175–218.

Renn, Ortwin, 2008, *Risk Governance : Coping with Uncertainty in a Complex World*, Earthscan.

Rothstein, Henry, Michael Huber and George Gaskell, 2006, “A theory of risk colonization : the spiralling regulatory Logics of societal and institutional risk”, *Economy and Society* 35（1）: 91–112.

Sato, Yoshimichi, 1999, "Trust and Communication"『理論と方法』一三（二）：一五五−一六八頁。

田中幹人、二〇一三、「科学技術をめぐるコミュニケーションの位相と議論」中村征樹編『ポスト3・11の科学と政治』ナカニシヤ出版：一一三−一七五頁。

The Chartered Institute of Management Accountants（CIMA）, 2007, *Corporate reputation : perspectives of measuring and managing a principal risk,* The Chartered Institute of Management Accountants.（retrieved Jury 1, 2016, from http://www.cimaglobal.com/Documents/Thought_leadership_docs/cid_exrep_corporate_reputation_june07.pdf）

東京電力福島原子力発電所事故調査委員会、二〇一二、『国会事故調報告書』徳間書店。

東京電力福島原子力発電所における事故調査・検証委員会（政府事故調）、二〇一二、『政府事故調 中間・最終報告書』メディアランド。

山岸俊男、一九九八、『信頼の構造――こころと社会の進化ゲーム』東京大学出版会。

山岸俊男、一九九九、『安心社会から信頼社会へ――日本型システムの行方』中央公論新社。

吉岡斉、二〇一二、『脱原子力国家への道』岩波書店。

第15章　日本における社会システム論の意義と未来
――日本近代と自己組織性

遠藤　薫

1　グローバル化と文理融合

近年、グローバル化の進展の中で、あらためて「文理融合」の必要性が論じられている。だが、あらためて考えてみれば、日ごろ疑いもなく受け入れられている「文系」「理系」という二つのカテゴリーは、それほど自明のものではない。そもそも古い文明においては、文理は一体のものであった。アリストテレスもピタゴラスも、みずからを「自然科学者」としてではなく、「真理を探究する者」と位置づけて、世界の諸問題に対する解を得ようとしたのである。時代が進むにつれ、学問が高度化していくにつれ、学問は細分化された専門領域へと枝分かれし、個別的な進化の方向へ向かった。この過程で、便宜的に「文系」「理系」という分け方も定着してきた。その結果、個別の領域の専門深化は進んだかもしれないが、あたかもバベルの塔のように、専門領域相互のコミュニケーションが困難になりつつあるとの危惧が浮上してきた。

二〇世紀末以降、グローバル化の進行とともに、それまで潜在的であった情報問題、環境問題、エネルギー問題、災害の大規模化などが世界で大きくクローズアップされてきた。これらの問題はきわめて複合的であり、従来の細分化されたディシプリンで対応できるものではない。文理融合による学際研究は必須の要請なのである。しかしながら、文理融合は、かけ声ほど容易くない。思考のシステムとしての文系と理系は、すでにそれぞれ異なる進化（再帰的自己創出の反復プロセス）をたどってきているからである。

異なる進化系統ということをいえば、欧米と日本もそうである。明治以降の日本では、それ以前の日本的世界観に西欧的世界観――近代自然科学と社会科学を導入して、ハイブリッドな世界観の新たな再帰的創出の相に入ったのである。しかも、西欧的世界観との接触はその後も常時継続し続けている。このことが、日本においてかえって西欧よりも文理癒合を困難化させているとも考えられる。

本章では、このようなシステムの進化系統の分離と交錯という視点から、日本における社会システム論の意義と未来について考える。

2　数理社会学と社会システム論

日本の社会学においても、かねてよりさまざまなかたちで文理融合は試みられてきた。なかでも、大きな影響をもつ出来事として、「数理社会学会」の設立がある。

その創設について、発起人の一人であった高坂健次は、次のように語っている。

> 一九八六年三月のこと。一〇人の研究仲間の強い志で「日本数理社会学会」が生まれた。世界に先駆けて、であった。……今思えば知的背景も履歴も関心もかなり「異質な」顔ぶれではあったけれど、しかしそれにも拘わらず、私たちは一様に高揚していた。それは、それまでの（日本で支配的だった）「社会学の流れ」を変えること、数理社会学を基盤として新しく「理論社会学」を構築すること、であった。（高坂 2012：37）

高坂は、「数理社会学」を基盤とした新しい「理論社会学」こそが、「『日本的特殊性』を超えて『普遍的な』広がりをもたらす」（高坂 2012：37）とかんがえたのである。

高坂のいう「10人の研究仲間」には、今田高俊、盛山和夫など、錚々たるメンバーが含まれていた。そして、彼らによる「設立趣意書」は、次のような溌剌たる意思が表明されていた。

数理社会学は数理的思考にもとづいて、厳密な概念と演繹的な理論の構築をめざしている。この意味において、数理社会学会は、演繹的な社会学理論の構築と発展に感心と期待を寄せるすべての研究者の交流の場たらんことをめざす。

数理社会学は数学理論に依拠することから、その特徴の一つにアプローチの形式性・抽象性が挙げられる。その特徴ゆえに、数理社会学はかえって柔軟で自由な応用を可能にしている。数理社会学は、問題領域別の連字符社会学とは横断的にかかわり、家族・地域・階層……など、多様な具体的問題に取り組む。以上の意味において、数理社会学会は、様々な実質的課題に取り組みつつそれに対する数理的方法の適用に関心と期待を寄せるすべての研究者の交流の場たらんことをめざす。

（中略）

社会学以外の自然科学・社会科学に目を向けるならば、数理的思考の導入は、決して特別のことではなく、むしろ諸科学の必然的過程であるとさえいえる。この意味において、数理社会学会は、社会学の外にあって、社会現象の解明のために数理的思考を導入することに関心と期待を寄せるすべての研究者の交流の場たらんことをめざす。（数理社会学会　設立趣意書）

今田は、当時の経緯について、「諸学の統一運動として、生物システム論を中心とした一般システム理論運動が盛り上がっていた」と回顧している（今田 2014：6）。

そして、このような「潮流」は、今日なお、いや今日さらに、その重要性を増している。今田は、長い研究生活を振り返る文章の中で、「文系、理系の双方でパラダイムシフトが起きている。ここは文理双方のパラダイムシフトを吸収して、従来の社会システム論を根本的に見直す必要がある」（今田 2014：9）と述べている。日本におけるこのような文理をまたぐ社会システム論の蓄積は、現在、グローバルな社会学研究の場でも存在感を高めているといわれる。

だが、なぜ日本において、文理融合的試みが重大な課題として注目を集めるのか。しかも（にもかかわらず）、そこに払われる努力は、必ずしも日本国内で十分な社会的認知を獲得していないのか。

以下では、この疑問を、日本の「社会学」の始点に立ち返って、あらためて探求してみよう。

3　日本の社会学――普遍と個別／中心と周辺

フェノロサと社会学

明治初年、外山正一（一八四八－一九〇〇）は官立東京開成学校で「社会学」を講じていたが、これが東京大学に改編されると同時に、その教授となった。彼は、エドワード・S・モース（Edward S. Morse 1838-1925）を東京大学に招聘し、そのモースの紹介で、一八七八年、アーネスト・フェノロサ（Ernest F. Fenollosa 1853-1908）が東大の哲学教授として招聘された。秋山ひさ（1982）によれば、「哲学、政治学、理財学を担当し、同年度の3年生に政治学を教授するにあたって、その前提として社会学を教えた」（秋山編 1982：97）。大森貝塚の発見で知られるモースは、進化論の信奉者で、スペンサーの社会進化論（社会有機体論）にもたいへんに関心をもっていた。モースは、頼まれてハーヴァード大学総長に哲学の講師の紹介を依頼したという。

来日したフェノロサは、スペンサーの社会進化論に依拠しつつ、①科学と哲学の相違と統合、②科学が明らかにするのは原因と結果の関係であること、③社会学は社会的行為の原因と結果を明らかにすること、④社会現象は進化の法則にしたがうこと、⑤社会分化のはじまりは支配と被支配であり、社会構造は支配体系（ruling system）と生産体系（producing system）の分化に至ること、といった内容を講義した[1]。

ここで、なぜ社会進化論であり、有機体論であった（でなければならなかった）のか、ということをあらためて問う必要がある。

スペンサーの議論は、きわめて抽象度の高い、演繹的な議論である。そのため、「自然淘汰による社会進化」といったイデオロギー的な主張をはずせば、今日の社会システム論となめらかに接続する。

社会システム論は、個別の事実よりも、社会の普遍的なダイナミズムを記述することをめざすので、異なるリアリティによって構成される多様な社会を、同じ原理によって説明する。この性格は、

① 欧米社会は、一九世紀～二〇世紀のグローバリゼーション（欧米列強による植民地化）が進むなか、植民地経営のために、異文化（異社会）を理解する必要があった。その認識枠組みとして、また将来予測のツールとして有用と考えられた

② 日本では、同時期のグローバリゼーションのなかで、異なる社会発展を遂げてきた自国の状況や特性をアイデンティファイし、欧米諸国に対して正統化の必要があった。その記述のツールとして有用と考えられた

などの理由によって、欧米でも、日本でも歓迎されたのではないか。

特に日本では、「一方で、自由民権運動の指導理念として受容されたのが、スペンサーの自由主義的な原理であったとするならば、同時に明治政府に秩序維持の理論をあたえたのも、彼の社会有機体説であり、政策的に利用されていくというパラドクシカルな状況」（秋元 2004：3-4）にあった。そのようなパラドキシカルな受容を可能にするのが、社会システム論のもつ普遍性であるといえる。

ただし、社会システム論は、その抽象性と普遍性によって、社会システム論の内部のみでは、社会のリアリティと接合することは困難である。

山下重一（1976：79）によれば、スペンサーの「理論導入は、自由民権陣営、明治政府の要人、および東京大学という三つの経路においてとらえられる」。すなわち、スペンサー理論は、日本社会を俯瞰的に捉え、これを制御しようとする立場から受け入れられたといえる。

日本における〈社会〉学の始まり

一方、アカデミックというより、ジャーナリスティックな領域から、明治日本において、社会問題（社会のリアリティ）を実証的に捉えようとする動きが始まった。

現在入手しやすい、最も早い時期の「社会観察」は、『明治東京下層生活誌』に収められた著者不詳「府下貧民の真況」（『朝野新聞』〈一八八六〉）である。その冒頭で、数年来の不景気によって「東京府下にては細民の飢凍を嘆くもの、日々に増すとこそ聞け減るということのかつて耳に入らず、先にも雑録に記しし烏森今春の最寄りにては戸毎に『手の内無用』と書きし札を下げたるにても、貧民の日に増して人に食を乞うものの多く出で来る」（中川編 1994：12）と述べ、東京の貧困地域をルポルタージュとして報告している。

その後、次つぎと貧困地区に関する報告が世に出る。

松原岩五郎（一八六六―一九三五）は、一八九三年に『最暗黒の東京』（民友社）を著した。その序文には、「最暗黒の東京とはいかなる所なるか？　木賃宿の混雑はいかなる状態なるか？　残飯屋とは何を売る所なるか？　貧民倶楽部は誰によりて組織されしか？　飢は汝らにいかなる事を教ゆるか？　飢寒窟の経済は如何？　汝は何故に貧となりしか？　貧天地の融通は如何？　汝は貧街の質屋を知るか？　小児と猫はいかなる時に財産となるか？　新開町はどの方角にあるか？　銅貨は何故に翅を生ずるか？　座食とは何を意味するものなるか？　黄金と紙屑といずれか価貴きか？　老耄車夫は如何？　生活の戦争は如何？　下層の噴火線とは何ぞ？　車夫の食物は何ぞ？　下等飲食店第一の顧客は誰か？　飲食店の下婢は如何？　労働者考課状は如何？　日雇労役者の人数幾何？　蓄妻者および独身者の状態は如何？　夜店の景況は如何？　その他糶（せり）市は如何、朝市は如何、文久銭市場は如何、渾（すべ）てこれらの疑問を解釈せんと欲せば、来って最暗黒の東京に学べ。彼は貧天地の予審判事なり、彼は飢寒窟の代言人なり、彼は細民を見るの顕微鏡にして、また彼は最下層を覗くの望遠鏡なり」（松原 1893：7-8）とある。

また、横山源之助は『日本之下層社会』、『内地雑居後之日本』を、田野橘治は一九〇二年にイギリスを訪れ、単身ロンドンの貧困地域を探訪して、一九〇三年に『暗黒の倫敦』を世に問うた。

これらのレポートの歴史認識には批判と評価の両方がある。

たとえば中川は、「『東京の貧民』では、『貧民窟』の性格を前近代の背景から直接説明しようとしているが、正しくはない。明治維新で半減した東京の人口が再び一〇〇万をこえて、江戸以来の庶民の社会生活が決定的に崩壊するものの（小木 1979）、なお近代の都市秩序が整えられていないために、一八八〇年代後半から今世紀初頭にかけて、東京は未分化な混乱とある種の活力とをあわせもった時期を経験する。本書に収めた生活記録は、この頃に新たに形成されるか膨張した『貧民窟』を対象としたもので、在京の貧民よりもむしろ流入した都市下層が、『貧民窟』独特の新たな共同性、すなわち社会一般とは異質な下層社会に依存して、かろうじて東京に滞留している様子を描いていた。そこでの『貧民窟』は、その成立、分布、特徴において、近代以前の関係とは明らかに相違していたのである」（中川編 1994：302）との批判を展開している。

一方、北原糸子は、「これまでの近代都市史が明らかにしたところでは、江戸時代の都市下層社会が現象的にはそのまま近代の都市スラムに移行することが指摘されている。そこから、都市問題を資本制段階に即応して、明治以前の『前期的』都市問題、資本の原始的蓄積期に照応する『古典的』都市問題、都市化が社会全体を覆い、都市問題が即社会全体の問題となる近代の都市問題と時期区分する見解が出された。

しかし、実のところは、『前期的』都市問題がどのようにして『古典的』都市問題として現象化し、さらに近代の都市問題として深刻化するのか、いまだ都市問題自体の系譜からその筋道をたどった仕事はない。近代の都市問題が資本の論理が生み落とした社会矛盾であるために、もっぱら資本の存在型態から都市問題へのアプローチがなされているからである」（北原 1995：6）と述べて、むしろ、江戸と明治の連続性に着目している。

では、書き手たちの意識はどうだったのか。

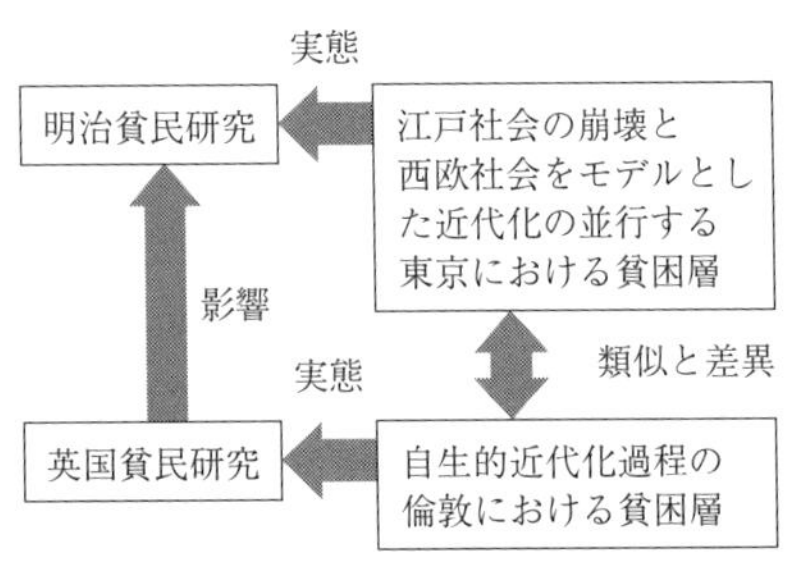

図15-1　明治貧民研究と英国貧民研究
出所：筆者作成。

『最暗黒の東京』の冒頭には、次のような文章がある。「某年某月、日、記者友人数名と会饗す、談、たまたま龍動府の乞巧に及ぶ。彼らが左手に黒麺包を捜みて食いつつ右手に空拳を握ッて富灘を倒さんとするの気色は、いかに世界の奇観なるよ。英の同盟罷工、仏の共産党、ないし李露の社会党、虚無党、その事件の起る所以を索ぬれば、必らずそこに甚だしき生活の暗黒なかるくからずと。談ずる者は威当年の俊豪、天下有志家の雛卵にあらずんば、またこれ世界大経世家の臓芽たり。その議論は毎に宇内の大勢にわたッて、おのずから年少気鋭の識を免かれざりしといえども、この段記者の感慨を惹くもの決して小火にあらざりし。時正に豊稔、百般登らざるなく、しかるに米価荐(しき)りに沸騰して細民威(みな)飢に泣き、諸方に餓死の声さえ起るに、一方の世界には無名の宴会日夕に催うされて歓娯の声八方に涌き、万歳の唱呼は都門に充てり。昨日までは平凡のものと思いし社会も、ここに至ッて忽然奇巧の物となり、手を挙ぐれば雲涌き、足を投ずれば波湧くの世界、いずくんぞ独り読書稽古の業に耽るべけんやと。すなわち大郡は他に秘し、独り自から暗黒界裡の光明線たるを期し、細民生活の真状を筆端に掬ばんと約して翻心に鞭ち瓢然と身を最下層飢寒の窟に投じぬ」（松原 1893：15-16）。すなわち、著者（とその友人たち）は、ロンドンの下層社会と相似なものとして、明治東京を描き出そうとした可能性がある。

おそらくその手本となったのは、日本でも高い尊敬を集めていたウィリアム・ブース（William Booth 1829-1912）の著作であった。松原の著書『最暗黒の東京』のタイトルは、ブースが一八九〇年に書いた*IN DARKEST ENGLAND and THE WAY OUT*（『最暗黒の英国とその出路』）のタイトルを援用したと考えられるし、横山源之助も『日本之下層社会』のなかでブースに言及している。

開国間もない時期にもかかわらず、彼らが海外の思考を旺盛に吸収し、また柔軟にこれを咀嚼したことは、驚嘆に値する（図15-1）。理論社会学の系譜がスペンサー理論をフレームとして採用したと同様、これら貧困研究（実証社会学）はブースをフレームとしたといえよう。その意味では、彼らは、彼ら自身が経験的にもっている社会観にブース的（あるいは西欧的）認知枠組みをかぶせ、江戸以来の社会システムに西欧的資本主義が接ぎ木されるかたちで進展していく明治日本社会を、必ずしもその連続性と断絶性を明確に意識せぬまま、記述しようと試みたのである。

彼らの試みは、その後の社会調査研究につながっていく。横山の『職工事情』（一九〇三）、高野岩三郎（一八七一―一九四九）の『東京ニ於ケル二十職工家計調査』（一九一六）、『月島調査』（一九一八―一九二〇）、権田保之助（一八八七―一九五一）の小額俸給生活者の家計調査（一九一九）などである。権田はまた、都市の大衆文化にも関心をもち、『民衆娯楽問題』（同人社書店、一九二一）などの研究もおこなうようになる。

4　柳田國男の常民論

柳田國男の農政学

明治以降の日本社会について、これを学問的に読み解こうとするアプローチはその他にもあった。その一人が柳田國男である。

柳田國男（一八七五―一九六二）は、日本民俗学の創始者として知られているが、その社会観察・分析者としてのあり方には、今日もっと注目する必要がある。

そもそも柳田の学問的キャリアは、農政学に始まる。農政学とは、今風に言うなら農業社会経済政策学といった趣の学問であり、その問題意識は、「日本の農業の生産性を上げ、農民たちを悲惨な境遇から救うにはどうしたらよいのか」というものだった。

柳田は、この問いを解くために、東京帝国大学法科大学政治科を卒業後の、一九〇〇年、農商務省に入省し、東北地方の農村の実態調査に乗り出した。この調査の中で彼が見出したのは、貧困の中でもがくように生きている人びとの生活だった。彼は、官僚としての調査活動の中から、『山の人生』（一九二五）に見られるような、民俗学的まなざしを獲得したのである。

柳田は、彼が常民と呼んだ人びとの伝承のなかに日本人をアイデンティファイする何かを見出そうとした。それが伝承説話の収集活動へとむかい、佐々木喜善からの聞き取りによる『遠野物語』（一九一〇）を生んだのである。

柳田の常民概念には、有賀らが指摘するように、さまざまな問題が内在しているが、それでも、この時期に、常民に着目したことの意義は大きい。また、彼が、自身の潜在的エリート性と反エリート性のあいだに宙づりになった意識も、パラドキシカルであると同時に、それが橋渡し型社会関係資本として機能したとも言えるのではないか。

柳田國男とドイツ社会学

今日では柳田國男と言えば、『遠野物語』が最も一般に知られており、古い日本の伝承ばかりを収集していた人物のように思われている節がある。

しかし、柳田は日本国内に閉じこもっていたわけではない。

彼はヨーロッパのエスノロジーの動向に強い関心をもっていた。

高木昌史によれば、「一九二一年（大正十年）早春、沖縄・奄美旅行から帰京した柳田は、国際連盟委任統治委員会委員として、同年五月、ヨーロッパへ旅立った。彼はジュネーヴに拠点を置き滞欧生活を送ったが、同年暮れ一度帰国、翌一九二二年（大正十一年）にふたたび渡欧し、その翌一九二三年（大正十二年）十一月に故国の土を踏んだ。その間、彼は英語、ドイツ語、およびフランス語の原書をロンドン、ミュンヘン、パリ等で集中的に購入したのである」（高木 2006：4）。

柳田はフレイザー（James G. Frazer）やマリノフスキー（Bronislaw Malinowski）から大きな刺激を受けたが、同時にグリム兄弟（Brüder Grimm）も高く評価している。大友は、柳田とグリム兄弟の共通点として、「第一には、『常民』"Volk"という概念が両者の研究の中心に据えられた点があげられる。次に、柳田とグリム兄弟は共に、母国語、特に方言の要性を主張している。そして最後に、両者とも口承文芸を通して民衆の根源的思想、文学を見出そうとした。柳田の『常民』とグリム兄弟の"Volk"は、彼らにとって物語を口語りで伝承する主体であり、その奥に自己の根源、民族共同体の精神を見出すものでもあった」（大友 2001：137）と指摘している。

この時期、柳田以外にも、海外の知的動向を咀嚼しつつ、日本的特殊性と欧米的特殊性の相対化、あるいは融合を試みた人びとは、意外なほど多い。

たとえば、柳田より八歳年上の夏目漱石（一八六七–一九一六）は、一九〇〇年から二年間、ロンドンに留学した。一般にはこの留学体験により彼は「神経衰弱」に苦しんだといわれている。しかし、椿広計によれば、ロンドン留学中の漱石は、ピアソン（Karl Pearson）の『科学の文法』に大きな刺激を受け、その考え方を文学に適用しようとした。

夏目が神経衰弱といわれた留学時代のこの時期は、実は「生涯のうちにおいて尤も鋭意に尤も誠実に研究を持続せる時期なり」（『文学論』岩波文庫版）だったのです。そして、帰国してから講師として招かれた東京帝国大学で、その文学研究の成果を講義します。その講義録を元に『文学論』（1907）、『文学評論』（1909）が出版されます。この『文学評論』の冒頭、「そのみちの人は科学をこう解釈する」以下のくだりは、『科学の文法』を平易に解釈した例として秀逸なものです。

『文学論』は、文学的内容について、分類（形式、基本成分、分類及びその価値的等級）、数量的変化、特質、相互変化等を調べあげていくという構成になっています。データを収集し、分類し、分析し、相互関係、法則を発見しようとする態度はまさに『科学の文法』の考え方です。（椿 2001）

表15-1　日本と世界の同時代性

世界の〈社会〉学		日本の〈社会〉学	
スペンサー	1820-1903	西周	1829-1897
モース	1838-1908	外山正一	1848-1900
アンドルー・ラング	1844-1912	建部遯吾	1871-1945
フェノロサ	1853-1908	新渡戸稲造	1862-1933
フレイザー	1854-1941	柳田國男	1875-1962
レヴィ＝ブリュール	1857-1939	夏目漱石	1867-1916
ジンメル	1858-1918	佐々木喜善	1886-1933
デュルケーム	1858-1917	高田保馬	1883-1972
ウェーバー	1864-1920	折口信夫	1887-1953
マルセル・モース	1872-1950	戸田貞三	1887-1955
クローバー	1876-1960	柳宗悦	1889-1961
バーナード・リーチ	1887-1979	鈴木栄太郎	1894-1966
ベンヤミン	1892-1940	有賀喜左衛門	1897-1979
レヴィ＝ストロース	1908-2009	宮本常一	1907-1981

出所：筆者作成。

漱石もまた、個別のリアリティを普遍的な文脈において解釈し、構成する方法を模索したといえよう。漱石の思索は、寺田寅彦、中谷宇吉郎、岡潔へ受け継がれた（椿 2011）。

また、『民芸運動』で知られる柳宗悦とバーナード・リーチとの交流もよく知られている（後に社会学者となる有賀喜左衛門は、柳のもとで学び、その後、柳田の弟子となった）。

この時期、海外との文化的交流は、直接的であれ、間接的であれ、今日考えられているよりもずっと緊密だったのである。

柳田國男と有賀喜左衛門――日本の民俗学と社会学

社会に対する柳田のまなざしは、当時の「社会学」とどのように交差したのだろうか。それは必ずしも幸福な交渉とはいえなかったようである。『青年と学問』のなかで、柳田は「日本はすでに社会学の盛んな国であり、またこういう問題を社会学で取り扱うている先例はある。だから別に新たなる学問として効能を述べ立てるも無益なようであるが、自分らの実験を遠慮なくいうと、わが邦の社会学者は親切なことは確かだが、ただ非常に上品な親切しか持っていない。よい材料があるなら持ってお出で、見て遣ろうと言われる。本に啓いて御覧、読んで遣ってもよいと仰せられる」（柳田 1928：348）と、当時の社会学および社会学者たちを批判している。先にも見たように、

「常民」の視座から社会を再構成しようとする柳田の構えは、舶来の「普遍性」を負ったアカデミック社会学とは相容れない面があったのだろう（表15-1）。

その一方、柳田自身の思考や感性にも、ある種の「普遍性」が内在していた。柳田は、一八七五年（明治八年）、現在の兵庫県神崎郡福崎町辻川に、儒学者で医者の松岡操、たけの六男として生まれた。生家は小さく、豊かでもなかった。一一歳のときに地元辻川の旧家三木家に預けられ、一二歳時に茨城県と千葉県の境に位置する現在の利根町で医者を開業していた長男の鼎に引き取られた。一六歳になると、東京に住んでいた三兄井上通泰（東京帝国大学医科大学に在学中）と同居するようになる。すなわち、彼は知識人一家の生まれであり、全国に散在する家族のあいだを転々とするという「根無し草」的に育った人物であった。その結果、個別の土地に深く根ざした土着性ではなく、それらを統合した枠組み（「日本」）を構成しようとした。それと同時に、家の貧しさや感性の鋭さは、「常民」に対する繊細な感受性を彼のなかにはぐくんだ。その意味で、柳田は、「普遍」と「個別」の接続に意を尽くそうとしたといえる（このような立ち位置が、『遠野物語』における佐々木喜善との関係にも現れている）。

だが、そのような中間的な立ち位置は、しばしば、両側から批判を受けることにもなる。

柳田の弟子であった有賀喜左衛門（一八九七−一九七九）は、みずからの学問的出発点を次のように語っている。

> 私は田舎の地主の子であり、ムラの地主小作関係を見ながら成長したが、初めはこれに関心を持たなかった。柳田先生のもとに出入りして、民俗研究に興味を持つようになってから、急に田舎の生活を追求しようという意欲に燃えた。ムラムラとの接触を持ちはじめ、郷里（ムラ）の人々とのなじみも改めて深まって行くと共に、経済学者や法律学者の論説にも触れるようになった。マルクスのような偉い学者に楯を突く気はなかったが、日本の学者の論説は日本人の生活をふまえての研究ではないということをしだいに強く感ずるようになった。
> （有賀 1969：2）

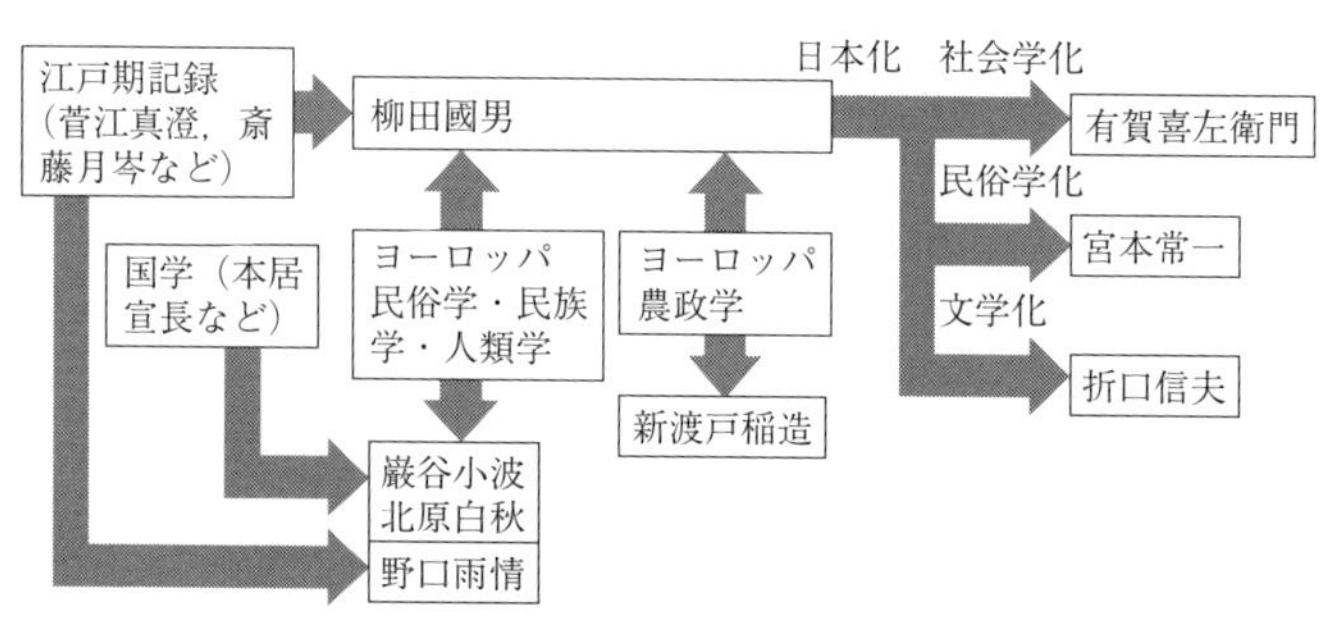

図15‒2　柳田國男の展開

出所：筆者作成。

そして、柳田の考え方への共感を表明する。

> 柳田はこういう現実的な問題の根底にある日本文化の問題に一層強い関心を深めた。それは日本の文化伝統を明らかにすることによって、当面する現実的問題解決の方向付けができると確信していたからである。柳田のこの考え方は多くの実務家や政策学者にとって迂遠な閑文字としてしか見られなかった。特に維新以後西洋文明の模倣によって新しい国家組織、経済組織、教育制度などを造るために努力してきた一般的動向にとって、今さら日本の文化伝統の発掘をしてみても意味はないという考え方が強かったからである。（有賀 1976：127）

> 彼が構想した常民に強く固執したのは、日本文化の伝統は根本的には常民によって担われていることや日本の発展はこの文化伝統の上に自覚的に築かれていかねばならぬことを周知させようと決意したからであろう。柳田は自分自身がエリート中のエリートであることを気づかなかったはずもないが、彼は自らのエリートに自ら常にレジスタンスを以て対処していた。彼の文章の中に「我を常民」という言葉が多く出ているのはそれを示すものであった。
> 　しかし柳田のこのような考允方は彼以前の誰によっても考えられたことはなかった。だからこの考え方がはじめ理解されず、異端視されたとしても当然であろう。（有賀 1976：164‒165）

だが、このような共感と尊敬にたちながらも、やがて有賀は柳田のもとを去る（図15-2）。

私は一九二二年（大正十一年）大学を出た直後に柳田のもとに出入りすることになり、民俗学を学ぶ機会に恵まれたことを今でも有難く思っている。柳田の学問の影響は大きく、今でも彼の傘の外に出きれないところがあることは、本書を見て頂けばわかる。私が柳田から離れたことは若気の血気にはやったところもあったが、研究方法の多少の違いもあって、私はもっと他流試合をしてみたいと思ったからでもあった。（有賀 1976：204）

柳田は元来抒情詩人から出発して、文章は抒情的な趣味を以て飾られたので、学問的な実証的叙述をするには適せず、わかりにくい点が少なくなかった。（有賀 1976：165）

この離反の背後には、「根無し草」の目から見た「常民」と、「常民」内部からのまなざしとのあいだの微妙なずれがあったのではないか。

5　戦後の日本社会学

第二次世界大戦後、日本社会学は新たな出発の途についた。日本社会学会の機関誌『社会学評論』は、戦争から五年を経過した一九五〇年に創刊された。

その目次を、表15-2に示す。

この時期、創刊に至ったいきさつについて、筆者はほとんど無知である。その無知の視点から創刊号の目次を見ると、いささか奇妙な感じを受ける。すなわち、第二次世界大戦から数年しかたたないのに、その歴史的事件に関して何らの言及もないのである。もっとも、『社会学評論』創刊以前に『社会学研究』（四冊）がある。

表15-2　『社会学評論』第1巻第1号（1950年）の主な内容

カテゴリー	群	論文タイトル	著者
〈特集〉日本社会の非近代性	A	非近代性と封建性	有賀喜左衛門
	A	農村家族主義の経済的基礎	大内力
	A	労働力における封建的なるもの：半農半工について	隅谷三喜男
	A	日本社会の前近代性ということ：あるいは，世界史における日本の位置についての試論	まつしまえいいち
〈資料〉	A	テキヤの実態	岩井弘融
	A	鉱山における親分子分集団の特質	松島静雄
	B	アメリカ社会学界通信	尾高邦雄
〈社会学講座〉	B	人間と社会	日高六郎
	B	社会学をめぐるアメリカとソ連	福武直
	B	アメリカ社会学の現状とその自省	武田良三
	B	戦後における理論社会学	新明正道
〈書評〉		竹中勝男著「社会福祉研究」	横山定雄
		南博志著「社会心理学：社会行動の基礎理論」	池内一
		東亜米作民族における財産相続制の比較	牧野巽
		操作的立場と社会現象の空間分析	大豊俊介
		日本社会学会第二十二回大会記事	
	B	アメリカ社会学会へのメッセージ	

出所：筆者作成。

それはともかく、では、どのような論文が創刊号を飾ったのかと見てみると、「非近代的な日本社会の分析」と「アメリカ社会学」という二つのテーマを中心として全体が構成されていることがわかる。

この時期の日本社会学について、福武直は、次のように書いている。

〔戦後まもなくは〕なお戦前からの社会学者が、主導的な地位にあった。戦前の世代から戦後世代への転換は、ほぼ一九六〇年前後のころに生じたといってよいであろう。……戦前と異なる戦後の著しい傾向としては、まず第一に、それまでドイツ社会学の流れに偏ってきた日本社会学が、アメリカ社会学の影響をつよくうけるようになったということが指摘される。（福武 1974：264〔　〕は引用者による）

すなわち、『社会学評論』創刊号の内容

に即してみるならば、これらは「日本社会の前近代性／封建性」をテーマとする論考群（仮にA群とする）と、「アメリカ社会学」を視野に入れた論考群（仮にB群とする）とに大別することができる。

A群は、「〈特集〉日本社会の非近代性」を中心として、乱暴にいえば、日本「社会」の非近代性を抽出し、これを否定して、近代化の道筋を提示しようとする論調である。

一方、B群は、福武も述べているように、「日本社会学」の範型を、ヨーロッパ社会学からアメリカ社会学へ転換する方向を示唆するものである。

すなわち、これらは、二重の意味で戦前の「日本社会学」を否定する意味合いをもっていたが、同時に、奇妙なパラドクスをも含んでいた。

パラドクスの第一は、実はこの創刊号の巻頭論文にいみじくも指摘されている。「非近代性と封建性」と題されたこの論文の冒頭で、有賀は、「編集者によって與えられた題目を考えると、いろいろな疑問がある。非近代性とは何であるか。欧米の市民社會を近代性と見て、日本社會をこれとは異なるものとして、非近代性だというとしても、多くの意味を含んでいる」（有賀 1950：2）と、そもそも特集の意義に疑問を投げかけている。

> 近代の資本主義と云っても、それにはいろいろのものがあっても差支えない。歐米諸國の資本主義でもすべて必ずしも同じではなかった。まして日本のそれが相當違っていても、近代資本主義の系譜にある限り、資本主義でないとは云えなかった。その差異が生ずるのは、これをになう社會的地盤の歴史的社會的條件が異なるからである。おくれて發達をはじめた事も、この條件と結びついているわけである。だから現代日本社會の非近代性と片附けられている現象の中には、日本に特質的な傾向を示す現象が相當多く含まれていると見なければならず、この検討が我々にとってもっとも大切である。
>
> 社會的地盤の歴史的社會的條件という事を考えると、もちろんこれは日本に限られた事ではないから、例えば英佛獨の近代社會組織の差異はそれぞれの封建製の差異とも關連していると云われているのである。歐洲の

ような狭い地籍で、文化的交流の激しい、高度な文化を持つ諸國民の間に於いても、なお差異のある事を知るのは大切である。（有賀 1950：6）

もう一つのパラドクスとは、この時期、「アメリカ社会学」で大きな影響力をもっていたのが、シカゴ学派だということである。周知のように、シカゴ学派は、社会学[2]としては、「都市生態学」という名乗りもされたように、「図式にあてはまらない現実まで含む調査地の文化全体を記述することであり、そのための長期にわたる現地調査、とりわけ住民生活への参与観察」（佐藤 2000：49）を特質としており、むしろ戦前の先述の柳田の主張や業績や有賀の業績[3]と接続するとも考えられるのである。

上記方向転換の結果として、福武によれば、「社会心理学的な問題や文化人類学と交流するような諸問題が、新しい社会学の対象となり、市民社会や大衆社会、さらに世論やマス・コミュニケーションの問題が時代の脚光をあびるようになった」（福武 1974：264）。

とはいうものの、その後の社会学の動向を考えるならば、清水幾太郎や藤竹暁の業績があり、また橋爪大三郎や今田高俊らの業績の潜在的可能性を考える（Endo 2013）にしても、「大衆」「世論」「社会的コミュニケーション」などの問題は、時事的な「色物」としてもてはやされることはあっても、柳田や権田の観ていたものにまで立ち返って、〈日本社会〉学として新たに構想されることは、きわめて少なかったといえる。

そこに、日本における社会学の〈不幸〉があるとはいえないか。

6　未来に向けて

その意味で、今田の編著書『社会学研究法――リアリティの捉え方』（今田 2000）が、社会システム論に立脚する今田によって、どちらかといえば社会学初学者向けの入門書として編まれたものであるにもかかわらず、あるいはだからこそ、その第1章として、「厚みのある記述――モノグラフという物語」（佐藤健二）を置いていることは、まさに慧眼といえる。

日本の社会学界における、新たな社会システム論としての「数理社会学」が学会として立ち上がった「一九八六年」という時代は、まさに「戦後の終焉」期にあたる。そこで構想されたのは、普遍と特殊（固有）、抽象とリアリティ、西欧と非西欧のあいだの、断絶と連続がない交ぜになりつつ進行していく社会的ダイナミズムへの新たな挑戦であったのだろう。

その後、自己組織性モデルやマルチエージェント・シミュレーション、ビッグデータといった方法論が登場し、社会学研究はさらに新たな段階に入りつつある。計算社会科学（Computational Social Science）という新たなアプローチにも注目が集まっている。さらに今日では、イスラム世界など、従来射程に入ってこなかったような第三の文化圏も含めて世界システムを捉えることが求められている。

グローバリゼーションの進むなか、「社会学」は、それが対象とする「社会」とは何か、という問題に、あらためて真摯に取り組む必要がある。そのとき、グローバルに適用可能な社会システム論の重要性がこれまで以上に見えてくるだろうし、同時に、それに対峙するナショナル、リージョナル、ローカルのリアルなダイナミズムを精緻に捉えることの不可欠性にも迫られるだろう。

具体的なリアルの重層性を組み込んだ社会システム論の再構築が、今まさに求められている。「文理融合」といういささか不器用な言葉に込められた期待は、確かにそれをめざしているのである。

注

（1）金井延が一八八二年に受けたフェノロサの講義ノートによる（秋山編 1982：105–109）。
（2）周知のように、「シカゴ学派」は、社会学のほかにも、経済学、政治学、文学など多様な分野に存在しており、それぞれに異なる。経済学においてシカゴ学派と呼ばれる立場の中には、合理的期待形成学派や公共選択学派など社会学でも参照される理論系が含まれるが、「都市生態学」の立場とは異なる。

（3）　たとえば、有賀（1939）など。

文献

秋元律郎、二〇〇四、『近代日本と社会学——戦前・戦後の思考と経験』学文社。

秋山ひさ編集・解説、一九八二、『フェノロサの社会学講義』神戸女学院大学研究所。

有賀喜左衛門、一九三九、『大家族制度と名子制度』アチック・ミューゼアム。

有賀喜左衛門、一九五〇、「非近代性と封建性」『社会学評論』一（一）。

有賀喜左衛門、一九六九、『有賀喜左衛門著作集Ⅷ　民俗学・社会学方法論』未來社。

有賀喜左衛門、一九七六、『一つの日本文化論——柳田國男に関連して』未來社。

Bauman, Zygmunt and May, Tim, 1990, 2001, *Thinking Sociologically*, Blackwell Publishers Ltd.

遠藤薫、一九九三、『コンピュータ・シミュレーションによる社会過程モデルの構築——社会理論と社会モデル』（東京工業大学博士論文）。

遠藤薫、二〇〇九、「文理横断と人材育成」『横幹』（横断型基幹科学技術連合）四月号 三（一）：一三―一八頁。

遠藤薫、二〇一一、「〈社会システム論〉再考——歴史変動を理論化する〈社会システム論〉のための覚え書き」今田高俊・鈴木正仁・黒石晋編『社会システム学をめざして』ミネルヴァ書房。

遠藤薫、二〇一二、「〈情報〉と〈世界の創出〉——社会情報学基礎論の三つの貢献」正村俊之編『コミュニケーション論の再構築』勁草書房。

Endo, Kaoru, 2013, "Overview of Media Sociology in Japan," *International Journal of Japanese Sociology*, 22, 80–93.

遠藤薫、二〇一三、「モダニティ・グローバリティ・メディアリティの交差——社会変動をあらたな視座からとらえる」宮島喬・遠藤薫・船橋晴俊・友枝敏雄編『グローバリゼーションと社会学——モダニティ・グローバリティ・社会的公正』ミネルヴァ書房。

福武直編、一九七四、『社会学講座18　歴史と課題』東京大学出版会。

フェノロサ、アーネスト・F・講述／金井延筆／秋山ひさ編・解説、一九八二、『フェノロサの社会学講義』神戸女学院大学研究所（二〇〇七『近代日本社会学史叢書④』龍溪書舎、九七－一一一頁）。

今田高俊編著、二〇〇〇、『社会学研究法──リアリティの捉え方』有斐閣。

今田高俊、二〇一一、「社会学行脚──果てしない物語」金子勇・藤田弘夫・吉原直紀・盛山和夫・今田高俊編『社会学の学び方・活かし方──団塊世代の社会理論探求史』勁草書房、二五二－二三二頁。

今田高俊、二〇一四、「社会学とともに生きる」『UP』一〇月号、五－一一頁。

川田稔、一九九七、『柳田國男──その生涯と思想』吉川弘文館。

川合隆男、二〇〇三、『近代日本社会学の展開──学問運動としての社会学の制度化』恒星社厚生閣。

北原糸子、一九九五、『都市と貧困の社会史──江戸から東京へ』吉川弘文館。

髙坂健次、二〇一二、「数理社会学の展望」『関西学院大学社会学部紀要』一一四：三七－六三頁。

前田愛、一九九二、『都市空間のなかの文学』筑摩書房。

前田英樹、二〇一三、『民俗と民藝』講談社。

中川清編、一九九四、『明治東京下層生活誌』岩波文庫。

小笠原真、二〇〇〇、『日本社会学史への誘い』世界思想社。

小木新造、一九七九、『東京庶民生活史研究』日本放送出版協会。

大友文、二〇〇一、「小波・柳田・グリム兄弟──『口承文芸』の成立に関して」日本昔話学会編『本格昔話と植物　昔話──研究と資料』第二九号、三弥井書店、一二八－一四七頁。

佐藤健二、二〇〇〇、「厚みのある記述──モノグラフという物語」今田高俊編『社会学研究法──リアリティの捉え方』有斐閣、四八－七五頁。

佐谷眞木人、二〇一五、『民俗学・台湾・国際連盟──柳田國男と新渡戸稲造』講談社。

盛山和夫、二〇一三、『社会学の方法的立場──客観性とはなにか』東京大学出版会。

清水幾太郎編訳、一九六五、『社会科学におけるシミュレーション』日本評論社。

Snow, C. P., 1964, *THE TWO CULTURES*, Cambridge University Press.（松井巻之助訳、一九六七『二つの科学と科学革命』みすず書房。）

高木昌史、二〇〇六、『柳田國男とヨーロッパ――口承文芸の東西』三交社。
立花太郎、一九八五、「夏目漱石の『文学論』のなかの科学観について」『化学史研究』一六七―一七七頁。（http://www.sci.ocha.ac.jp/chemHP/ouca/archives/tachibana_201407.pdf）
橘木俊詔・浦川邦夫、二〇〇六、『日本の貧困研究』東京大学出版会。
椿宏計、二〇〇一、「確率が支配する世界に法則を求めて」『ゑれきてる』（http://elekitel.jp/elekitel/special/2011/20/sp_03_c.html）
椿広計、二〇〇三、「ビジネスは科学たりえるか――漱石の自己本位に学ぶ」（株）ＮＴＴデータ数理システムコンファレンスでの発表 http://www.msi.co.jp/splus/usersCase/edu/pdf/tubaki.pdf
柳田國男、［一九二八］一九九〇、「青年と学問」『柳田國男全集27』筑摩書房、一一四―三五〇頁。
柳田國男、二〇一五、『日本人とはなにか』河出書房新社。
安田三郎編、一九七三、『数理社会学』東京大学出版会。
山下重一、一九七六、「明治初期におけるスペンサーの受容」『年報政治学』一九七五年度：七七―一一二頁
安保則夫、一九八七、「貧困の発見――チャールズ・ブースのロンドン調査をめぐって」『經濟學論究』四一（三）：四三―七九頁。
吉田民人、二〇〇一、「『新しい学術体系』の必要性と可能性」『学術の動向』一二月号：二四―三五頁。

あとがき

序文にもあるように、本書は社会システム論–自己組織性論およびモダニティ–ポストモダニティを軸に日本における現代社会理論の第一線で活躍する方々の論考を収めたものである。内容が多岐にわたるともに各章の著者が非常に深い思索をしているので、ここでそれらをまとめて何かを語ることはできないし、するつもりもない。

ここでは、なぜそのような社会理論が必要とされるのか、より具体的に言えば、なぜ研究者は社会理論を創り出し、読者はそれを熟読しようとするのか考えよう。タルコット・パーソンズであれ、ニクラス・ルーマンであれ、ユルゲン・ハバーマスであれ、彼らの社会理論は必ずしもわかりやすいものではない。むしろ難解だと言えるだろう。にもかかわらず、多くの読者が彼らに引き寄せられるのはなぜか。

それは一言でいえば「社会に筋を通したい」からである。この「筋を通す」にはふたつの意味がある。第一に、現実の複雑な社会を統一的に把握することである。市場経済のことなら経済学、ネオリベラリズムなら政治学、というように個々の社会現象を解明してくれる学問領域は多くある。しかしそれらは社会を統一的に理解し、説明することはできない。個々の学問領域に比べれば細部が粗削りでも、骨太の理論枠組を提示できるのが社会理論である。第二の意味は、社会のさまざまな問題を解決する道筋を示すこと、より抽象的に言えば「より良い社会」を構想することである。人々は現代社会の全体像を理解するために、そしてより良い社会を実現する方策を求めて現代社会理論に引き付けられるのだろう。

振り返れば、社会学の創世期から社会学の巨人たちはそのような社会理論を構築してきた。カール・マルクスは、当時のイギリスの労働者の惨状を説明し、さらには資本主義社会の有り方を解明するために史的唯物論と搾取論を展開し、労働者階級を資本家階級の支配から解放するために階級闘争論を構想した。オーギュスト・コントは、マルクスとは異なった視点からフランス革命後の混乱した社会を理解し新たな社会秩序を見出すために、人間精神と社会はそれぞれ三つの段階を経て進歩するという三段階の法則を提唱した。

現代の社会理論は彼らの時代に比べて格段に複雑になっている。おそらくそれは対象とする社会そのものが高度に複雑になっているからであろう。これをモダン社会からポストモダン社会への移行と考えてもよい。この移行のために単純な社会理論では現代社会を統一的に把握することができず、より複雑な社会理論が必要とされるのだろう。第一章で言及されているアシュビーの最小多様度の法則が当てはまるかのようである。

ただしここで、現代社会を把握するために重要な概念が、本書で展開されている現代社会理論ではあまり言及されていないことを指摘しておきたい（例外として第7章で東アジアにおける人間関係の重要性が検討されている）。それはソーシャル・キャピタルである。モダン社会論は、共同体の桎梏からの個人の解放を重視しすぎたため、人間関係の重要性を軽視する傾向があった。そしてそれはポストモダンの社会理論にも引き継がれている感がある。しかしやはり社会学の祖であるマックス・ウェーバーとゲオルク・ジンメルは人間関係が社会の基盤であることを明確に理解していた。ウェーバーは社会的行為を他の行為者との関係において捉えられるものと概念化し、ジンメルは行為者間の相互作用に焦点を当てた形式社会学を提唱した。この発想は、現代ではソーシャル・キャピタルという概念によって多くの研究者を引き付けている。

ソーシャル・キャピタル概念が社会科学者の注目を浴びるようになったのは一九八〇年代である。その背景には、個人主義の行き過ぎた現代社会では、そして国家財政が緊迫して国家に問題解決を期待できないような状況では、人々が協働して自分たちの問題を解決していかなければならないという思想がある。近代経済学のメッカとも言える世界銀行で大規模なソーシャル・キャピタル研究プロジェクトが展開したことはこの思想の具体的な表れだと言えよう。

そして興味深いことに、モダン社会の限界を超えるためにポストモダンの社会理論が興隆してきた時期とソーシャル・キャピタル論が注目されてきた時期は重なる。どちらもモダン社会の問題を認識し、モダン社会を超克しようという意図（これが意識されていたか否かは別問題として）があったからだろう。しかし両者は混じり合うことなく今日に至っている。両者の交流が進むならば、より豊かな社会理論が構築されることが期待できる。

このように現代社会理論はさらなる展開の可能性を秘めている。編者の一人として、読者が本書を通じてその可能性を感じてくれればと思っている。

最後に、編者を代表してミネルヴァ書房の涌井格さんに感謝の意を表する。涌井さんの長期にわたる献身的な編集作業がなかったならば、本書は存在しなかっただろう。

佐藤嘉倫

人名索引

あ 行

か 行

さ 行

た 行

な　行

は　行

ま　行

や　行

ら行・わ行

事項索引

あ 行

か 行

さ　行

た　行

な　行

は　行

ま　行

や　行

ら　行

正村俊之（まさむら・としゆき）**第12章**
1953年　東京都生まれ
1983年　東京大学大学院社会学研究科博士課程単位取得退学
現　在　大妻女子大学社会情報学部教授，東北大学名誉教授
主　著　『秘密と恥——日本社会のコミュニケーション構造』勁草書房，1995年。
　　　　『情報空間論』勁草書房，2000年。

徳安　彰（とくやす・あきら）**第13章**
1956年　佐賀県生まれ
1984年　東京大学大学院社会学研究科博士課程単位取得退学
現　在　法政大学社会学部教授
主　著　『理論社会学の可能性——客観主義から主観主義まで』（共著）新曜社，2006年。
　　　　「機能分化社会におけるリスク，信頼，不安」『現代社会学理論研究』10，2016年。

小松丈晃（こまつ・たけあき）**第14章**
1968年　宮城県生まれ
1998年　東北大学大学院文学研究科博士後期課程修了，博士（文学）
現　在　東北大学大学院文学研究科准教授
主　著　『リスク論のルーマン』勁草書房，2003年。
　　　　『新装増補リスク学入門４——社会生活からみたリスク』（共著）岩波書店，2013年。

＊遠藤　薫（えんどう・かおる）**第15章**
1952年　神奈川県生まれ
1993年　東京工業大学大学院理工学研究科後期博士課程修了，博士（学術）
現　在　学習院大学法学部教授
主　著　『聖なる消費とグローバリゼーション』勁草書房，2009年。
　　　　『廃墟で歌う天使——ベンヤミン『複製技術時代の芸術作品』を読み直す』現代書館，2013年。

橋本　努（はしもと・つとむ）**第6章**

1967年　東京都生まれ

1999年　東京大学大学院総合文化研究科博士号取得

現　在　北海道大学大学院経済学研究科教授

主　著　『帝国の条件』弘文堂，2007年。

『ロスト近代』弘文堂，2012年。

園田茂人（そのだ・しげと）**第7章**

1961年　秋田県生まれ

1988年　東京大学大学院社会学研究科博士課程中退

現　在　東京大学大学院情報学環／東洋文化研究所教授

主　著　『チャイナ・リスクといかに向きあうか』（共編著），東京大学出版会，2016年。

『連携と離反の東アジア』（編著）勁草書房，2015年。

町村敬志（まちむら・たかし）**第8章**

1956年　北海道生まれ

1984年　東京大学大学院社会学研究科博士課程中退，博士（社会学）

現　在　一橋大学大学院社会学研究科教授

主　著　『「世界都市」東京の構造転換――都市リストラクチュアリングの社会学』東京大学出版会，1994年。

『開発主義の構造と心性――戦後日本がダムでみた夢と現実』御茶の水書房，2011年。

橋爪大三郎（はしづめ・だいさぶろう）**第10章**

1948年　神奈川県生まれ

1977年　東京大学大学院社会学研究科博士課程単位取得退学，社会学修士

現　在　社会学者，東京工業大学名誉教授

主　著　『橋爪大三郎コレクション』（全3巻）勁草書房，1993年。

『言語派社会学の原理』洋泉社，2000年。

＊佐藤嘉倫（さとう・よしみち）**第11章**

1957年　東京都生まれ

1987年　東京大学大学院社会学研究科博士課程単位取得退学，博士（文学）

現　在　東北大学大学院文学研究科教授

主　著　『不平等生成メカニズムの解明――格差・階層・公正』（共編著）ミネルヴァ書房，2013年。

『ソーシャル・キャピタルと格差社会――幸福の計量社会学』（共編著）東京大学出版会，2014年。

《**執筆者紹介**》（執筆順，＊は編著者）

＊今田高俊（いまだ・たかとし）**第1章，第9章**

1948年　兵庫県生まれ
1975年　東京大学大学院社会学研究科博士課程中退，博士（学術）
現　在　東京工業大学名誉教授，統計数理研究所客員教授
主　著　『自己組織性——社会理論の復活』創文社，1986年。
　　　　『意味の文明学序説——その先の近代』東京大学出版会，2001年。

盛山和夫（せいやま・かずお）**第2章**

1948年　鳥取県生まれ
1978年　東京大学大学院社会学研究科博士課程単位取得退学，博士（社会学）
現　在　東京大学名誉教授
主　著　『制度論の構図』創文社，1995年。
　　　　『社会学とは何か——意味世界への探求』ミネルヴァ書房，2011年。

友枝敏雄（ともえだ・としお）**第3章**

1951年　熊本県生まれ
1979年　東京大学大学院社会学研究科博士課程中退
現　在　大阪大学大学院人間科学研究科教授
主　著　『モダンの終焉と秩序形成』有斐閣，1998年。
　　　　『リスク社会を生きる若者たち——高校生の意識調査から』（編著）大阪大学出版会，2015年。

佐藤俊樹（さとう・としき）**第4章**

1963年　広島県生まれ
1989年　東京大学大学院社会学研究科博士課程退学，博士（社会学）
現　在　東京大学大学院総合文化研究科教授
主　著　『意味とシステム』勁草書房，2008年。
　　　　『社会学の方法』ミネルヴァ書房，2011年。

高橋　徹（たかはし・とおる）**第5章**

1970年　宮城県生まれ
2001年　東北大学大学院文学研究科博士後期課程修了，博士（文学）
現　在　中央大学法学部教授
主　著　『意味の歴史社会学——ルーマンの近代ゼマンティク論』世界思想社，2002年。
　　　　『滲透するルーマン理論——機能分化論からの展望』（共著）文眞堂，2013年。

社会理論の再興
――社会システム論と再帰的自己組織性を超えて――

2016年12月10日　初版第１刷発行　〈検印省略〉

定価はカバーに
表示しています

編著者　遠藤　薫
　　　　佐藤嘉倫
　　　　今田高俊
発行者　杉田啓三
印刷者　藤森英夫

発行所　株式会社　ミネルヴァ書房
607-8494　京都市山科区日ノ岡堤谷町１
電話代表（075）581-5191
振替口座　01020-0-8076

亜細亜印刷

ISBN978-4-623-07768-7
Printed in Japan

＊栗本鋤雲　小野寺龍太
＊大村益次郎　竹本知行
岩倉具視　斎藤紅葉
河井継之助　小川和也
松平春嶽　大石学
＊西郷隆盛　家近良樹
＊由利公正　角鹿尚計
橋本左内　角鹿尚計
＊塚本明毅　塚本学
松平容保　白石烈
山岡鉄舟・高橋泥舟　岩下哲典
三条実美　奈良勝司
＊月性　海原徹
＊吉田松陰　海原徹
＊高杉晋作　海原徹
＊久坂玄瑞　一坂太郎
ペリー　遠藤泰生
ハリス　福岡万里子
オールコック　佐野真由子
アーネスト・サトウ　奈良岡聰智

近代

＊明治天皇　伊藤之雄
＊大正天皇　F・R・ディキンソン
＊昭憲皇太后・貞明皇后　小田部雄次
大久保利通　三谷太一郎
山県有朋　鳥海靖
木戸孝允　落合弘樹
井上馨　伊藤之雄

＊松方正義　室山義正
榎本武揚　醍醐龍馬
北垣国道　小林丈広
板垣退助　小川原正道
長与専斎　笠原英彦
大隈重信　五百旗頭薫
伊藤博文　坂本一登
井上毅　大石眞
＊井上勝　老川慶喜
三浦梧楼　大澤博明
＊桂太郎　小林道彦
東郷平八郎　金澤裕之
＊渡辺洪基　瀧井一博
＊乃木希典　佐々木英昭
星亨　小林道彦
林董　奈良岡聰智
＊児玉源太郎　小林道彦
＊高宗・閔妃　木村幹
山本権兵衛　室山義正
＊金子堅太郎　松村正義
高橋是清　鈴木俊夫
小村寿太郎　簑原俊洋
＊犬養毅　小林惟司
原敬　季武嘉也
＊加藤高明　櫻井良樹
牧野伸顕　小宮一夫
田中義一　黒沢文貴
内田康哉　高橋勝浩
平沼騏一郎　堀田慎一郎
＊鈴木貫太郎　小堀桂一郎
宇垣一成　北岡伸一
＊宮崎滔天　榎本泰子
＊浜口雄幸　川田稔

幣原喜重郎　西田敏宏
関一　玉井金五
水野広徳　片山慶隆
＊広田弘毅　井上寿一
安重根　上垣外憲一
＊グルー　廣部泉
＊永田鉄山　森靖夫
東條英機　牛村圭
今村均　前田雅之
蔣介石　劉岸偉
近衛文麿　庄司潤一郎
＊岩崎弥太郎　武田晴人
伊藤忠兵衛　末永國紀
＊五代友厚　田付茉莉子
大倉喜八郎　村上勝彦
＊安田善次郎　由井常彦
＊渋沢栄一　武田晴人
中野武営　佐賀香織
益田孝　鈴木邦夫
山辺丈夫　宮本又郎
＊大川平三郎　四方田雅史
武藤山治　阿部武司・桑原哲也
池田成彬　松浦正孝
西原亀三　森川正則
小林一三　橋爪紳也
大倉恒吉　石川健次郎
大原孫三郎　猪木武徳
＊河竹黙阿弥　今尾哲也
イザベラ・バード　加納孝代
小泉八雲　斎藤英喜
＊林忠正　木々康子
＊森鷗外　小堀桂一郎

＊二葉亭四迷　ヨコタ村上孝之
＊正岡子規　井上泰至
＊夏目漱石　佐々木英昭
＊徳冨蘆花　半藤英明
巌谷小波　千葉信胤
樋口一葉　佐伯順子
＊島崎藤村　十川信介
泉鏡花　東郷克美
上田敏　小林茂
＊有島武郎　亀井俊介
志賀直哉　小林幸夫
北原白秋　平石典子
菊池寛　山本芳明
芥川龍之介　高橋龍夫
＊宮沢賢治　千葉一幹
高浜虚子　坪内稔典
与謝野晶子　佐伯順子
＊種田山頭火　村上護
＊斎藤茂吉　品田悦一
＊高村光太郎　湯原かの子
石川啄木　先崎彰容
＊原阿佐緒　秋山佐和子
＊狩野芳崖・高橋由一　古田亮
川村清雄　落合則子
＊小堀鞆音　小堀桂一郎
竹内栖鳳　北澤憲昭
黒田清輝　高階秀爾
中村不折　石川九楊
横山大観　高階秀爾
＊橋本関雪　西原大輔
土田麦僊　天野一夫
岸田劉生　北澤憲昭

濱田庄司　濱田琢司
＊山田耕筰　後藤暢子
松旭斎天勝　川添裕
中山みき　鎌田東二
佐田介石　谷川穣
＊ニコライ　中村健之介
＊出口なお・王仁三郎　川村邦光
＊新島襄　太田雄三
新島八重　佐伯順子
木下広次　冨岡勝
山川健次郎　小宮京・中澤俊輔
嘉納治五郎　クリストファー・スピルマン
柏木義円　片野真佐子
津田梅子　田中智子
＊澤柳政太郎　新田義之
＊河口慧海　高山龍三
＊山室軍平　室田保夫
大谷光瑞　白須淨眞
＊久米邦武　髙田誠二
フェノロサ　伊藤豊
井上哲次郎　井ノ口哲也
三宅雪嶺　長妻三佐雄
＊岡倉天心　木下長宏
志賀重昂　中野目徹
徳富蘇峰　杉原志啓
＊竹越与三郎　西田毅
内藤湖南・桑原隲蔵　礪波護
＊廣池千九郎　橋本富太郎
岩村透　今橋映子

*西田幾多郎　大橋良介
*金沢庄三郎　石川遼子
*柳田国男　鶴見太郎
厨川白村　張　競
*村岡典嗣　水野雄司
大川周明　山内昌之
西田直二郎　林　淳
*折口信夫　斎藤英喜
九鬼周造　古川雄嗣
三木　清　杉山直樹
シュタイン　瀧井一博
*西　周　清水多吉
*福澤諭吉　平山　洋
加藤弘之　田中由香里
成島柳北　山田俊治
*福地桜痴　山田俊治
*村山龍平　早房長治
*島田三郎　武藤秀太郎
田口卯吉　鈴木栄樹
*陸　羯南　松田宏一郎
有賀長雄　森田吉彦
*黒岩涙香　奥　武則
幸徳秋水　馬渕浩二
長谷川如是閑　織田健志
上杉慎吉　今野　元
*吉野作造　田澤晴子
*山川　均　米原　謙
*岩波茂雄　十重田裕一
*北　一輝　岡本幸治
*穂積重遠　大村敦志
中野正剛　吉田則昭
*荒畑寒村　川村邦光
*満川亀太郎　福家崇洋

---

*エドモンド・モレル　林田治男
*北里柴三郎　福田眞人
高峰譲吉　木村昌人
田辺朔郎　秋元せき
*南方熊楠　飯倉照平
*辰野金吾　河上眞理・清水重敦
*七代目小川治兵衛　尼崎博正
本多静六　岡本貴久子
ブルーノ・タウト　北村昌史
*ウィリアム・メレル・ヴォーリズ　山形政昭・吉田与志也

現代

昭和天皇　御厨　貴
高松宮宣仁親王　後藤致人
*李方子　小田部雄次
芦田　均　矢嶋　光
吉田　茂　中西　寛
マッカーサー　柴山　太
*鳩山一郎　楠　綾子
石橋湛山　増田　弘
重光　葵　武田知己
*市川房枝　村井良太
*池田勇人　藤井信幸
高野　実　篠田　徹
和田博雄　庄司俊作
ライシャワー　廣部　泉

朴正熙　木村　幹
全斗煥　木村　幹
*田中角栄　新川敏光
宮沢喜一　村上友章
竹下　登　真渕　勝
*松永安左エ門　橘川武郎
鮎川義介　井口治夫
*出光佐三　橘川武郎
*松下幸之助　米倉誠一郎
渋沢敬三　井上　潤
*本田宗一郎　伊丹敬之
*井深　大　武田　徹
*佐治敬三　小玉　武
幸田家の人々　金井景子
*正宗白鳥　大嶋　仁
*大佛次郎　福島行一
井伏鱒二　滝口明祥
*川端康成　大久保喬樹
*薩摩治郎八　小林　茂
坂口安吾　千葉一幹
太宰　治　安藤　宏
松本清張　杉原志啓
司馬遼太郎　山本幸正
安部公房　鳥羽耕史
*三島由紀夫　島内景二
井上ひさし　成田龍一
R・H・ブライス　菅原克也
柳　宗悦　熊倉功夫
バーナード・リーチ　鈴木禎宏
*熊谷守一　古川秀昭

川端龍子　岡部昌幸
藤田嗣治　林　洋子
*井上有一　海上雅臣
*手塚治虫　竹内オサム
古賀政男　藍川由美
*吉田　正　金子　勇
武満　徹　船山　隆
*八代目坂東三津五郎　田口章子
*力道山　岡村正史
*西田天香　宮田昌明
安倍能成　中根隆行
サンソム夫妻　平川祐弘・牧野陽子
*天野貞祐　貝塚茂樹
和辻哲郎　小坂国継
*矢代幸雄　稲賀繁美
石田幹之助　岡本さえ
*平泉　澄　若井敏明
*早川孝太郎　須藤　功
安岡正篤　片山杜秀
*青山二郎　田野　勲
*島田謹二　小林信行
田中美知太郎　川久保剛
前嶋信次　杉田英明
*唐木順三　澤村修治
亀井勝一郎　山本直人
*宮本常一　須藤　功
知里真志保　モコットトゥナシ
竹内　好　田澤晴子
*保田與重郎　谷崎昭男
石母田正　磯前順一
*福田恆存　川久保剛

井筒俊彦　安藤礼二
吉田　満　貝塚茂樹
佐々木惣一　伊藤孝夫
高田保馬　金子　勇
小泉信三　都倉武之
*瀧川幸辰　伊藤孝夫
式場隆三郎　服部　正
大宅壮一　有馬　学
*清水幾太郎　庄司武史
*山本健吉　井上泰至
*フランク・ロイド・ライト　大久保美春
*中谷宇吉郎　杉山滋郎
今西錦司　山極寿一

*は既刊
二〇二二年一一月現在